国家金融与发展实验室
National Institution for Finance & Development

中国上市公司质量评价报告

（2017~2018）

国家金融与发展实验室
中国社会科学院金融研究所　合作成果
特华博士后科研工作站

主　编／张跃文　王　力
副主编／姚　云　于换军　何　敬

社会科学文献出版社
SOCIAL SCIENCES ACADEMIC PRESS (CHINA)

上市公司蓝皮书学术委员会

徐　枫　中国社会科学院金融研究所副研究员，金融工程博士
顾　弦　中央财经大学金融学院副教授
邢天添　中国社会科学院金融研究所博士后
徐雨佳　中国社会科学院金融研究所科研助理
李明达　中国社会科学院研究生院金融专业硕士研究生
李　晓　中国社会科学院研究生院金融专业硕士研究生
纪　昆　中国社会科学院研究生院数量经济专业硕士研究生
高　蕊　中国社会科学院研究生院数量经济专业硕士研究生

序　言

　　上市公司是中国资本市场发展的基石，上市公司质量决定了资本市场发展的质量和效益。但长期以来，学术界和业界对于上市公司质量的概念、内涵和形成机理等基本问题始终没有达成共识，直接影响了监管政策的制定和执行效果。鉴于此，自2014年起国家金融与发展实验室、中国社会科学院金融研究所和特华博士后科研工作站组成联合课题组，对上市公司质量的基本理论问题和评价方法进行专门研究，对A股上市公司质量进行全面评价并出版年度报告。本报告是这一报告系列的第四本。四年来，尽管课题组成员偶有更换，上市公司质量评价指标略有调整，但评价工作的目标没有变化，依然是推动我国上市公司质量的提高；评价理念没有变化，依然是坚持贯彻股东利益最大化原则；评价指标体系的基本结构没有变化，依然是以上市公司价值创造能力、价值管理能力和价值分配能力三大能力为主体涵盖九个方面的评价内容。

　　四年来，课题组对我国上市公司质量的连续评价结果基本保持稳定，且始终处于偏低水平，这引起了我们更进一步的思考：到底是什么力量决定了上市公司质量的高低，提高质量的政策着力点在哪里？通过比较国内外上市公司的发展历程，我们发现高质量上市公司养成同本国经济发展阶段、资本市场发育程度、商业文化及证券监管体系的完善性存在密切关系，这些因素通常需要经过较长时间才能够发生明显改变。我国改革开放已经40年，股票市场诞生至今也近30年，但由于我们起点低、底子薄，几十年的上市公司发展历程更多的是积累和"补课"，学习成熟资本市场的上市公司治理经验、运营经验和监管经验，对先进经验进行引进、消化和吸收，再逐步转化为提高上市公司质量的动力。诸多迹象表明，中国经济已经接近从量变到质变的临界点，股票市场和上市公司的"野蛮生长"阶段行将结束，基于上市公司质量的股市运行逻辑渐入主流，提高上市公司质量的机会窗口正在加速打开。上市公司应当利用外部环境的积极变化，主动作为提升自身质量。

适当的政策引导和监管约束显然对于提高上市公司质量有积极促进作用。习近平总书记在十九大报告中指出："我国经济已由高速增长阶段转向高质量发展阶段，正处在转变发展方式、优化经济结构、转换增长动力的攻关期。"要顺利渡过这一攻关期，必须以新时代中国特色社会主义思想为指导，深化金融体制改革，增强金融服务实体经济能力，提高直接融资比重，促进多层次资本市场健康发展。在 2017 年全国金融工作会议上，习总书记对资本市场发展提出了具体要求，即"形成融资功能完备、基础制度扎实、市场监管有效、投资者合法权益得到有效保护的多层次资本市场体系"。上述要求与上市公司有直接关系。作为证券发行人，上市公司是资本市场融资功能的受益对象，而上市、退市、交易、清算、信息披露等资本市场基础性制度以及市场监管，主要针对上市公司及其股东和利益相关方的行为，其目的则是维护市场秩序和保护投资者合法权益，进而提高资本市场为实体经济服务的能力。中央对于资本市场发展的工作思路迅速转化为监管行动。2017年初以来，证券监管机构修订上市公司并购重组和股东减持方面的监管规则，客观上强化了控股股东对于提高上市公司质量的责任；修订和发布《证券交易所管理办法》，明确交易所的前端监管责任；在违规案件查处方面也力度空前，据中国证监会统计，仅上半年就调查案件 300 余起，同比增长一倍以上。

当然，加大监管规则约束和案件查处力度，还只是提高上市公司质量的外部推动力，不能代替上市公司的自觉自愿行动。目前上市公司中广泛存在的影响公司质量的"合规不合理"现象，很能说明问题。比如，大量上市公司财务质量不高，创新能力不强，与中小股东关系疏离，不积极实施现金分红和开展投资者保护行动，履行社会责任意愿不强。显然单纯依靠外部监管约束不足以消除这些现象，只有将上市公司控股股东和管理层利益与公司质量更紧密地联系在一起，才能更好调动公司内部积极性。为此，需要在增加股价信息含量、增强政策引导性和完善上市公司管理层激励机制等方面付出更多努力。其中仍有很多问题有待深入研究,我们期待有更多专家学者和业界有识之士加入上市公司质量的研究与实践工作。

　　本书是课题组集体工作的成果。张跃文、姚云、于换军和何敬共同完成了上市公司质量数据处理与测算工作;李明达和李晓手工搜集整理了部分数据;姚云和徐雨佳对报告全文进行了编辑和审校。在报告写作方面,张跃文提供了总报告;何敬提供了各市场板块上市公司质量评价分报告;重点行业上市公司质量评价分报告由多位作者共同完成,姚云提供了汽车行业、化工行业和航天军工业报告;胡洁、纪昆和高蕊提供了软件信息、传媒和环保行业报告;徐枫提供了公用事业、交通运输和批发零售业报告;邢天添提供了机械设备和电气设备行业报告;徐雨佳提供了建材行业和食品饮料行业报告;李明达提供了医药行业报告;李晓提供了计算机、通信与电子行业报告;于换军提供了建筑业和房地产业报告,并对全部行业报告进行统稿。为深化上市公司质量研究,本期报告增加了专题报告板块,收录的三篇论文分别考查了股利政策、投资者保护和投资者异质信念对上市公司决策及行为的影响,以期进一步研究这些因素影响上市公司质量的作用机制。最后,感谢国家金融与发展实验室李扬理事长对本项课题研究的关心和支持,感谢特华博士后科研工作站的积极配合。

编　者

2017 年 11 月

目　录

总报告

分报告

专题报告

附　录

总 报 告

General Report

新时代的上市公司质量

摘　要：　本报告对 2017 年我国 A 股上市公司质量进行评价并对上市公司质量变化趋势做出展望。课题组运用自主开发的上市公司质量评价指标体系，采用公开数据对 2451 家 A 股非金融上市公司进行评价。评价结果显示，在国内经济、市场和监管环境发生较大变化的形势下，上市公司质量仍然保持稳定。2017 年 A 股上市公司质量平均得分 63.63 分，与上年基本持平，仍有较大上升空间。创业板和中小板上市公司总体质量仍然优于主板，但主板上市公司中的高质量公司明显增加。汽车、电气设备、软件信息和医药等行业上市公司总体质量较高。预计在经济增长动力转换期，上市公司仍然掌握自身发展主动权。党的十九大精神的迅速贯彻落实，股票市场上市、退市等基础性制度的进一步完善，将会积极推动上市公司质量的提高。

关键词：　上市公司　质量　评价

习近平总书记在党的十九大报告中指出，中国特色社会主义进入了新时代，我国社会主要矛盾已经转化为人民日益增长的美好生活需要和不平衡不充分的发展之间的矛盾。经济领域存在的深层次结构性问题，以及国家大力推动的供给侧结构性改革，使我国股票市场上市公司的质量正面临外部环境前所未有的剧烈变化。当前，国内经济增长的动力转换尚未完成，外部经济环境的复苏尚有较大不确定性，上市公司整体业绩提升的持续性存疑。同时防范风险和加强监管成为未来一个时期国内资本市场乃至整个金融体系的主要任务，企业债务融资成本上升，股权融资市场承受更大压力。尽管短期内投资者仍然无法掌握股票市场主导权，但融资竞争加剧，必然促使上市公司更加关注自身质量的提升并谋求建立长期友好的投资者关系。

一　上市公司外部环境的变化

我们将上市公司质量定义为上市公司为股东创造价值、管理价值和分配价值的能力表现与机制框架。高质量的上市公司不仅具有良好的经营业绩，而且能够凭借其完善的公司治理约束控股股东和管理层从全体股东利益出发，公平且高效率地管理和分配公司股权价值。总结发达市场优质上市公司的成长历程，我们发现这些上市公司与其所处的经济环境、市场环境和监管环境等存在密切的互动关系。充满发展机会的经济环境、投资者主导的市场环境以及能够更好保护外部股东的监管环境，对于上市公司质量提升可以起到关键性的促进作用。近年来，外部环境的变化对国内上市公司质量也已产生明显影响。

（一）经济环境

国内经济稳增长目标已经实现，但动能转换尚未完成。2017 年 1 季度和 2 季度，我国均实现了 6.9% 的 GDP 增长率，增速明显高于上年同期，同时物价和就业指标均保持在宏观调控范围之内。上半年消费、投资和出口对经济增长的贡献率分别达到 63.4%、32.7% 和 3.9%，消费作为经济增长第一拉动力的地位已经相当稳固，但进一步提高贡献率的难度也比较大。投资的难点在于民间投资和引进外资的恢复性增长，出口贡献的增加很大程度上依赖外需改善。经济稳定增长对于上市公司经营业绩明显利好。根据 WIND 资讯统计，上半年 A 股非金融上市公司营收总额同比增长 23.5%，利润增长 27.2%，包括钢铁、有色等产能过剩行业在内的多数行业都实现了两位数增长。经营业绩大幅好转无疑有利于提高上市公司的财务质量，改善其价值创造能力表现。按整体法计算，上半年 A 股上市公司摊薄每股收益从上年同期的 0.15 元增加到 0.19 元；净资产收益率从 3.9% 提高到 4.6%。

上市公司总体业绩能否在 2017 年全年保持高增长态势，很大程度上取决于宏观经济走势。从经济增长的三大拉动力来看，消费在过去三年的月度平均增速为 10%~11%，尽管仍有上升空间，但其稳步发展势头不易打破。投资是拉动当期经济增长和构筑未来增长潜力的关键经济活动，上升空间较大，且主要取决于国内企业预期改变和国家相关政策的助力作用。根据国家统计局公布的数字，2017 年前 8 个月固定资产投资近 40 万亿元，同比增长 7.8%，增速是 2000 年以来的最低点。其中国有经济投资 14.3 万亿元，同比增长 11.2%；政府主导的基础设施投资达到 8.5 万亿元，同比增长近 20%，这两项数字反映国家"稳增长"政策仍在发挥作用。而作为企业预期风向标的民间投资仅增长 6.4%，制造业投资增长 4.5%，外商投资则下降了 6.7%。另外，以计算机、通信器材等电子设备为代表的高技术制造业投资仍然保持近 20% 的增长，只是由于这些产业目前体量还比较小，对于整体投资的拉动作用有限。我们认为投资增长的重点仍然在于民间投资和外资，政府的"放管服"改革和国有企业的混合所有制改革等重大政策出台，目的也在于此。如果各项改革措施能够全面落地，将有效刺激生产性投资增长，投资对于经济增长的拉动作用将更加明显，动能转换才能真正接近完成。上半年 A 股非金融上市公司对外投资 1.2 万亿元，同比微降，但结构分化比较明显：电子、纺织、机械设备等行业投资增长较快，钢铁、采掘、商贸、传媒等行业投资下降较多。值得注意的是，房地产业及其相关的建材行业和建筑装饰业上市公司投资增长较多，预示这些上市公司依然看好房地产市场前景，这对于房地产去库存又提出了新的挑战。

外部需求改善成为提振中国经济的重要因素。进入 2017 年以来，我国对外贸易全面恢复正增长，促进了相关上市公司经营业绩的提高。截至 8 月末我国对美国出口同比增长 11.2%，对欧盟出口增长 8.6%，对日本出口增长 5.4%。但外需改善仍然存在明显的结构性特征，且主要贸易伙伴的复苏前景并不明朗。美国经济复苏迹象已经相当明显，经济持续正增长，经济增速在 2017 年 2 季度超过 2%，失业率下降至 4.4%，美联储已经准备"缩表"操作，表明美国国内对于经济复苏趋势已经达成共识。与此相反，欧洲和日本的复苏道路仍然曲折。欧元区的经济增速从 1 季度的 2.6% 回调至 2 季度的 1.7%，失业率仍在 9% 以上。安倍经济学对于拉动日本经济走出泥沼的作用有限，日本经济增速自 2016 年以来一路下行，2 季度仅为 1.4%。在美、日、欧复苏步调不一致的形势下，欧洲、日本复苏可能出现新情况，因此对于我国外需改善的趋势还不能够盲目乐观。外需的重要性不仅体现在对外出口，对于国内企业"走出去"也会产生积极影响。随着"一带一路"倡议的深入实施，相关上市公司对外投资迅速增长，据 WIND 资讯统计，上半年这些上市公司投资额达到 3200 亿元，为近三年最高。实现营业利润近 2000 亿元，也是近三年最高水平。

经济环境的变化中，有些方面利于上市公司业绩的提升，有些方面的影响还不明朗。但总体而言，我们对于经济基本面的变化方向保持谨慎乐观。而抓住积极因素主动作为，既是国家经济工作的根本原则，也应是上市公司当前因势利导尽快完成转型的必然选择。

（二）市场环境

2017 年的股票市场基本摆脱了 2015 年股灾的影响，监管机构逐步取消了为稳定股市而采取的临时性干预措施。在经济总体企稳和党的十九大召开的预期引导下，市场运行保持平稳。

股市融资功能特别是 IPO 受到更多关注，IPO 企业数量明显增多。2017 年前 9 个月共有 330 多家企业发行新股并成为上市公司，数量相当于交易所市场全部上市公司总数的约 10%，募资金额接近 1700 亿元，两项指标均超过 2016 年全年。根据以往经验，新上市公司质量一般会好于原上市公司，因此大量新公司的加入将有助于提高上市公司平均质量。不过同新股上市相比，上市公司退市的速度则显得十分缓慢。据 WIND 资讯统计，1999 年以来仅有 108 家公司退市，其中还包括 40 余家吸收合并的公司，真正由于连续亏损而退市的公司只有约 50 家。大批低质量上市公司不能及时退出市场，导致上市公司群体参差不齐，投资者信息甄别成本上升，这也表明交易所股票市场仍然是一个宽容市场。受监管机构控制上市公司再融资和非实质性重组等相关政策变化的影响，以增发为代表的上市公司再融资活动明显收缩。2017 年前 9 个月，尽管股票增发融资金额仍然达到 8500 亿元，但融资家数明显减少，与 IPO 家数基本持平（见图 1）。

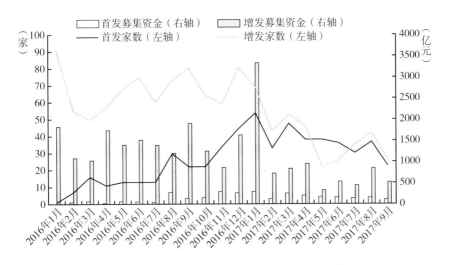

图 1　2016~2017 年 9 月 A 股市场股权融资规模

资料来源：WIND 资讯。

二级市场投资风格从高成长股票逐步转向大盘蓝筹股。因此大盘股票估值有所提升，中小板和创业板股票则经历了较大幅度调整。中小板股票整体市盈率从 2017 年初的 51 倍下调至 9 月中旬的 41 倍；创业板股票市盈率则从 61 倍回调到 54 倍，尽管 8 月以后创业板股票估值有所修复，但整体回调态势仍未改变（见图2）。6月，明晟公司宣布了将200余只A股大盘股纳入MSCI新兴市场指数的计划，这一计划受到国内外投资者和监管机构的广泛欢迎，但市场反应不如预期，再次印证A股市场的上涨动力主要来自国内。同期，某些市场人士开始炒作中国经济"新周期"概念，并试图以此形成牛市逻辑，目前看投资者分歧比较明显，部分市场人士认为现在提"新周期"为时尚早。

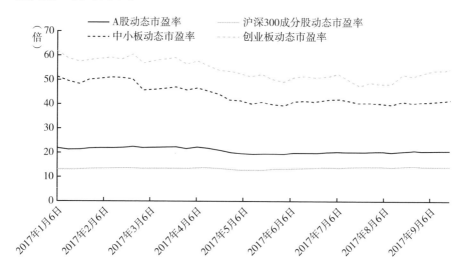

图2　A股市场估值变化

资料来源：WIND资讯。

在监管机构强化上市公司并购重组监管的背景下，2017年完成的上市公司重大资产重组的数量明显减少，前9个月仅126宗，较上年同期减少30%以上，交易总额5500亿元，比上年同期略有减少。其中美的集团收购德国库卡集团、顺丰控股买壳上市等重组活动在市场上产生一定影响。这些重组活动中有70宗为上市公司并购同行的横向整合，体现了上市公司抢占市场份额和做大做强的战略意图。还有部分重组活动以实施多元化战略和业务转型为目的，表明相关上市公司积极寻求优化盈利模式，改善业绩表现和平衡业务风险。在IPO数量明显增加和重组监管趋严的形势下，买壳上市的企业明显减少，前9个月类似重组仅有5宗，预计今后上市公司壳资源价格还将继续下降。重大资产重组的支付方式仍然以发行股票购买资产为主，约90宗重组案采用此类方式。但随着新监管规则下定增股份减持难度增加，预计今后继续采用此类方式的上市公司可能需要承担更高成本。

（三）监管环境

2015年股灾敲响了股票市场防范系统性金融风险的警钟。股灾之后，尽管监管机构逐步取消了稳定市场的临时性干预措施，但对于上市公司的监管明显加强，主要表现在三个方面：一是对重大并购重组管理办法的修订，二是发布上市公司股东、"董监高"减持新规，三是展开针对上市公司的专项执法行动。

并购重组是提高上市公司质量的重要手段，但一段时间以来，一些上市公司的"忽悠式重组"和"跟风式重组"扰乱了市场秩序，某些上市公司股东和高管人员利用重组进行内幕交易和利益输送，严重侵害公众投资者利益。为了治理重组乱象，抵制买壳上市，鼓励实质性重组，中国证监会在2016年9月公布了新修订的《上市公司重大资产重组管理办法》。新的管理办法明确了重大资产重组的界定标准，上市公司在前次控制权变更的60个月内，如果购买资产的总额和净资产、新获得的营业收入和净利润、为购买资产而发行的股份等指标相较原上市公司增加了一倍以上，或者主营业务发生了根本性变化，都将构成重大资产重组。重大资产重组方案必须取得中国证监会核准后才可以实施。重组后大股东的股份锁定期为36个月，小股东的股份锁定期为24个月。上述新规定体现了监管机构防止上市公司频繁重组、跟风重组和借重组实施利益输送等不当行为的意图，但与此同时也可能导致重大重组核准工作量加大、核准速度减慢、影响上市公司重组进度等问题。监管机构需要配备更多资源以响应上市公司重组需求。在强化重大资产重组监管的同时，一般性重组监管规则得以放宽，据统计，目前90%以上的资产重组不需要中国证监会核准。另外，为限制上市公司滥用融资渠道和频繁变更控股股东，监管机构规定上市公司定向增发股份数量不得超过发行前总股本的20%。作为资产重组的配套措施，上市公司通常会在重组中安排定向增发股份，对定增比例的限制，一定程度上压缩了上市公司资本运作的空间。这一规定很快就被联通混改案以个案处理的方式打破，随着国企混合所有制改革的不断深入，监管机构可能很快会进一步完善此项规定。

近年来，增发特别是定向增发已经成为上市公司再融资的主要方式。2016年，有814家上市公司实施定向增发，占上市公司总数的26.7%；融资总额1.7万亿元，达到历史高点。尽管增发股票为上市公司提供了融资便利，但由于增发股票的价格与二级市场价格存在明显价差，且当时的监管规则对新股东减持行为约束不够，使得增发股票在发行结束后很短时间内集中流入二级市场，有的股东单位甚至实施"清仓式减持"赚取一二级市场差价，对股市稳定造成不利影响，市场反应很大。为了防止上市公司大股东和高管人员任意减持套现，影响公司稳定运行进而侵害小股东利益，中国证监会在2017年5月又发布了《上市公司股东、董监高减持股份的若干规定》，沪深交易所随后分别颁布了实施细则。新规定增加了对上市公司股东减持IPO前发行的股份和上市后非公开发行股份的限制，以抑制股东特别是控股股东大比例减持股份。新规定明显延长了参与定向增发投资者的持股周期，对上市公司定向增发股份形成直接影响。2017年前9个月，仅379家上市公司实施增发，融资额8800亿元，与上年同期相比大幅下降。

2017年以来，中国证监会组织了专项执法行动，重点打击上市公司信息披露违法违规、内幕交易和恶意操纵市场等不法行为，截至9月末已经通报由中国证监会直接办理的三批共43起案件，其中相当一部分案件有上市公司股东单位或者公司高管直接参与。监管机构动员全系统力量加强监管执法取得了明显成果，据WIND资讯统计，2017年前3个季度上市公司及其法人股东因违反证券市场法规受到监管机构或交易所处罚的案件数量达到200多起，比上年同期增长近30%。这些案件绝大多数涉及信息披露违规，有的上市公司没有及时披露重大事项，有的涉及虚假信息披露或误导性陈述。监管执法行动不仅有利于清理市场乱象，也必然对上市公司股东和管理层违规行为起到警醒和震慑作用，促进上市公司规范经营。与此同时，银行业和保险业的监管力度同步加强，导致银行资金和保险资金进入股市的渠道收窄，一定程度上抑制了市场炒作气氛的发酵，为上市公司聚焦主业和稳健运营创造了条件。2017 年 1 ~ 9 月上市公司违规案件主要类型见图 3。

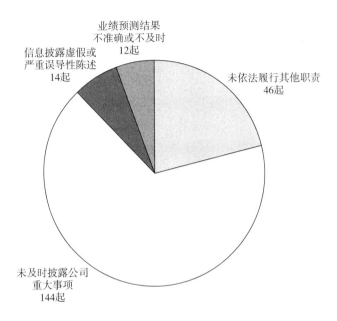

图3 2017 年 1 ~ 9 月上市公司违规案件主要类型

资料来源：WIND 资讯。

股票市场加强监管的基调短期内不会改变。2017 年 7 月中旬召开的全国金融工作会议再次重申了防范化解金融风险和加强金融监管的极端重要性。习近平总书记在会上强调，要把发展直接融资放在重要位置，形成融资功能完备、基础制度扎实、市场监管有效、投资者合法权益得到有效保护的多层次资本市场体系。这将成为未来一个时期我国资本市场建设的战略目标。而形成这样的资本市场体系，高质量的上市公司群体是必要基础。2017 年 9 月，中国证监会召开执法工作会议要求坚决贯彻落实依法全面从严监管工作方针，进一步拓展案件覆盖面，以专项执法行动为重点，狠抓规范管理，为资本市场健康稳定发展提供强有力的执法保障。由此可见，强化监管约束，倒逼上市公司合规经营和提升自身质量，似乎已经成为监管机构的既定策略。

二 2017年上市公司质量的总体状况

我们仍然运用自主开发的上市公司质量评价指标体系评价 2017 年 A 股非金融上市公司的质量。这一指标体系已经使用了 4 年，其间虽然少数基础指标有所调整，但整体框架没有变化，其对于上市公司的评价结果表现也总体稳定。在这一体系中，我们没有完全沿用监管合规思路来考查上市公司质量，而是本着股东利益最大化原则，从价值管理能力、价值创造能力和价值分配能力三个角度综合评价上市公司的有关体制机制安排和行为表现，实质上是对上市公司提出了更高要求，这是我们的评价结果低于一些市场人士预期的主要原因。这样做的目的是既衡量上市公司质量的真实状况，也便于上市公司有针对性地进行体制机制调整和行为调整。

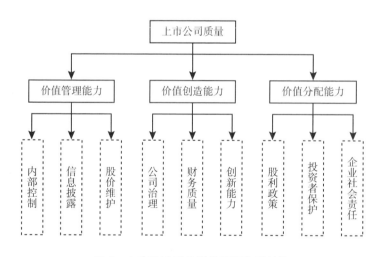

图4 上市公司质量评价指标体系结构

（一）整体评价

在考虑数据的可得性，并排除上市不足三年的上市公司、ST 公司和金融类公司以后，共收集到了 2451 家非金融上市公司数据。这些数据均来自

2014～2016年年报和截至2017年6月的各类不定期公告。读者可在本书附录中看到评价指标体系的构成和具体的基础指标，并可查阅上述公司的质量总评分和分项评分。需要说明的是，评价过程中所使用的财务数据是2014～2016年上市公司三年财务数据的平均值，这样做的目的是反映上市公司财务质量的中长期趋势，以对冲此类数据的滞后缺陷。课题组还对少数极值和缺省值进行了处理。

根据以百分制标示的评价结果，2017年A股上市公司质量平均得分63.63分，中值为64.17分，与上年基本持平，仍然有比较大的上升空间。上市公司间的质量差距比较明显，评分的分布相对均匀（见表1）。价值管理能力仍然是三项能力中的强项，平均分达到82.30分，而价值创造能力和价值分配能力则明显偏弱。我们鼓励上市公司对照质量评价结果进行"体检"，从三项能力以及各项基础指标上，查找与优秀上市公司的差距，积极弥补自身不足，进而提升公司质量。

表1　2017年上市公司质量整体状况

项目	最大值（分）	最小值（分）	平均值（分）	中值（分）	标准差
综合质量	83.75	37.27	63.63	64.17	6.56
1. 价值创造能力	84.93	21.78	58.01	58.93	9.41
1.1 公司治理	96.67	14.42	66.20	68.07	15.39
1.2 财务质量	88.33	13.59	58.77	60.05	11.04
1.3 创新能力	100.00	0.00	49.05	47.10	16.23
2. 价值管理能力	97.22	60.22	82.30	82.11	5.04
2.1 内部控制	100.00	30.00	89.89	96.00	10.58
2.2 信息披露	100.00	78.33	92.04	91.67	2.10
2.3 股价维护	100.00	50.00	64.96	66.67	10.77
3. 价值分配能力	91.13	15.27	56.22	56.80	11.07
3.1 股利政策	100.00	0.00	74.79	83.33	21.69
3.2 投资者保护	95.00	25.00	51.36	50.00	11.33
3.3 企业社会责任	100.00	0.00	42.52	37.27	17.98

为了更好地挖掘上市公司质量的聚类特征，我们采用五等分法为每一家上市公司进行质量评级。具体做法是将2451家上市公司按照质量综合评分

进行排序，之后对这些公司按照数量进行五等分，形成"好"、"较好"、"中等"、"较差"和"差"五个质量等级，每一等级约有490家上市公司。由于相当一部分上市公司质量评分非常接近，因此不建议读者过分看重每家公司的具体评分排名，而按照五等分法划分的上市公司质量评级可以更好地说明问题。图5展示了五个等级上市公司的平均质量得分特征。总体而言，前四个等级上市公司质量差距不是很大，只有第五等级"差"与第四等级"较差"类公司的差距明显拉大，综合评分仅有53.80分，落后上一层级6.95分。我们认为投资者当前应尽量避开此类公司。从三项能力来看，随着总分的逐级下降，各等级公司的价值创造能力和价值分配能力同步下降，由于价值创造能力在综合评分中占50%的权重，而价值分配能力占25%的权重，因此前者对于综合评分的影响力相当于后者的2倍。这一设计思路实际上突出了公司治理、财务质量和创新能力等价值创造能力构成因素对于上市公司质量评级的影响。各等级上市公司的价值管理能力较强且差距并不明显，原因主要是内部控制和信息披露等构成要素受强制性监管规则约束，因此绝大部分上市公司出于合规考虑采取了必要措施。

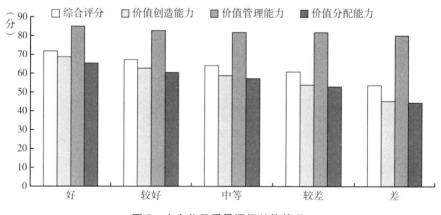

图5　上市公司质量评级总体状况

（二）三项能力表现

价值创造能力是上市公司质量评价三项能力中最重要的一项。在本报告所采用的评价体系中，公司治理、财务质量和创新能力三个要素共同决定价值创造能力。国内外诸多研究文献的结论均支持以下观点：公司治理是上市公司价值创造能力的"发动机"；财务质量是上市公司当期价值创造能力的具体表现；创新能力则决定了未来上市公司价值创造能力的提升潜力。根据本书评价结果，样本上市公司的价值创造能力平均为 58.01 分，仍然处在较低水平。创新能力是最关键的影响要素，在我国经济转型和深入实施国家创新战略的大背景下，仍有 1200 余家公司的年研发投入不足销售收入的 3%，表明相当一部分上市公司的创新能力偏弱或者重视程度不够，这些公司未来的价值创造能力令人担忧。同时，上市公司财务质量平均得分仅 58.77 分，尽管我们使用的是 2014～2016 年的财务数据平均值，没有包含 2017 年上市公司财务状况有所好转的因素，但仍无法回避上市公司总体经营业绩偏低的现实。公司治理是唯一评分高于上年的价值创造能力要素，其主要原因是上市公司董事会成员、高管人员和外部机构投资者持股的上市公司数量有所增加，这些机构和人员持股，可以激发管理层的工作积极性，增强非控股股东的制衡力，从而改善公司治理结构。

价值管理能力是历年上市公司质量评价中一直表现较好且稳定的一项。2017 年上市公司此项能力平均得分 82.30 分，较上年微升 0.6 分，且标准差仅为 5.04，表明所有上市公司此项能力得分比较接近。究其原因，主要是评价该项能力所用的内部控制相关指标和信息披露相关指标，如内部控制报告的披露内容、会计师事务所的审计意见、定期公告的披露时间等基本都有强制性监管规则进行规范，上市公司在这些指标上不达标，则有可能涉及违规，因此普遍比较重视。尽管如此，课题组认识到上市公司当前的信息披露质量，总体上仍不能够充分满足评价其价值管理能力的需要。比如，相当一部分公司的内部控制报告形式化问题突出，自愿信息披露内容较少、信息含量低、信息披露更正公告的滞后期较长，这给课题组进一步审慎评价上市公司的价值管理能力造成一定困难。股份回购或者增持股份是上市公司维护公司股票市值的直接行动。有 416 家上市公司的大股东和 477 家公司的高管人员（作为一个整体而言）在样本期内增持股份。

价值分配能力反映上市公司兼顾各方利益合理分配公司利润的能力，通过股利政策、投资者保护和企业社会责任三大要素来衡量。由于分配问题向来十分敏感，涉及上市公司财务分配，监管机构也不便过多介入，因此控股股东或者实际控制人通常对分配问题有较大发言权。在资本市场发展初级阶段，证券法规体系不健全，上市公司治理不完善，投资者在保护自身权益方面缺乏充足手段，价值分配能力在股价中也没有得到充分反映，上述因素共同导致我国上市公司价值分配能力不高。2017年上市公司价值分配能力平均得分为56.22分，比上年略有下降。其中投资者保护和企业社会责任评分明显低于平均分，成为主要的负面影响要素。需要注意的是，一些在发达市场已经比较普遍的投资者保护措施，在我国上市公司中仍未广泛切实推行。比如，有2100余家上市公司在股东大会选举董事和监事时仍未采用累积投票制，实际上不利于小股东推选代言人和参与公司治理；1200余家公司全年没有组织投资者活动，缺乏主动与投资者交流的积极性；1000余家公司的实际控制人存在控制权与现金流权分离的情况，为控制人的偏私行为提供了动机。在企业社会责任方面，仅有不到700家公司发布社会责任报告，显示多数上市公司对此项工作没有充分重视；1000余家上市公司提供的工作岗位减少，对社会就业的贡献减少；近900家公司向政府缴纳的税费减少，尽管原因是多方面的，但从社会责任角度衡量，其对社会所做出的直接财务贡献也有所减少，上述因素共同导致上市公司总体履行企业社会责任的情况不尽如人意。

（三）上市公司质量100强

表2展示了综合质量评分排前100名的上市公司。这些公司在综合质量评分和各分项评分中均有相对较好表现，其中相当数量的公司是本行业的龙头企业。机械设备、医药、电气设备和化工等行业均有10家以上企业入选，计算机、通信与电子行业及汽车行业也各有8家企业入选。这些公司都处在"好"等级内，但并非质量无可挑剔。可以发现绝大多数公司的质量评分在70～80分，少数公司的分项得分甚至在70分以下，因此这些上市公司的质量仍有提升空间。

表2　2017 年上市公司综合质量评分前 100 名

排名	证券代码	证券简称	综合质量（分）	分项评分（分）			所属行业
				价值创造能力	价值管理能力	价值分配能力	
1	601515	东风股份	83.75	82.15	86.22	84.49	包装印刷行业
2	600233	圆通速递	81.82	76.19	91.67	83.24	交通运输业
3	002271	东方雨虹	81.01	82.48	84.78	74.31	建材行业
4	000550	江铃汽车	80.74	79.66	88.89	74.76	汽车行业
5	002120	韵达股份	80.11	81.17	84.78	73.33	交通运输业
6	002601	龙蟒佰利	79.71	71.60	97.22	78.42	化工行业
7	002415	海康威视	79.66	75.31	88.89	79.13	计算机、通信与电子行业
8	300197	铁汉生态	79.53	81.69	77.89	76.84	建筑业
9	600699	均胜电子	79.39	78.78	91.67	68.33	汽车行业
10	002558	巨人网络	79.14	81.77	80.56	72.44	传媒行业
11	601238	广汽集团	78.81	74.99	83.56	81.69	汽车行业
12	600552	凯盛科技	78.45	82.45	83.56	65.33	建材行业
13	002523	天桥起重	78.32	77.12	86.11	72.91	机械设备行业
14	300124	汇川技术	78.23	75.83	86.11	75.16	电气设备行业
15	600867	通化东宝	78.03	74.26	87.67	75.91	医药行业
16	002008	大族激光	77.84	78.51	80.56	73.80	机械设备行业
17	000625	长安汽车	77.83	74.15	83.56	79.47	汽车行业
18	002410	广联达	77.79	71.39	97.22	71.13	软件信息行业
19	002548	金新农	77.51	63.62	91.67	91.13	农业
20	000895	双汇发展	77.47	74.15	86.11	75.47	食品饮料行业
21	600660	福耀玻璃	77.24	74.77	86.33	73.09	汽车行业
22	002032	苏泊尔	76.88	73.02	90.33	71.16	家电行业
23	002508	老板电器	76.88	73.86	86.11	73.69	电气设备行业
24	300396	迪瑞医疗	76.81	84.93	83.33	54.04	机械设备行业
25	600482	中国动力	76.64	79.39	86.11	61.67	电气设备行业
26	300199	翰宇药业	76.61	77.80	90.33	60.51	医药行业
27	300054	鼎龙股份	76.58	83.29	79.22	60.53	化工行业
28	300258	精锻科技	76.56	76.74	88.89	63.87	汽车行业
29	002014	永新股份	76.46	76.02	83.44	70.36	包装印刷行业
30	002624	完美世界	76.43	77.67	91.67	58.73	传媒行业
31	600258	首旅酒店	76.39	77.06	84.78	66.67	住宿和餐饮业
32	300272	开能环保	76.38	74.58	83.33	73.02	电气设备行业

续表

排名	证券代码	证券简称	综合质量（分）	分项评分（分）			所属行业
				价值创造能力	价值管理能力	价值分配能力	
33	002074	国轩高科	76.36	75.69	89.00	65.04	电气设备行业
34	002717	岭南园林	76.32	75.41	77.89	76.58	建筑业
35	300003	乐普医疗	76.29	77.95	86.11	63.13	机械设备行业
36	002249	大洋电机	76.29	68.91	84.78	82.56	电气设备行业
37	000002	万科 A	76.28	64.89	93.11	82.24	房地产业
38	002413	雷科防务	76.20	76.42	87.67	64.29	国防军工
39	603993	洛阳钼业	76.18	71.87	86.11	74.84	采矿业
40	002051	中工国际	76.17	69.88	90.33	74.58	建筑业
41	002239	奥特佳	76.15	82.19	80.56	59.64	汽车行业
42	300109	新开源	76.13	81.21	80.67	61.42	化工行业
43	300285	国瓷材料	76.09	75.24	97.22	56.64	化工行业
44	601636	旗滨集团	76.07	70.74	83.67	79.11	建材行业
45	002643	万润股份	76.05	76.60	80.56	70.47	化工行业
46	300145	中金环境	75.90	77.66	84.78	63.49	机械设备行业
47	600066	宇通客车	75.89	76.00	82.00	69.53	汽车行业
48	000881	中广核技	75.84	75.37	79.56	73.07	综合
49	002191	劲嘉股份	75.80	74.33	94.44	60.09	包装印刷行业
50	002180	纳思达	75.75	76.78	86.11	63.33	计算机、通信与电子行业
51	600754	锦江股份	75.63	73.10	86.11	70.20	住宿和餐饮业
52	601766	中国中车	75.52	73.20	83.56	72.11	机械设备行业
53	300203	聚光科技	75.50	75.14	95.89	55.84	环保行业
54	002152	广电运通	75.48	69.82	86.11	76.18	机械设备行业
55	300327	中颖电子	75.46	73.54	83.44	71.31	计算机、通信与电子行业
56	600323	瀚蓝环境	75.43	72.60	80.89	75.64	公用事业
57	300146	汤臣倍健	75.43	80.16	77.89	63.51	食品饮料行业
58	002713	东易日盛	75.41	74.76	86.11	66.02	建筑业
59	000726	鲁泰 A	75.27	67.97	88.89	76.24	纺织行业
60	002236	大华股份	75.24	64.56	97.22	74.62	计算机、通信与电子行业
61	300221	银禧科技	75.17	69.69	97.22	64.07	化工行业
62	603005	晶方科技	75.16	77.13	83.44	62.93	计算机、通信与电子行业
63	600894	广日股份	75.15	72.97	84.89	69.78	机械设备行业
64	300319	麦捷科技	75.15	73.46	89.00	64.69	计算机、通信与电子行业
65	300294	博雅生物	75.14	76.22	84.89	63.22	医药行业
66	002043	兔宝宝	75.07	74.27	84.78	66.96	建材行业

排名	证券代码	证券简称	综合质量（分）	分项评分（分）			所属行业
				价值创造能力	价值管理能力	价值分配能力	
67	000333	美的集团	75.05	70.80	80.56	78.02	电气设备行业
68	000661	长春高新	75.03	75.57	90.33	58.64	医药行业
69	000012	南玻 A	74.87	66.77	87.56	78.38	建材行业
70	600276	恒瑞医药	74.86	82.77	89.00	44.89	医药行业
71	300259	新天科技	74.79	71.03	83.44	73.67	机械设备行业
72	002709	天赐材料	74.79	80.44	84.78	53.49	化工行业
73	002322	理工环科	74.76	75.58	95.89	51.98	电气设备行业
74	300009	安科生物	74.75	72.05	89.00	65.89	医药行业
75	002117	东港股份	74.74	73.35	91.67	60.62	包装印刷行业
76	002202	金风科技	74.74	70.89	86.11	71.07	机械设备行业
77	002527	新时达	74.73	71.23	80.56	75.91	电气设备行业
78	300041	回天新材	74.73	73.08	91.67	61.09	化工行业
79	002030	达安基因	74.69	66.28	88.89	77.31	医药行业
80	600293	三峡新材	74.66	63.85	90.33	80.60	建材行业
81	002091	江苏国泰	74.64	68.46	86.11	75.56	批发和零售业
82	300406	九强生物	74.58	70.74	83.33	73.51	医药行业
83	300148	天舟文化	74.56	79.41	84.78	54.62	传媒行业
84	300049	福瑞股份	74.51	73.19	89.00	62.64	医药行业
85	002678	珠江钢琴	74.47	72.11	83.33	70.33	文娱用品制造业
86	000513	丽珠集团	74.46	73.21	88.89	62.53	医药行业
87	002626	金达威	74.40	75.34	86.11	60.82	医药行业
88	002653	海思科	74.36	73.61	88.89	61.36	医药行业
89	300349	金卡智能	74.31	71.58	79.22	74.84	机械设备行业
90	002003	伟星股份	74.27	71.61	84.78	69.07	纺织行业
91	300015	爱尔眼科	74.25	69.08	84.78	74.07	科学研究、文化、卫生
92	002405	四维图新	74.22	69.30	84.78	73.49	软件信息行业
93	000400	许继电气	74.15	75.03	88.89	57.64	电气设备行业
94	000008	神州高铁	74.13	81.53	79.22	54.24	机械设备行业
95	002158	汉钟精机	74.12	73.45	87.56	62.02	机械设备行业
96	002450	康得新	74.10	74.48	80.78	66.64	化工行业
97	300296	利亚德	74.06	68.52	80.56	78.67	计算机、通信与电子行业
98	300136	信维通信	74.02	69.67	77.89	78.87	计算机、通信与电子行业
99	600143	金发科技	74.00	66.95	91.67	70.42	化工行业
100	600663	陆家嘴	73.90	67.46	84.67	76.00	房地产业

三 各板块市场上市公司质量

本报告评价了主板上市公司 1330 家，中小板上市公司 717 家，创业板上市公司 404 家。在综合质量上，创业板上市公司平均分最高，为 66.48 分，中小板上市公司平均分为 65.29 分，主板上市公司平均分为 61.88 分（见表 3）。三个板块上市公司质量的总体排序与上年相同，不过板块之间的差距略有缩小。主板上市公司总体质量仍最低，但是主板上市公司质量结构中质量"较好"和"好"的公司明显增加。与此相反，中小板和创业板质量结构变差，前两个等级的公司数量都明显下降。

表3 各板块上市公司质量总体状况

单位：分

项目	主板	中小板	创业板
综合质量	61.88	65.29	66.48
1. 价值创造能力	55.30	60.44	62.61
1.1 公司治理	64.00	67.93	70.34
1.2 财务质量	57.38	60.61	60.09
1.3 创新能力	44.51	52.78	57.38
2. 价值管理能力	81.91	82.83	82.63
2.1 内部控制	87.34	92.82	93.07
2.2 信息披露	92.42	91.62	91.55
2.3 股价维护	65.97	64.04	63.28
3. 价值分配能力	55.01	57.43	58.08
3.1 股利政策	70.38	79.43	81.08
3.2 投资者保护	50.10	52.66	53.22
3.3 企业社会责任	44.55	40.21	39.93

从各板块前 50 名公司在所有板块公司中的排名来看，主板上市公司进入所有板块前 50 名的公司数量大幅增加，而中小板和创业板有所减少。这些公司主要是机械设备、医药、化工、电气设备、汽车以及计算机、通信与电子等行业的上市公司。建筑业的公司明显减少，房地产业公司略有增加。

（一）价值创造能力

在价值创造能力上，中小板和创业板上市公司优势较明显，平均得分分别为 60.44 分和 62.61 分，主板上市公司平均得分 55.30 分。在公司治理方面，创业板上市公司平均分最高，为 70.34 分；中小板次之，为 67.93 分；主板最低，为 64.00 分。该评价结果与前三年的评价结果次序一致。其中，在公司治理方面，股东大会参与程度，创业板上市公司得分明显高于主板和中小板；主板上市公司的董事长与总经理的兼任情况明显少于中小板和创业板；主板上市公司机构持股明显高于中小板和创业板。在财务质量方面，中小板上市公司平均分最高（上年为创业板最高），为 60.61 分；创业板次之，为 60.09 分；主板最低，为 57.38 分。其中，盈利能力、偿债能力和成长能力最好的均为创业板上市公司，营运能力最好的为主板上市公司，但是三个板块的差距在缩小。在创新能力方面，创业板上市公司平均分最高，为 57.38 分；中小板次之，为 52.78 分；主板最低，为 44.51 分。创业板和中小板上市公司在创新方面的投入和产出明显多于主板。

（二）价值管理能力

在价值管理能力上，中小板上市公司平均分最高（上年创业板最高），为 82.83 分，创业板上市公司平均分为 82.63 分，主板上市公司平均分为 81.91 分。在内部控制方面，创业板上市公司平均分最高，为 93.07 分；中小板次之，为 92.82 分；主板最低，为 87.34 分，这与上年评价结果一致。其中，三个板块的内部控制的审计意见类型中"无保留意见"占比均提高，特别是中小板和创业板大幅提高。关于合规性，三个板块的违规公司家数占比都降低，但是受到的处罚与上年相比有所加重。在信息披露方面，三个板块得分比较接近。其中，关于信息披露的及时性，主板、中小板和创业板上市公司的季度报告、中报和年报披露都很及时，全部达到满分 100 分。关于股价维护，在第一大股东增持方面，主板和中小板变化不大，创业板有所下降；在第一大股东减持方面，主板大幅减少，中小板小幅下降，但创业板明显增加；在管理层增持方面，三个板块均大幅减少，尤其是中小板和创业板增持家数占比由上年的3/4左右下降到1/5左右；在管理层减持方面，三个板块急剧增加，由上年家数占比5%以下上涨到34%～74%；在回购股票方面，三个板块明显增加，中小板和创业板尤其突出，由上年家数占比5%以下上涨到7%～26%。这说明上市公司维护股价的策略发生了改变，由积极行动转向消极防御，由上年的大股东增持和管理层增持，转变为减少大股东减持和股票回购来维护股价，同时管理层减持凶猛。

（三）价值分配能力

在价值分配能力上，创业板和中小板上市公司的平均得分高于主板，分别为58.08分和57.43分，主板上市公司平均得分为55.01分，三个板块差距缩小。在股利政策方面，创业板上市公司平均分最高，为81.08分；中小板次之，为79.43分；主板最低，为70.38分。其中，关于股利政策，主板未分红公司占比有所下降。关于未分红独立董事发表赞同意见的公司占比，主板和中小板均明显下降；关于未分红且不说明原因的公司占比，中小板公司有所增加。在投资者保护方面，创业板上市公司平均分最高，为53.22分；中小板次之，为52.66分；主板最低，为50.10分。关于累积投票制，三个板块实施该制度的公司同比有所增加。在企业社会责任方面，主板上市公司平均分最高（上年为创业板最高），为44.55分；中小板次之，为40.21分；创业板最低，为39.93分。与上年相比，三个板块得分都提高了，原因在于三个板块披露企业社会责任报告的公司数量有所增加。关于企业支付税费增长率，增长率大于0的主板公司数量增加，而创业板则有所下降。

四　主要行业上市公司质量

根据中国证监会《上市公司行业分类指引》（2012）的说明，参照申银万国证券公司的行业分类以及目前的热点行业，我们挑选了17个行业的上市公司来进行分析，共涵盖上市公司1864家，约占2451家样本上市公司的76%，具体情况见表4。

表4 2017年各行业上市公司综合质量排名

行业名称	2017年名次	2016年名次	2015年名次	上市公司数目（家）	综合质量（分）	价值创造能力（分）	价值管理能力（分）	价值分配能力（分）
汽车行业	1	5	3	81	65.71	61.35	82.23	57.89
电气设备行业	2	3	5	157	65.54	60.91	82.20	58.15
软件信息行业	3	1	1	112	64.92	58.50	82.63	60.03
医药行业	4	7	8	151	64.71	59.45	82.86	57.07
环保行业	5	2	2	31	64.60	59.94	82.33	56.18
机械设备行业	6	4	4	237	64.32	59.16	82.85	56.10
食品饮料行业	7	13	7	68	64.13	59.28	82.69	55.26
建材行业	8	10	11	49	63.79	59.27	81.73	54.91
计算机、通信与电子行业	9	6	6	203	63.63	57.25	82.72	57.30
建筑业	10	12	10	65	63.51	56.88	81.82	58.48
房地产业	10	17	17	116	63.51	56.67	82.75	57.95
化工行业	12	8	9	157	63.39	59.05	82.35	53.13
航天军工业	13	9	15	33	62.98	58.17	80.48	55.09
传媒行业	14	11	14	98	62.74	56.72	81.91	55.63
公用事业	15	15	13	89	62.64	55.03	81.99	58.50
批发和零售业	16	16	16	136	62.40	56.76	81.30	54.78
交通运输业	17	14	12	81	62.11	54.09	82.75	57.53

在综合质量方面，汽车行业排名第一，综合质量得分65.71分。而排名最低的是交通运输业，综合质量为62.11分。从一级指标来看，价值创造能力得分最高的是汽车行业，得分为61.35分；得分最低的是交通运输业，得分为54.09分。从价值管理能力来看，得分最高的是医药行业，得分为82.86分；得分最低的是航天军工业，得分为80.48分。从价值分配能力来看，排名最高的是软件信息行业，得分为60.03分；排名最低的是化工行业，得分为53.13分。

与2016年和2015年相比，排名前5的行业基本没有变化，三年里只有机械设备行业跌出前5名，而医药行业2017年首次进入前4名。其他前4名行业排名互有涨跌，但均保持了前5名的位置。2016年的17个行业中，综合质量60分以上的16个，60分以下的1个；而2017年的17个行业中，综合质量得分均在60分以上。与2016年相比，名次变动较大的行业有房地产业和食品饮料行业。前者从 2016 年的第 17 位大幅上升到 2017 年的第 10 位，而后者从 2016 年的第 13 位上升到 2017 年的第 7 位。2017 年的最后 5 名行业是航天军工业、传媒行业、公用事业、批发和零售业以及交通运输业，而 2016 年的最后五名行业是食品饮料行业、交通运输业、公用事业、批发和零售业与房地产业。

从公司的分布来看（见表 5），总分排名第一的汽车行业中评级为"好"的公司占比排名第 2，评级为"较好"的公司占比排名第 5，"好"的公司占比和"较好"的公司占比合计 56.79%，在所有行业中排名第一。而总分排名最后一位的交通运输业，"好"的公司的占比只有 6.17%，在 17 个行业中排名垫底。而其"较差"公司和"差"公司占比合计高达 54.32%，在 17 个行业中排第 2 位。从前三名行业来看，其"好"和"较好"公司的比例合计都超过 45%，而后三名公司的"较差"和"差"公司的比例都超过 50%。

表 5 各行业上市公司在各质量等级的数量分布情况

单位：%

行业名称	评级为"好"的公司占比	评级为"较好"的公司占比	评级为"中等"的公司占比	评级为"较差"的公司占比	评级为"差"的公司占比
汽车行业	33.33	23.46	11.11	19.75	12.35
电气设备行业	28.66	22.29	22.93	13.38	12.74
软件信息行业	20.54	26.78	25.00	14.29	13.39
医药行业	27.15	19.87	18.54	21.19	13.25
环保行业	25.81	19.35	19.35	22.58	12.90
机械设备行业	22.36	23.63	19.83	16.03	18.14
食品饮料行业	33.82	11.76	17.65	16.18	20.59
建材行业	20.41	26.53	16.33	8.16	28.57
计算机、通信与电子行业	19.70	19.21	24.63	17.73	18.72
建筑业	7.69	20.00	10.77	13.85	27.69
房地产业	18.97	23.28	13.79	25.00	18.97
化工行业	26.11	19.75	18.47	16.56	19.11
航天军工业	12.12	27.27	27.27	12.12	21.21
传媒行业	7.14	18.37	30.61	26.53	17.35
公用事业	12.36	15.73	16.85	34.83	20.22
批发和零售业	13.97	13.97	19.85	30.88	21.32
交通运输业	6.17	11.11	28.40	32.10	22.22

五 对2018年上市公司质量的展望

2018年，前景尚不明朗的全球经济形势为上市公司改善经营业绩带来了较大不确定性；证券市场对外开放步伐加快，上市公司监管趋严，国有企业改革不断深化，机构投资者队伍持续壮大，这些因素共同推动上市公司质量的提高。另外，相当一部分上市公司仍然在股利政策、投资者保护和履行社会责任等方面不能够积极作为，这成为制约上市公司质量的关键因素。

习近平总书记在党的十九大报告中指出，我国经济已由高速增长阶段转向高质量发展阶段，正处在转变发展方式、优化经济结构、转换增长动力的攻关期，而投资对优化供给结构具有关键性作用，在经济去杠杆的大背景下，为了解决投资资金来源问题，必须提高直接融资特别是股权融资比重。在党的十九大召开前的全国金融工作会议上，习总书记已经突出强调了直接融资的重要性，并提出建立融资功能完备、基础制度扎实、市场监管有效、投资者合法权益得到有效保护的多层次资本市场体系。我们认为，习总书记对于资本市场建设和监管所提出的要求，将很快转化为相关政策和监管行动。作为资本市场的发展基础，上市公司质量将会得到更多重视。在充分尊重上市公司及其股东财产权利的基础上，有效调动上市公司利益相关者积极性，发挥监管约束的正面作用，将是提升经营业绩、完善公司治理、提高信息披露质量、加强投资者保护进而提升上市公司整体质量的主要着力点。同时，在"五位一体"总体布局和"四个全面"战略布局统领下，国家深入实施创新驱动发展战略、乡村振兴战略、区域协调发展战略、可持续发展战略和军民融合发展战略等，会对上市公司经营活动产生深远影响。高新技术产业和战略新兴产业内的上市公司和面临"混改"的国有控股上市公司将迎来更多发展机遇，周期性行业内的上市公司也会由于经济企稳而受益，产能过剩行业上市公司的经营压力较大，但也不能排除此类公司通过重组获得新生的可能。

综上所述，在经济增长动力转换期，上市公司总体仍然掌握着发展主动权。党的十九大会议精神的迅速贯彻落实，股票市场上市、退市等基础性制度的进一步完善，将会积极推动上市公司质量的提高。但中国股市的多年发展经验也告诉我们，上市公司质量同国家经济发展阶段、投资者风险承受力以及股市文化等基础性因素密切相关，质量的提升有赖于国家经济、政治、文化、社会和生态发展水平的大幅度提高，因此它也将是一项长期系统工程。

分　报　告

Sub – reports

分报告一
各市场板块上市公司质量评价报告

摘　要：　本报告对我国A股市场主板、中小板和创业板非金融上市公司进行了综合质量评价。创业板的综合质量、价值创造能力和价值分配能力最好，中小板的价值管理能力最好。虽然主板上市公司综合质量得分最低，但是整体质量有所提高，进入所有上市公司综合质量排名前50的公司数量明显增加。三个板块维护股价的方式由积极行动转向消极防御，由上年的大股东和管理层增持转变为大股东减持减少和股票回购，与此同时管理层在大幅减持。

关键词：　主板　中小板　创业板　质量评价

一　主板上市公司质量评价

在本报告中，主板上市公司共1330家，占所有上市公司总数的

54.26%，综合质量平均分为 61.88 分，低于所有上市公司平均分 63.63 分（见表1），主板上市公司质量低于中小板和创业板。主板上市公司质量评价最高分为 83.75 分，在所有上市公司中排名第 1；最低分为 37.27 分，在所有上市公司中排末位，即第 2451 位。从主板上市公司各项目的得分分布情况来看，股利政策、企业社会责任、公司治理和创新能力的标准差比较大，数据的离散程度较高，说明主板上市公司在这四方面的能力差异较大。

表 1　主板上市公司质量评价情况

项目	主板上市公司				所有上市公司平均值（分）
	平均值（分）	最大值（分）	最小值（分）	标准差	
综合质量	61.88	83.75	37.27	6.80	63.63
1. 价值创造能力	55.30	82.77	21.78	9.53	58.01
1.1 公司治理	64.00	96.67	17.47	16.84	66.20
1.2 财务质量	57.38	86.09	13.59	11.23	58.77
1.3 创新能力	44.51	100.00	0.00	15.08	49.05
2. 价值管理能力	81.91	97.22	61.78	4.98	82.30
2.1 内部控制	87.34	100.00	30.00	11.34	89.89
2.2 信息披露	92.42	100.00	85.00	2.70	92.04
2.3 股价维护	65.97	100.00	50.00	9.10	64.96
3. 价值分配能力	55.01	84.49	15.27	12.18	56.22
3.1 股利政策	70.38	100.00	0.00	23.73	74.79
3.2 投资者保护	50.10	95.00	25.00	11.99	51.36
3.3 企业社会责任	44.55	100.00	0.00	18.88	42.52

在综合质量评分排名区间中，与前3年评价结果一致，主板上市公司出现了随质量等级下降上市公司数量增加的情况（见表2）。主板上市公司综合质量为"好"和"较好"的公司占比相比明显上升，为31%（上年为22%）；综合质量"较差"和"差"的公司占比有所下降，为53%（上年为57%）。主板上市公司的价值创造能力中"好"和"较好"的公司数量占比为29%（上年为27%）；价值管理能力中"好"和"较好"的公司数量占比明显上升，为39%（上年为24%）；价值分配能力中"好"和"较好"的公司数量占比明显上升，为37%（上年为27%）。

表 2　主板上市公司在各质量排名区间的分布

单位：家，%

质量区间	综合质量		价值创造能力		价值管理能力		价值分配能力	
	数量	占比	数量	占比	数量	占比	数量	占比
好（0~20%）	185	13.91	169	12.71	234	17.59	283	21.28
较好（20%~40%）	224	16.84	216	16.24	288	21.65	208	15.64
中等（40%~60%）	214	16.09	240	18.05	278	20.90	236	17.74
较差（60%~80%）	329	24.74	312	23.46	221	16.62	263	19.77
差（80%~100%）	378	28.42	393	29.55	309	23.23	340	25.56
总体	1330	100.00	1330	100.00	1330	100.00	1330	100.00

　　虽然主板上市公司质量略低于所有上市公司平均水平的原因是处于低质量等级的公司数量相对较多。但与前3年相比，主板上市公司的价值分配能力有所提升，价值创造能力和价值管理能力略有提高。

　　按照综合质量评价得分，主板上市公司质量评价排名前50的公司见表3。这50家公司得分为72~84分，其中有4家进入所有板块上市公司排名前10，有17家进入所有板块上市公司排名前50，其他公司排名在前161名之内。与上年相比（5家），主板上市公司进入所有板块上市公司前50名的数量回升。从所属行业来看，这50家公司主要为汽车、医药、机械设备和建材等行业的公司，建筑业的公司数量明显减少（0家，而上年为3家），而房地产业有3家（上年为1家）进入前50名，这与2016年全国房价快速上涨、国家调控土地供应、房地产开发趋缓和水泥等建材行业"去产能"有关。

表 3　主板市场综合质量排名前50的公司

在主板市场排名	在所有上市公司中排名	股票代码	证券简称	所在行业	综合质量（分）
1	1	601515	东风股份	制造业	83.75
2	2	600233	圆通速递	交通运输业	81.82
3	4	000550	江铃汽车	汽车行业	80.74
4	9	600699	均胜电子	汽车行业	79.39
5	11	601238	广汽集团	汽车行业	78.81
6	12	600552	凯盛科技	建材行业	78.45
7	15	600867	通化东宝	医药行业	78.03
8	17	000625	长安汽车	汽车行业	77.83

续表

在主板市场排名	在所有上市公司中排名	股票代码	证券简称	所在行业	综合质量（分）
9	20	000895	双汇发展	食品饮料行业	77.47
10	21	600660	福耀玻璃	汽车行业	77.24
11	25	600482	中国动力	电气设备行业	76.64
12	31	600258	首旅酒店	住宿和餐饮业	76.39
13	37	000002	万科A	房地产业	76.28
14	39	603993	洛阳钼业	采矿业	76.18
15	44	601636	旗滨集团	建材行业	76.07
16	47	600066	宇通客车	汽车行业	75.89
17	48	000881	中广核技	综合	75.84
18	51	600754	锦江股份	住宿和餐饮业	75.63
19	52	601766	中国中车	机械设备行业	75.52
20	56	600323	瀚蓝环境	公用事业	75.43
21	59	000726	鲁泰A	制造业	75.27
22	62	603005	晶方科技	计算机、通信与电子行业	75.16
23	63	600894	广日股份	机械设备行业	75.15
24	67	000333	美的集团	电气设备行业	75.05
25	68	000661	长春高新	医药行业	75.03
26	69	000012	南玻A	建材行业	74.87
27	70	600276	恒瑞医药	医药行业	74.86
28	80	600293	三峡新材	建材行业	74.66
29	86	000513	丽珠集团	医药行业	74.46
30	93	000400	许继电气	电气设备行业	74.15
31	94	000008	神州高铁	机械设备行业	74.13
32	99	600143	金发科技	化工行业	74.00
33	100	600663	陆家嘴	房地产业	73.90
34	102	600332	白云山	医药行业	73.84
35	106	600166	福田汽车	汽车行业	73.75
36	116	000938	紫光股份	计算机、通信与电子行业	73.61
37	123	000690	宝新能源	公用事业	73.48
38	124	600273	嘉化能源	化工行业	73.44
39	128	601139	深圳燃气	公用事业	73.38
40	130	600633	浙数文化	传媒行业	73.38
41	132	600845	宝信软件	软件信息行业	73.34
42	135	601012	隆基股份	制造业	73.33

在主板市场排名	在所有上市公司中排名	股票代码	证券简称	所在行业	综合质量（分）
43	136	600183	生益科技	计算机、通信与电子行业	73.32
44	137	600196	复星医药	医药行业	73.28
45	142	600619	海立股份	机械设备行业	73.26
46	143	000596	古井贡酒	食品饮料行业	73.22
47	150	000998	隆平高科	农林牧副渔	73.07
48	153	600562	国睿科技	国防军工	72.96
49	159	600565	迪马股份	房地产业	72.75
50	161	603188	亚邦股份	化工行业	72.73

（一）价值创造能力

主板上市公司价值创造能力平均得分55.30分，低于所有上市公司平均值（58.01分），明显低于中小板和创业板的水平。从价值创造能力所包含的公司治理、财务质量和创新能力方面来看，这三项的平均分也都低于所有公司的平均值。

1. 公司治理

在公司治理方面，主板与中小板、创业板的得分差距缩小，主要原因是主板上市公司股东的股东大会出席比例略有上升，机构持股比例小幅上涨。与前3年评价结果相同的是主板上市公司的董事长与总经理的兼任情况较少，该项得分为83.61分，明显高于中小板（66.25分）和创业板（59.16分）。主板上市公司股东大会出席比例在0.05%以上的公司有498家（占主板公司家数的37%，上年为35%），出席比例在0.1%以上的有233家（占18%，上年为16%）。董事会成员持股数量和高管持股数量得分明显低于中小板和创业板。在董事会成员构成中，主板上市公司的独立董事占比得分略低于中小板和创业板。在机构持股方面，主板上市公司的机构持股比例连续3年小幅上升，且得分明显高于中小板和创业板，说明机构投资者在经济新常态下对主板上市公司更加青睐，这有助于改善上市公司的公司治理。其中，机构持股比例在20%以上的公司有1213家（占91%，上年为90%），50%以上的有651家（占49%，上年为46%）。

2. 财务质量

在财务质量方面，从总体上看主板上市公司与中小板、创业板的差距在缩小。主板上市公司营运能力较好，得分高于中小板和创业板；盈利能力、偿债能力和成长能力得分都低于所有公司的平均水平。

从盈利能力来看，与上年评价结果相同，主板上市公司的净资产收益率、销售净利率、销售现金比和主营业务比率都低于所有上市公司的平均水平，销售对于净利润和经营现金净流量的贡献较少。在主板上市公司中，净资产收益率在5%以上的公司有736家（占主板公司家数的55%），10%以上的有393家（占30%），20%以上的有77家（占6%）。销售净利率在10%以上的公司有365家（占27%），20%以上的有128家（占10%）。销售现金比在10%以上的公司有522家（占39%），20%以上的有240家（占18%）。主营业务比率在50%以上的公司有1099家（占83%）。

从偿债能力看，与上年评价结果相同，主板上市公司的非筹资性现金净流量与流动负债的比率得分高于所有上市公司的平均水平，说明其短期偿债能力强于中小板和创业板，而资产负债率、息税折旧摊销前利润/负债合计得分均低于所有上市公司的平均水平，说明其长期偿债能力相对较弱。在主板上市公司中，资产负债率在50%以上的公司有674家（占51%），80%以上的有77家（占6%）。息税折旧摊销前利润/负债合计比率在10%以上的公司有840家（占63%），50%以上的有120家（占9%）。非筹资性现金净流量与流动负债的比率在5%以上的公司有502家（占38%），20%以上的有216家（占16%）。

从营运能力看，与上年评价结果略有差异，流动资产周转率得分仍高于其他板块，但主板上市公司的总资产周转率得分也高于其他板块（上年比中小板略低）。流动资产周转率在1以上的公司有751家（占56%），2以上的有279家（占21%）。总资产周转率在0.5以上的有699家（占53%），1以上的有223家（占17%）。

从成长能力看，与上年评价结果相同，主板上市公司的营业收入增长率、营业利润增长率、归属母公司股东的净利润增长率和总资产增长率得分均低于所有上市公司的平均水平，但是与其他板块的差距在缩小。营业收入增长率在5%以上的公司有645家（占49%），20%以上的有255家（占19%）。营业利润增长率在5%以上的有727家（占55%），50%以上的有285家（占21%）。归属母公司股东的净利润增长率在10%以上的有624家（占47%）。总资产增长率在10%以上的有638家（占48%），20%以上的有322家（占24%）。

3. 创新能力

在创新能力方面，从研发投入占主营业务收入比和研发转化成无形资产的规模上来看，与上年评价结果相同，主板上市公司在创新方面的投入和产出都低于所有上市公司的平均水平。研发投入占主营业务收入比在1%以上的公司有648家（占49%），5%以上的有132家（占10%）。无形资产增长率在10%以上的有488家（占37%），在50%以上的有222家（占17%）。

（二）价值管理能力

主板上市公司价值管理能力得分81.91分，低于所有上市公司平均分（82.30分）。从价值管理能力所包含的内部控制、信息披露和股价维护方面来看，主板上市公司信息披露和股价维护得分均高于所有上市公司平均分，内部控制得分略低于所有上市公司的平均分。其中，与上年相比，主板上市公司的股价维护得分有较大提高。

1. 内部控制

在内部控制方面，与上年评价结果相同，主板上市公司平均分低于所有上市公司平均分。主板上市公司的内部控制评价报告审计意见得分低于中小板和创业板，而上年评价结果高于中小板和创业板，主要原因是2017年中小板和创业板的内控审计意见得分明显提高。主板上市公司内部控制评价报告审计意见中"无保留意见"（包括标准无保留意见和无保留加强调事项段意见）达到1320家，占主板上市公司的99.25%。为主板上市公司内部控制进行审计的会计师事务所在"2016年会计师事务所综合评价前百家"中排名前 30 的有 995 家，占主板上市公司的 75%，该项得分高于中小板和创业板。对于内部控制评价报告中发现的内部控制缺陷和整改情况，与前 3 年评价结果相同，主板上市公司得分远低于中小板和创业板。

关于合规性，主板上市公司的违规得分和接受处罚类型得分均低于中小板和创业板。虽然对主板上市公司违规的处罚数量减少了，但处罚力度有所增强。主板上市公司发生违规的公司有 91 家，占主板上市公司的 6.84%，与上年（8.84%）相比下降了。违规的 91 家公司中 59 家公司受到了警告、批评、谴责、其他的处罚（占 4.44%，上年为 8.13%），32 家公司受到罚款、没收非法所得的处罚（占比为 2.41%，上年为 0.71%）。

2. 信息披露

在信息披露方面，主板上市公司平均分与所有上市公司平均分相当，略高于中小板和创业板。其中，主板上市公司的中报、三季报和年报的披露时间均达到及时性要求。主板上市公司审计意见得分略低于中小板和创业板，财务报告的审计意见类型为"无保留意见"（包括标准无保留意见和无保留加强调事项段意见）的公司达到 1323 家，占主板上市公司的 99.47%。关于公司是否交叉上市，主板上市公司得分高于中小板和创业板。

3. 股价维护

在股价维护方面，与上年相比，主板上市公司得分有明显提高，平均分高于所有上市公司平均分，主要原因是第一大股东增持股份波动不大、管理层增持股份大幅减少而减持股份大幅增加，主板上市公司的第一大股东减持大幅减少且股票回购小幅增加。而中小板和创业板公司的管理层进行了更大幅度的减持。其中，主板上市公司第一大股东增持股份的有 228 家（占主板公司家数的 17%，与上年基本相同），减持的有 319 家（占 24%，上年为 53%）；管理层增持股份的有 246 家（占 19%，上年为 31%），减持的有 452 家（占 34%，上年为 4%）。对于回购股票，主板上市公司有 93 家（占 7%，上年为 2%）实施了回购股票。与上年维护股价的方式不同（通过第一大股东增持股份和管理层增持股份），2017 年主板上市公司通过减少第一大股东减持股份和股票回购来维护股价。

（三）价值分配能力

主板上市公司价值分配能力得分 55.01 分，低于所有上市公司平均分56.22 分。从价值分配能力所包含的股利政策、投资者保护和企业社会责任方面来看，主板上市公司的企业社会责任得分高于所有上市公司的平均分，股利政策和投资者保护的得分明显低于平均值。

1.股利政策

在股利政策方面，主板上市公司得分明显低于中小板和创业板。其中，关于是否符合现金股利分红底线（平均利润的 30%）的要求，主板上市公司得分明显低于中小板和创业板。最近 3 年总现金股利大于等于平均利润30% 的主板上市公司有 284 家（占主板公司家数的 21%，略高于上年的20%）；最近 3 年总现金股利小于平均利润 30% 但大于 0 的公司有 733 家（占 55%，上年 54%）；最近 3 年未进行现金股利分红公司有 313 家（占24%，低于上年的 26%）。与上年相比，现金分红的主板上市公司数量增加，且现金分红占利润的比例有所上升。主板上市公司现金分红的公司数量连续 3 年增加。

对于公司章程中是否有股东回报的相关政策，主板上市公司有 1113家有相关规定（占 84%，上年 83%），比例低于中小板和创业板。独立董事对未分红发表同意意见的主板上市公司为 103 家（占 8%，上年为23%），独立董事对未分红未发表同意意见的主板上市公司为 267 家（占20%，上年为 4%）。独立董事对于主板上市公司未分红表示赞同的明显减少。

2.投资者保护

在投资者保护方面，主板上市公司得分虽然仍低于所有上市公司的平均分，但与上年相比，与中小板和创业板的差距缩小了。其中，在投资者参与权方面，主板上市公司中有 247 家采用了累积投票制，占主板上市公司的19%（上年为 17%），该比例高于中小板和创业板。在管制大股东的控制权方面，主板上市公司实际控制人控制权与现金流权分离度得分低于中小板和创业板，说明主板上市公司控股股东更易于获取现金流权，这不利于保护投资者利益。在投资者知情权方面，主板有329家上市公司组织了投资者活动，占主板上市公司的25%（上年为22%），该比率虽有所提高，但仍然远低于中小板和创业板。

3.企业社会责任

在企业社会责任方面，主板上市公司得分高于所有上市公司的平均分，主要原因在于披露企业社会责任报告的公司多了。主板有505家上市公司披露了企业社会责任报告，占主板上市公司的38%，该比例大幅提高（上年为19%），远高于中小板和创业板。在就业和税费贡献方面，主板上市公司得分均低于中小板和创业板。在就业方面，主板上市公司员工人数增长的公司有643家，占主板上市公司的48%（上年为47%），其中员工就业增长率大于10%的有289家（占22%）。在税费贡献方面，主板上市公司支付税费增长的公司有791家，占主板上市公司的59%（上年为55%），其中企业支付税费增长率大于10%的有605家，占主板上市公司的45%（上年为42%）。虽然主板上市公司比中小板和创业板更重视社会责任的披露，但是从就业和税费贡献方面来看，主板上市公司履行社会责任情况不如中小板和创业板，不过这一状况正在逐渐改观。

主板上市公司分项平均值和全部上市公司平均值及最大值的比较见图1。

综上所述，我国的主板上市公司的整体质量低于中小板和创业板，但质量在逐渐提高。与上年相比，主板上市公司质量"好"和质量"较好"的公司占比明显提高，进入所有板块前50名的公司数量大幅增加。在价值创造能力方面，主板上市公司的公司治理有所提高，而盈利能力、偿债能力、营运能力和成长能力略有下降。在价值管理能力方面，股价维护能力明显提高，内部控制和信息披露得分略有提高。在价值分配能力方面，股利政策得分下降，投资者保护和企业社会责任得分提高。

值得注意的是，关于公司治理，主板上市公司股东大会的股东出席比例上升，机构持股比例连续3年小幅上升。关于财务质量，主板上市公司与中小板、创业板的差距缩小了。关于内部控制，主板上市公司的

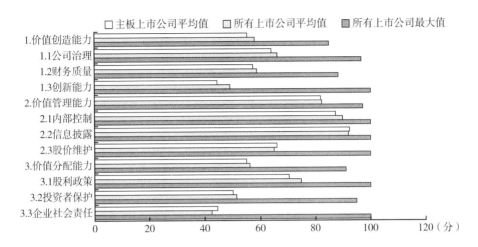

图1　主板上市公司分项平均值和所有上市公司平均值及最大值的比较

内控审计意见得分低于中小板和创业板，主要原因是2017年中小板和创业板的内控审计意见得分明显提高。关于合规性，对于主板上市公司违规的处罚数量减少了，但处罚力度有所增强。关于股价维护，主板上市公司得分有明显提高，主要原因是虽然主板上市管理层增持股份大幅减少而管理层减持股份大幅增加，但公司的第一大股东减持大幅减少和股票回购小幅增加，同时中小板和创业板公司的管理层进行了更大幅度的减持。关于投资者保护，股东大会实行累积投票制的公司增加了，实际控制人控制权与现金流权分离度得分提高了。关于股利政策，独立董事对于主板上市公司未分红表示赞同的明显少了。关于企业社会责任，主板上市公司得分高于所有上市公司的平均分，主要原因在于披露企业社会责任报告的公司多了。

二　中小板上市公司质量评价

在本报告中，中小板上市公司一共717家，占上市公司总数的29.25%，综合质量平均分为65.29分，高于所有上市公司平均分63.63分（见表4）。与上年评价结果相同，中小板上市公司质量高于主板、低于创业板。中小板上市公司综合质量评价最高分为81.01分，在所有上市公司中排名第3；最低分为42.38分，在所有上市公司中排名第2448。从中小板上市公司各项目得分的分布情况来看，股利政策、企业社会责任、创新能力和公司治理的标准差比较大，数据的离散程度较高，说明中小板上市公司在这四方面的能力差异较大。

表4　中小板上市公司质量评分情况

项目	中小板上市公司				所有上市公司平均值（分）
	平均值（分）	最大值（分）	最小值（分）	标准差	
综合质量	65.29	81.01	42.38	5.89	63.63
1. 价值创造能力	60.44	82.48	31.21	8.31	58.01
1.1 公司治理	67.93	94.47	21.09	13.46	66.20
1.2 财务质量	60.61	88.33	23.96	10.67	58.77
1.3 创新能力	52.78	100.00	0.00	16.22	49.05
2. 价值管理能力	82.83	97.22	65.56	5.08	82.30
2.1 内部控制	92.82	100.00	54.00	8.72	89.89
2.2 信息披露	91.62	100.00	85.00	0.77	92.04
2.3 股价维护	64.04	100.00	50.00	11.90	64.96
3. 价值分配能力	57.43	91.13	26.33	10.06	56.22
3.1 股利政策	79.43	100.00	0.00	18.90	74.79
3.2 投资者保护	52.66	85.00	25.00	10.68	51.36
3.3 企业社会责任	40.21	95.47	2.93	17.46	42.52

在综合质量评分排名区间中（见表5），中小板上市公司出现了随着质量等级上升上市公司数量增加的情况，但是质量"好"和质量"较好"的公司数量合计占比与上年相比明显下降（2017年为49%，上年为58%）。其中，中小板上市公司的价值创造能力中"好"和"较好"的公司数量合计占比与上年相比有所下降（2017年为50%，上年为53%）。价值管理能力中"好"和"较好"的公司数量合计占比与上年相比大幅下降（2017年为42%，上年为59%）。价值分配能力中"好"和"较好"的公司数量合计占比与上年相比也大幅下降（2017年为43%，上年为53%）。

表5 中小板上市公司在各质量排名区间的分布

单位：家，%

质量区间	综合质量		价值创造能力		价值管理能力		价值分配能力	
	数量	占比	数量	占比	数量	占比	数量	占比
好(0~20%)	186	25.94	184	25.66	137	19.11	146	20.36
较好(20%~40%)	164	22.87	176	24.55	162	22.59	162	22.59
中等(40%~60%)	165	23.01	168	23.43	146	20.36	145	20.22
较差(60%~80%)	116	16.18	111	15.48	154	21.48	157	21.90
差(80%~100%)	86	11.99	78	10.88	118	16.46	107	14.92
总体	717	100.00	717	100.00	717	100.00	717	100.00

按照综合质量评价得分，中小板上市公司综合质量评价排名前50的公司见表6。这50家公司得分在73~82分，其中只有5家进入所有板块上市公司排名前10，有22家进入所有板块上市公司排名前50，其他公司排名在前117名。与上年评价结果相比，中小板上市公司进入前50名的公司有所减少。从所在行业来看，这50家公司主要为制造、电气设备、机械设备、化工和计算机、通信与电子等行业。

表6 中小板市场质量排名前50的公司

在中小板市场排名	在所有上市公司中排名	股票代码	证券简称	所在行业	综合质量（分）
1	3	002271	东方雨虹	建材行业	81.01
2	5	002120	韵达股份	交通运输业	80.11
3	6	002601	龙蟒佰利	化工行业	79.71
4	7	002415	海康威视	计算机、通信与电子行业	79.66
5	10	002558	巨人网络	传媒行业	79.14
6	13	002523	天桥起重	机械设备行业	78.32
7	16	002008	大族激光	机械设备行业	77.84
8	18	002410	广联达	软件信息行业	77.79
9	19	002548	金新农	农林牧副渔	77.51
10	22	002032	苏泊尔	制造业	76.88
11	23	002508	老板电器	电气设备行业	76.88
12	29	002014	永新股份	制造业	76.46
13	30	002624	完美世界	传媒行业	76.43
14	33	002074	国轩高科	电气设备行业	76.36

续表

在中小板市场排名	在所有上市公司中排名	股票代码	证券简称	所在行业	综合质量（分）
15	34	002717	岭南园林	建筑业	76.32
16	36	002249	大洋电机	电气设备行业	76.29
17	38	002413	雷科防务	国防军工	76.20
18	40	002051	中工国际	建筑业	76.17
19	41	002239	奥特佳	汽车行业	76.15
20	45	002643	万润股份	化工行业	76.05
21	49	002191	劲嘉股份	制造业	75.80
22	50	002180	纳思达	计算机、通信与电子行业	75.75
23	54	002152	广电运通	机械设备行业	75.48
24	58	002713	东易日盛	建筑业	75.41
25	60	002236	大华股份	计算机、通信与电子行业	75.24
26	66	002043	兔宝宝	建材行业	75.07
27	72	002709	天赐材料	化工行业	74.79
28	73	002322	理工环科	电气设备行业	74.76
29	75	002117	东港股份	制造业	74.74
30	76	002202	金风科技	机械设备行业	74.74
31	77	002527	新时达	电气设备行业	74.73
32	79	002030	达安基因	医药行业	74.69
33	81	002091	江苏国泰	批发和零售业	74.64
34	85	002678	珠江钢琴	制造业	74.47
35	87	002626	金达威	医药行业	74.40
36	88	002653	海思科	医药行业	74.36
37	90	002003	伟星股份	制造业	74.27
38	92	002405	四维图新	软件信息行业	74.22
39	95	002158	汉钟精机	机械设备行业	74.12
40	96	002450	康得新	化工行业	74.10
41	101	002434	万里扬	汽车行业	73.85
42	103	002054	德美化工	化工行业	73.81
43	104	002376	新北洋	计算机、通信与电子行业	73.80
44	105	002572	索菲亚	制造业	73.77
45	107	002563	森马服饰	制造业	73.73
46	108	002304	洋河股份	食品饮料行业	73.73
47	110	002708	光洋股份	汽车行业	73.71
48	112	002076	雪莱特	电气设备行业	73.68
49	114	002178	延华智能	科学研究、文化、卫生	73.66
50	117	002210	飞马国际	商务服务业	73.60

（一）价值创造能力

中小板上市公司价值创造能力得分 60.44 分，高于所有上市公司平均分（58.01 分），高于主板，低于创业板。从价值创造能力所包含的公司治理、财务质量和创新能力方面来看，这三项的平均分也高于所有上市公司的平均分，但公司治理和创新能力得分低于创业板。

1. 公司治理

关于公司治理，在股东大会出席比例、独立董事占比、董事会成员持股、高管持股方面，中小板上市公司得分高于主板，低于创业板；在董事长与总经理兼任、机构持股方面，中小板上市公司得分低于主板，高于创业板。与上年相比，中小板上市公司的股东出席股东大会比例减少了。中小板上市公司股东大会出席比例在 0.05% 以上的公司有 280 家（占中小板公司的 39%，上年为 43%），0.1% 以上的有 116 家（占 16%，上年为 22%）。在机构持股方面，中小板上市公司的机构持股比例与上年相差不大，得分低于主板，高于创业板。其中，机构持股比例在 20% 以上的公司有 493 家（占 69%，上年为 68%），50% 以上的有 236 家（占 33%，上年为 34%）。

2. 财务质量

在财务质量方面，中小板上市公司的盈利能力、偿债能力和成长能力得分高于主板，低于创业板；营运能力得分高于创业板，低于主板，中小板财务质量处于三个板块的最好水平，但与创业板较为接近。从盈利能力来看，中小板上市公司的净资产收益率、销售现金比和主营业务比率得分均高于主板和创业板；销售净利率得分低于创业板，高于主板。在中小板上市公司中，净资产收益率在 5% 以上的公司有 447 家（占中小板公司家数的 62%），10% 以上的有 214 家（占 30%），20% 以上的有 32 家（占 4%）。销售净利率在 10% 以上的公司有 255 家（占 36%），20% 以上的有 63 家（占 9%）。销售现金比在 10% 以上的公司有 324 家（占 45%），20% 以上的有 107 家（占 15%）。主营业务比率在 50% 以上的公司有 628 家（占 88%）。

从偿债能力来看，中小板上市公司的资产负债率、息税折旧摊销前利润/负债合计两项比率得分高于所有公司的平均水平，非筹资性现金净流量与流动负债的比率得分低于所有上市公司的平均水平，说明其长期偿债能力较好，而短期偿债能力弱。在中小板上市公司中，资产负债率在50%以上的公司有177家（占25%），80%以上的有10家（占1%）。息税折旧摊销前利润/负债合计在10%以上的公司有587家（占82%），50%以上的有31家（占4%）。非筹资性现金净流量与流动负债的比率在5%以上的公司有210家（占29%），20%以上的有102家（占14%）。

从营运能力来看，中小板上市公司的流动资产周转率和总资产周转率得分低于主板，高于创业板。流动资产周转率在1以上的公司有368家（占51%），2以上的有78家（占11%）。总资产周转率在0.5以上的有421家（占59%），1以上的有101家（占14%）。

从成长能力来看，中小板上市公司的营业收入增长率、营业利润增长率、归属母公司股东的净利润增长率和总资产增长率得分均高于所有上市公司的平均值，说明其成长能力较好。营业收入增长率在5%以上的公司有481家（占67%），20%以上的有218家（占30）。营业利润增长率在5%以上的有442家（占62%），50%以上的有185家（占26%）。归属母公司股东的净利润增长率在10%以上的有416家（占58%）。总资产增长率在10%以上的有471家（占66%），20%以上的有311家（占43%）。

3. 创新能力

在创新能力方面，在研发投入占主营业务收入比和无形资产增长率方面，中小板上市公司得分低于创业板，高于主板。研发投入占主营业务收入比在1%以上的公司有611家（占85%），5%以上的有194家（占27%）。无形资产增长率在10%以上的有338家（占47%），在50%以上的有154家（占21%）。

（二）价值管理能力

中小板上市公司价值管理能力得分为82.83分，高于所有上市公司平均分82.30分。该得分高于主板和创业板。从价值管理能力所包含的内部控制、信息披露和股价维护方面来看，中小板上市公司的内部控制的得分高于所有公司的平均分，信息披露和股价维护得分略低于所有公司的平均分。

1. 内部控制

在内部控制方面，中小板上市公司得分低于创业板，高于主板，其内部控制评价报告审计意见全部为"无保留意见"。中小板上市公司内部控制审计意见类型中"无保留意见"（包括标准无保留意见和无保留加强调事项段意见）的有717家，占中小板上市公司的100%，与上年评价结果（91%）相比，该比例明显上升。对于内部控制审计，为中小板上市公司内部控制进行审计的会计师事务所排名在"2016年会计师事务所综合评价前百家"中排前30名的有537家，占中小板上市公司的75%，该项得分高于创业板，低于主板。对于内部控制评价报告中发现的内部控制缺陷整改情况，中小板上市公司得分低于创业板，高于主板。

在合规性方面，中小板上市公司发生违规的有37家，占中小板上市公司的5.16%，同比有所下降（上年为9.2%）。违规上市公司受到的处罚较上年有所加重，其中21家公司受到警告、批评、谴责、其他的处罚（占2.93%，上年为7.83%），16家公司受到罚款、没收非法所得的处罚（占2.23%，上年为1.37%）。

2. 信息披露

在信息披露方面，中小板上市公司平均分略低于所有公司平均分。中小板上市公司的一季报、中报、三季报和年度报告的披露时间均达到及时性要求，这与前3年评价结果一致。中小板上市公司财务报告的审计意见类型中"无保留意见"（包括标准无保留意见和无保留加强调事项段意见）的达到712家，占中小板上市公司的99.3%（与上年相同），该项得分高于主板和创业板。关于公司是否交叉上市，中小板上市公司得分低于主板，略高于创业板。

3. 股价维护

在股价维护方面，中小板上市公司平均分略低于所有公司平均分，但与上年相比，管理层增持减少而减持大幅增加，股票回购增加。其中，中小板上市公司第一大股东增持股份的有 122 家（占中小板公司家数的 17%，与上年相同）；减持的有 322 家（占 45%，上年为 48%）。管理层增持股份的有 146 家（占 20%），该比例大幅下降（上年为 75%），减持的有 446 家（占 62%，上年为 0.1%）。对于回购股票，中小板上市公司有 137 家实施了回购（占 19%，上年为 4%）。

（三）价值分配能力

中小板上市公司价值分配能力得分为 57.43 分，高于所有上市公司平均分 56.22 分。中小板上市公司价值分配能力高于主板，低于创业板。从价值分配能力所包含的股利政策、投资者保护和企业社会责任方面来看，中小板上市公司的股利政策和投资者保护明显高于所有公司的平均分，企业社会责任的得分低于所有公司的平均分。

1. 股利政策

在股利政策方面，中小板上市公司得分高于所有公司的平均分。与上年相比，独立董事对于未分红表示赞同的公司少了；未分红而不说明原因的公司则多了。其中，关于是否符合现金股利累计分红底线（平均利润的 30%）的要求，与前 3 年评价结果一致，中小板上市公司得分明显高于主板，接近创业板。最近 3 年总现金股利大于等于平均利润 30% 的中小板上市公司有 204 家（占 28%，上年为 29%）；最近 3 年总现金股利小于平均利润 30% 但大于 0 的公司有 442 家（占 62%，上年为 61%）；最近 3 年未进行现金股利分红公司有 71 家（占 10%，上年为 9%）。

关于公司章程中是否有回报股东的相关政策，中小板上市公司中有 667 家有相关规定，占 93%（上年为 92%），该比例高于主板和创业板。独立董事对未分红发表同意意见的中小板上市公司为 52 家（占 7%，上年为 14%），独立董事对未分红未发表同意意见的公司为 66 家（占 9%，上年为 0.14%）。独立董事对于未分红表示赞同的明显少了。另外，未分红且不说明原因的公司有 38 家（占 5%，上年为 1%）。

2. 投资者保护

在投资者保护方面，中小板上市公司的平均得分高于所有公司的平均水平。与上年相比，中小板上市公司实施累积投票制的公司增多。在投资者参与权方面，中小板上市公司有76家采用了累积投票制，占中小板上市公司的11%（上年为9%），该比例低于主板，高于创业板。在大股东的控制权方面，中小板上市公司实际控制人控制权与现金流权分离度得分低于创业板，但高于主板。在投资者知情权方面，中小板有579家上市公司组织了投资者活动，占比为81%（与上年相同），该比例远高于主板，低于创业板。

3. 企业社会责任

在企业社会责任方面，中小板上市公司得分低于所有公司的平均分。与上年相比，中小板上市公司披露企业社会责任报告的公司增加了，员工就业增长率下降，支付税费增长率略有提升。中小板有134家上市公司披露了企业社会责任报告，占中小板上市公司的19%（上年为9%），该比率低于主板，高于创业板。在就业和税费贡献方面，中小板上市公司得分均低于创业板，高于主板。在就业方面，中小板上市公司员工人数增长的公司为451家（占63%，与上年相同），其中员工就业增长率大于10%的有250家（占35%，上年为38%）。在税费贡献方面，中小板上市公司支付税费增长的公司为479家（占67%，上年为66%），其中企业支付税费增长率大于10%的有394家（占55%，上年为53%）。整体看，中小板上市公司的就业和税费贡献方面得分高于主板，低于创业板。

中小板上市公司分项平均值和所有公司平均值及最大值的比较见图2。

总之，我国的中小板上市公司的整体质量高于主板，但低于创业板，质量较好的公司接近中小板公司总数量的一半，同比明显减少，且进入所有板块前50名的公司数量减少。与上年相比，在价值创造能力方面，中小板上市公司的盈利能力和成长能力有所下降，因而其财务质量和价值创造能力下降。在价值管理能力方面，内部控制得分提高，信息披露得分不变，股价维护能力下降。在价值分配能力方面，股利政策得分有所下降，企业社会责任

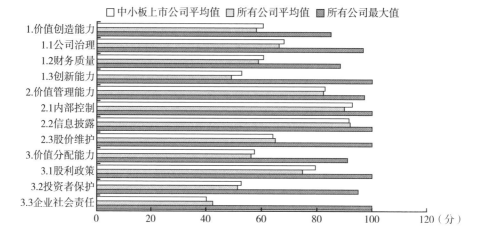

图 2　中小板上市公司分项平均值和所有公司平均值及最大值的比较

得分提高。

　　值得关注的是，在公司治理方面，中小板上市公司股东大会的股东出席比例连续 3 年下降。在内部控制方面，中小板上市公司的内控审计意见全部为"无保留意见"，好于上年。在合规性方面，中小板上市公司发生违规的公司数量减少，但所受处罚有所加重。在股价维护方面，管理层整体增持减少，减持则大幅增加，股票回购增加。在股利政策方面，独立董事对未分红表示赞同的少了，对未分红说明原因的公司多了。在投资者保护方面，实施累积投票制的公司增加。在企业社会责任方面，披露企业社会责任报告的公司明显增加了，但员工就业增长率下降。

三　创业板上市公司质量评价

　　在本报告中，创业板上市公司一共 404 家，占所有上市公司总数的16.48%，总体质量评价平均分为 66.48 分，高于所有上市公司平均分 63.63 分（见表 7），创业板上市公司质量高于主板和中小板。创业板上市公司质量评价最高分为 79.53 分，在所有上市公司中排名第 8；最低分为 47.18 分，在所有上市公司中排名为第2412。从各项目的得分的分布情况来看，创业板上市公司在股利政策、创新能力、企业社会责任、股价维护和公司治理方面的标准差比较大，数据的离散程度较高，因而说明创业板上市公司在这5方面的能力差异较大。

表7　创业板上市公司质量评分情况

项目	创业板上市公司				所有上市公司
	平均值（分）	最大值（分）	最小值（分）	标准差	平均值（分）
综合质量	66.48	79.53	47.18	4.96	63.63
1. 价值创造能力	62.61	84.93	40.40	7.76	58.01
1.1 公司治理	70.34	96.67	14.42	12.03	66.20
1.2 财务质量	60.09	83.78	21.38	10.46	58.77
1.3 创新能力	57.38	100.00	1.50	14.93	49.05
2. 价值管理能力	82.63	97.22	60.22	5.09	82.30
2.1 内部控制	93.07	100.00	39.00	8.61	89.89
2.2 信息披露	91.55	91.67	78.33	0.90	92.04
2.3 股价维护	63.28	100.00	50.00	13.15	64.96
3. 价值分配能力	58.08	78.87	26.31	8.10	56.22
3.1 股利政策	81.08	100.00	8.33	15.05	74.79
3.2 投资者保护	53.22	90.00	30.00	9.56	51.36
3.3 企业社会责任	39.93	91.60	0.07	14.78	42.52

在综合质量评分排名区间中，创业板上市公司综合质量为"好"和"较好"的公司占比明显下降（见表8），为54.95%（上年为68.89%）；综合质量"较差"和"差"的公司占比有所上升，为17.58%（上年为12.1%）。中小板上市公司的价值创造能力中"好"和"较好"的公司数量占比有所下降，为58.42%（上年为61.73%）；价值管理能力中"好"和"较好"的公司数量占比大幅下降，为36.38%（上年为60.74%）；价值分配能力中"好"和"较好"的公司数量占比也大幅下降，为45.05%（上年为61.48%）。与上年相比，创业板上市公司的价值管理能力和价值分配能力明显下降。

表8 创业板上市公司在各质量区间的分布

单位：家，%

质量区间	综合质量		价值创造能力		价值管理能力		价值分配能力	
	数量	占比	数量	占比	数量	占比	数量	占比
好(0～20%)	120	29.70	138	34.16	76	18.81	62	15.35
较好(20%～40%)	102	25.25	98	24.26	71	17.57	120	29.70
中等(40%～60%)	111	27.48	82	20.30	79	19.55	109	26.98
较差(60%～80%)	45	11.14	67	16.58	115	28.47	71	17.57
差(80%～100%)	26	6.44	19	4.70	63	15.59	42	10.40
总体	404	100.00	404	100.00	404	100.00	404	100.00

按照综合质量评价得分，创业板上市公司综合质量评价排名前50的公司见表9。这50家公司得分在72～80分，其中有1家公司进入所有板块上市公司前10名，有11家进入前50名，其他公司排名在前185名。与上年相比，进入前50名的创业板公司明显减少。从所在行业来看，这50家公司主要为机械设备、医药、化工、制造和电气设备几个行业。与上年相比，建材行业和计算机、通信与电子行业公司数量减少。

表9 创业板市场质量排名前50的公司

在创业板市场排名	在所有上市公司中排名	股票代码	证券简称	所在行业	综合质量（分）
1	8	300197	铁汉生态	建筑业	79.53
2	14	300124	汇川技术	电气设备行业	78.23
3	24	300396	迪瑞医疗	机械设备行业	76.81
4	26	300199	翰宇药业	医药行业	76.61
5	27	300054	鼎龙股份	化工行业	76.58
6	28	300258	精锻科技	汽车行业	76.56
7	32	300272	开能环保	电气设备行业	76.38
8	35	300003	乐普医疗	机械设备行业	76.29
9	42	300109	新开源	化工行业	76.13
10	43	300285	国瓷材料	化工行业	76.09
11	46	300145	中金环境	机械设备行业	75.90
12	53	300203	聚光科技	环保行业	75.50

续表

在创业板市场排名	在所有上市公司中排名	股票代码	证券简称	所在行业	综合质量（分）
13	55	300327	中颖电子	计算机、通信与电子行业	75.46
14	57	300146	汤臣倍健	食品饮料行业	75.43
15	61	300221	银禧科技	化工行业	75.17
16	64	300319	麦捷科技	计算机、通信与电子行业	75.15
17	65	300294	博雅生物	医药行业	75.14
18	71	300259	新天科技	机械设备行业	74.79
19	74	300009	安科生物	医药行业	74.75
20	78	300041	回天新材	化工行业	74.73
21	82	300406	九强生物	医药行业	74.58
22	83	300148	天舟文化	传媒行业	74.56
23	84	300049	福瑞股份	医药行业	74.51
24	89	300349	金卡智能	机械设备行业	74.31
25	91	300015	爱尔眼科	科学研究、文化、卫生	74.25
26	97	300296	利亚德	计算机、通信与电子行业	74.06
27	98	300136	信维通信	计算机、通信与电子行业	74.02
28	109	300061	康耐特	制造业	73.72
29	111	300395	菲利华	制造业	73.69
30	113	300070	碧水源	环保行业	73.68
31	115	300326	凯利泰	机械设备行业	73.64
32	118	300200	高盟新材	化工行业	73.54
33	122	300037	新宙邦	化工行业	73.50
34	133	300144	宋城演艺	科学研究、文化、卫生	73.34
35	134	300159	新研股份	机械设备行业	73.33
36	145	300018	中元股份	电气设备行业	73.14
37	146	300304	云意电气	汽车行业	73.13
38	147	300370	安控科技	制造业	73.10
39	151	300034	钢研高纳	制造业	73.03
40	157	300375	鹏翎股份	制造业	72.76
41	158	300244	迪安诊断	科学研究、文化、卫生	72.76
42	160	300007	汉威电子	机械设备行业	72.75
43	164	300207	欣旺达	电气设备行业	72.69
44	169	300201	海伦哲	机械设备行业	72.60

续表

在创业板市场排名	在所有上市公司中排名	股票代码	证券简称	所在行业	综合质量（分）
45	175	300341	麦迪电气	机械设备行业	72.49
46	176	300239	东宝生物	医药行业	72.48
47	177	300222	科大智能	电气设备行业	72.44
48	179	300316	晶盛机电	机械设备行业	72.42
49	182	300202	聚龙股份	机械设备行业	72.40
50	185	300194	福安药业	医药行业	72.37

（一）价值创造能力

创业板上市公司价值创造能力得分为 62.61 分，高于所有上市公司平均分（58.01 分），也高于主板和中小板。从价值创造能力所包含的公司治理、财务质量和创新能力方面来看，创业板上市公司在公司治理和创新能力方面的平均得分高于主板和中小板，但财务质量得分低于中小板。

1. 公司治理

在公司治理方面，创业板上市公司股东出席股东大会比例得分虽然高于主板和中小板，但是该比例连续两年下降，出席比例在 0.05% 以上的公司有 227 家（占中小板公司家数的 56%，上年为 61%），0.1% 以上的有 103 家（占 26%，上年为 33%）；在董事长与总经理兼任方面，创业板得分明显低于主板和中小板；在独立董事占比、董事和高管持有本公司股票数量方面，得分明显高于主板和中小板；从机构持股情况来看，得分明显低于主板和中小板，并且该比例有所下降，机构持股比例在 20% 以上的公司有 238 家（占 59%，上年为 61%），50% 以上的有 78 家（占 19%，上年为 20%）。这说明相对于主板，创业板的机构投资者在促进创业板公司提高治理能力方面的作用相对有限。

2. 财务质量

在财务质量方面，创业板上市公司盈利能力、偿债能力和成长能力方面得分都高于主板和中小板，而营运能力得分连续 4 年低于主板和中小板。从盈利能力来看，创业板上市公司的销售净利率高于主板和中小板，而净资产收益率和销售现金比低于中小板，特别是净资产收益率和主营业务比率得分下降较快。在创业板上市公司中，净资产收益率在5%以上的公司有268家（占创业板公司的66%），10%以上的有132家（占33%），20%以上的有16家（占4%）。销售净利率在10%以上的公司有230家（占57%），20%以上的有74家（占18%）。销售现金比在10%以上的公司有184家（占46%），20%以上的有69家（占17%）。主营业务比率在50%以上的公司有357家（占88%）。

从偿债能力来看，创业板上市公司的资产负债率、息税折旧摊销前利润/负债合计两项比率得分高于主板和中小板，说明其长期偿债能力相对较好，但长期偿债能力得分较其上年下降；非筹资性现金净流量与流动负债的比率得分低于主板和中小板，说明其短期偿债能力弱。其中，资产负债率在50%以上的公司有51家（占13%），80%以上的有1家（0.25%）。息税折旧摊销前利润/负债合计在10%以上的公司有353家（占87%），50%以上的有96家（占24%）。非筹资性现金净流量与流动负债的比率在5%以上的公司有46家（占11%），20%以上的有24家（占6%）。

从营运能力来看，创业板上市公司的流动资产周转率和总资产周转率均低于主板和中小板，说明其资产的管理效率较低。流动资产周转率在1以上的公司有118家（占29%），2以上的有10家（占2%）。总资产周转率在0.5以上的有173家（占43%），1以上的有13家（占3%）。

从成长能力来看，创业板上市公司的营业收入、营业利润、归属母公司股东净利润和总资产的增长率均高于主板和中小板，说明成长能力好，但四项指标得分与上年相比均下降了。营业收入增长率在5%以上的公司有337家（占83%），20%以上的有220家（占54%）。营业利润增长率在5%以上的有277家（占69%），50%以上的有145家（占36%）。归属母公司股东的净利润增长率在10%以上的有264家（占65%）。总资产增长率在10%以上的有311家（占77%），20%以上的有

254 家（占 63%）。

3.创新能力

在创新能力方面，创业板上市公司研发投入占主营业务收入比明显高于主板和中小板，说明创业板在创新方面的投入较大。研发投入占主营业务收入比在 1% 以上的公司有 391 家（占 97%），5% 以上的有 215 家（占53%）。无形资产增长率在 10% 以上的有 242 家（占 60），在 50% 以上的有110 家（占 27%）。

（二）价值管理能力

创业板上市公司价值管理能力得分为 82.63 分，高于所有上市公司平均分 82.30 分，低于中小板，高于主板，与上年相比有所下降。从价值管理能力所包含的内部控制、信息披露和股价维护方面来看，创业板上市公司的内部控制得分均高于主板和中小板，但信息披露和股价维护得分低于主板和中小板。并且，与上年相比股价维护得分下降。

1.内部控制

在内部控制方面，创业板上市公司平均分高于主板和中小板。创业板上市公司内部控制评价报告审计意见类型中"无保留意见"（包括标准无保留意见和无保留加强调事项段意见）的有 403 家，占创业板上市公司的99.75%，该比例明显上升（上年为 86.42%）。关于内部控制审计，为创业板上市公司内部控制进行审计的会计师事务所在"2016 年会计师事务所综合评价前百家"中排前 30 名的有 291 家，占创业板上市公司的 72%（上年为 71%），该比例低于主板和创业板。关于内部控制报告中发现的内部控制缺陷整改情况，创业板上市公司得分高于主板和中小板。

在合规性方面，创业板上市公司发生违规的有 18 家，占创业板上市公司的 4.46%，该比例下降（上年为 6.91%），该比例低于主板和中小板。违规的 18 家公司受到的处罚较轻微，其中 10 家公司受到警告、批评、谴责、其他的处罚（占 2.48%，上年为 4.69%），8 家公司受到罚款、没收非法所得的处罚（占 1.98%，上年为 2.22%）。

2. 信息披露

在信息披露方面，创业板上市公司平均分略低于所有公司平均分。创业板上市公司的一季报、中报、三季报和年度报告的披露时间均达到及时性要求。财务报告的审计意见类型为"无保留意见"的（包括标准无保留意见和无保留加强调事项段意见）达到 401 家（占 99.26%，与上年相当）。关于公司是否交叉上市，创业板上市公司得分低于主板和中小板。

3. 股价维护

在股价维护方面，创业板得分较上年明显下降，得分低于主板和中小板。主要原因是虽然回购股票明显增加，但是第一大股东增持减少而减持明显增加，管理层增持大幅减少而减持大幅增加。其中，创业板上市公司第一大股东增持股份的有 66 家（占创业板公司家数的 16%，上年为 20%），减持的有 225 家（占 56%，上年为 42%）；管理层增持股份的有 85 家（占21%，上年为 79%），减持的有 300 家（占 74%，上年 0.25%）。关于回购股票，创业板上市公司有 105 家（占 26%，上年 2.47%）实施了回购。

（三）价值分配能力

创业板上市公司价值分配能力得分为 58.08 分，高于所有上市公司平均分 56.22 分，也高于主板和中小板。从价值分配能力所包含的股利政策、投资者保护和企业社会责任方面来看，创业板上市公司的股利政策和投资者保护得分高于主板和中小板，但企业社会责任得分低于主板和中小板。

1. 股利政策

在股利政策方面，创业板上市公司得分高于所有公司的平均分。其中，关于是否符合现金股利分红底线（平均利润的 30%）的要求，创业板上市公司得分高于主板和中小板。最近 3 年总现金股利大于等于平均利润的30% 的创业板上市公司有 91 家（占创业板上市公司的 23%，上年为 26%）；最近 3 年总现金股利小于平均利润的 30%，但大于 0 的公司有 300 家（占74%，上年为 70%）；最近 3 年未进行现金股利分红的公司有 13 家（占3%，与上年相同）。关于公司章程中是否有回报股东的相关政策，创业板上市公司中有 368 家有相关规定（占 91%，与上年相同）。独立董事对未分红发表同意意见的创业板上市公司有 24 家（占 6%，与上年相同），独立董事对未分红未发表同意意见的公司有 27 家（占 7%，上年为 0），独立董事对于未分红表示赞同的明显少了。

2. 投资者保护

在投资者保护方面，创业板上市公司得分高于主板和中小板。其中，在投资者参与权方面，有 35 家创业板上市公司采用了累积投票制（占 8.66%），该比例虽然仍低于主板和中小板，但比上年略有提高（上年为 6.17%）。在管制大股东的控制权方面，创业板上市公司实际控制人控制权与现金流权分离度得分高于主板和中小板。在投资者知情权方面，创业板有 337 家上市公司组织了投资者活动（占 83%，上年为 88%），该比率高于主板和中小板，但连续 3 年下跌。

3. 企业社会责任

在企业社会责任方面，创业板上市公司得分低于主板和中小板，员工就业增长率和企业支付税费增长率下降，但企业披露企业社会责任报告的公司有所增加。创业板有 43 家上市公司披露了企业社会责任报告（占 11%，上年为 6%）。在就业和税费贡献方面，创业板上市公司得分均高于主板和中小板。在就业方面，创业板上市公司员工人数增长的公司有 280 家（占 69%，上年为 72%），其中员工增长率大于 10% 的有 182 家（占 45%，上年为 55%）。在税费贡献方面，创业板上市公司支付税费增长的公司有 288 家（占 71%，上年为 74%），其中企业支付税费增长率大于 10% 的有 248 家（占 61%，上年为 66%）。

创业板上市公司分项平均值和所有公司平均值及最大值的比较见图 3。

总之，我国创业板上市公司的整体质量高于主板和中小板，质量较好的公司占创业板公司总数量的一半，但该比例明显下降（上年约为 2/3），进入所有板块前 50 名的公司数量大幅下降。与上年相比，在价值创造能力方面，创业板上市公司的公司治理能力相对提高，盈利能力、偿债能力、成长能力明显下降。在价值管理能力方面，内部控制得分提高，但股价维护能力

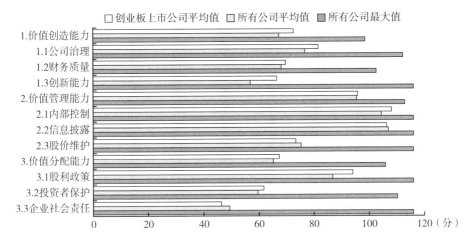

图3　创业板上市公司分项平均值和所有公司平均值及最大值的比较

大幅下降。在价值分配能力方面，股利政策和投资者保护得分下降。

　　值得注意的是，在公司治理方面，创业板上市公司股东的股东大会出席比例连续2年下降。在财务质量方面，净资产收益率和主营业务比率得分下降较快；长期偿债能力下降；营运能力连续4年垫底；成长能力的4项指标（营业收入增长率、营业利润增长率、归属母公司股东净利润增长率和总资产增长率）得分都下降了。在内部控制方面，内部控制审计意见得分明显提高。在合规性方面，违规公司数量下降。在股价维护方面，回购股票明显增加，但是第一大股东增持减少而减持明显增加，管理层增持大幅减少而减持大幅增加。在股利政策方面，独立董事对于未分红表示赞同的明显少了。在投资者保护方面，虽然采用累积投票制的公司有所增加，但组织的投资者活动减少了。在企业社会责任方面，员工就业增长率和税费贡献下降，但披露企业社会责任报告的公司有所增加。

分报告二
重点行业上市公司质量评价报告

摘　要：　本报告对17个行业共1864家上市公司进行了分析，包括行业概况和行业上市公司质量总体情况，并针对各行业上市公司质量的不足之处提出了改进建议。报告涵盖上市公司数量占2451家上市公司总样本的76.05%。报告显示，在上市公司综合质量方面，排名第1的是汽车行业，综合质量得分为65.71分；排名最低的是交通运输业，得分为62.11分。其中，价值创造能力表现最好的是汽车行业，最差的是交通运输业；价值管理能力得分最高的是医药行业，得分最低的是航天军工业；价值分配能力排名最高的是软件信息行业，排名最低的是化工行业。综合质量排名靠后的5个行业分别是航天军工业、传媒行业、公用事业、批发零售业以及交通运输业，说明有些行业受改革措施的冲击较大，而有些行业的表现则受宏观经济形势影响。

关键词：　行业　上市公司　质量

一　汽车行业

（一）行业概况

按照我国国家统计局新修订的《国民经济行业分类》（GB/T4754—

2017）中的行业划分，汽车行业属于交通运输设备制造业的中类行业。汽车行业又包括汽车整车制造业、改装汽车行业、电车制造业、汽车车身及挂车制造业、汽车零部件及配件制造业、汽车修理业6个小类行业。根据中国汽车工业协会公布的中国汽车销量数据，2016年实现汽车生产和销售分别达到2811.9万辆和2802.8万辆，同比增长14.5%和13.7%。从细分市场来看，乘用车生产达2442.1万辆，同比增长8%，乘用车销量创历史新高，达2437.7万辆，同比增长14.9%；商用车产量达369.8万辆，同比增长8.0%，销量达365.1万辆，同比增长5.8%；新能源汽车产量和销量分别为51.7万辆和50.7万辆，同比增长51.7%和53%。从行业整体规模来看，中国市场是全球最大的汽车市场，在全球汽车制造业中的比重已从2000年的3.5%提升至2016年的30.3%。值得注意的是，2016年中国汽车出口金额为766.54亿美元，同比下降4.24%，进出口贸易再现逆差状态。

从2016年全国汽车行业规模以上企业财务表现来看，15445家规模以上企业累计完成固定资产投资12338.91亿元，同比增长4.05%；规模以上企业累计实现主营业务收入83345.25亿元，同比增长13.79%。其中汽车整车制造业、改装汽车行业、汽车零部件及配件制造业主营业务收入增长率均超过10%。规模以上企业的利润累计实现6886.24亿元，同比增长10.66%。汽车整车制造业、改装汽车行业、汽车零部件及配件制造业利润增长率分别为5.79%、27.23%和17.12%。

新能源汽车的兴起具有战略意义。2016年新能源汽车销售达50.7万辆，同比增长53%。其中新能源乘用车销量增长62.2%，新能源商用车销量增长46.4%。中国石油对外依存度自2009年开始突破50%，然后一路飙升至2016年的65.4%。同时，中国政府承诺"2030年碳排放达到峰值，一次能源比重达到20%"，节能减排的压力也不断增大。工信部已于2017年启动燃油车禁售时间表研究，新能源汽车后补贴时代的"双积分"管理办法即将落地，使得新能源汽车备受关注。国内外车企纷纷加大对新能源汽车的投入。沃尔沃、奔驰、福特和林肯分别决定于2022年前停止推出燃油车型，丰田计划在2050年只销售混合动力、纯电动以及燃料电池车型，宝马与大众也在加大纯电动车的产品比例。比亚迪、长安汽车、奇瑞汽车和长城汽车等车企也加大了对新能源汽车的投入与生产。2015年中国已经成为世界最大的新能源汽车市场。截至2016年底，我国汽车保有量为1.94亿辆，新能源汽车保有量为109万辆，占比为0.56%。另外，新能源汽车也面临动力电池、电机和电控等核心技术有待提升、对政府补贴政策依赖过高以及充电设施建设滞后的挑战。2017年新能源汽车的补贴政策也进行了调整，即在2016~2020年补贴方案基础上，在整车能耗、续驶里程、动力电池安全性以及企业诚信等方面提高了准入门槛，同时新能源汽车的补贴幅度也有所下降。

汽车工业产业链长、覆盖面广、关联企业多，是支撑和拉动中国经济增长的主导产业之一。在经济发展新常态下，汽车产业面临转型升级的历史机遇，行业洗牌也在不断加剧，电动化、网络化和智能化为传统汽车行业带来发展新机遇，大量企业通过跨境并购获得技术与品牌优势，以整合国际市场，达到规模经济。同时，汽车行业竞争也由制造端向服务领域加速延伸，推动了汽车产业价值链重构与商业模式创新，汽车后市场服务与创新逐渐成为行业盈利主要来源。

（二）行业上市公司质量总体情况

截至2016年底，全国汽车行业共有81家上市公司，占全部样本2451家的3.30%。其中来自沪深股市主板的上市公司有45家、中小板有31家、创业板有5家。该行业上市公司质量的评价结果如表1所示，行业上市公司综合质量平均值为65.71分，高于去年行业得分（64.48分）和63.63分的总体平均水平，其中价值创造能力和价值分配能力均略高于总体平均水平。总评分最高的公司得分为80.74分，在所有上市公司中排名第4；总评分最低的公司得分为46.43分，在所有上市公司中排倒数第31位（第2421位）。

表1　汽车行业上市公司质量总体评价状况

项目	平均值(分)	最大值(分)	最小值(分)	标准差	所有上市公司平均值(分)
综合质量	65.71	80.74	46.43	7.10	63.63
1. 价值创造能力	61.35	82.19	37.45	10.14	58.01
1.1 公司治理	69.16	95.31	30.45	14.79	66.20
1.2 财务质量	61.39	84.26	22.14	12.47	58.77
1.3 创新能力	53.51	100.00	11.80	18.21	49.05
2. 价值管理能力	82.23	97.22	68.89	5.25	82.30
2.1 内部控制	89.28	100.00	55.00	10.73	89.89
2.2 信息披露	92.49	100.00	85.00	2.98	92.04
2.3 股价维护	64.92	100.00	50.00	10.20	64.96
3. 价值分配能力	57.89	81.69	29.76	10.89	56.22
3.1 股利政策	76.23	100.00	0.00	19.38	74.79
3.2 投资者保护	52.16	95.00	30.00	13.83	51.36
3.3 企业社会责任	45.26	89.13	2.67	16.56	42.52

从综合质量评分排名分布来看，汽车行业上市公司数量在各排名区间的分布较不均衡。如表2所示，处于"好"和"较好"区间的公司最多（分别为27家和19家），合计占比达到56.79%；处于"较差"和"差"区间的公司分别为16家和10家，合计占比32.10%；处于"中等"区间的公司数量最少（9家），占比仅为11.11%。整体来看，综合质量评分高的公司数量较多是该行业处于总体平均分以上的主要原因。

表2　汽车行业上市公司在各质量区间的分布

单位：家，%

质量区间	综合质量		价值创造能力		价值管理能力		价值分配能力	
	数量	占比	数量	占比	数量	占比	数量	占比
好(0~20%)	27	33.33	18	22.22	19	23.46	24	29.63
较好(20%~40%)	19	23.46	19	23.46	14	17.28	20	24.69
中等(40%~60%)	9	11.11	11	13.58	19	23.46	12	14.81
较差(60%~80%)	16	19.75	16	19.75	18	22.22	13	16.05
差(80%~100%)	10	12.35	17	20.99	11	13.58	12	14.81
总体	81	100.00	81	100.00	81	100.00	81	100.00

　　汽车行业上市公司质量总评分排名前 10 的公司如表 3 所示，各公司的综合质量评分均在 70 分以上，显著高于 63.63 分的总体平均分。具体来看，行业前 8 名在上市公司总排名的 50 名以内，其中排名第 1 的江铃汽车在所有上市公司中排名第 4，较上年的行业首位排名提高 1 位；行业里排名第 2 的均胜电子、排名第 3 的广汽集团和排名第 4 的长安汽车在所有上市公司中分别排名第 9、第 11 和第 17。排第 9 位和第 10 位的汽车行业上市公司也处于所有上市公司总体排名的第 100～150 名，较上年显著提高。从三大能力来看，各公司的价值管理能力表现最优，其次是价值创造能力，均值分别为 82.23 分和 61.35 分，与所有上市公司平均水平接近。价值分配能力均值在 57.89，亦高于所有上市公司 56.22 分的平均水平。

表 3　汽车行业上市公司质量评分前 10 名公司情况

本行业排名	证券代码	证券简称	综合质量（分）	价值创造能力（分）	价值管理能力（分）	价值分配能力（分）	在所有上市公司中排名
1	000550	江铃汽车	80.74	79.66	88.89	74.76	4
2	600699	均胜电子	79.39	78.78	91.67	68.33	9
3	601238	广汽集团	78.81	74.99	83.56	81.69	11
4	000625	长安汽车	77.83	74.15	83.56	79.47	17
5	600660	福耀玻璃	77.24	74.77	86.33	73.09	21
6	300258	精锻科技	76.56	76.74	88.89	63.87	28
7	002239	奥特佳	76.15	82.19	80.56	59.64	41
8	600066	宇通客车	75.89	76.00	82.00	69.53	47
9	002434	万里扬	73.85	74.30	79.22	67.58	101
10	600166	福田汽车	73.75	72.52	79.44	70.51	106

1. 价值创造能力

　　如表 1 所示，汽车行业上市公司的价值创造能力评分均值为 61.35 分，略高于 58.01 分的所有上市公司平均水平，这主要是由于该行业公司治理、财务质量和创新能力均值均高于所有上市公司平均分，尤其以创新能力的优势最为明显。行业整体上看，近 63% 的上市公司（51 家）价值创造能力高于所有上市公司平均值，最高分为 82.19 分，最低分为 37.45 分，较上年均有所增长。从价值创造能力排名分布来看（见表 2），汽车行业上市公司价值创造能力在各区间分布呈"V"形。处于"好"和"较好"区间的公司为 37 家，占比 45.68%；而"较差"和"差"的公司为 33 家，占比 40.74%，较上年略有上升；处于"中等"区间的上市公司仅 11 家，占比 13.58%，较上年略有上升。

2. 价值管理能力

如表 1 所示，汽车行业上市公司的价值管理能力评分均值为 82.23 分，仅略低于 82.30 分的所有上市公司平均水平，这主要是由于该行业内部控制与股价维护平均分略低于所有上市公司平均分，而信息披露仅略高于所有上市公司平均分。就行业整体看，39 家（占比 48.15%）上市公司的价值管理能力得分高于所有上市公司的平均值，最高分为 97.22 分，最低分为 68.89 分。从价值管理能力排名分布来看（见表 2），汽车行业上市公司价值管理能力在各区间分布较均衡。处于"好"和"较好"区间的公司数量（33 家，合计占比 40.74%）略高于"较差"和"差"公司的数量（29 家，合计占比 35.80%），"中等"及以下区间分布的公司数量占比 59.26%。

3. 价值分配能力

如表 1 所示，汽车行业上市公司的价值分配能力评分均值为 57.89 分，绝对水平不高，但略高于 56.22 分的所有上市公司平均水平，主要由于该行业股利政策、投资者保护和企业社会责任均值均高于所有上市公司平均水平。从行业整体看，46 家上市公司的价值分配能力高于 56.22 分的所有上市公司平均值，占比 56.79%，且得分超过 60 分的公司为 32 家，与上年持平。整体得分最高分为 81.69 分，较上年略有下降；而最低分为 29.76 分，较上年显著下降。从价值分配能力排名分布来看（见表 2），汽车行业上市公司价值分配能力在各区间分布呈"倒金字塔"形。处于"好"和"较好"区间的公司数量最多，分别达到 24 家和 20 家，占比合计达到 54.32%；其余 3 个区间分布均衡（占比 14% ~17%）。分布于"中等"及以下区间的公司数量占比达到 45.67%，因此该行业的价值分配能力高于所有上市公司平均水平。

（三）总结

按照上面的分析，汽车行业的价值分配能力和价值创造能力均略高于所有上市公司平均水平，而价值管理能力略低于所有上市公司平均水平。分项来看，汽车行业的主要劣势项目是内部控制，而上年的劣势项目股价维护和投资者保护有所改善，与其他 6 个维度一起成为优势项目，其中创新能力（优势 4 分）、公司治理、财务质量和企业社会责任优势较明显（优势超过 2分）。综合来看，汽车行业是支撑和拉动经济增长的主导产业之一，汽车企业通过不断创新、与国际市场接轨，通过并购重组在市场与技术上不断取得进步，创新能力、公司治理和财务质量也相应改善。目前中国尚未跻身汽车强国行列，在这些维度继续保持高效改善的同时，也应在投资者保护与股价维护等劣势维度付出努力以保持行业持续健康发展，从而带动中国经济的稳定发展。

二 电气设备行业

（一）行业概况

电气设备是指电能的生产、传输、分配、使用和电工装备制造等领域涉及的各种设备的统称，电气设备行业下属子行业众多，主要包括电机制造、电源设备制造、电气自动化设备制造、高低压设备制造和线缆部件制造等子行业。我国电气设备行业的下游需求主要来自电源及输配电网络的新建及更新维护，以及各工商业企业的电力系统的投入，与宏观固定资产投资关系较为密切。

电气设备行业处于产业链中端，上游原材料价格波动较大，下游用户主要为大型电力集团、两大电网公司等，这些客户信誉良好但较为强势，议价能力强，电气设备行业往往被下游电力电网企业占用大量流动资金，现金流状况不佳，成本控制压力较大。随着电力需求逐步进入调整期，我国电力供应总体由紧转松，电源基本建设投资完成额有所下降。电网投资方面，在特高压建设、智能电网尤其是新一轮农村电网改造升级等政策引导下，全国电网基本建设投资完成额继续保持快速增长。受益于下游电网基本建设投资规模的增长，电气设备行业的景气度仍保持小幅度上升。根据国家统计局数据，2016年电气机械及器材制造业共实现主营业务收入73358亿元，同比增长6.3%。受能源结构调整、特高压电网、智能电网投资加速等因素的影响，电气设备行业仍有平稳上升的空间。

行业发展体现在以下几个方面。一是电气设备板块各子行业表现将进一步分化，电源设备方面，风电、光伏和输配电等子行业表现较好，而火电设备企业面临"缓核缓建"与"产能过剩"压力，核电设备子行业也表现疲软；在输配电设备方面，变电站一次设备、线路一次设备及二次设备等子行业整体表现相对平淡，增长幅度较平缓，而特高压建设相关投资将带动相关设备需求迎来高峰。二是随着行业集中程度的提高，电气设备行业寡头垄断格局日益明显，行业龙头将在政策利好的背景下首先受益，抢占市场份额，增强其盈利能力；而处于产业链弱势地位的中小企业防御能力较弱，且无资金及技术优势，在产能过剩的洗牌过程中可能被淘汰或兼并收购，经营风险将有所加大。三是虽然风电、光伏等新能源装机容量不断增加，但"弃风弃光"现象并无明显改善，长期存在的输送消纳问题仍有待解决，需重点关注电源设备企业风光资源的布局情况。四是在"一带一路"倡议提出后，加强能源基础设施互联互通合作将是重点，而其中跨境电力与输电通道建设是重点投资方向，以特高压为代表的高端电力设备需求将大幅增加。我国电气设备企业拥有较高的自主研发和大规模生产制造经验，且已有一定的海外项目设计与总包经验，将成为"一带一路"电力设施建设的重要参与者。

（二）行业上市公司质量总体情况

截至2016年底，全国电气设备行业共有157家上市公司，占所有上市公司的6.41%。其中，来自沪深股市主板的上市公司55家，中小板68家，创业板34家。该行业上市公司综合质量评分平均值为65.54分，略高于63.63分的所有上市公司平均水平，上市公司综合质量在全国处于中上游水平。其中，价值创造能力、价值分配能力略高于所有上市公司平均水平，价值管理能力与所有上市公司平均水平基本持平（见表4）。

表4 电气设备行业上市公司质量总体评价状况

项目	平均值（分）	最大值（分）	最小值（分）	标准差	所有上市公司平均值（分）
综合质量	65.54	78.23	46.48	6.17	63.63
1. 价值创造能力	60.91	80.58	36.53	9.15	58.01
1.1 公司治理	68.76	93.33	24.32	14.07	66.20
1.2 财务质量	59.23	84.27	23.04	11.43	58.77
1.3 创新能力	54.73	100.00	6.70	17.43	49.05
2. 价值管理能力	82.20	95.89	68.67	5.03	82.30
2.1 内部控制	91.05	100.00	51.00	9.82	89.89
2.2 信息披露	91.86	100.00	85.00	1.83	92.04
2.3 股价维护	63.69	100.00	50.00	11.94	64.96
3. 价值分配能力	58.15	82.56	22.27	9.54	56.22
3.1 股利政策	82.01	100.00	8.33	16.65	74.79
3.2 投资者保护	50.99	80.00	25.00	10.88	51.36
3.3 企业社会责任	41.44	92.67	8.93	17.20	42.52

从综合质量评分排名分布来看（见表5），电气设备行业上市公司数量在综合质量评分各排名区间的分布较好，高区间（质量"好"与"较好"）和"中等"区间公司数占比均超过20%，相对较高；低区间（"较差"与"差"）的公司数占比较低，均不足15%。整体上看，综合质量评分高的公司比例相对较高。

表5 电气设备行业上市公司在各质量区间的分布

单位：家，%

质量区间	综合质量		价值创造能力		价值管理能力		价值分配能力	
	数量	占比	数量	占比	数量	占比	数量	占比
好（0～20%）	45	28.66	49	31.21	27	17.20	33	21.02
较好（20%～40%）	35	22.29	38	24.20	33	21.02	36	22.93
中等（40%～60%）	36	22.93	29	18.47	34	21.66	37	23.57
较差（60%～80%）	21	13.38	20	12.74	27	17.20	36	22.93
差（80%～100%）	20	12.74	21	13.38	36	22.93	15	9.55
总体	157	100.00	157	100.00	157	100.00	157	100.00

电气设备行业上市公司综合质量评分排名前 10 的公司的综合质量评分均高于 74 分，显著高于所有上市公司平均水平。具体来看，排名第 1 的汇川技术和排名第 2 的老板电器在所有上市公司中列第 14 位和第 23 位；前 10 名电气设备行业上市公司均处于所有上市公司综合质量评分的前 100 名内。其中，除大洋电机之外，各公司价值创造能力得分均高于 70 分；前 10 名电气设备行业上市公司价值管理能力得分均高于 80 分；除理工环科和许继电气外，其他公司价值分配能力得分均高于 60 分（见表 6）。

表 6　电气设备行业上市公司综合质量评分前 10 名公司情况

本行业排名	在所有上市公司中排名	证券代码	证券简称	综合质量（分）	价值创造能力（分）	价值管理能力（分）	价值分配能力（分）
1	14	300124	汇川技术	78.23	75.83	86.11	75.16
2	23	002508	老板电器	76.88	73.86	86.11	73.69
3	25	600482	中国动力	76.64	79.39	86.11	61.67
4	32	300272	开能环保	76.38	74.58	83.33	73.02
5	33	002074	国轩高科	76.36	75.69	89.00	65.04
6	36	002249	大洋电机	76.29	68.91	84.78	82.56
7	67	000333	美的集团	75.05	70.80	80.56	78.02
8	73	002322	理工环科	74.76	75.58	95.89	51.98
9	77	002527	新时达	74.73	71.23	80.56	75.91
10	93	000400	许继电气	74.15	75.03	88.89	57.64

1. 价值创造能力

电气设备行业上市公司价值创造能力评分均值为 60.91，略高于所有上市公司平均分，这主要由于该行业公司治理、财务质量和创新能力三项分指标均高于所有上市公司平均值（见表 7）。

公司治理。该行业公司治理得分高于所有上市公司均值，处于中上游水平。与所有上市公司均值相比，年度股东大会股东出席比例高、董事会成员持股比例高、机构持股比例较低。同时行业中存在董事长和总经理两职合一情况的公司比例较低。另外，该行业高管持股比例较高，说明该行业股权激励有所改进。

表7 电气设备行业价值创造能力评价情况

单位：分

项目	行业均值	所有上市公司均值
A 公司治理	68.76	66.20
①年度股东大会股东出席比例	52.24	49.62
②董事长与总经理是否由一人兼任	68.15	74.50
③董事会中独立董事人数所占比例	67.01	67.33
④董事会成员有无持股	85.99	72.91
⑤高管是否持股	81.53	71.24
⑥机构持股比例	57.64	61.58
B 财务质量	59.23	58.77
①盈利能力	61.14	61.83
②偿债能力	60.27	58.51
③营运能力	56.55	54.97
④成长能力	57.93	58.11
C 创新能力	54.73	49.05
①研发投入占主营业务收入比	55.76	52.75
②无形资产增长率	53.71	45.36

财务质量。该行业财务质量的得分高于所有上市公司均值，在所有上市公司中处于中上游水平。与所有上市公司均值相比，其盈利能力和成长能力较低，偿债能力和营运能力较强。

创新能力。该行业创新能力得分明显高于所有上市公司均值，在所有上市公司中处于上游水平，这与研发投入占主营业务收入比较高相关。此外，无形资产增长率明显高于所有上市公司平均水平。

2. 价值管理能力

电气设备行业上市公司价值管理能力评分均值为82.20分，略低于所有上市公司平均分，这主要由于该行业在信息披露和股价维护两项指标上得分均低于所有上市公司平均值（见表8）。

内部控制。该行业内部控制得分高于所有上市公司均值，处于中上游水平。与所有上市公司平均值相比，缺陷整改情况得分较高，说明该行业一些公司内部控制制度建设和执行情况正在加强。会计师事务所排名得分略低于

表8　电气设备行业价值管理能力评价情况

单位：分

项目	行业均值	所有上市公司均值
D 内部控制	91.05	89.89
①内部控制审计意见类型	99.68	99.01
②会计师事务所排名	75.54	79.04
③缺陷整改情况	86.24	79.41
④上市公司是否违规	95.54	94.04
⑤接受处罚类型	98.25	97.94
E 信息披露	91.86	92.04
①一季度报告的及时性	100.00	100.00
②中期报告的及时性	100.00	100.00
③三季度报告的及时性	100.00	100.00
④年度报告的及时性	100.00	100.00
⑤会计师事务所审计意见	99.24	99.32
⑥公司是否交叉上市	51.91	52.92
F 股价维护	63.69	64.96
①第一大股东持股变化情况	65.76	70.41
②管理层（整体）持股变化情况	63.85	67.65
③公司是否回购股份	61.46	56.83

所有上市公司平均值。上市公司是否违规得分明显高于所有上市公司平均值，说明该行业违规情况偏多。其他项目与所有上市公司平均值基本持平。

信息披露。该行业上市公司信息披露的得分和所有上市公司均值基本相当。其中，公司是否交叉上市得分低于所有上市公司平均值。其他各项明细指标得分基本和所有上市公司均值相近或相等。

股价维护。该行业股价维护得分低于所有上市公司均值，在所有上市公司中处于中下游水平。2016年该行业股价维护得分高于所有上市公司均值，其2017年低于所有上市公司均值的原因在于管理层合计持股有较大幅度下降。

3.价值分配能力

电气设备行业上市公司价值分配能力评分均值为58.15分，略高于所有上市公司平均分，这主要由于该行业股利政策指标得分明显高于所有上市公司平均值（见表9）。

表9　电气设备行业价值分配能力评价情况

单位：分

项目	行业均值	所有上市公司均值
G 股利政策	82.01	74.79
①最近3年总现金股利是否大于等于年均可分配利润的30%	63.38	53.71
②公司章程中是否有股东回报计划或现金分红政策	91.08	87.71
③股利分配情况及独立董事相关意见	91.56	82.98
H 投资者保护	50.99	51.36
①股东大会是否实行网络投票制	100.00	100.00
②股东大会是否实行累积投票制	12.10	14.61
③实际控制人控制权与现金流权分离度	74.78	78.14
④是否组织投资者活动	17.07	12.71
I 企业社会责任	41.44	42.52
①是否披露企业社会责任报告	20.38	27.83
②员工就业增长率	49.67	51.41
③企业支付税费增长率	54.27	48.32

股利政策。该行业公司股利政策得分明显高于所有上市公司均值，处于上游水平。最近三年总现金股利是否大于等于年均可分配利润的30%、公司章程中是否有股东回报计划或现金分红政策和股利分配情况及独立董事相关意见均明显高于所有上市公司平均值，说明该行业公司股利政策优于其他行业上市公司。

投资者保护。该行业上市公司投资者保护的得分和所有上市公司均值基本相当。其中，"是否组织投资者活动"得分高于所有上市公司平均值。实际控制人控制权与现金流权分离度与股东大会是否实行累积投票制得分低于所有上市公司均值。

企业社会责任。该行业企业社会责任得分略低于所有上市公司均值，在所有上市公司中处于中游水平。是否披露企业社会责任报告得分明显低于所有上市公司均值，说明该行业企业社会责任报告编制工作需要提升。员工就业增长率得分略低于所有上市公司均值。企业支付税费增长率得分略高于所有上市公司均值。

（三）总结

要提高电气设备行业上市公司质量，可以在以下几个方面加以改进。首先，加快经验模式的转变，从单一设备供应商向综合服务商转型，增强经营灵活性，同时，通过优化产品结构来适应客户多元化需求。其次，随着特高压建设的全面铺开，电气设备行业整体需求有望提升，龙头企业应抓住发展机遇，抢占市场份额，增强盈利能力，优化资产负债结构。再次，抓住电改机遇，参与增量配网的投资、建设、运营，提高对下游电网公司的议价能力，缓解下游企业账款问题。最后，提高公司治理的透明度，积极维护与投资者的关系，进一步加强对中小股东权益的保护。

三　软件信息行业

（一）行业概况

软件信息行业主要包括电信、广播电视和卫星传输服务，互联网和相关服务，软件和信息技术服务业三大领域。近年来，随着通信、数字、信息等技术的快速发展，以及国家"创业创新"战略的实施，该行业取得了突破性发展。

1. 电信、广播电视和卫星传输服务

2016年，我国电信运营业认真贯彻落实中央各项政策措施，继续推进"提速降费"行动，提升4G网络和宽带基础设施水平，积极发展移动互联网、IPTV等新型消费，全面服务国民经济和社会发展，全行业保持健康发展。

（一）综合情况。行业平稳运行，业务总量与收入增速差距扩大。国家统计局数据显示，经初步核算，2016年电信业务收入完成11893亿元，同比增长5.6%，比上年回升7.6个百分点；电信业务总量完成35948亿元，同比增长54.2%，比上年提高25.5个百分点。行业转型步伐加快，用户和

收入结构日趋优化。2016 年，电信业务收入结构继续向互联网接入和移动流量业务倾斜。非话音业务收入占比由上年的 69.5% 提高至 75.0%；移动数据及互联网业务收入占电信业务收入的比重从上年的 26.9% 提高至 36.4%。移动宽带（3G/4G）用户占比大幅提高，光纤接入成为固定互联网宽带接入的主流。移动宽带用户在移动用户中的渗透率达到 71.2%，比上年提高 15.6 个百分点；8M 以上宽带用户占比达 91.0%，光纤接入（FTTH/0）用户占宽带用户的比重超过 3/4。融合业务发展渐成规模，截至 2016 年 12 月末，IPTV 用户达 8673 万户。

（二）用户规模。电话用户规模继续扩大。2016 年，全国电话用户净增 2617 万户，总数达到 15.3 亿户，同比增长 1.7%。其中，移动电话用户净增 5054 万户，总数达 13.2 亿户，移动电话用户普及率达 96.2 部/百人，比上年提高 3.7 部/百人。全国共有 10 个省份的移动电话普及率超过 100 部/百人，分别为北京、广东、上海、浙江、福建、宁夏、海南、江苏、辽宁和陕西。固定电话用户总数为 2.07 亿户，比上年减少 2437 万户。4G 移动电话用户占比接近六成。2016 年，4G 用户数量呈爆发式增长，全年新增 3.4 亿户，总数达到 7.7 亿户，在移动电话用户中的渗透率达到 58.2%。2G 移动电话用户减少 1.84 亿户，占移动电话用户的比重由上年的 44.5% 下降至 28.8%。光纤接入用户占比明显提升。2016 年，三家基础电信企业固定互联网宽带接入用户净增 3774 万户，总数达到 2.97 亿户。宽带城市建设继续推动光纤接入的普及，光纤接入（FTTH/0）用户净增 7941 万户，总数达 2.28 亿户，占宽带用户总数的比重比上年提高 19.5 个百分点，达到 76.6%。8M 以上、20M 以上宽带用户数占宽带用户总数的比重分别达 91.0%、77.8%，比上年分别提高 21.3 个百分点、46.6 个百分点。

（三）业务使用。移动话音业务量小幅下滑。2016 年，全国移动电话去话通话时长为 2.81 万亿分钟，同比下滑 1.4%。其中，移动非漫游去话通话时长同比下降 1.6%，移动国际漫游和港澳台漫游通话时长分别下滑 15.6% 和 14.5%。移动国内漫游通话去话通话时长同比增长 0.4%。移动短信业务收入降幅超 10%。2016 年，全国移动短信业务量为 6671 亿条，同比下降 4.6%，降幅较去年同期缩小 4.3 个百分点。彩信业务量为 557 亿条，同比下降 9.8%。移动短信业务收入完成 365 亿元，同比下降 10.7%。移动互联网流量增速翻倍。2016 年，在 4G 移动电话用户大幅增长、移动互联网应用加快普及的带动下，移动互联网接入流量消费达 93.6 亿 G，同比增长 123.7%，增速比上年提高 20.7 个百分点。全年户均移动互联网接入流量达到 772M/月，同比增长 98.3%。其中，通过手机上网的流量达到 84.2 亿 G，同比增长 124.1%，在总流量中的比重达到 90.0%。固定互联网使用量同期保持较快增长，固定宽带接入时长达 57.5 万亿分钟，同比增长 15.0%。

（四）网络基础设施。宽带基础设施日益完善，"光进铜退"趋势明显。2016 年，互联网宽带接入端口数量达到 6.9 亿个，比上年净增 1.14 亿个，同比增长 19.8%。互联网宽带接入端口"光进铜退"趋势更加明显，xDSL 端口比上年减少 6259 万个，总数降至 3733 万个，占互联网接入端口的比重由上年的 17.3% 下降至 5.4%。光纤接入（FTTH/0）端口比上年净增 1.81 亿个，达到 5.22 亿个，占互联网接入端口的比重由上年的 59.3% 提升至 75.6%。移动通信设施建设步伐加快，移动基站规模创新高。2016 年，基础电信企业加快了移动网络建设，新增移动通信基站 92.6 万个，总数达 559 万个。其中 4G 基站新增 86.1 万个，总数达到 263 万个，移动网络覆盖范围和服务能力继续提升。传输网设施不断完善，本地网光缆规模与增长居首位。2016 年，全国新建光缆线路 554 万千米，光缆线路总长度 3041 万千米，同比增长 22.3%，整体保持较快增长态势。全国新建光缆中，接入网光缆、本地网中继光缆和长途光缆线路所占比重分别为 62.4%、34.3% 和 3.3%。其中长途光缆保持小幅扩容，同比增长 3.5%，新建长途光缆长度达 3.32 万千米。

（五）收入结构。移动通信业务收入占比超七成。2016 年，移动通信业务实现收入 8586 亿元，同比增长 5.2%，占电信业务收入的比重为 72.2%，比上年提高 1.8 个百分点。其中，话音业务收入在移动通信业务收入中占比 30.4%，比上年下降 7.9 个百分点。固定通信业务实现收入 3306 亿元，同比增长 6.7%，其中固定话音业务收入在固定通信业务收入中占比 11.0%，比上年下降 0.9 个百分点。移动数据业务增长贡献突出。2016 年，固定数据及互联网业务收入完成 1800 亿元，同比增长 7.0%，比上年提高 4.4 个百分点。移动数据及互联网业务收入完成 4333 亿元，同比增长 37.9%，比上年提高 10.7 个百分点。移动数据及互联网业务收入在电信业务收入中占比达到 36.4%，比上年提高 8.5 个百分点，拉动电信业务收入增长 10.6 个百分点。

（六）固定资产投资。2016 年，全行业固定资产投资规模完成 4350 亿元，其中移动通信投资完成 2355 亿元。

（七）区域发展。西部移动宽带用户增速快于东部和中部。东部、中部、西部移动宽带电话用户占比与上年大体相当，分别为 48.9%、25.5%、25.6%。2016 年，西部移动宽带用户增速比东部和中部分别高 9.8 个百分点和 1.2 个百分点。区域差距进一步缩小。2016 年，东部地区实现电信业务收入 6671.7 亿元，占全国电信业务收入比重为 54.0%，同比下降 0.2 个百分点，自 2010 年以来占比持续下降。中部地区占比与上年持平，西部地区占比较上年小幅提升 0.2 个百分点，达到 23.1%。①

2. 互联网和相关服务

2016 年，中国网络经济营收规模达到 14707 亿元，同比增长 28.5%。经过多年高速增长后，网络经济发展进入稳健期，增速略有放缓，但整体仍保持稳定的增长态势，未来还将继续增长。其中，PC 网络经济营收规模为 6799.5 亿元，营收贡献率为 46.2%，移动网络经济营收规模为 7907.4 亿元，营收贡献率达到 53.8%，网络经济整体进入移动化时代。电商营收规模为 8946.2 亿元，占比超过 60%，是推动网络经济增长的主要力量。网络经济营收规模稳健增长离不开网民和终端的发展。2016 年，中国的网民和移动网民分别达到 7.3 亿人和 7.0 亿人，移动网民在网民中的占比已经达到 95.1%。艾瑞咨询的《2017 年中国网络经济报告》（本文以下简称《报告》）分析认为，受人群上网技能和文化水平等多方面因素的限制，经历过

---

① 工信部：《2016 年通信运营业统计公报》。

多年快速增长后，网络普及过程中的人口红利已消失殆尽，网民和移动网民数量趋于稳定。不过，受"二胎"政策逐步放开的影响，随着新一代的长成，未来网民及移动网民数量还将出现新波峰。终端使用方面，《报告》称，用户行为差异明显。对 PC 端来说，视频获得了用户主要注意力；而对移动端来说，视频和社交均为用户关注重点，且对资讯的关注度整体提升。

《报告》的数据显示，2016 年，中国电子商务市场交易规模为 20.5 万亿元，增长 25.6%。从该市场细分行业结构看，B2B 电子商务合计占比超过七成，仍然是电子商务的主体。此外，中小企业 B2B、网络购物、在线旅游交易规模的市场占比同比均有小幅上升。数据显示，2016 年，中国中小企业 B2B 平台服务营收规模为 239.9 亿元，同比增长 17.4%。整体而言，中小企业 B2B 平台服务营收规模呈稳步增长态势。

网络购物方面，《报告》分析，2016 年，中国网络购物市场交易规模达 4.7 万亿元，较上年增长 24.7%，增速放缓。从行业市场结构看，2016 年中国网络购物市场中，B2C 市场交易规模为 2.6 万亿元，在中国整体网络购物市场交易规模中的占比达到 55.3%，较 2015 年提高 3.2 个百分点；从增速来看，2016 年 B2C 网络购物市场增长 32.4%，远超 C2C 市场 16.4% 的增速。移动网购方面，2016 年中国移动网购规模超 3 万亿元，占网购总规模的 70.3%，同比增长 58.3%。《报告》认为，随着移动购物模式的多样化，社交电商、直播、VR、O2O 等与场景相关的购物方式和大数据的应用将成为驱动移动购物发展的增长点。艾瑞咨询还认为，网络购物行业发展日益成熟，各家电商企业除了继续不断扩充品类、优化物流及售后服务外，也在积极发展跨境网购、下沉渠道发展农村电商。在综合电商格局已定的情况下，一些企业还瞄准了母婴、医疗、家装等垂直电商领域，这些将成为网络购物市场发展新的促进点。在线旅游市场方面，2016 年中国在线旅游市场持续扩大，市场交易规模为 5915 亿元，同比增长 33.6%。从在线旅游行业交易结构看，机票市场占比最大，为 58.5%，与 2015 年持平；在线度假市场份额进一步提升，占比为 16.5%。艾瑞咨询分析认为，未来在线度假市场仍将保持高速增长，预计市场份额在 2018 年将突破 19%。

电商广告成功"逆袭"。《报告》称，2016年，中国网络广告市场规模达到2902.7亿元，同比增长32.9%。其中，移动广告市场规模为1750.2亿元，占比首超60%，同比增长75.4%。《报告》认为，随着网络广告市场发展不断成熟，未来几年的增速将趋于平稳，预计至2019年，整体规模有望突破6000亿元。移动广告方面，预计到2019年，该市场规模将接近5000亿元。同时，随着用户使用习惯的转移，未来几年，移动广告在整体网络广告中的占比将持续增大，预计2019年，该占比将接近80%。从网络广告的细分领域看，市场出现了较大的结构性变化。一直保持领先地位的搜索广告份额出现了较大程度的下滑，占比为27.2%，同比下降5个百分点。与此形成鲜明对比的是，电商网站广告成功"逆袭"，占比为30%，超越搜索引擎成为广告份额最大的媒体形式。此外，《报告》还称，从2016年起，信息流广告在整体结构中单独核算。以社交、新闻、视频等为主要载体的信息流广告在2016年市场份额达到11.2%，增速明显。随着社交领域与场景的不断结合，以及广告位资源和信息流广告形式的不断优化，未来几年，其份额将持续上升。

移动支付加速无现金社会进程。《报告》称，2016年，中国第三方互联网支付交易规模达到20万亿元，从该支付交易结构看，互联网金融和个人业务是两个占比最大的细分行业。其中，互联网金融（包括理财销售、网络借贷等）占比为32.3%，个人业务（包括转账业务、还款业务等）占比31.7%。此外，线上消费（包括网络购物、O2O、航空旅行等）占比22.5%，充值缴费（包括生活缴费、话费充值、网络游戏、虚拟产品等）占比为2.0%。移动支付方面，2016年中国第三方移动支付交易规模达到58.8万亿元。其中，2016年第4季度，从第三方移动支付交易结构看，移动金融占比15.1%，个人应用占比68.1%，移动消费占比11.6%。艾瑞咨询认为，从2016年的整体趋势可以看出，移动消费呈稳定上升的状态，这说明移动消费逐渐向移动支付规模增速的支柱方向发展，换言之，移动消费将成为未来移动支付交易规模增速的支撑点。艾瑞咨询分析称，2016年的春节红包改变了消费者的转账习惯，大量资金流通于各个虚拟账户之间，同时提现手续费的出现让用户在消费时会优先使用余额支付。这样，随着消费者虚拟账户上余额的积累以及线上支付习惯的培养，移动消费的占比将不断提高。《报告》还认为，随着智能手机的普及，消费者由 PC 端向移动端的迁移速度加快，其他场景在移动端的增速同样可观。此外，再加上 2016 年央行首次承认二维码支付的地位，这带来了二维码支付市场的新一轮爆发，促进了线下市场进一步升级，加速了无现金社会的进程。尽管移动支付发展如火如荼，但《报告》认为，通过数据对比发现，2016 年各季度的交易规模同比增幅均超 50%，虽然移动支付带来的冲击不小，但是目前用户的支付习惯仍处于从 PC 端向移动端过渡的阶段，这一阶段依旧会持续较长时间。因此，未来一年，互联网支付仍能保持 12%～15% 的环比增速。①

3. 软件和信息技术服务业

2016 年，我国软件和信息技术服务业继续深入贯彻落实党中央、国务院的决策部署，加快推进结构调整，产业整体保持了平稳增长。

2016 年软件和信息技术服务业企业达到 4.28 万家。全年完成销售收入总规模达到 4.85 万亿元，同比增长 14.9%；其中，软件产品收入达到 1.54 万亿元，同比增长 12.8%；信息技术服务收入达到 2.51 万亿元，同比增长 16.0%；嵌入式系统软件收入达到 0.80 万亿元，同比增长 15.5%。利润总额达到 0.60 万亿元，同比增长 14.9%。软件业务出口额达 519 亿美元，同比增长 5.8%。随着新一代信息技术和通信技术加快融合，云计算、物联网、移动互联网等蓬勃发展，信息传输、信息通信技术的应用渗透经济和社会生活各个领域，未来将培育众多新的产业增长点，为产业提供广阔发展空间和机遇。②

（二）行业上市公司质量总体情况

截至 2016 年底，软件信息行业的上市公司共计 112 家，对该行业上市

---

① 中国产业经济信息网。
② 工业和信息化部运行监测协调局。

公司质量的评价结果如表 10 所示。该行业综合质量的平均值为 64.92 分，比所有上市公司平均值 63.63 分高出 1.29 分；其中价值创造能力均值为 58.50 分，高于所有上市公司平均值 0.49 分；价值管理能力均值为 82.63 分，高于所有上市公司平均值 0.33 分；价值分配能力均值为 60.03 分，高于所有上市公司平均水平 3.81 分。由此可见，软件信息行业综合质量略高于全国平均水平，主要是因为该行业上市公司在价值分配能力方面表现突出。

表 10 软件信息行业上市公司质量总体评价状况

项目	平均值（分）	最大值（分）	最小值（分）	标准差	所有上市公司平均值（分）
综合质量	64.92	77.79	45.00	5.25	63.63
1. 价值创造能力	58.50	71.39	35.03	7.46	58.01
1.1 公司治理	70.74	95.63	34.57	11.05	66.20
1.2 财务质量	57.53	83.73	21.38	11.32	58.77
1.3 创新能力	47.22	86.40	11.50	14.56	49.05
2. 价值管理能力	82.63	97.22	62.89	5.11	82.30
2.1 内部控制	92.68	100.00	47.00	9.42	89.89
2.2 信息披露	91.68	100.00	88.33	0.91	92.04
2.3 股价维护	63.54	100.00	50.00	13.05	64.96
3. 价值分配能力	60.03	82.49	29.16	9.76	56.22
3.1 股利政策	80.28	100.00	25.00	16.74	74.79
3.2 投资者保护	54.73	80.00	35.00	9.97	51.36
3.3 企业社会责任	45.09	92.47	0.067	17.16	42.52

从综合质量评分排名分布来看，该行业上市公司的综合质量评分相对较好（见表 11）。其中"好"公司有 23 家，占 20.54%，质量表现优良的公司大约有 45%，七成公司处于"中等"及以上区间；仅有 15 家公司在综合质量排名中处于"差"的区间，16 家公司处在"较差"区间，分别在该行业中占比为 13.39% 和 14.29%，合计约占 1/4。细分来看时，价值创造能力呈典型的正态分布，多数公司集中于中部区间；价值管理能力方面，处于"较差"区间的公司占比最高，为 33.93%，有近 1/2 的公司处于"中等"

以下区间；价值分配能力表现突出，超过 55% 表现优良，只有大约 25% 的上市公司处于"中等"以下区间。

表 11　软件信息行业上市公司在各质量区间的分布

单位：家，%

质量区间	综合质量		价值创造能力		价值管理能力		价值分配能力	
	数量	占比	数量	占比	数量	占比	数量	占比
好(0~20%)	23	20.54	17	15.18	26	23.21	30	26.79
较好(20%~40%)	30	26.78	29	25.89	16	14.29	34	30.36
中等(40%~60%)	28	25.00	27	24.11	17	15.18	20	17.85
较差(60%~80%)	16	14.29	27	24.11	38	33.93	16	14.29
差(80%~100%)	15	13.39	12	10.71	15	13.39	12	10.71
总体	112	100.00	112	100.00	112	100.00	112	100.00

从公司质量排名来看，软件信息行业综合质量评分排名前 10 的公司如表 12 所示。本行业排名第 1 的公司为广联达，该公司在所有上市公司中排名第 18，第 2~10 名在所有上市公司中排名均集中在第 90~300 名。软件信息行业虽然只有 1 家公司进入所有上市公司排名的前 50 名，但该行业前 10 位公司综合质量评分均集中在"好"区间。

表 12　软件信息行业上市公司质量总评分前 10 名公司情况

本行业排名	在所有上市公司中排名	证券代码	证券简称	综合质量（分）
1	18	002410	广联达	77.79
2	92	002405	四维图新	74.22
3	132	600845.SH	宝信软件	73.34
4	180	002280	联络互动	72.40
5	193	002063	远光软件	72.26
6	197	600588.SH	用友网络	72.21
7	226	600718.SH	东软集团	71.78
8	271	300182	捷成股份	71.15
9	274	300253	卫宁健康	71.07
10	285	600406.SH	国电南瑞	70.92

1. 价值创造能力

软件信息行业的价值创造能力表现中等，该行业价值创造能力平均值为
58.50 分，比所有上市公司平均水平 58.01 分高 0.49 分，其中公司治理表
现突出，高于所有上市公司平均水平 4.54 分；但财务质量和创新能力两项
均表现较差，创新能力比所有上市公司平均水平低 1.83 分。由此可见，软件
信息行业上市公司在价值创造能力方面与所有上市公司平均水平有所差距的
原因在于，行业内上市公司的财务质量较差、创新能力落后于所有上市公司
平均水平（见表13）。

表 13　软件信息行业价值创造能力评价情况

单位：分

评分项目	行业均值	所有上市公司均值
A 公司治理	70.74	66.20
①年度股东大会股东出席比例	49.86	49.62
②董事长与总经理是否由一人兼任	71.43	74.50
③董事会中独立董事人数所占比例	70.36	67.33
④董事会成员有无持股	94.64	72.91
⑤高管是否持股	95.54	71.24
⑥机构持股比例	42.62	61.58
B 财务质量	57.53	58.77
①盈利能力	59.91	61.83
②偿债能力	58.63	58.51
③营运能力	55.20	54.97
④成长能力	55.10	58.11
C 创新能力	47.22	49.05
①研发投入占主营业务收入比	54.95	52.75
②无形资产增长率	39.49	45.36

公司治理。该行业公司治理表现出色，得分高于所有上市公司平均水平
4.54 分。主要表现为该行业中董事会成员、高管持股的公司占比较高，得
分远高于所有上市公司均值；"年度股东大会股东出席比例"得分与所有上
市公司均值基本持平；"董事长和总经理是否由一人兼任"、"机构持股比
例"两项指标得分较低，均低于所有上市公司均值，表明该行业上市公司

的内部激励充足而监督略有欠缺。

财务质量。该行业财务质量的得分与所有上市公司均值基本持平，处于中游水平。其中盈利能力、成长能力偏低，而营运能力和偿债能力略高于所有上市公司均值。

创新能力。该行业的创新能力低于所有上市公司均值 1.83 分，处于中下游水平，主要原因是该行业上市公司"无形资产增长率"大大低于所有上市公司平均水平，但研发投入占主营业务收入比超过所有上市公司平均水平。

2.价值管理能力

该行业在价值管理能力得分的平均值仅比所有上市公司均值高 0.33 分，内部控制高于所有上市公司均值 2.79 分，股价维护、信息披露略低于所有上市公司均值。由此可见，该行业在价值管理能力方面表现略好于所有上市公司平均水平，其中内部控制的贡献最大（见表14）。

表 14　软件信息行业价值管理能力评价情况

评分项目	行业均值	所有上市公司均值
D 内部控制	92.68	89.89
①内部控制审计意见类型	99.78	99.01
②会计师事务所排名	81.07	79.04
③缺陷整改情况	93.93	79.41
④上市公司是否违规	91.96	94.04
⑤接受处罚类型	96.65	97.94
E 信息披露	91.68	92.04
①一季度报告的及时性	100.00	100.00
②中期报告的及时性	100.00	100.00
③三季度报告的及时性	100.00	100.00
④年度报告的及时性	100.00	100.00
⑤会计师事务所审计意见	99.64	99.32
⑥公司是否交叉上市	50.45	52.92
F 股价维护	63.54	64.96
①第一大股东持股变化情况	65.63	70.41
②管理层(整体)总体持股变化情况	60.71	67.65
③公司是否回购股份	64.29	56.83

内部控制。该行业的内部控制得分高于所有上市公司均值，处于所有上市公司中上游水平。主要表现在该行业内控缺陷整改情况较好，所聘用的会计师事务所排名靠前。

信息披露。该行业信息披露得分略低于所有上市公司均值，处于所有上市公司中下游水平。主要原因是"公司是否交叉上市"的得分偏低，低于所有上市公司平均水平2.47分，"会计师事务所审计意见"指标得分略高于所有上市公司平均水平；特别是季度报告和年度报告发布的及时性均是满分，表明该行业上市公司不存在推迟披露的公司。

股价维护。该行业股价维护略低于所有上市公司均值。主要表现为第一大股东和管理者均减持股份，公司也相应进行了股份回购，特别是管理层股份减持明显。

3. 价值分配能力

该行业上市公司在价值分配能力方面表现突出。该行业此项得分均值为60.03分，比所有上市公司均值56.22分高3.81分，其中股利政策高于所有上市公司平均水平5.49分，投资者保护高于所有上市公司平均水平3.37分。企业社会责任得分比所有上市公司平均水平高2.57分。由此可见，该行业在价值分配能力方面优秀表现中股利政策贡献最大，其次是投资者保护（见表15）。

表15　软件信息行业价值分配能力评价情况

评分项目	行业均值	所有上市公司均值
G 股利政策	80.28	74.79
①最近3年总现金股利是否大于等于年均可分配利润的30%	58.04	53.71
②公司章程中是否有股东回报计划或现金分红政策	90.18	87.71
③股利分配情况及独立董事相关意见	92.63	82.98
H 投资者保护	54.73	51.36
①股东大会是否实行网络投票制	100.00	100.00
②股东大会是否实行累积投票制	13.39	14.61
③实际控制人控制权与现金流权分离度	88.57	78.14
④是否组织投资者活动	16.96	12.71
I 企业社会责任	45.09	42.52
①是否披露企业社会责任报告	27.68	27.83
②员工就业增长率	52.97	51.41
③企业支付税费增长率	54.62	48.32

股利政策。该行业在股利政策方面表现较好，高于所有上市公司平均水平 5.49 分。主要表现为"最近三年总现金股利是否大于等于年均可分配利润的 30%""股利分配情况及独立董事相关意见"方面得分大幅高于所有上市公司均值，除此之外，该行业在"公司章程中是否有股东回报计划或现金分红政策"方面也优于所有上市公司平均水平。

投资者保护。该行业投资者保护高于所有上市公司均值 3.37 分，处于中上游水平。主要表现在该行业"实际控制人控制权和现金流权分离度""是否组织投资者活动"两项指标超过所有上市公司平均水平；同时所有公司都实现了股东大会网络投票。但该行业在"股东大会是否实现累积投票制"方面表现欠佳。

社会责任。该行业公司社会责任得分高于所有上市公司均值 2.57 分，处于所有上市公司中上游水平。尽管在"是否披露企业社会责任报告"方面表现欠佳，但该行业在"员工就业增长率"和"企业支付税费增长率"两方面得分高于所有上市公司平均水平。

（三）总结

通过以上分析，软件信息行业上市公司质量整体来看表现好于所有上市公司平均水平，质量表现优良的公司大约 45%，近七成公司处于"中等"及以上区间；但是仍有 15 家公司在综合质量评分排名中处于"差"的区间。

软件信息行业上市公司在价值创造能力、价值管理能力方面表现略好于所有上市公司平均水平；在价值分配能力方面表现突出，尤其是股利政策表现出色。

针对上述问题，软件信息行业上市公司应着力从以下几方面提高公司质量。首先，提高创新能力、加大创新力度。公司要加大研发投入，积极研发和引进新技术和新模式以提升企业核心竞争力；强化品牌意识，注重企业无形资产的形成和积累。其次，公司在价值创造方面有待进一步提升，要创新商业模式，积极拓展业务领域，大力开拓新市场，特别是要强化内部管理，提高经营效率，增强盈利能力，提高经营业绩以改善财务质量。

四 医药行业

（一）行业概况

医药行业包括化学制药、中药、生物制品、医药商业、医疗器械、医疗服务等子行业。医药行业是按国际标准划分的 15 类国际化产业之一，被称为"永不衰落的朝阳产业"，是国民经济的重要组成部分，与人民群众的生命健康和生活质量等密切相关。由于我国医药行业研发水平、发展阶段相对落后，医药行业整体上处在改革的风口浪尖，制度体系的建设和改革平稳推进。在我国居民生活水平及城镇化水平不断提高、医疗保险制度改革全面推进、人口老龄化等因素的影响下，医药行业持续稳定增长。

根据工信部数据，2016 年医药工业规模以上企业实现主营业务收入 29636 亿元，同比增长 9.92%，增速较上年同期提高 0.90 个百分点，增速高于全国工业整体增速 5.02 个百分点。2016 年医药工业规模以上企业实现利润总额 3216.43 亿元，同比增长 15.57%，增速较上年同期提高 3.35 个百分点，高于全国工业整体增速 7.07 个百分点；规模以上医药工业增加值同比增长 10.6%，增速较上年同期提高 0.8 个百分点，高于全国工业整体增速 4.6 个百分点，位居工业全行业前列。医药工业增加值在整体工业增加值中所占比重为 3.3%，较上年增长 0.3 个百分点，医药工业对工业经济增长的贡献进一步扩大。

2016 年医药制造业完成固定资产投资 6299 亿元，同比增长 8.4%，增速较上年下降 3.5 个百分点，高于全国工业整体增速 4.8 个百分点。医疗服务增速相对较快。2016 年以来国家密集出台政策利好医疗服务行业发展。《中医药发展战略规划纲要（2016～2030 年）》《"健康中国 2030"规划纲要》《关于开展仿制药质量和疗效一致性评价的意见》《中国的中医药》白皮书等一系列行业改革政策发布，为行业改革发展带来众多利好和指导。在医保控费、招标降价、两票制、零加成、严控药占比等行业背景下，医药制造业承压，化学制药、中药、医疗器械增长乏力。未来，随着我国老龄化趋势日益加重，医药行业的市场需求仍会保持持续增长，医药行业中长期向好。

（二）行业上市公司质量总体情况

本报告共包括医药行业上市公司 151 家，占所有上市公司总数的 6.16%。其中主板公司 76 家，中小板公司 46 家，创业板公司 29 家。行业综合质量评分均值为 64.71 分，略高于所有上市公司的平均值，处于中游水平（见表16）。价值创造能力、价值管理能力和价值分配能力得分均略高于所有上市公司的平均水平。从公司在各质量区间的分布来看，最高质量区间（"好"区间）的公司分布明显较多，达到 41 家，占比为 27.15%；最低质量区间（"差"区间）的公司分布较少，为 20 家，占比为 13.25%，其余各质量区间的公司分布相对较为均衡，各区间公司数量在 28 ~ 32 家，占比在 18.54% ~ 21.19%（见表17）。行业公司的优良率为 47.02%，高于总体水平。医药行业上市公司综合质量评价排名前 10 的公司见表18。

表16　医药行业上市公司质量总体评价状况

项目	平均值（分）	最大值（分）	最小值（分）	标准差	所有上市公司均值（分）
综合质量	64.71	78.03	37.27	6.98	63.63
1. 价值创造能力	59.45	82.77	27.73	9.63	58.01
1.1 公司治理	68.57	96.67	24.40	15.21	66.20
1.2 财务质量	58.30	80.99	21.59	11.82	58.77
1.3 创新能力	51.47	98.80	3.00	16.49	49.05
2. 价值管理能力	82.86	97.22	65.33	5.59	82.30
2.1 内部控制	89.01	100.00	41.00	11.58	89.89
2.2 信息披露	91.81	100.00	85.00	1.70	92.04
2.3 股价维护	67.77	100.00	50.00	11.25	64.96
3. 价值分配能力	57.07	84.31	23.29	10.50	56.22
3.1 股利政策	78.53	100.00	0.00	22.68	74.79
3.2 投资者保护	51.59	90.00	30.00	12.14	51.36
3.3 企业社会责任	41.09	93.80	11.53	15.82	42.52

表17　医药行业上市公司在各质量区间的分布

单位：家，%

质量区间	综合质量		价值创造能力		价值管理能力		价值分配能力	
	数量	占比	数量	占比	数量	占比	数量	占比
好（0~20%）	41	27.15	42	27.81	36	23.84	28	18.54
较好（20%~40%）	30	19.87	32	21.19	28	18.54	34	22.52
中等（40%~60%）	28	18.54	27	17.88	30	19.87	30	19.87
较差（60%~80%）	32	21.19	26	17.22	30	19.87	37	24.50
差（80%~100%）	20	13.25	24	15.89	27	17.88	22	14.57
总体	151	100.00	151	100.00	151	100.00	151	100.00

表18　医药行业上市公司综合质量评分排名前10的公司情况

本行业排名	证券代码	证券简称	综合质量（分）	价值创造能力（分）	价值管理能力（分）	价值分配能力（分）	在所有上市公司中排名
1	600867	通化东宝	78.03	74.26	87.67	75.91	15
2	300199	翰宇药业	76.61	77.80	90.33	60.51	26
3	300294	博雅生物	75.14	76.22	84.89	63.22	65
4	000661	长春高新	75.03	75.57	90.33	58.64	68
5	600276	恒瑞医药	74.86	82.77	89.00	44.89	70
6	300009	安科生物	74.75	72.05	89.00	65.89	74
7	002030	达安基因	74.69	66.28	88.89	77.31	79
8	300406	九强生物	74.58	70.74	83.33	73.51	82
9	300049	福瑞股份	74.51	73.19	89.00	62.64	84
10	000513	丽珠集团	74.46	73.21	88.89	62.53	86

1. 价值创造能力

从价值创造能力来说，医药行业公司平均分为59.45分，高于所有上市公司的平均值，处于中上游水平。三个分项中公司治理和创新能力得分高于所有上市公司均值，二者均处于所有上市公司中上游水平，财务质量略低于所有上市公司均值，处于中游水平（见表19）。从价值创造能力分布区间来看，公司数量分布和总体评分区间分布相似，高质量区间的公司分布明显较多，"好"和"较好"质量区间的公司数量分别为42家和32家，占比分别为27.81%和21.19%。低质量区间的公司数量明显较少，"较差"和"差"质量区间的公司数量分别为

26 家和 24 家，占比分别为 17.22% 和 15.89%。行业公司价值创造能力优良率为 49.00%，高于总体水平。价值创造能力最高的前 3 家公司分别是恒瑞医药（600276）、翰宇药业（300199）、博雅生物（300294）。

表 19　医药行业价值创造能力评价情况

单位：分

项目	行业均值	所有上市公司均值
A 公司治理	68.57	66.20
①年度股东大会股东出席比例	57.02	49.62
②董事长与总经理是否由一人兼任	68.21	74.50
③董事会中独立董事人数所占比例	66.89	67.33
④董事会成员有无持股	78.81	72.91
⑤高管是否持股	76.16	71.24
⑥机构持股比例	64.35	61.58
B 财务质量	58.30	58.77
①盈利能力	60.96	61.83
②偿债能力	57.83	58.51
③营运能力	55.53	54.97
④成长能力	57.44	58.11
C 创新能力	51.47	49.05
①研发投入占主营业务收入比	54.32	52.75
②无形资产增长率	48.61	45.36

公司治理。该行业公司治理得分高于所有上市公司均值，处于中上游水平。主要表现在年度股东大会股东出席比例、董事会成员持股、高管持股、机构持股方面，说明该行业股权激励处于较好水平，机构投资者相对看好该行业前景。但是，该行业公司董事长和总经理两职合一的公司占比高，得分低于所有上市公司平均水平较多。

财务质量。该行业财务质量的得分低于所有上市公司均值，在所有上市公司中处于中游水平。其中，盈利能力、偿债能力和成长能力均低于所有上市公司的平均水平，营运能力稍高于所有上市公司平均水平。

创新能力。该行业的创新能力得分明显高于所有上市公司均值，这与行业特性密切相关，"研发投入占主营业务收入比" 和 "无形资产增长率" 得分都明显高于所有上市公司平均水平。

2. 价值管理能力

从价值管理能力来说，该行业公司平均得分82.86分，略高于所有上市公司平均值，处于中上游水平。其中，内部控制得分低于所有上市公司平均水平，信息披露得分和所有上市公司平均值相当，股价维护得分明显高于所有上市公司水平（见表20）。从价值管理能力质量分布区间来说，除"好"质量区间公司分布数量（36家）较多外，其他区间公司分布相对均衡，数量在27~30家，占比在17.88%~19.87%。该行业公司价值管理能力优良率为42.38%，高于所有上市公司平均水平。

表20 医药行业价值管理能力评价情况

单位：分

项目	行业均值	所有上市公司均值
D 内部控制	89.01	89.89
①内部控制审计意见类型	99.17	99.01
②会计师事务所排名	79.07	79.04
③缺陷整改情况	77.09	79.41
④上市公司是否违规	92.72	94.04
⑤接受处罚类型	97.02	97.94
E 信息披露	91.81	92.04
①一季度报告的及时性	100.00	100.00
②中期报告的及时性	100.00	100.00
③三季度报告的及时性	100.00	100.00
④年度报告的及时性	100.00	100.00
⑤会计师事务所审意见	99.21	99.32
⑥公司是否交叉上市	51.66	52.92
F 股价维护	67.77	64.96
①第一大股东持股变化情况	73.68	70.41
②管理层（整体）持股变化情况	69.37	67.65
③公司是否回购股份	60.26	56.83

内部控制。该行业内部控制得分低于所有上市公司均值，处于中下游水平。主要表现为"缺陷整改情况"、"上市公司是否违规"和"接受处罚类型"得分明显低于所有上市公司均值，说明该行业一些公司内部制度建设和执行情况较差，受到处罚的公司所占比例相对较高。

信息披露。该行业公司信息披露的得分和所有上市公司均值基本相当，处于中游水平。各明细项指标得分也基本和所有上市公司均值相等，各项信息披露水平处于所有上市公司平均水平。

股价维护。股价维护得分高于上市公司均值，处于所有上市公司上游水平。主要表现为第一大股东和管理层（整体）增持公司股份的公司占比较高，特别是第一大股东持股增加的公司占比较高。同时，进行股票回购的公司占比较高。

3. 价值分配能力

从价值分配能力来说，该行业公司平均得分为 57.07 分，高于所有上市公司平均值，处于中游水平。三个分项中，股利政策得分明显高于所有上市公司均值，处于上游水平；投资者保护得分与所有上市公司均值相当，处于中游水平；企业社会责任得分低于所有上市公司均值，处于中下游水平。从价值分配能力质量分布区间来看，中等以上区间公司分布相对较多，"好"、"较好"和"中等"质量区间的公司数量分别为 28 家、34 家和 30 家，占比分别为 18.54%、22.52% 和 19.87%。"差"质量区间的公司分布相对较少，数量为 22 家，占比 14.57%。"较差"质量区间的公司数量为 37 家，占比 24.50%。该行业价值分配能力公司优良率为 41.06%，略高于所有上市公司平均水平（见表 17）。价值分配能力排名前 3 的公司分别是白云山（600332）、华兰生物（002007）和云南白药（000538）。

股利政策。股利政策的得分高于所有上市公司均值，处于上游水平，主要表现为最近三年总现金股利占平均可分配利润的比例较高，说明该行业公司现金分红情况较好。

投资者保护。投资者保护得分和所有上市公司均值相当，处于中游水平。主要表现为该行业上市公司股权结构相对复杂，实际控制人的控制权和现金流权分离的现象相对较多，股权结构不利于中小股东利益的保护。

表21 医药行业价值分配能力评价情况

单位：分

项目	行业均值	所有上市公司均值
G 股利政策	78.53	74.79
①最近3年总现金股利是否大于等于年均可分配利润的30%	63.58	53.71
②公司章程中是否有股东回报计划或现金分红政策	86.75	87.71
③股利分配情况及独立董事相关意见	85.50	82.98
H 投资者保护	51.59	51.36
①股东大会是否实行网络投票制	100.00	100.00
②股东大会是否实行累积投票制	19.21	14.61
③实际控制人控制权与现金流权分离度	74.17	78.14
④是否组织投资者活动	12.98	12.71
I 企业社会责任	41.09	42.52
①是否披露企业社会责任报告	24.50	27.83
②员工就业增长率	55.07	51.41
③企业支付税费增长率	43.68	48.32

企业社会责任。企业社会责任得分低于所有上市公司均值，处于中下游水平。行业内披露企业社会责任报告的公司占比低于所有上市公司平均水平。"企业支付税费增长率"也显著低于所有上市公司平均水平。

（三）总结

2016年以来，医药行业保持平稳增长。医药行业公司质量总体处于中游水平。价值创造能力、价值管理能力和价值分配能力得分均略高于所有上市公司的平均水平。优秀公司数量相对较多，行业公司的优良率略高于平均水平。

分项来说，在价值创造能力方面，行业内上市公司基本达到所有上市公司平均水平，但财务质量表现稍有逊色，得分落后于所有上市公司均值0.47分；价值管理能力略高于所有上市公司均值水平，股价维护方面表现较好，内部控制相对较差；在价值分配能力方面，在股利政策方面表现突出，行业得分均值高出所有上市公司3.74分，投资者保护与所有上市公司平均水平相当，企业社会责任方面稍有逊色。

医药行业优势是董事和高管持股占比较高，管理层增持股票公司占比和分红水平高的公司占比较高。劣势在于财务质量和内部控制相对较差，实际控制人控制权与现金流权分离的公司占比较高。该行业公司要提高财务质量，首先要加大研发投入，开发有竞争力的产品，改善财务绩效；其次，该行业公司需要加强内部控制建设和加大执行力度；最后，规范股权结构，提升实际控制人控制权和现金流权的分离度，也是该行业许多公司提高质量的途径之一。

五　环保行业

（一）行业概况

随着中国工业化和城镇化的快速推进，经济高速发展的同时，国内的生态环境也受到一定程度的破坏，尤其是近年来各种各样的环境问题不断爆发，我国环境形势十分严峻。全国范围内环境质量差，资源约束趋紧，生态损失严重，生态环境恶化趋势尚未得到根本扭转。各种污染物排放量仍然处于非常高的水平，雾霾问题严重，尤其是京津冀地区 PM2.5 空气污染严重，此外还有水体富营养化问题、地下水污染问题、酸雨问题、城市黑臭水体问题等。这些问题在全国范围内存在，严重危害了民众健康，降低了居民生活质量。当前环境问题已成为我国实现全面小康的瓶颈问题，社会各界开始意识到环境保护的重要性。

大力发展环保产业是解决环境问题最重要的手段。长期以来，我国经济增长以牺牲环境为代价，旧的经济增长模式、社会消费模式、能源结构、全社会环保意识等，决定我国环境污染问题将是未来数年长期困扰经济增长和生活质量的问题。我国环保领域的尖锐矛盾决定环保产业的市场空间巨大，环保行业的供不应求是环境问题的表现。然而，我国环保产业起步晚于工业化和城镇化，且早期发展十分缓慢，只在近十年左右才开始快速发展，相比巨大的市场需求，行业目前仍处于成长初期，环境污染处理能力远不及污染排放量。而我国严峻的环境形势也决定了我国环保产业具有巨大的市场空间。近年来，环保行业已经成为我国的新兴热门行业。近年来，受国家生态文明建设政策的推动、国家创建循环经济领域示范试点的实施、社会公众节能环保意识的提高等多方面的综合影响，中国环保行业正处在快速发展时期。节能环保产业总产值从 2012 年的 2.99 万亿元、2013 年的 3.39 万亿元、2014 年的 3.91 万亿元增加到 2015 年的 4.55 万亿元，2016 年增长率高达 16.37%。[①]其中，节能产业和环保产业增速迅猛，年增长率均超过 20%，中国节能环保产业规模已达 5.2 万亿元，[②] 逐步成为中国经济增长的一个新动力。

对环保行业的资金投入力度在一定程度上反映了一国对环境保护的重视程度。近年来，国家加大环保产业投入，"十二五"期间我国每年的环保投入一直保持年增长 1000 亿元以上，同时，我国环境污染治理财政支出约为 5 万亿元。2007 年以来全国公共财政节能环保支出呈增长趋势；近年来，从 2011 年的 2641 亿元增至 2015 年的 4803 亿元，2016 年 1～11 月，全国公共财政节能环保支出已达 4730 亿元，基本与上年持平。[③]"十三五"期间，国家在污染专项治理、第三方环保服务等方面继续加大政策支持力度，预计环保投入将上升到每年 2 万亿元左右，据环保部规划院测算，"十三五"时期全社会环保投资可达 17 万亿元，将为"十二五"时期的三倍以上。但目前我国环保投入占 GDP 的比重依然未突破 2%，与发达国家相比，我国的投入力度存在较大差距，环保投入不足导致污染物处理能力不足，造成全国环境形势严峻。

如果说 2015 年是环保政策"元年"，那 2016 年可以称得上是环保政策的爆发年。"土十条"、《中华人民共和国水污染防治法（修订草案）》《国家危险废物名录》《"十三五"环境影响评价改革实施方案》等数十项新鲜出炉的政策，从各个角度及方面刺激与维护环保行业持续稳定的发展。作为典型的受政策导向影响严重的行业，环保行业的政策变化历来备受关注。

① 资料来源：智研咨询集团《2016～2022 年中国环保市场深入分析及投资策略咨询报告》。
② 资料来源：观研网，http：//www.proresearch.org/plus/view.php? aid = 198229。
③ 资料来源：智研咨询集团《2016～2022 年中国环保市场深入分析及投资策略咨询报告》。

2015 年以来，国家出台了各种各样的政策法规，制定了一系列的相关措施，以从各个方面推动环保行业的改革与发展。将过去被动、模糊的环保管理转型为主动化、定量化、清晰化的管理模式，无数关于环保问题的报道将人们的目光吸引到环保行业，环保行业真真正正地迎来了发展的春天。

近年来，我国环保服务机构保持高速发展的态势。据统计，2016 年末我国环保行业从业单位数已达到 2.66 万个，从业人数 332 万人，我国环境污染防治专用设备产量逐年增长。2016 年 8 月到 2017 年 7 月，我国环境污染防治专用设备产量累计 81.7 万台，远超 2015 年产量，但区域分布上存在的不平衡仍未能解决。①

据东方财富研究报告显示，由于政策利好叠加监管趋严，环保行业 2016 年业绩增速稳步提升；利润水平高位小幅波动，盈利能力企稳回升。2016 年环保行业 53 家上市公司整体营业收入同比增长 24.07%，增速提升 4.25 个百分点；净利润同比增长 21.02%，增速提升 2.13 个百分点；环保行业整体毛利率为 30.83%，同比下降 0.75 个百分点；净利率为 13.81%，同比下降 0.35 个百分点。但在资产周转率企稳和权益乘数提升的作用下，行业整体盈利能力企稳回升，2016 年净资产收益率为 8.85%，同比增加 0.29 个百分点。②

虽然环保行业在众多社会资源的支持下发展十分迅速，但是本行业在快速发展的同时也存在一些问题。主要体现在：现阶段，行业所掌握的技术仍较为落后，环境产品的技术含量较低；行业研发能力不足；我国环保行业发展仍处于初期，庞大的社会资源并没有被高效利用起来；与环保产业的发展相对应，环境技术的分布存在短期内无法弥补的地域差距，在发展水平上，东部地区要高于西部地区，经济发达地区要高于经济欠发达地区。

机遇与挑战是并存的。如今环保行业欣欣向荣，机遇无限，但同时也面临着一些艰巨的挑战。

① 资料来源：中国产业信息研究网，http://www.china1baogao.com/data/20170830/7167556.html。
② 资料来源：东方财富网，http://data.eastmoney.com/report/20170517/hy，APPHizEsjaFrIndustry.html。

首先，经济下行压力加大势必给环保产业带来挑战。经济下行对环保产业来说是一把"双刃剑"，既有好处，也有坏处。好处在于，经济下行会减轻对资源能源消耗和环境污染的压力；坏处在于，经济下行导致企业不景气，必然会造成环保产品和服务的需求减少。

其次，环保行业的内部竞争激烈，各家公司在争夺资本以及资源时内耗严重，导致经济绩效不高；类似的，由于各家公司仍处于相互竞争的初级阶段，技术交流相对欠缺，这也会一定程度地阻碍行业的发展。

最后，环保企业中的小微企业很难安稳生存。由于环保行业中大多数公司采用自筹资金，融资渠道较为狭窄单一，即使有国家的政策扶持，但是小微企业仍会因为可抵押的资产较为有限，面临融资难的问题，这也让这些企业在初期步履维艰。

未来我国环保行业发展重点在于：一是继续稳坐政策和社会各方面资源带来的便捷快车，快速而平稳地度过行业的发展初期阶段；二是坚定围绕"十二五"规划减排目标，进行全方面、全方位的污染治理，通过提升各城市环境和城市形象，提高当地的土地价值，吸引更多其他行业的关注以及资本注入，如房地产业等，最终实现相互哺育，更好地发展当地的环保业；三是为将来实现最后的行业整体转型打下基础，因为最终行业的重心还是要由污染治理类企业转向环境服务类企业。

（二）行业上市公司质量总体情况

本报告共涵盖环保行业上市公司31家，占样本总数的1.26%。其中主板公司10家，中小板公司4家，创业板公司17家。环保行业上市公司综合质量评分平均值为64.60分，好于所有上市公司平均水平，比所有上市公司平均值63.63分高0.97分，处于中上游水平（见表22）。其中，在价值创造能力方面表现较为优异，比所有上市公司均值高1.93分，而价值管理能力和价值分配能力都与所有上市公司均值基本持平，前者高0.03分，而后者低0.04分。环保行业综合质量评分的最大值为75.50分，比所有上市公司最大值83.75分低8.25分；最小值为47.93分，比所有上市公司最小值37.27分高10.66分，表明环保产业上市公司总体质量较为平均。从公司质量分布区间来看（见表23），总体较好，处于"好"区间的公司数量有8家，占25.81%，环保行业上市公司优良率达到45.16%；"差"区间公司分布较少，只有4家，占比仅为12.90%，这些分布情况表明环保行业上市公司质量总体表现相对来说较为平均，差距不大，两极分化情况不算严重，不存在极好和极差的公司。

表22　环保行业上市公司质量总体评价状况

项目	平均值（分）	最大值（分）	最小值（分）	标准差	所有上市公司平均值（分）
综合质量	64.60	75.50	47.93	6.31	63.63
1. 价值创造能力	59.94	77.19	39.30	8.87	58.01
1.1 公司治理	73.37	91.71	39.05	11.67	66.20
1.2 财务质量	57.38	76.52	23.45	11.75	58.77
1.3 创新能力	49.08	100.00	0.00	17.02	49.05
2. 价值管理能力	82.33	95.89	60.22	6.61	82.30
2.1 内部控制	90.26	100.00	39.00	11.94	89.89
2.2 信息披露	91.13	91.67	78.33	2.41	92.04
2.3 股价维护	65.59	100.00	50.00	11.93	64.96
3. 价值分配能力	56.18	71.09	33.67	8.61	56.22
3.1 股利政策	75.81	100.00	41.67	15.75	74.79
3.2 投资者保护	50.32	85.00	30.00	10.62	51.36
3.3 企业社会责任	42.43	88.73	9.67	16.78	42.52

　　从综合质量评分排名分布来看，环保行业上市公司综合质量评分与其他行业相比并无太大亮点，分布相对平均，处于"中等"及以上水平占65%左右，虽然质量在"好"区间的公司有所增加，但整体公司质量相较上年有所下降。如表23所示，处于质量"好"的区间的上市公司有8家，占比为25.81%；有6家处于质量"较好"的区间，6家处于质量"中等"的区间，占比均为19.35%；处于质量"较差"区间和"差"区间的上市公司分别为7家和4家，所占比例为22.58%和12.90%。其中，价值创造能力有超过40%的公司处于"好"和"较好"区间，近30%处于"中等"区间，占比较大，而处于"较差"区间和"差"区间的公司分别为16.13%和9.68%，相对较少；价值管理能力在"好"、"中等"和"较差"区间分

布较为平均，处于这三个区间的公司数量都为 7 家，占比皆为 22.58%；价值分配能力方面，超过 30% 的公司分布在"中等"区间，"好"和"差"区间的公司占比相同，都为 12.90%。

表 23　环保行业上市公司在各质量区间的分布

单位：家，%

质量区间	综合质量		价值创造能力		价值管理能力		价值分配能力	
	数量	占比	数量	占比	数量	占比	数量	占比
好(0~20%)	8	25.81	8	25.81	7	22.58	4	12.90
较好(20%~40%)	6	19.35	6	19.35	5	16.13	6	19.35
中等(40%~60%)	6	19.35	9	29.03	7	22.58	10	32.26
较差(60%~80%)	7	22.58	5	16.13	7	22.58	7	22.58
差(80%~100%)	4	12.90	3	9.68	5	16.13	4	12.90
总体	31	100.00	31	100.00	31	100.00	31	100.00

从公司质量排名来看，环保行业上市公司质量排名较为靠后。环保行业综合质量评分排名前 10 的上市公司如表 24 所示，排名第 1 的公司是聚光科技，在上市公司综合质量排名中排在第 53 位，质量得分 75.50 分。虽然环保行业上市公司的排名的表现不算亮眼，但是相较上年颇有进步。

表 24　环保行业上市公司综合质量评分前 10 名公司排名情况

本行业排名	在所有上市公司中排名	证券代码	证券简称	综合质量(分)
1	53	300203	聚光科技	75.50
2	113	300070	碧水源	73.68
3	189	300334	津膜科技	72.29
4	212	002672	东江环保	71.99
5	243	000826	启迪桑德	71.58
6	258	300335	迪森股份	71.34
7	378	300072	三聚环保	69.99
8	421	002573	清新环境	69.61
9	520	300187	永清环保	68.79
10	569	300190	维尔利	68.40

1. 价值创造能力

从价值创造能力来看，环保行业上市公司平均得分为 59.94 分，高于总体平均水平，处于所有上市公司中上游水平。主要是由于公司治理表现较好，但在财务质量方面表现相对较差，低于所有上市公司平均水平，而创新能力则与所有上市公司水平几乎持平，这与该行业内部激烈的竞争有很大的关系。从价值创造能力分布区间来说，在区间为"好"的公司有 8 家，占比为 25.81%，数量和占比表现都十分不错。该行业公司价值创造能力的优良率为 45.16%，高于所有上市公司平均水平，相较上年已经有所提升（见表23）。该行业公司价值创造能力排名前 3 的公司分别是津膜科技（300334）、聚光科技（300203）、三维丝（300056）。

表 25　环保行业上市公司价值创造能力评价状况

单位：分

评分项目	行业均值	所有上市公司均值
A 公司治理	73.37	66.20
①年度股东大会股东出席比例	53.10	49.62
②董事长与总经理是否由一人兼任	83.87	74.50
③董事会中独立董事人数所占比例	66.45	67.33
④董事会成员有无持股	90.32	72.91
⑤高管是否持股	87.10	71.24
⑤⑥机构持股比例	59.35	61.58
B 财务质量	57.38	58.77
①盈利能力	58.23	61.83
②偿债能力	58.71	58.51
③营运能力	55.67	54.97
④成长能力	56.44	58.11
C 创新能力	49.08	49.05
①研发投入占主营业务收入比	54.75	52.75
②无形资产增长率	43.42	45.36

公司治理。该行业公司治理平均得分为 73.37 分，高于总体均值 7.17 分，处于上游水平。主要表现为公司治理指标中"董事长与总经理是否由

一人兼任"、"董事会成员有无持股"和"高管是否持股"三项指标得分较高，表明实行股权激励计划的公司占比较大，但董事会中独立董事人数所占比例和机构投资持股比例的得分都低于所有上市公司均值。

财务质量。该行业财务质量平均得分为57.38分，低于所有上市公司均值1.39分，处于中等偏下水平。其中，偿债能力与营运能力都至少与所有上市公司平均水平持平，而盈利能力和成长能力均较弱，这与该行业市场竞争激烈有所联系。

创新能力。该行业创新能力平均得分为49.08分，高于所有上市公司均值0.03分，处于中游水平，主要表现为该行业"无形资产增长率"得分较低，但"研发投入占主营业务收入比"超过所有上市公司均值，表明该行业对于研发的投入力度超过所有上市公司平均水平。

2. 价值管理能力

从价值管理能力来说，该行业公司平均得分为82.33分，高于所有上市公司平均水平0.03分，几乎与所有上市公司水平持平，处于中游水平。股价维护与内部控制水平都略高于平均水平，而信息披露水平略低于所有上市公司平均水平。由此可见，综合三项指标来看，该行业公司在价值管理能力上与所有上市公司水平相比并无很突出的地方。从价值管理能力质量区间公司分布来说，该行业公司价值管理能力的优良率为38.71%，略低于所有上市公司平均水平，而处于较低质量区间的公司数几乎与处于较高质量区间的公司数持平，这也使得该行业的价值管理能力与所有上市公司平均水平持平（见表23）。该行业价值管理能力排名前3的公司分别是三维丝（300056）、高能环境（603588）、清新环境（002573）。

内部控制。该行业的内部控制得分90.26分，略高于所有上市公司均值0.37分，处于所有上市公司中上游水平。其中"内部控制审计意见类型"指标相较上年有较大提升，略高于所有上市公司平均水平，而"会计师事务所排名"明显低于所有上市公司总体水平，说明审核该行业上市公司内部控制制度的会计师事务所排名较差。该行业"缺陷整改情况"指标的得分明显高于所有上市公司平均水平，说明该行业发现重大或重要缺陷时整改

表 26 环保行业上市公司价值管理能力评价状况

单位：分

评分项目	行业均值	所有上市公司均值
D 内部控制	90.26	89.89
①内部控制审计意见类型	100.00	99.01
②会计师事务所排名	76.77	79.04
③缺陷整改情况	82.58	79.41
④上市公司是否违规	93.55	94.04
⑤接受处罚类型	98.39	97.94
E 信息披露	91.13	92.04
①一季度报告的及时性	100.00	100.00
②中期报告的及时性	100.00	100.00
③三季度报告的及时性	100.00	100.00
④年度报告的及时性	100.00	100.00
⑤会计师事务所审计意见	100.00	99.32
⑥公司是否交叉上市	50.00	52.92
F 股价维护	65.59	64.96
1 第一大股东持股变化情况	69.35	70.41
2 管理层（整体）持股变化情况	70.97	67.65
3 公司是否回购股份	56.45	56.83

态度较好，整改及时，行业发生违规的公司数量占比较低。2016 年只有 2 家公司违规，占该行业公司数量的 6.45%。

信息披露。该行业信息披露得分 91.13 分，略低于所有上市公司均值，其中会计师事务所审计意见得分高于所有上市公司均值较为明显，2016 年 31 家环保行业上市公司均得到会计师事务所"标准无保留意见"，一季度报告、中期报告、三季度报告与年度报告的及时性得分都与所有上市公司均值持平，但该行业公司"是否交叉上市"指标得分明显低于所有上市公司平均水平。

股价维护。该行业股价维护得分 65.59 分，略高于所有上市公司均值 0.63 分，处于所有上市公司中上游水平。主要表现为管理层（整体）增持股份的公司数量相对不多，2016 年第一大股东增持股份的公司有 6 家，占比 19.35%；管理层增持股份的公司有 11 家，占比 35.48%，说明大股东和管理层对该行业前景和公司发展前途持观望态度。

3. 价值分配能力

从价值分配能力来看，该行业公司平均得分为 56.18 分，略低于所有上市公司平均水平 0.04 分，处于上游水平。三个分项中，只有股利政策高于所有上市公司平均水平，企业社会责任略低于所有上市公司平均水平，而投资者保护明显低于所有上市公司总体水平。从价值分配能力质量分布区间来看，处于最高和最低质量区间的公司较少，处于中间质量、较低质量和较高质量区间公司分布相对较多。该行业公司价值分配能力优良率为 32.25%，明显低于总体平均水平（见表 23）。价值分配能力排名前三的公司分别是碧水源（300070）、启迪桑德（000826）和迪森股份（300335）。

股利政策。该行业股利政策平均得分 75.81 分，高于所有上市公司平均水平 1.02 分，处于所有上市公司中上游水平，主要表现为"股利分配情况及独立董事相关意见"和"公司章程中是否有股东回报计划或现金分红政策"两项得分远高于所有上市公司平均水平。2016 年，该行业仅有两家公司没有进行股利分配，但都说明了原因，且独立董事发表了同意意见；仅有两家公司的公司章程中没有涉及股东现金分红政策。"最近三年总现金股利

表 27　环保行业上市公司价值分配能力评价状况

单位：分

评分项目	行业均值	所有上市公司均值
G 股利政策	75.81	74.79
①最近 3 年总现金股利是否大于等于年均可分配利润的 30%	45.16	53.71
②公司章程中是否有股东回报计划或现金分红政策	93.55	87.71
③股利分配情况及独立董事相关意见	88.71	82.98
H 投资者保护	50.32	51.36
①股东大会是否实行网络投票制	100.00	100.00
②股东大会是否实行累积投票制	6.45	14.61
③实际控制人控制权与现金流权分离度	79.35	78.14
④是否组织投资者活动	15.48	12.71
I 企业社会责任	42.43	42.52
①是否披露企业社会责任报告	16.13	27.93
②员工就业增长率	57.85	51.41
③企业支付税费增长率	53.30	48.31

是否大于等于年均可分配利润的 30%" 较大幅度地低于所有上市公司平均水平, 近三年分红超过平均可分配利润的 30% 的公司只有 2 家, 分红比例在 0 ~ 30% 的公司有 24 家, 未分红的公司只有 5 家。

投资者保护。投资者保护的平均得分 50. 32 分, 略低于所有上市公司均值 1. 04 分, 处于中下游水平。其中 "是否组织投资者活动" 的得分显著高于所有上市公司均值, 共有 22 家上市公司在 2016 年组织了投资者活动, 占比高达 70. 97% , "实际控制人控制权与现金流权分离度" 略高于所有上市公司均值, "股东大会是否实行网络投票制" 则与所有上市公司水平持平, 但 "股东大会是否实行累积投票制" 明显低于所有上市公司均值, 该行业仅有 2 家公司实行累积投票制, 占比 6. 45% 。

企业社会责任。该行业公司企业社会责任平均得分 42. 43 分, 略低于所有上市公司均值 0. 09 分, 几乎持平, 处于全国中游水平。"员工就业增长率" 和 "企业支付税费增长率" 得分都明显超过所有上市公司水平, 但是 "是否披露企业社会责任报告" 的得分显著低于所有上市公司均值, 表现不佳。

(三) 总结

从国家政策的角度观察, 2016 年仍然是环保行业的春天, 正因为国家的扶持, 2016 年环保行业公司总体质量仍能维持在全国中上游水平, 但与往年相似, 虽然情况有所改善, 然而优秀公司数量还是相对较少。从各项评分来看, 虽然环保行业公司价值创造能力高于所有上市公司平均水平, 但其价值管理能力和价值分配能力只与所有上市公司平均水平持平, 总的来说, 行业公司优良率达到 45. 16% 。分小项来看, 该行业优势项目是公司治理、内部控制、股价维护和股利政策; 而该行业的劣势项目则是投资者保护与财务质量。尤其是财务质量, 环保行业在行业整体平稳发展并受国家政策扶持的时期, 并没有表现出令人眼前一亮的财务业绩, 这与行业竞争激烈和无形资产增长缓慢等因素有关。

为此, 该行业上市公司在保持研发投入力度的同时, 应保持其所具有的优势; 另外, 政府应出台相关政策, 鼓励该行业公司间的互相交流, 适当降低行业内部竞争水平, 从而提高公司财务绩效, 力争让行业取得更多的突破，增强创新能力。同时，环保行业上市公司应加强对财务及非财务信息的披露，完善信息披露机制，进一步提高信息披露的针对性和有效性，使信息披露更好地为投资者服务，从而更有效地保护投资者的合法权益。

当前，环保行业仍然处于积累时期，所以上市公司应该加大研发投入力度，鼓励各项技术创新，从而提高公司产值，为今后的迅猛发展打下基础。其次，政府应该出台相关政策，合理减少该行业内部各公司之间的无谓竞争，同时将竞争带来的压力转化为行业高速发展的原动力，提高公司的财务绩效，为后续的突破做好准备。

六　机械设备行业

（一）行业概况

根据《国民经济行业分类》，机械设备行业包括通用设备制造业和专用设备制造业，按类别可划分为农业机械设备、工程机械设备、石化机械设备、机床设备、基础机械设备和矿山机械设备等。机械设备广泛用于基础设备和器械制造、制药、建筑、道路、矿山、港口和国防等制造业和工程领域，其景气程度与固定资产投资高度相关。

机械设备行业的产业链较长，对国民经济的影响较大，其上游是钢铁、有色金属等行业，下游涉及制造业、房地产、基础设施建设、电力行业、煤炭等很多领域。整体来看，在制造业固定资产投资增速放缓、房地产业持续波动的情况下，以国内市场为主的机械设备行业表现不景气。但基础设施建设保持较高增速，或将成为未来机械设备行业的支撑。出口方面，我国机械设备产品主要出口至增长放缓的新兴经济体和其他发展中国家，短期内出口增长仍较为缓慢，预计随着"一带一路"倡议的推进，未来对沿线国家出口将小幅增加，从财务方面来看，近年来机械设备制造企业应收账款和存货规模及占比处于较高水平，应收账款周转率及存货周转率下降，对企业营运资金造成较大占用。

目前，随着经济增长进入新常态，机械设备行业整体收入及盈利能力下行，产业转型和技术升级压力较为突出。行业发展机遇包括以下几个方面。一是行业集中度提高，随着机械设备行业整体增速放缓，并购重组将成为上市公司提升公司业绩、抢占市场份额、增强竞争实力的重要方式，而中小企业资金及技术实力较弱，可能被淘汰或兼并收购。二是机械设备行业各子行业将呈分化格局，智能制造、核电、航天、机器人等高端设备制造处于快速发展期，而传统设备制造同质化竞争加剧会使经营状况进一步恶化，传统设备制造厂商需深挖客户需求，以差异化竞争增强客户黏性。三是我国城轨交通在城市公共交通中的占比较低，城市轨道交通建设是"十三五"时期我国轨道交通投资的重点，发改委已批复全国50多个城市的轨道交通建设规划，新增城轨投资建设高峰将带动相关机械设备制造企业高速发展。四是随着"一带一路"倡议的推进和亚投行的成立，我国正加大对沿线各国基础设施建设的投资，将有效拉动国内机械设备产品的出口。

（二）行业上市公司质量总体情况

截至2016年底，全国机械设备行业共有236家上市公司，占总样本公司数（2451家）的9.63%。其中，来自沪深股市主板的上市公司80家，中小板84家，创业板72家。该行业上市公司综合质量评分平均值为64.32分，略高于所有上市公司平均水平，上市公司总体质量在全国处于中游水平。其中，价值创造能力、价值管理能力、价值分配能力均高于所有上市公司平均水平（见表28）。

从综合质量评分排名分布来看，机械设备行业上市公司数量在综合质量评分各排名区间的分布较为均匀，高区间（质量"好"与"较好"）占比均超过20%，相对较高；低区间（"较差"与"差"）的公司数占比也不低。整体上看，质量评分高的公司比例相对较高，"中等"及以上公司占比之和为65.82%（见表29）。

表28　机械设备行业上市公司质量总体评价状况

项目	平均值（分）	最大值（分）	最小值（分）	标准差	所有上市公司平均值（分）
综合质量	64.32	78.32	42.53	6.42	63.63
1. 价值创造能力	59.16	84.93	28.50	9.34	58.01
1.1 公司治理	66.75	92.71	14.42	14.61	66.20
1.2 财务质量	59.63	88.33	21.40	12.62	58.77
1.3 创新能力	51.11	98.60	4.80	15.54	49.05
2. 价值管理能力	82.85	95.89	66.56	4.81	82.30
2.1 内部控制	91.90	100.00	55.00	8.43	89.89
2.2 信息披露	92.17	100.00	88.33	2.06	92.04
2.3 股价维护	64.49	100.00	50.00	11.83	64.96
3. 价值分配能力	56.10	78.31	26.31	10.57	56.22
3.1 股利政策	75.00	100.00	0.00	19.98	74.79
3.2 投资者保护	51.12	85.00	30.00	9.42	51.36
3.3 企业社会责任	42.17	95.47	5.87	17.79	42.52

表29　机械设备行业上市公司在各质量区间的分布

单位：家，%

质量区间	综合质量		价值创造能力		价值管理能力		价值分配能力	
	数量	占比	数量	占比	数量	占比	数量	占比
好（0~20%）	53	22.36	52	21.94	46	19.41	40	16.88
较好（20%~40%）	56	23.63	56	23.63	52	21.94	50	21.10
中等（40%~60%）	47	19.83	44	18.57	55	23.21	56	23.63
较差（60%~80%）	38	16.03	45	18.99	48	20.25	44	18.57
差（80%~100%）	43	18.14	40	16.88	36	15.19	47	19.83
总体	237	100.00	237	100.00	237	100.00	237	100.00

　　机械设备行业上市公司综合质量评分排名前10的公司见表30，各公司的评分高于74分，显著高于所有上市公司平均水平。具体来看，排名第1的天桥起重和排名第2的大族激光在上市公司排名中列第13位和第16位；前10名机械设备行业上市公司处于上市公司综合质量评分排名的前80名内。其中，除广电运通之外各公司价值创造能力得分均高于70分；各公司

价值管理能力均高于 80 分；除迪瑞医疗外各公司价值分配能力均高于
60 分。

表 30 机械设备行业上市公司综合质量评分前 10 位公司情况

本行业排名	在所有上市公司中排名	证券代码	证券简称	综合质量（分）	价值创造能力(分)	价值管理能力(分)	价值分配能力(分)
1	13	002523	天桥起重	78.32	77.12	86.11	72.91
2	16	002008	大族激光	77.84	78.51	80.56	73.80
3	24	300396	迪瑞医疗	76.81	84.93	83.33	54.04
4	35	300003	乐普医疗	76.29	77.95	86.11	63.13
5	46	300145	中金环境	75.90	77.66	84.78	63.49
6	52	601766	中国中车	75.52	73.20	83.56	72.11
7	54	002152	广电运通	75.48	69.82	86.11	76.18
8	63	600894	广日股份	75.15	72.97	84.89	69.78
9	71	300259	新天科技	74.79	71.03	83.44	73.67
10	76	002202	金风科技	74.74	70.89	86.11	71.07

1. 价值创造能力

机械设备行业上市公司价值创造能力评分均值为 59.16 分，略高于所有
上市公司平均分，这主要是由于该行业公司治理、财务质量和公司创新三项
指标均高于所有上市公司平均值（见表 31）。

表 31 机械设备行业价值创造能力评价情况

单位：分

项目	行业均值	所有上市公司均值
A 公司治理	66.75	66.20
①年度股东大会股东出席比例	50.29	49.62
②董事长与总经理是否由一人兼任	67.93	74.50
③董事会中独立董事人数所占比例	66.50	67.33
④董事会成员有无持股	82.70	72.91
⑤高管是否持股	79.75	71.24
⑥机构持股比例	53.35	61.58

项目	行业均值	所有上市公司均值
B 财务质量	59.63	58.77
①盈利能力	61.97	61.83
②偿债能力	58.56	58.51
③营运能力	56.49	54.97
④成长能力	60.20	58.11
C 创新能力	51.11	49.05
①研发投入占主营业务收入比	54.65	52.75
②无形资产增长率	47.58	45.36

公司治理。该行业公司治理得分高于所有上市公司均值，处于中上游水平。与所有上市公司均值相比，董事长与总经理是否由一人兼任、机构持股比例、董事会中独立董事人数所占比例三项低于所有上市公司均值。其他指标高于所有上市公司均值。

财务质量。该行业财务质量的得分高于所有上市公司均值，在所有上市公司处于中上游水平。其中盈利能力、偿债能力、营运能力和成长能力高于所有上市公司均值。

创新能力。该行业创新能力得分高于所有上市公司均值，在所有上市公司处于中上游水平。其中，无形资产增长率和研发投入占主营业务收入比均高于总体平均水平。

2. 价值管理能力

机械设备行业上市公司价值管理能力评分均值为 82.85 分，高于所有上市公司平均分，这主要是由于该行业在内部控制、信息披露指标上高于所有上市公司平均值（见表32）。

内部控制。该行业内部控制得分高于所有上市公司均值，处于上游水平。"缺陷整改情况"得分明显高于所有上市公司平均值，说明该行业一些公司内部控制制度建设和执行情况表现优异。"会计师事务所排名"略低于所有上市公司平均值。"上市公司是否违规"得分高于所有上市公司平均值，说明该行业违规情况有所增加。"接受处罚类型"高于所有上市公司平均值。

表32 机械设备行业价值管理能力评价情况

单位：分

项目	行业均值	所有上市公司均值
D 内部控制	91.90	89.89
①内控审计意见类型	99.79	99.01
②会计师事务所排名	77.97	79.04
③缺陷整改情况	86.08	79.41
④上市公司是否违规	96.62	94.04
⑤接受处罚类型	99.05	97.94
E 信息披露	92.17	92.04
①一季度报告的及时性	100.00	100.00
②中期报告的及时性	100.00	100.00
③三季度报告的及时性	100.00	100.00
④年度报告的及时性	100.00	100.00
⑤会计师事务所审计意见	99.83	99.32
⑥公司是否交叉上市	53.16	52.92
F 股价维护	64.49	64.96
①第一大股东持股变化情况	69.51	70.41
②管理层(整体)持股变化情况	66.14	67.65
③公司是否回购股份	57.81	56.83

信息披露。该行业信息披露得分与所有上市公司均值持平。"公司是否交叉上市""会计师事务所审计意见"得分略高于所有上市公司平均值。

股价维护。该行业股价维护得分与所有上市公司均值基本持平。"第一大股东持股变化情况"得分低于所有上市公司均值，"管理层（整体）持股变化情况"得分低于所有上市公司均值，"公司是否回购股份"得分高于所有上市公司均值。

3. 价值分配能力

机械设备行业上市公司价值分配能力评分均值为56.10分，与所有上市公司平均分持平。该行业在股利政策指标上得分高于所有上市公司平均值，而在投资者保护和企业社会责任上低于得分平均值（见表33）。

表33　机械设备行业价值分配能力评价情况

单位：分

项目	行业均值	所有上市公司均值
G 股利政策	75.00	74.79
①最近3年总现金股利是否大于等于年均可分配利润的30%	52.53	53.71
②公司章程中是否有股东回报计划或现金分红政策	87.34	87.71
③股利分配情况及独立董事相关意见	85.13	82.98
H 投资者保护	51.12	51.36
①股东大会是否实行网络投票制	100.00	100.00
②股东大会是否实行累积投票制	7.17	14.61
③实际控制人控制权与现金流权分离度	81.86	78.14
④是否组织投资者活动	15.44	12.71
I 企业社会责任	42.17	42.52
①是否披露企业社会责任报告	21.10	27.83
②员工就业增长率	55.24	51.41
③企业支付税费增长率	50.17	48.32

股利政策。该行业公司股利政策与所有上市公司均值基本持平，处于中游水平。"最近3年总现金股利是否大于等于年均可分配利润的30%""公司章程中是否有股东回报计划或现金分红政策"均低于所有上市公司平均值。"股利分配情况及独立董事相关意见"得分高于所有上市公司平均值。

投资者保护。该行业上市公司投资者保护的得分和所有上市公司均值基本相当。其中，"股东大会是否实行累积投票制"得分明显低于所有上市公司平均值，"实际控制人控制权与现金流权分离度"和"是否组织投资者活动"两项得分高于所有上市公司平均值。

企业社会责任。该行业企业社会责任得分和所有上市公司均值基本相当。是否披露企业社会责任报告得分明显低于所有上市公司均值，说明该行业企业社会责任报告编制需要提升。员工就业增长率得分高于所有上市公司均值。企业支付税费增长率得分略高于所有上市公司均值。

（三）总结

要提高机械设备行业上市公司质量，可以在以下几个方面加以改进。首先，利用产业转型和技术升级的机遇，通过加大研发投入，升级产品结构，提高智能化水平，来挖掘比较优势，提高市场占有率和盈利水平。其次，增强产业链议价能力，提高应收账款及存货周转率，降低营运资金成本，通过提高盈利能力和营运能力来提高财务质量。最后，通过维护中小股东权益及进行高质量的信息披露，营造良好的企业形象，以扩大直接融资规模，降低融资成本。

七 食品饮料行业

（一）行业概况

"国以民为本，民以食为天。"食品饮料消费是人类生存和发展的第一活动，食品加工业的发展直接关系到国计民生。从产业链角度分析，食品饮料行业与其他行业有较强的关联性。食品饮料行业的发展可以带动如包装、物流、机械和服装文化等相关产业的协同发展。从农业可持续角度来看，食品饮料行业实际上是农业的延伸，食品饮料加工行业不仅决定着农产品市场需求的方向和规模大小，还是我国国民经济可持续发展的重要组成部分。食品加工业包括粮食及饲料加工业、植物油加工业、制糖业、屠宰及肉类蛋类加工业、水产品加工业、食用盐加工业和其他食品加工业。饮料制造业包括酒精制造业、酒的制造业、软饮料制造业、精制茶加工等。

"随着我国经济进入换挡期，作为以大众消费品为主的食品饮料公司，进入了快速发展的阶段。最近几年，受到国家产业政策的影响，食品饮料上市公司扩张性投资加大，现金流转容易出现问题。"[①] 由于 2016 年以来，经济上总体平稳增长，消费低迷，一定程度上影响了食品饮料行业的景气度。从产量角度，以较长的区间来看，基本所有子行业，包括乳品、调味和发酵品、白酒、葡萄酒、啤酒、黄酒和软饮料行业，都从高增长、高波动逐渐趋向较为平缓的低速增长甚至负增长。从库存角度，白酒、软饮料和乳品年中增幅均处在合理偏低的状态，去库存化政策作用明显，产销率有所下滑。

中国的食品加工业和饮料制造业均是市场化较高的竞争性行业，这加剧了我国工业产业的深刻调整，产生并快速发展形成诸如方便食品等新一代产业。从国内角度，观察企业与社会的关联性，"企业社会责任的良好表现能够对财务绩效产生积极的影响，即企业履行社会责任会提升财务绩效"。[②] 从国际上看，食品饮料行业营业额位于全球行业的前列，但中国只占其份额的 5% 左右，潜力巨大。并且由于其对国民生活的基础和实质性作用，食品饮料行业随国民经济周期性变动的影响不大。

（二）行业上市公司质量总体情况

本报告包括食品饮料行业上市公司共 68 家，占样本总数的 2.77%。其中，主板公司 45 家，中小板公司 22 家，创业板公司 1 家。该行业综合质量评分均值为 64.13 分，略高于所有上市公司平均值，处于中上游水平。其中价值创造能力表现突出，比所有上市公司平均水平 58.01 分高 1.27 分，价值管理能力平均分略高于所有上市公司平均值 0.39 分，价值分配能力平均值略低于所有上市公司平均值 0.96 分（见表 34）。从质量分布区间来看，位于"好"区间的公司明显较多，达到 23 家，占比为 33.82%；位于"差"区间的公司有 14 家，占比为 20.59%；其余各区间公司占比均低于 20%。

---

① 霍婧晖：《中国食品饮料行业上市公司财务预警研究》，山西财经大学，2015。
② 孔龙和李蕊：《政治关联、企业财务绩效与企业社会责任的相互关系研究——以我国食品饮料行业为例》，《北京交通大学学报》2015 年第 3 期，第 53~61 页。

该行业公司的优良率为45.58%，高于所有上市公司平均水平（见表35）。整体来看，质量评分高的公司数量较多是该行业得分处于所有上市公司平均分以上的主要原因。

表34　食品饮料行业上市公司质量总体评价状况

项目	平均值（分）	最大值（分）	最小值（分）	标准差	所有上市公司均值（分）
综合质量	64.13	77.47	47.76	7.45	63.63
1. 价值创造能力	59.28	82.35	29.93	11.09	58.01
1.1 公司治理	66.29	95.37	35.42	16.78	66.20
1.2 财务质量	61.56	85.92	21.83	13.00	58.77
1.3 创新能力	49.99	100.00	7.90	18.34	49.05
2. 价值管理能力	82.69	95.89	72.33	4.70	82.30
2.1 内部控制	89.90	100.00	61.00	10.09	89.89
2.2 信息披露	92.11	100.00	88.33	2.03	92.04
2.3 股价维护	66.05	100.00	50.00	10.41	64.96
3. 价值分配能力	55.26	79.78	31.51	11.64	56.22
3.1 股利政策	72.67	100.00	0.00	22.89	74.79
3.2 投资者保护	51.03	80.00	30.00	10.64	51.36
3.3 企业社会责任	42.07	78.00	3.20	18.34	42.52

表35　食品饮料行业上市公司在各质量区间的分布

单位：家，%

质量区间	综合质量		价值创造能力		价值管理能力		价值分配能力	
	数量	占比	数量	占比	数量	占比	数量	占比
好（0~20%）	23	33.82	19	27.94	16	23.53	14	20.59
较好（20%~40%）	8	11.76	12	17.65	11	16.18	13	19.12
中等（40%~60%）	12	17.65	12	17.65	17	25.00	10	14.71
较差（60%~80%）	11	16.18	12	17.65	10	14.71	14	20.59
差（80%~100%）	14	20.59	13	19.12	14	20.59	17	25.00
总体	68	100.00	68	100.00	68	100.00	68	100.00

食品饮料行业上市公司综合质量评分排名前 10 的公司如表 36 所示，各公司的综合质量评分均在 70 分以上，显著高于 63.63 分的所有上市公司平均分。具体来看，排名第 1 的双汇发展在所有上市公司中排名中列第 20 位；排名第 2 的汤臣倍健在所有上市公司排名中列第 57 位；其余上市公司均处于所有上市公司排名的第 100~205 名。由此可见，食品饮料行业质量较好的上市公司在所有上市公司中也是相对较好的公司。其中，价值创造能力除洋河股份、梅花生物和泸州老窖外，均在 70 分以上，明显高于所有上市公司 58.01 分的平均水平；价值管理能力只有汤臣倍健、洋河股份和泸州老窖略低于所有上市公司 82.30 分的平均水平；除排名第 9 的海天味业外，其余 9 家公司的价值分配能力均高于 56.22 分的所有上市公司平均水平。

表 36　食品饮料行业上市公司综合质量排名前 10 的公司情况

本行业排名	证券代码	证券简称	综合质量（分）	价值创造能力（分）	价值管理能力（分）	价值分配能力（分）	在所有上市公司中排名
1	000895	双汇发展	77.47	74.15	86.11	75.47	20
2	300146	汤臣倍健	75.43	80.16	77.89	63.51	57
3	002304	洋河股份	73.73	69.13	80.67	76.00	108
4	002661	克明面业	73.26	73.54	83.11	62.84	140
5	000596	古井贡酒	73.22	73.59	88.89	56.80	143
6	002695	煌上煌	73.17	71.58	91.67	57.87	144
7	600873	梅花生物	72.52	66.97	83.44	72.69	172
8	000729	燕京啤酒	72.19	70.29	87.56	60.60	198
9	603288	海天味业	72.12	74.79	95.89	43.00	202
10	000568	泸州老窖	72.07	69.80	82.11	66.56	205

1. 价值创造能力

从价值创造能力来看，食品饮料行业公司平均分为 59.28 分，高于所有上市公司平均值 1.27 分，处于所有上市公司中上游水平，这主要是由于该行业公司治理、财务质量和创新能力均值均高于所有上市公司平均分，尤其以财务质量的优势最为明显，高于所有上市公司 2.79 分（见表 37）。行业整体上来看，约 56% 的上市公司（38 家）价值创造能力高于 58.01 分的所有上市公司平均值，最高分为 82.35 分，最低分为 29.93 分。从价值创造能力排名分布来看，食品饮料行业上市公司价值创造能力在各区间分布较均匀。处于"好"和"较好"区间的公司数量为 31 家，合计占比 45.58%；处于"较差"和"差"区间的公司数量为 25 家，合计占比 36.77%；"中等"及以上区间分布的公司数量占比超过 60%，因此该行业的价值创造能力相对略高。

表 37　食品饮料行业价值创造能力评价情况

单位：分

项目	行业均值	所有上市公司均值
A 公司治理	66.29	66.20
①年度股东大会股东出席比例	56.07	49.62
②董事长与总经理是否由一人兼任	82.35	74.50
③董事会中独立董事人数所占比例	65.59	67.33
④董事会成员有无持股	61.76	72.91
⑤高管是否持股	64.71	71.24
⑥机构持股比例	67.27	61.58
B 财务质量	61.56	58.77
①盈利能力	65.41	61.83
②偿债能力	60.58	58.51
③营运能力	54.92	54.97
④成长能力	63.21	58.11
C 创新能力	49.99	49.05
①研发投入占主营业务收入比	53.63	52.75
②无形资产增长率	46.35	45.36

公司治理。该行业公司治理得分略高于所有上市公司均值 0.09 分，处于中游水平。主要表现在年度股东大会股东出席比例和机构持股比例较高，董事长与总经理两职分离公司占比较高。说明该行业董事会结构较为健康。但是，该行业上市公司董事会成员和高管持股的公司占比较低，说明该行业股权激励相对不足。

财务质量。该行业公司财务质量得分高于所有上市公司均值 2.79 分，处于中上游水平。其中，盈利能力、偿债能力和成长能力均高于平均水平。相对来说，成长能力表现一般。

创新能力。该行业公司创新能力得分高于所有上市公司均值 0.94 分，处于中游水平。两项评价指标的得分均高于所有上市公司均值，说明该行业公司比较重视研发和创新投入。

2. 价值管理能力

从价值管理能力来看，食品饮料行业公司平均分为82.69分，仅略高于所有上市公司平均值0.39分，处于所有上市公司中游水平，这主要是由于该行业内部控制、信息披露得分和所有上市公司平均值相当，而股价维护得分明显高于所有上市公司水平（见表38）。从行业整体上来看，约51%的上市公司（35家）价值管理能力高于82.30分的所有上市公司平均值，最高分为95.89分，最低分为72.33分。从价值管理能力排名分布来看，食品饮料行业上市公司价值管理能力在各区间分布大体呈纺锤形。处于"好"和"较好"区间的公司数量为27家，合计占比39.71%；处于"较差"和"差"区间的公司数量为24家，合计占比35.30%；"中等"及以上区间的公司数量占比达到64.71%，因此该行业的价值管理能力相对略高。

表38 食品饮料行业价值管理能力评价情况

单位：分

项目	行业均值	所有上市公司均值
D 内部控制	89.90	89.89
①内部控制审计意见类型	98.53	99.01
②会计师事务所排名	78.24	79.04
③缺陷整改情况	82.65	79.41
④上市公司是否违规	92.65	94.04
⑤接受处罚类型	97.43	97.94
E 信息披露	92.11	92.04
①一季度报告的及时性	100.00	100.00
②中期报告的及时性	100.00	100.00
③三季度报告的及时性	100.00	100.00
④年度报告的及时性	100.00	100.00
⑤会计师事务所审计意见	99.71	99.32
⑥公司是否交叉上市	52.94	52.92
F 股价维护	66.05	64.96
①第一大股东持股变化情况	72.79	70.41
②管理层（整体）持股变化情况	68.75	67.65
③公司是否回购股份	56.62	56.83

内部控制。该行业公司内部控制得分与所有上市公司均值水平相当，处于中游水平。主要表现为"内部控制审计意见类型"、"会计师事务所排名"、"上市公司是否违规"和"接受处罚类型"得分低于所有上市公司均值，说明审核该行业上市公司内部控制的会计师事务所排名偏低，并且内部控制制度建设和执行还需要进一步加强。

信息披露。该行业公司信息披露得分与所有上市公司均值基本相当，处于中游水平。除会计师事务所审计意见具有优势外，各明细项指标得分也基本和所有上市公司均值相等。

股价维护。该行业公司股价维护得分略高于所有上市公司均值，处于中上游水平。主要表现为第一大股东和管理层（整体）增持股份的公司占比较高。

3. 价值分配能力

从价值分配能力来看，食品饮料行业公司平均分为55.26分，略低于所有上市公司平均值0.96分，处于所有上市公司中下游水平，这主要是由于三个分项均低于所有上市公司均值（见表39）。从行业整体上来看，有一半

表39　食品饮料行业价值分配能力评价情况

单位：分

项目	行业均值	所有上市公司均值
G 股利政策	72.67	74.79
①最近3年总现金股利是否大于等于年均可分配利润的30	58.09	53.71
②公司章程中是否有股东回报计划或现金分红政策	79.41	87.71
③股利分配情况及独立董事相关意见	80.51	82.98
H 投资者保护	51.03	51.36
①股东大会是否实行网络投票制	100.00	100.00
②股东大会是否实现累积投票制	13.24	14.61
③实际控制人控制权与现金流权分离度	77.94	78.14
④是否组织投资者活动	12.94	12.71
I 企业社会责任	42.07	42.52
①是否披露企业社会责任报告	33.82	27.83
②员工就业增长率	46.14	51.41
③企业支付税费增长率	46.25	48.32

的上市公司（34家）价值分配能力高于56.22分的所有上市公司平均值，最高分为79.78分，最低分为31.51分。从价值分配能力排名分布来看，分布形态呈"沙漏"形。处于"好"和"较好"区间的公司为27家，占比39.71%；"较差"和"差"区间的公司为31家，占比45.59%；处于"中等"区间的公司分布明显较少，仅为10家，占比为14.71%。

股利政策。该行业公司股利政策得分明显低于所有上市公司均值，处于中下游水平。主要表现为"公司章程中是否有股东回报计划或现金分红政策"和"股利分配情况及独立董事相关意见"得分低于所有上市公司均值，说明该行业缺乏分红规划的公司占比以及未分红公司没有独立董事发表意见的公司占比相对较高。但是近3年总现金股利占平均可分配利润的比例较高，说明该行业公司现金分红情况较好。

投资者保护。该行业公司投资者保护得分略低于所有上市公司均值，处于中下游水平。主要表现为累积投票制的实施情况不佳，以及实际控制人的控制权和现金分流权分离度相对较大。其他分项得分基本和所有上市公司平均水平相当。

企业社会责任。该行业公司企业社会责任得分略低于所有上市公司均值，处于中下游水平。其中，"员工就业增长率"和"企业支付税费增长率"得分均显著低于所有上市公司均值，与该行业景气程度相对较低有关。但是"是否披露企业社会责任报告"得分明显高于所有上市公司均值，说明该行业公司对于企业社会责任宣传有充足的重视。

（三）总结

通过以上分析，食品饮料行业上市公司质量整体来看表现好于所有上市公司平均水平，其中有超过45%的公司质量优良，质量表现突出的上市公司占比超过1/3。在价值创造能力方面表现较好，特别是在财务质量方面表现突出，创新能力方面表现较好，公司治理得分略高于所有上市公司平均水平；价值管理能力总体表现一般，处于所有上市公司平均水平，主动性信息披露和股价维护表现良好，内部控制还需要加强；在价值分配能力方面，行业内上市公司得分略低于所有上市公司平均水平，其中股利政策表现欠佳，大大落后于所有上市公司平均水平。

针对上述问题，全行业需要在上市公司价值分配能力方面实现进一步提高。首先，食品饮料行业需要重视股利分配，积极提高股利分配水平以回报投资者，同时需要重视对于现金分红的规划，制定详细的现金分红规划。其次，该行业上市公司需要增强控股股东和管理层维护股价的意识，加强对中小股东的权益保护。最后，要更好地履行企业社会责任，实现持续改善。

八　建材行业

（一）行业概况

建材行业是我国重要的材料工业。建材产品包括建筑材料及制品、非金属矿及制品、无机非金属新材料三个大类。一般建材行业产品是指非金属材料，其中主要产品为水泥、玻璃、玻纤、管材、耐火材料和其他建材。建材行业上游产业包括能源、运输、采矿、设备制造等，其下游产业包含房地产业、建筑业等产业。受国民经济周期性影响，建材行业在供给端呈现相对稳定的周期态势，在需求端受政策、房地产开发和新能源开发等影响，呈现资源能源和环境倒逼行业发展的模式。

2016 年，国家进入"十三五"时期，相较于 2015 年的上市公司固定资产投资增速回落，2016 年受全国固定资产投资和进出口贸易的拉动，建材工业经济质量进一步提高。"部分'品牌类'抵御了原材料涨价的压力，处于集中度提升带来的业绩加速滚雪球时期。"[1]

回顾 2013 年，我国建材工业"稳中求进"，产量持续增长，营收增速

---

[1] 鲍雁辛、黄涛：《建材行业 2017 年半年报总结：盈利能力分化，中游行业压力测试》，国泰君安证券股份有限公司，2017。

加快，投资理性保压，结构平稳调整，质量效益改善。"2013 年，建材工业完成主营业务收入 6.3 万亿元，同比增长 16.3%。"①

2014 年，建材行业保持较快增长和经济效益的平稳，是近年来建材工业延伸产业链、发展低能耗加工制品业、产业结果不断优化结果的体现。2014 年上半年实现主营业务收入 2.2 万亿元，同比增长 13.2%；实现利润总额 1410 亿元，同比增长 21.8%。

2015 年，建材行业经历了真正的冬天，逐渐收窄的宏观运行环境，全产业生产增速下滑，主要产品出厂价格下降，经济效益大幅度回落。虽在低能耗及加工制品业固定资产投资比重上和战略性新兴产业投资上有较快增长，但行业仍然面临需求不足的巨大下行压力。

随着国家各项调整政策的出台，2017 年上半年建材板块实现营业收入1607 亿元，增速较上年同期提高 27 个百分点。毛利率和净资产率持续上行，2017 年上半年分别达到 26.24% 和 9.65%，较上年同期增长 0.76 个百分点和 3.65 个百分点。"其中，龙头企业表现更佳。上半年分别实现毛利率31.44%，净利率 14.93%。"② 由此可见，行业增长仍是主基调，龙头企业表现更优。

水泥行业延续了以往的高景气，增长速度再创新高，上半年营业收入增速达到 31.74%；盈利能力持续提升，净利率达到近几年来的最高点12.49%。在"涨价去产能"思路下水泥控制产量将成为常态，在地产需求未出现大幅下滑背景下，水泥行业的盈利水平将稳中向上。

玻璃行业延续了高增长的势头，上半年营业收入增速达到 59.87%；盈利保持相对高位，净利率达到 6.28%，在纯碱、石英砂等价格上涨的情况下，玻璃业供需格局能较好支持价格上行。

其他建材表现稳健，2017 年上半年营业收入同比增长 44.96%，龙头企业表现相对较好，增速回落至 36.57%；盈利水平依旧维持较高水平，上半

---

① 中华人民共和国工业和信息化部原材料工业司：《2013 年建材工业经济运行情况》，2014。
② 《建材行业 2017 中报回顾：增长依旧，分化前行》，国信证券，2017。

年净利率在 7.55%，其中，龙头企业为 14.68%。"需要注意的是耐火材料行业受益于下游钢铁等行业景气大幅提升，有望行业景气底部复苏。营业收入增速由 2016 年上半年的 - 10.4% 提升至 2017 年的 11.1%；盈利增速由 - 22.6% 提升至 26.8%。"①

总体而言，建材行业受国民经济周期性影响，水泥行业、玻璃行业在环境保护严格管控的背景之下，需求端延续企稳态势，2017 年春节前后错峰限产执行良好，供给端收缩有超预期的可能性。其他建材依旧分化前行，业绩增长稳定，现金流将会是未来主要的压力来源。

从国家宏观经济环境分析上来看，未来 10 年仍然是我国经济高增长时期。根据对房地产、建筑和建材等相关产业的预测和分析可以得出，到 2020 年，中国还将建设 300 亿平方米建筑，从需求端分析，基础设施投资和房地产投资增速相对平稳，加之受"一带一路"、"京津冀一体化"和近期雄安新区建设等需求拉动，建材产品需求将维持稳步上升的阶段。从供给端分析，来自环保督查的压力和"去产量"的政策要求，已经使水泥和玻璃的产量产生下行预期。"但供需格局没有发生扭转，价格在行业内部积极协同下整体仍维持高位。"②

展望 2017 年下半年，建材行业面临供给收缩的预期，不过由于去库存化工作有序展开，2016 年和 2017 年上半年固定资产投资企稳回升，这些对于稳定建材产品价格和保持供给平衡有巨大的作用。需求随城镇化步伐的加速和基础设施建设的投入加大，将会与上下游行业联动，协同拉动国民经济增长。随着国民经济步入新常态，建材行业供需关系不会产生较大变化，以后的关注点将是环保工程、技术革新和节能减排投资，公司内部改善治理，进一步优化价值分配模式。

---

① 《建筑材料行业跟踪报告：行业景气向上，下半年关注北方限产》，中国财经信息网，2017。

② 贺众营：《建材行业数据点评：需求下滑叠加环保约束，水泥增速创年内新低》，华融证券，2017。

（二）行业上市公司质量总体情况

本报告包括建材行业上市公司共 49 家，占样本总数的 2.00%。其中，主板公司 28 家，中小板公司 15 家，创业板公司 6 家。该行业综合质量评分均值为 63.79 分，略高于所有上市公司平均值，处于中游水平。其中，价值创造能力表现突出，比所有上市公司平均水平 58.01 分高 1.26 分，价值管理能力平均分略低于所有上市公司平均值 0.57 分，价值分配能力平均值明显低于所有上市公司平均值 1.31 分（见表 40）。从质量分布区间来看，建材行业综合质量在各区间分布呈"沙漏"形。处于"好"和"较好"区间的公司达到 23 家，占比为 46.94%；处于"较差"和"差"区间的公司有 18 家，占比为 36.73%；处于"中等"区间的公司仅为 8 家，占比 16.33%。行业公司的优良率超过 60%，高于所有上市公司平均水平（见表 41）。整体来看，质量评分高的公司数量较多是该行业得分处于所有上市公司平均分以上的主要原因。

表40　建材行业上市公司质量总体评价状况

项目	平均值（分）	最大值（分）	最小值（分）	标准差	所有上市公司均值（分）
综合质量	63.79	81.01	44.85	7.80	63.63
1. 价值创造能力	59.27	82.48	36.77	10.66	58.01
1.1 公司治理	63.65	87.30	31.83	14.16	66.20
1.2 财务质量	59.45	85.34	21.94	12.84	58.77
1.3 创新能力	54.71	100.00	17.90	18.27	49.05
2. 价值管理能力	81.73	93.22	71.00	4.64	82.30
2.1 内部控制	87.51	100.00	55.00	12.13	89.89
2.2 信息披露	92.38	100.00	88.33	2.65	92.04
2.3 股价维护	65.31	100.00	50.00	8.96	64.96
3. 价值分配能力	54.91	79.11	27.76	11.19	56.22
3.1 股利政策	71.43	100.00	25.00	20.34	74.79
3.2 投资者保护	48.37	80.00	30.00	12.14	51.36
3.3 企业社会责任	44.92	84.60	6.60	17.07	42.52

表 41 建材行业上市公司在各质量区间的分布

单位：家，%

质量区间	综合质量		价值创造能力		价值管理能力		价值分配能力	
	数量	占比	数量	占比	数量	占比	数量	占比
好（0～20%）	10	20.41	12	24.49	5	10.21	7	14.29
较好（20%～40%）	13	26.53	14	28.57	12	24.49	7	14.29
中等（40%～60%）	8	16.33	7	14.29	17	34.69	18	36.73
较差（60%～80%）	4	8.16	3	6.12	6	12.24	6	12.24
差（80%～100%）	14	28.57	13	26.53	9	18.37	11	22.45
总体	49	100.00	49	100.00	49	100.00	49	100.00

建材行业上市公司综合质量评分排名前 10 的公司如表 42 所示，各公司的综合质量评分显示，所有公司均在 70 分以上，显著高于 63.63 分的所有上市公司平均分。具体来看，排名第 1 的东方雨虹在上市公司总体排名中列第 3 位；排名第 2 的凯盛科技位于上市公司总体排名的第 12 位；排名第 3 的旗滨集团位于上市公司总体排名的第 44 位。建材行业共 3 家公司进入所有上市公司排名的前 50 名。其中，价值创造能力除南玻 A、三峡新材和塔牌集团外，均在 70 分以上，明显高于所有上市公司 58.01 分的平均水平；价值管理能力只有塔牌集团和开尔新材低于所有上市公司 82.30 分的平均水平；排名前 10 的公司价值分配能力均高于 56.22 分的所有上市公司平均水平。

表 42 建材行业上市公司综合质量排名前 10 的公司情况

本行业排名	证券代码	证券简称	综合质量（分）	价值创造能力（分）	价值管理能力（分）	价值分配能力（分）	在所有上市公司中排名
1	002271	东方雨虹	81.01	82.48	84.78	74.31	3
2	600552	凯盛科技	78.45	82.45	83.56	65.33	12
3	601636	旗滨集团	76.07	70.74	83.67	79.11	44
4	002043	兔宝宝	75.07	74.27	84.78	66.96	66
5	000012	南玻 A	74.87	66.77	87.56	78.38	69
6	600293	三峡新材	73.96	63.85	87.56	80.60	80
7	002671	龙泉股份	73.53	70.69	93.22	59.53	119
8	002088	鲁阳节能	73.10	70.94	83.33	67.18	148
9	002233	塔牌集团	72.26	69.51	82.00	68.02	192
10	300234	开尔新材	71.03	73.16	80.56	57.22	277

1. 价值创造能力

从价值创造能力来看，建材行业上市公司平均分为59.27分，高于所有上市公司平均值1.26分，处于所有上市公司中上游水平，这主要是由于该行业财务质量和创新能力均值均高于所有上市公司平均分，尤其以创新能力的表现最为突出，高于总体5.66分；但是，公司治理比所有上市公司平均水平低2.55分（见表43）。行业整体上来看，超过67%的上市公司（33家）价值创造能力高于58.01分的所有上市公司平均值，最高分为82.48分，最低分为36.77分。从价值创造能力排名分布来看，建材行业上市公司价值创造能力在各区间分布呈"倒金字塔"形。处于"好"和"较好"的公司数量为26家，占比合计为53.06%；处于"较差"和"差"的公司数量为16家，占比合计为32.65%；处于"中等"区间的公司占比为14.29%（7家）。因此，该行业价值创造能力高于所有上市公司平均水平的主要原因是价值创造能力较强区间的公司分布比例较高。

表43 建材行业价值创造能力评价情况

单位：分

项目	行业均值	所有上市公司均值
A 公司治理	63.65	66.20
①年度股东大会股东出席比例	46.85	49.62
②董事长与总经理是否由一人兼任	73.47	74.50
③董事会中独立董事人数所占比例	67.35	67.33
④董事会成员有无持股	69.39	72.91
⑤高管是否持股	65.31	71.24
⑥机构持股比例	59.57	61.58
B 财务质量	59.45	58.77
①盈利能力	63.42	61.83
②偿债能力	58.03	58.51
③营运能力	56.08	54.97
④成长能力	58.10	58.11
C 创新能力	54.71	49.05
①研发投入占主营业务收入比	52.77	52.75
②无形资产增长率	56.65	45.36

公司治理。该行业公司治理得分明显低于所有上市公司均值 2.55 分，处于中下游水平。其中，除"董事会中独立董事人数所占比例"与所有上市公司均值相当，其余各子项均低于所有上市公司平均值。具体来说，该行业存在董事会成员持股和高管持股情况的公司比例不高，说明该行业的股权激励有待提高；另外，该行业上市公司机构持股占比较低，说明企业外部监督存在一定缺陷，该行业机构持股方面还有待改进。

财务质量。该行业公司财务质量得分略高于所有上市公司均值 0.68 分，处于中游水平。其中，盈利能力和营运能力均高于所有上市公司平均水平，成长能力表现一般，偿债能力低于所有上市公司平均值。

创新能力。该行业公司创新能力得分显著高于所有上市公司均值，主要得益于无形资产的增长率明显高于所有上市公司平均水平。说明该行业公司比较重视研发投入。

2. 价值管理能力

从价值管理能力来看，建材行业公司平均分为 81.73 分，低于所有上市公司平均值 0.57 分，处于所有上市公司中下游水平，这主要是由于该行业内部控制得分明显低于所有上市公司平均值，而信息披露和股价维护得分略高于所有上市公司水平（见表 44）。行业整体上来看，不到 50% 的上市公司（22 家）价值管理能力高于 82.30 分的所有上市公司平均值，最高分为 93.22 分，最低分为 71.00 分。从价值管理能力排名分布来看，处于高质量区间（"好"区间）的公司只有 5 家，占比为 10.21%，数量和占比明显偏少。该行业公司价值管理能力的优良率为 34.70%，低于所有上市公司平均水平。表明该行业的上市公司价值管理能力相对欠缺，缺乏优秀的引导者，质量表现不佳的公司数量占比大。

内部控制。该行业公司内部控制得分低于所有上市公司均值 2.38 分，处于中下游水平，其中所有子项得分均低于所有上市公司平均值。主要表现为"内部控制审计意见类型"、"缺陷整改情况"以及"上市公司是否违规"明显低于所有上市公司平均值。说明该行业内部控制制度建设较差，违规企业较多，公司运营还存在漏洞，且整改的情况并不理想。

表44 建材行业价值管理能力评价情况

单位：分

项目	行业均值	所有上市公司均值
D 内部控制	87.51	89.89
①内部控制审计意见类型	96.94	99.01
②会计师事务所排名	78.78	79.04
③缺陷整改情况	75.10	79.41
④上市公司是否违规	89.80	94.04
⑤接受处罚类型	96.94	97.94
E 信息披露	92.38	92.04
①一季度报告的及时性	100.00	100.00
②中期报告的及时性	100.00	100.00
③三季度报告的及时性	100.00	100.00
④年度报告的及时性	100.00	100.00
⑤会计师事务所审计意见	99.18	99.32
⑥公司是否交叉上市	55.10	52.92
F 股价维护	65.31	64.96
①第一大股东持股变化情况	69.39	70.41
②管理层（整体）持股变化情况	69.39	67.65
③公司是否回购股份	57.14	56.83

信息披露。该行业公司信息披露得分与所有上市公司均值基本相当，处于中游水平。除交叉上市公司数量较多，具有明显优势外，各明细项指标得分也基本和所有上市公司均值相等。

股价维护。该行业公司股价维护得分略高于所有上市公司均值，处于中上游水平。其中管理层增持股份的公司数量相对较多，并且回购股份的公司数量也较多。但是第一大股东增持公司股份的公司占比较低。

3. 价值分配能力

从价值分配能力来看，建材行业上市公司平均分为54.91分，低于所有上市公司平均值1.31分，处于所有上市公司中下游水平，这主要是由于股利政策和投资者保护得分均明显低于所有上市公司均值（见表45）。行业整体上来看，超过一半的上市公司（26家）价值分配能力高于56.22分的所有上市公司平均值，最高分为79.11分，最低分为27.76分。从价值分配能力排名分布来看，位于"好"和"较好"区间的公司数量（14 家）与位于"较差"和"差"区间的公司数量（17 家）大体相当，而分布在"中等"区间的公司数量较多，达到 18 家，占比 36.73%。该行业公司价值分配能力的优良率仅仅为 28.58%，远低于所有上市公司平均水平。

表 45 建材行业价值分配能力评价情况

单位：分

项目	行业均值	所有上市公司均值
G 股利政策	71.43	74.79
①最近 3 年总现金股利是否大于等于年均可分配利润的 30%	43.88	53.71
②公司章程中是否有股东回报计划或现金分红政策	87.76	87.64
③股利分配情况及独立董事相关意见	82.65	82.92
H 投资者保护	48.37	51.36
①股东大会是否实行网络投票制	100.00	100.00
②股东大会是否实现累积投票制	10.20	14.61
③实际控制人控制权与现金流权分离度	72.24	78.14
④是否组织投资者活动	11.02	12.71
I 企业社会责任	44.92	42.52
①是否披露企业社会责任报告	24.49	27.83
②员工就业增长率	61.63	51.41
③企业支付税费增长率	48.65	48.32

股利政策。该行业公司股利政策得分明显低于所有上市公司均值，处于中下游水平。主要表现为最近 3 年总现金股利占年均可分配利润比例较低，在公司章程中对于现金分红没有详细的规划。其余各项得分基本与所有上市公司平均水平相当。

投资者保护。该行业公司投资者保护得分明显低于所有上市公司均值，处于中下游水平。主要表现为累积投票制的实施情况不佳，以及该行业上市公司股权结构相对复杂，实际控制人的控制权和现金分流权分离相对较大，股权结构不利于对中小股东利益的保护。另外，行业整体上投资者活动组织较少。同时所有公司都实现了股东大会网络投票。

企业社会责任。该行业公司企业社会责任得分高于所有上市公司均值，处于中上游水平。其中，"员工就业增长率"得分明显高于所有上市公司平均值，增长率在50%以上的公司数量达到37家，占比超过75%，远高于所有上市公司平均水平。"企业支付税费增长率"得分略高于所有上市公司平均值。不过，该行业"是否披露企业社会责任报告"的表现低于所有上市公司平均水平。

（三）总结

通过以上分析，建材行业上市公司质量整体来看表现好于所有上市公司平均水平。价值创造能力略高于所有上市公司平均水平，价值管理能力和价值分配能力略低于所有上市公司平均水平。优秀公司数量相对较多，行业公司的优良率高于平均水平。分项来说，在价值创造能力方面表现较好，特别是在创新能力方面表现突出，但是公司治理表现欠佳，大大落后于所有上市公司平均水平；在价值管理能力方面，行业内上市公司略低于所有上市公司平均水平，内部控制是主要短板，主动性信息披露和股价维护表现良好；在价值分配能力方面，行业内上市公司略低于所有上市公司平均水平，特别是在股利政策和投资者保护方面落后于所有上市公司平均水平，企业社会责任方面表现较好。

针对上述问题，全行业需要在上市公司价值分配能力方面实现进一步提高。首先，建材行业上市公司要提高质量，就必须重视股利分配，积极通过提高股利分配水平回报投资者；同时规范股权结构，降低实际控制人控制权与现金流权的分离度。其次，该行业公司需要加强内部控制建设并加大执行力度。最后，可以从年度股东大会股东出席比例，董事会成员持股和高管持股三个方面着手改善。

九　计算机、通信与电子行业

（一）行业概况

计算机、通信与电子行业是信息技术融合大趋势下推动经济增长动力转型的重要力量，在国民经济中的战略地位越来越突出，目前计算机产业进入稳中有升的成熟发展阶段，AI、人工智能等新兴技术引致的需求增长有待显现；电子信息制造生产保持快速增长，通信业在5G、物联网等技术和应用迭代时期也逐渐显现增长潜力，综合观之，伴随制造业"互联网＋"等战略加速落地，相关产业将迎来快速发展的风口。

分行业观察，2016年我国软件和信息技术服务业运行态势平稳，收入保持两位数增长，盈利状况良好，产业内部结构不断调整优化，中心城市软件业保持领先增长态势。全国软件和信息技术服务业完成软件业务收入4.9万亿元，同比增长14.9%；实现利润总额6021亿元，同比增长14.9%；实现出口519亿美元，同比增长5.8%。①

电子信息制造业运行平稳，生产保持较快增长，效益状况总体良好，固定资产投资增速加快。全国规模以上电子信息制造业增加值同比增长10%，快于全部规模以上工业增速4个百分点，占规模以上工业增加值比重提高到7.5%。通信设备行业生产保持较快增长，全年生产手机21亿部，同比增长13.6%，其中智能手机15亿部，增长9.9%，占全部手机产量比重为74.7%。生产移动通信基站设备34084万信道，同比增长11.1%；计算机行业生产延续萎缩态势，全年生产微型计算机设备29009万台，下降7.7%。家用视听行业生产增速同比加快，全年生产彩色电视机15770万台，同比增长8.9%，其中液晶电视机15714万台，增长9.2%；智能电视9310万台，增长11.1%，占彩电产量比重为59.0%。电子元件行业生产稳中有升，全年生产电子元件37455亿只，同比增长9.3%。电子器件行业生产平稳增长，全年生产集成电路1318亿块，同比增长21.2%；半导体分立器件6433亿只，增长11%。光伏电池7681万千瓦，同比增长17.8%。2016年全行业主营业务收入同比增长8.4%；实现利润增长12.8%。主营业务收入利润率为4.85%，比2015年提高0.19个百分点。全年电子信息制造业500万元以上项目完成固定资产投资额比上年增长15.8%，增速快于2015年

---

① 工信部：《2016年1～12月软件业经济运行快报》。

2.2 个百分点。[1]

通信运营业 2016 年认真贯彻落实中央各项政策措施，继续推进"提速降费"行动，提升 4G 网络和宽带基础设施水平，积极发展移动互联网、IPTV 等新型消费，全面服务国民经济和社会发展，全行业保持健康发展。2016 年电信业务收入完成 11893 亿元，同比增长 5.6%，比上年回升 7.6 个百分点。电信业务总量完成 35948 亿元，同比增长 54.2%，比上年提高 25.5 个百分点；电信业务收入结构继续向互联网接入和移动流量业务倾斜，非话音业务收入占比由上年的 69.5% 提高至 75.0%；移动数据及互联网业务收入占电信业务收入的比重从上年的 26.9% 提高至 36.4%。[2]

（二）行业上市公司质量总体情况

截至 2016 年底，全国计算机、通信与电子行业共有 203 家上市公司，占样本总数的 8.28%，其中，中小板公司 76 家，主板公司 70 家，创业板公司 57 家。总体来看，该行业上市公司质量略高于所有上市公司样本平均水平，评价结果如表 46 所示。计算机、通信与电子行业综合质量评分的平均值为 63.63 分，与所有上市公司平均水平相等。其中价值创造能力略低于所有上市公司平均值，价值管理能力略高于所有上市公司平均值，价值分配能力高于所有上市公司平均值。由此可见，计算机、通信与电子行业价值分配能力的较好表现使得其行业上市公司质量优于所有上市公司平均水平。同时计算机、通信与电子行业综合质量评分的最大值 79.66 分比所有行业上市公司最大值 83.75 分低 4.09 分，最小值 46.83 分比所有行业上市公司最小值 37.27 分高 9.56 分，且标准差 6.50 略低于所有行业上市公司标准差 6.53，表明该行业上市公司质量水平分布相对集中，不存在两极分化情况。

---

① 工信部：《2016 年电子信息制造业运行情况》。
② 工信部：《2016 年通信运营业统计公报》。

表46　计算机、通信与电子行业上市公司质量总体评价状况

项目	平均值（分）	最大值（分）	最小值（分）	标准差	所有上市公司平均值（分）
综合质量	63.63	79.66	46.83	6.50	63.63
1. 价值创造能力	57.25	77.13	30.43	8.95	58.01
1.1 公司治理	65.30	96.67	17.47	15.73	66.20
1.2 财务质量	58.58	79.82	17.19	10.71	58.77
1.3 创新能力	47.88	100.00	0.00	14.53	49.05
2. 价值管理能力	82.72	97.22	66.78	5.09	82.30
2.1 内部控制	91.28	100.00	42.00	10.61	89.89
2.2 信息披露	91.90	100.00	85.00	1.92	92.04
2.3 股价维护	64.98	100.00	50.00	11.29	64.96
3. 价值分配能力	57.30	81.78	30.96	10.89	56.22
3.1 股利政策	75.70	100.00	25.00	20.07	74.79
3.2 投资者保护	53.20	95.00	30.00	11.06	51.36
3.3 企业社会责任	42.99	88.20	2.93	17.68	42.52

从综合质量评分排名分布来看，如表47所示，有40家公司属于"好"的区间，占比19.70%，"较好"和"中等"区间的公司分别为39家和50家，占比分别为19.21%和24.63%，"中等"及以上公司占比63.54%，超过了行业上市公司总数的60%。纵览评分中各个部分的评分占比情况，行业价值创造能力、价值管理能力及价值分配能力的五个区间占比分布比较均匀。在价值分配能力方面，计算机、通信与电子行业有96家上市公司属于质量"较好"及以上区间，超过总数的45%，且质量"好"和"较好"区间的公司占比均超过20%；在价值管理能力方面，质量"中等"及以上区间的公司占比超过行业总数的60%；但在价值创造能力方面，属于质量"较好"及以上区间的公司数量相对较少，并且质量在"中等"以下的公司有85家，超过了行业总数的40%，表明该行业价值创造能力相对欠缺的公司数量较多，缺乏优秀的引导者，行业业务组合管理、跨业务创新等能力需要提升，这可能与计算机、通信与电子行业产品相对更迭速度较快，市场情绪和偏好较难以把握有关。

表47　计算机、通信与电子行业上市公司在各质量区间的分布

单位：分，%

质量区间	综合质量		价值创造能力		价值管理能力		价值分配能力	
	数量	占比	数量	占比	数量	占比	数量	占比
好（0~20%）	40	19.70	34	16.75	35	17.24	44	21.67
较好（20%~40%）	39	19.21	44	21.67	52	25.62	52	25.62
中等（40%~60%）	50	24.63	40	19.70	36	17.73	38	18.72
较差（60%~80%）	36	17.73	41	20.20	40	19.70	26	12.81
差（80%~100%）	38	18.72	44	21.67	40	19.70	43	21.18
总体	203	100.00	203	100.00	203	100.00	203	100.00

从公司质量排名来看，该行业综合质量评分排名前10的公司如表48所示，行业排名第1的公司在所有上市公司中排名第5，而排名第2的公司位于上市公司排名的第45位，排名第3~9的公司在上市公司总排名中位于第50~100名，行业排名第10的公司在上市公司总排名中位于第110名，仍位于全部上市公司质量水平前5%，表明该行业排名前10的公司在上市公司总样本中处于优秀水平。

表48　计算机、通信与电子行业上市公司综合质量评分排名前10的公司情况

本行业排名	在所有上市公司中排名	证券代码	证券简称	综合质量（分）
1	5	002415	海康威视	79.66
2	45	002180	纳思达	75.75
3	50	300327	中颖电子	75.46
4	55	002236	大华股份	75.24
5	57	603005	晶方科技	75.16
6	59	300319	麦捷科技	75.15
7	92	300296	利亚德	74.06
8	93	300136	信维通信	74.02
9	98	002376	新北洋	73.80
10	110	000938	紫光股份	73.61

1. 价值创造能力

该行业在价值创造能力方面的平均值几乎与所有上市公司平均水平持

平。从价值创造能力来看，计算机、通信与电子行业上市公司平均得分为
57.25 分，略低于所有上市公司平均水平 0.76 分，相对处于上市公司中游
水平。行业公司价值创造能力优良率为 38.42%，略低于上市公司平均水平
（40.02%），与上年相比价值创造能力绝对水平（上年优良率为 40.65%）
和相对位置（上年所有上市公司优良率为 39.98%）均有所下降，该行业价
值创造能力排名前 3 的公司分别为晶方科技（603005）、纳思达（002180）
和海康威视（002415）。行业价值创造能力评价情况见表49。

表 49　计算机、通信与电子行业价值创造能力评价情况

单位：分

项目	行业均值	所有上市公司均值
A 公司治理	65.30	66.20
①年度股东大会股东出席比例	46.99	49.62
②董事长与总经理是否由一人兼任	65.02	74.50
③董事会中独立董事人数所占比例	70.34	67.33
④董事会成员有无持股	79.31	72.91
⑤高管是否持股	78.82	71.24
⑥机构持股比例	51.33	61.58
B 财务质量	58.58	58.77
①盈利能力	61.30	61.83
②偿债能力	60.09	58.51
③营运能力	55.87	54.97
④成长能力	55.54	58.11
C 创新能力	47.88	49.05
①研发投入占主营业务收入比	52.14	52.75
②无形资产增长率	43.61	45.36

公司治理。该行业公司治理得分略低于所有上市公司平均值，处于中游
水平。主要表现为该行业董事会中独立董事人数占比、董事会及高管持股比
例较高，说明该行业公司股权激励措施比较到位，重视发挥独立董事作用。
但该行业董事长担任总经理水平较低，公司治理中存在较多道德风险的可能
性，同时机构持股占比较低，表明企业外部监督存在一定欠缺。

财务质量。计算机、通信与电子行业财务质量得分略低于所有上市公司均值，处于中游水平，与上年相比有所下降。偿债能力、营运能力较好，高于所有上市公司平均水平，成长能力与盈利能力相对表现一般。

创新能力。该行业创新能力得分低于所有上市公司平均水平1.17分，处于中下游水平，表现为企业研发投入不足，且无形资产增长率较低，这可能与该行业缺乏行业领导者，缺少创新领导企业而创新动力不足，同时产品技术更新换代加快等有关，企业创新能力较弱也拉低了价值创造能力整体评分。

2. 价值管理能力

从价值管理能力来看，该行业平均得分为82.72分，略高于所有上市公司均值，处于中上游水平。其中内部控制和股价维护得分高于所有上市公司均值，但信息披露得分略低于所有上市公司均值，内部控制和股价维护方面做得比较好，其中内部控制得分超过所有上市公司均值1分多（见表50）。从价值管理能力质量区间分布来看，该行业价值管理能力优良率达到42.86%，高于所有上市公司优良率（39.49%），但行业公司质量"较差"及以下区间也达到80家，不良率接近40%。总体来看质量"中等"的公司数量较少，呈一定的两极分布趋势。该行业价值管理能力排名前3的公司分别是大华股份（002236）、艾比森（300389）、洲明科技（300232）。

内部控制。该行业内部控制得分高于所有上市公司平均值，处于行业中上游水平。"内部控制审计意见类型"略低于所有上市公司平均水平，"会计师事务所排名"指标得分高于所有上市公司均值，说明审核该行业上市公司内部控制的会计师事务所声誉较好。行业上市公司合规和缺陷整改情况明显高于所有上市公司平均水平。

信息披露。该行业上市公司信息披露得分略低于所有上市公司均值，处于所有上市公司中下游水平，主要表现在会计师事务所发布的审计意见中获非标准保留意见的公司占比略高和公司交叉上市数量较少，但定期财务报告发布及时性较高，达到100分。

表50 计算机、通信与电子行业上市公司价值管理能力评价情况

单位：分

项目	行业均值	所有上市公司均值
D 内部控制	91.28	89.89
①内部控制审计意见类型	98.89	99.01
②会计师事务所排名	80.20	79.04
③缺陷整改情况	83.84	79.41
④上市公司是否违规	95.07	94.04
⑤接受处罚类型	98.40	97.94
E 信息披露	91.90	92.04
①一季度报告的及时性	100.00	100.00
②中期报告的及时性	100.00	100.00
③三季度报告的及时性	100.00	100.00
④年度报告的及时性	100.00	100.00
⑤会计师事务所审计意见	99.21	99.32
⑥公司是否交叉上市	52.22	52.92
F 股价维护	64.98	64.96
①第一大股东持股变化情况	68.10	70.41
②管理层（整体）持股变化情况	64.29	67.65
③公司是否回购股份	62.56	56.83

股价维护。计算机、通信与电子行业股价维护得分略高于所有上市公司均值，处于中游水平。第一大股东和管理层增持股份数量相对较少，但回购股份的公司数量较多，该项得分显著提高了行业上市公司股价维护得分。

3.价值分配能力

该行业上市公司在价值分配能力方面表现很好，平均得分57.30分，高于所有上市公司平均值，处于上市公司中上游水平。其中，股利政策得分比所有上市公司均值高；投资者保护领先优势较为显著，高于所有上市公司均值1.84分；企业社会责任表现略高于所有上市公司平均水平（见表51）。价值分配能力排名前3的公司分别是生益科技（600183）、海康威视（002415）、信维通信（300136）。

股利政策。该行业股利政策得分高于所有上市公司均值，处于所有上市公司中上游水平，主要表现在该行业公司章程中体现股东回报计划或现金分红

表51　计算机、通信与电子行业上市公司价值分配能力评价情况

单位：分

项目	行业均值	所有上市公司均值
G 股利政策	75.70	74.79
①最近 3 年总现金股利是否大于等于年均可分配利润的 30%	52.71	53.71
②公司章程中是否有股东回报计划或现金分红政策	92.61	87.71
③股利分配情况及独立董事相关意见	81.77	82.98
H 投资者保护	53.20	51.36
①股东大会是否实行网络投票制	100.00	100.00
②股东大会是否实行累积投票制	11.33	14.61
③实际控制人控制权与现金流权分离度	81.67	78.14
④是否组织投资者活动	19.80	12.71
I 企业社会责任	42.99	42.52
①是否披露企业社会责任报告	24.14	27.83
②员工就业增长率	51.09	51.41
③企业支付税费增长率	53.74	48.32

政策的公司数量较多，但股利分配的公司数量和行业近 3 年总现金股利大于等于年均可分配利润 30% 的数量略低于所有上市公司平均水平。

投资者保护。该行业投资者保护得分高于所有上市公司平均得分，主要表现在公司在组织投资者活动方面得分显著高于所有上市公司平均水平，说明该行业公司重视对投资者利益的保护且积极组织相关活动。"实际控制人控制权与现金流权分离度"得分也高于所有上市公司平均水平，说明该行业公司大部分股权清晰，减少了实际控制人损害投资者利益的可能性。股东大会实行网络投票制得分达到 100.00 分，但实行累积投票制的公司得分较低，低于所有上市公司均值。

企业社会责任。该行业企业社会责任得分略高于所有上市公司均值，基本处于所有上市公司中游水平。其中"企业支付税费增长率"得分远高于所有上市公司平均水平，但"员工就业增长率"和"是否披露企业社会责任报告"得分略低于所有上市公司均值，说明行业在创造就业和企业社会责任报告披露方面略显不足。

（三）总结

计算机、通信与电子行业上市公司整体表现较好，综合质量处于所有上市公司中游水平，其中有38.91%的公司表现优良，质量表现突出的上市公司占比接近20%，质量中等水平公司占比最高，行业整体质量水平分布较为集中，两极分化表现不突出。

在价值创造能力方面，行业内上市公司基本达到所有上市公司平均水平，但创新能力表现欠佳，得分落后于所有上市公司均值；价值管理能力得分略高于所有上市公司均值，内部控制和股价维护方面表现较好，其中内部控制方面得分高于所有上市公司均值水平较多，但主动性信息披露有待加强；在价值分配能力方面表现较好，股利政策、投资者保护和企业社会责任三项均值水平均高于所有上市公司，在投资者保护方面表现更为突出，行业得分均值高出所有上市公司较多，股利政策、企业社会责任方面略高于所有上市公司平均水平。

基于上述分析结果，计算机、通信与电子行业上市公司需要在价值创造能力方面进一步提高。首先，增强创新能力，提高创新性需求的识别能力，加大创新投入力度，科学增加公司研发投入，积极引进先进技术，研发创新产品，增强核心竞争力，进而提升盈利能力；其次，优化公司治理结构与内部激励机制，规避管理层道德风险，积极引入外部监督等；再次，针对主动性信息披露不足的情况，在保证定期和不定期报告披露及时性的前提下，提高信息披露质量，保证信息披露的完整性和真实性；最后，重视内部控制审计意见，积极完善企业内部控制体系，提高公司内部控制有效性。

十 建筑业

（一）行业概况

建筑业包括房屋建筑业、土木工程建筑业、建筑安装业、建筑装饰和其他建筑业。建筑业是一个多功能、多层次、包容性强、弹性大的基础性支柱产业，对解决社会就业、缓解社会矛盾、稳定社会秩序、促进经济平稳发展，建设和谐家园等意义极为重大。中国幅员辽阔、人口众多、经济发展不平衡。因此，在战略机遇期乃至更长的历史时期，我们都要持之以恒地大力发展建筑业，全面推进和实现建筑产业的现代化。

作为我国国民经济的支柱产业，建筑业为国民经济持续健康发展做出了重要贡献。2016年，面对复杂多变的国际环境和国内艰巨繁重的改革发展任务，建筑业加快转型升级，积极推进产业现代化，整体发展稳中有进，发展质量不断提升。根据《2016年建筑业发展统计分析》报告的分析，2016年初步核算国内生产总值为74.41万亿元，比上年增长6.7%；全年全社会建筑业增加值为4.95万亿元，比上年增长6.6%，增速低于国内生产总值增速0.1个百分点。自2009年以来，建筑业增加值占国内生产总值比例始终保持在6.5%以上。2016年虽然比上年回落了0.1个百分点，但仍然达到6.6%的较高增长率，高于2010年以前的水平，建筑业国民经济支柱产业的地位依然稳固。

2016年建筑业总产值持续增长，达到19.36万亿元，比上年增长7.09%，增速比上年增加了4.80个百分点。建筑业总产值增速在经过2011~2015年连续5年的下降后出现反弹。2016年，建筑业固定资产投资4577.43亿元，比上年降低6.52%，占全社会固定资产投资的0.77%，比上年减少0.11个百分点。建筑业固定资产投资增速出现振荡，由上年增长（21.38%）变为负增长（-6.52%）。2016年建筑业签订合同总额为37.43万亿元，同比增长10.79%，比上年增长10.79%，结束了增速连续5年下降的局面。其中新签合同额为21.28万亿元，由上年的下降转向上升，比上年增长了15.42%。当年新签合同额占签订合同总额的比例为56.85%，比上年提高了2.28个百分点，结束了连续两年的下降态势。

2016年，全国建筑业企业房屋施工面积为126.42亿平方米，比上年增长 1.98%；竣工面积为 42.24 亿平方米，比上年增长 0.38%。两项指标增速均结束连续 4 年的下降态势，出现小幅反弹。2016 年底，全社会就业人员总数为 77603 万人，其中，建筑业从业人数达 5185.24 万人，比上年末增加 91.57 万人，增长 1.80%。建筑业从业人数占全社会就业人员总数的6.68%，比上年提高 0.10 个百分点，占比创新高。建筑业在吸纳农村转移人口就业、推进新型城镇化建设和维护社会稳定等方面继续发挥显著作用。2016 年，按建筑业总产值计算的劳动生产率为 336929 元/人，在上年小幅反弹的基础上继续增长，比上年增长 3.98%，创下历史最高纪录。2016 年，全国建筑业企业实现利润 6745 亿元，比上年增加 293.77 亿元，增速为4.55%，增速比上年高 2.98 个百分点。近 10 年来，建筑业产值利润率（利润总额与总产值之比）一直曲折徘徊在 3.50% 左右。2016 年，建筑业产值利润率在上年小幅下降的情况下继续下行，降低到 3.48%，比上年降低了0.09 个百分点。

回顾 2016 年，建筑行业总体度过了先扬后抑的一年，固定资产投资增速放缓，民间资本投资断崖式下跌，行业继续面临洗牌和重构。

展望 2017 年，建筑行业仍然存在很多发展机遇。中央经济工作会议已确定 2017 年的工作总基调为稳中求进。在经济下行压力未减轻的背景下，稳增长成为当前及未来我国各项工作的重中之重。伴随房地产去库存成为主基调，传统的房建施工行业必将从增量模式向存量模式发展。而基础设施行业作为政府刺激经济增长的重要手段仍将发挥作用，以铁路、轨道交通、水利、电力、环保等为主的基建项目会加速推进。此外，新型城镇化建设、"海绵城市"、"地下综合管廊" 等项目引导和鼓励政府和社会资本合作，建筑业发展仍存较大空间。与此同时，建筑行业发展也面临很多挑战。当前，中国建筑行业内还有很多的细分市场并没有领先的专业品牌。国内近十多年普遍采用同质化战略，致使市场留下的空白还较多。建筑企业尤其是民营建筑企业应立足建筑行业，挖掘细分领域新机会，找准定位，走专业化、差异化的道路，才能分享全新的市场"蛋糕"，在"寒冬"中把握机会，笑傲江湖。

（二）建筑业上市公司质量总体情况

建筑业共有 65 家上市公司，比 2015 年度减少两家，占样本量的 2.65%。其中来自沪深市主板 36 家，中小板 26 家，创业板 3 家。

建筑业综合质量评价平均分为 63.51 分，略低于 63.63 分的所有上市公司平均水平，在样本中的质量等级为中等（见表52）。综合质量得分最高的公司得分 79.53 分，排名全国第 8，排名比 2015 年下降一位。综合质量得分最低的公司得分为 44.96 分，排名全国第 2436，排名比去年上升 99 位。

表52　建筑业上市公司质量评价评分统计值及排名

项目	平均值（分）	最大值（分）	最小值（分）	标准差	所有上市公司平均值（分）
综合质量	63.51	79.53	44.96	7.84	63.63
1. 价值创造能力	56.88	81.69	28.83	12.30	58.01
1.1 公司治理	65.06	87.15	26.47	15.54	66.20
1.2 财务质量	57.67	81.38	26.65	10.95	58.77
1.3 创新能力	47.91	100	6	20.52	49.05
2. 价值管理能力	81.82	94.44	66.78	5.05	82.30
2.1 内部控制	88.74	100	42	11.67	89.89
2.2 信息披露	92.23	100	82.33	2.45	92.04
2.3 股价维护	64.49	91.67	50	10.55	64.96
3. 价值分配能力	58.48	82.56	22.78	11.94	56.22
3.1 股利政策	78.08	100	0	18.02	74.79
3.2 投资者保护	51.23	80	30	10.90	51.36
3.3 企业社会责任	46.14	100	14.07	20.89	42.52

从综合质量评分分布来看，建筑业上市公司数量在各等级的分布不太均衡。其中，"好"的公司和"差"的公司占比最高，均为 27.69%。其次是"较好"的公司，占比为 20%，"较差"和"中等"的公司占比分别为 13.85% 和 10.77%（见表53）。按照综合质量得分，建筑业上市公司排名前 10 的公司见表54。其中，排名前 3 的公司分别是铁汉生态（300197）、岭南园林（002717）、中工国际（002051）。其中岭南园林已经连续两年入围三甲。

表 53　建筑业上市公司在各质量排名区间的数量分布情况

单位：家，%

质量区间	综合质量		价值创造能力		价值管理能力		价值分配能力	
	数量	占比	数量	占比	数量	占比	数量	占比
好(0~20%)	18	27.69	17	26.15	13	20.00	15	23.08
较好(20%~40%)	13	20.00	13	20.00	7	10.77	20	30.77
中等(40%~60%)	7	10.77	5	7.69	14	21.54	12	18.46
较差(60%~80%)	9	13.85	9	13.85	17	26.15	8	12.31
差(80%~100%)	18	27.69	21	32.31	14	21.54	10	15.38
总体	65	100.00	65	100.00	65	100.00	65	100.00

表 54　建筑业上市公司质量总体排名前 10 的公司

本行业排名	在所有上市公司中排名	证券代码	证券简称	综合质量(分)
1	8	300197	铁汉生态	79.53
2	34	002717	岭南园林	76.32
3	40	002051	中工国际	76.17
4	58	002713	东易日盛	75.41
5	171	002323	雅百特	72.54
6	188	002469	三维工程	72.29
7	225	601886	江河集团	71.79
8	229	000018	神州长城	71.73
9	252	002482	广田集团	71.43
10	314	002081	金螳螂	70.60

1. 价值创造能力

价值创造能力得分为 56.88 分，低于 58.01 分的所有上市公司均值，在样本中处于中等水平。从价值创造的三个分项指标的平均得分来看，其公司治理、财务质量和创新能力得分均低于样本均值（见表55）。从公司家数的分布特征来看，"差"的公司占比最大，为 32.31%，其次是"好"的公司，占比为 26.15%，再次为"较好"的公司，占比为 20.00%，"较差"的公司和"中等"的公司占比分别为 13.85% 和 7.69%。"好"和"较好"的公司合计占比 46.15%，"差"和"较差"的公司合计占比为 46.16%，双方占比基本相当。价值创造能力得分最高的前三名公司分别是铁汉生态

（300197）、雅百特（002323）、岭南园林（002717）。

公司治理。公司治理得分低于所有上市公司均值。主要差距在于年度股东大会股东出席比例、董事会成员有无持股以及高管是否持股，这三项得分低于所有上市公司均值较多（见表55）。表现较好的有董事长与总经理是否由一人兼任、机构持股比例以及董事会中独立董事人数所占比例，其得分均高于所有上市公司均值。这表明该行业董事会结构较为健康，机构也看好该行业的发展前景。

表55　建筑业上市公司价值创造能力评价情况

单位：分

项目	行业均值	所有上市公司均值
A 公司治理	65.06	66.20
①年度股东大会股东出席比例	41.10	49.62
②董事长与总经理是否由一人兼任	80.00	74.50
③董事会中独立董事人数所占比例	70.15	67.33
④董事会成员有无持股	69.23	72.91
⑤高管是否持股	64.62	71.24
⑥机构持股比例	65.24	61.58
B 财务质量	57.67	58.77
①盈利能力	58.43	61.83
②偿债能力	56.56	58.51
③营运能力	57.71	54.97
④成长能力	57.59	58.11
C 创新能力	47.91	49.05
①研发投入占主营业务收入比	53.61	52.75
②无形资产增长率	42.20	45.36

财务质量。财务质量得分低于所有上市公司均值。从财务质量细分的四种能力来看，只有营运能力高于所有上市公司平均水平，盈利能力、偿债能力和成长能力的得分均低于所有上市公司水平，表明该行业财务质量需要继续改善。

创新能力。该行业的创新能力低于所有上市公司均值。从两项子评价指标来看，研发投入占主营业务收入比得分高于所有上市公司均值。而无形资产增长率得分低于所有上市公司均值。该行业上市公司的创新能力都需要进一步提高，尤其是在无形资产增长率上。

2. 价值管理能力

价值管理能力得分为81.82分，低于82.30分的所有上市公司平均分，处于所有上市公司中等水平。分项目来看，只有信息披露得分略高于所有上市公司平均分，而股价维护和内部控制则低于所有上市公司平均分。按照价值管理能力排名区间分布情况"较差"的公司占比最高，为26.15%。"差"和"中等"的公司占比相当，均为21.54%。再次是"好"的公司，占比为20.00%。占比最低的是"较好"的公司，比例为10.77%。价值管理能力得分最高的前三名公司分别是神州长城（000018）、广田集团（002482）与中工国际（002051）。

内部控制。内部控制总体得分低于所有上市公司均值（见表56）。从子指标来看，只有内部控制审计意见类型和缺陷整改情况低于所有上市公司均

表56　建筑行业价值管理能力评价情况

单位：分

项目	行业均值	所有上市公司均值
D 内部控制	88.74	89.89
①内部控制审计意见类型	98.85	99.01
②会计师事务所排名	80.62	79.04
③缺陷整改情况	70.77	79.41
④上市公司是否违规	95.38	94.04
⑤接受处罚类型	98.08	97.94
E 信息披露	92.23	92.04
①一季度报告的及时性	100.00	100.00
②中期报告的及时性	100.00	100.00
③三季度报告的及时性	100.00	100.00
④年度报告的及时性	100.00	100.00
⑤会计师事务所审计意见	98.77	99.32
⑥公司是否交叉上市	54.62	52.92
F 股价维护	64.49	64.96
①第一大股东持股变化情况	74.23	70.41
②管理层（整体）持股变化情况	66.92	67.65
③公司是否回购股份	52.31	56.83

值，内部控制的其余三项指标均高于所有上市公司水平。其中，缺陷整改情况低于所有上市公司均值较多。说明该行业公司对于内部控制制度建设基本到位，但是在缺陷整改方面需要加大力度。

信息披露。该行业信息披露的得分略高于所有上市公司均值。从评价指标来看，除了会计师事务所审计意见指标外，其他所有评价指标得分均高于或者等于所有上市公司均值。该行业上市公司该项指标均值处在较高水平，基本反映了其在信息披露合规性方面的表现。

股价维护。股价维护得分低于所有上市公司均值。从子项目得分来看，第一大股东持股变化情况得分高于所有上市公司均值近4个百分点。而其他两项子指标管理层（整体）持股变化情况和公司是否回购股份得分均低于所有上市公司平均分，其中，公司是否回购股份得分低于所有上市公司均值约4.5分。

3. 价值分配能力

价值分配能力得分58.48分，高于56.22分的所有上市公司平均分，处于所有上市公司中等水平。从子项目得分来看，除了投资者保护得分略低于所有上市公司均值外，其他子项目得分均高于所有上市公司总体均值。按照价值分配能力排名区间，"较好"的公司占比最高，为30.77%。其次是"好"的公司，占比23.08%。再次是"中等"的公司，占比为18.46%。最后，"差"和"较差"的公司占比分别为15.38%和12.31%。价值分配能力得分最高的前三名公司分别是上海建工（600170）、北方国际（000065）、天健集团（000090）。这三家企业在近三年的评价中，均两次出现在前三甲。

股利政策。股利政策的得分高于所有上市公司均值（见表57）。表现较好的指标有"公司章程中是否有股东回报计划或现金分红政策"和"股利分配情况及独立董事相关意见"，二者得分均高于所有上市公司均值。而最近3年总现金股利占年平均可分配利润比例的得分则低于所有上市公司均值。该行业未来应该在分红方面继续改善。

投资者保护。投资者保护得分略低于所有上市公司均值。主要原因是组织投资者活动和累积投票制得分均低于所有上市公司平均分。网络投票制实行

表 57　建筑行业价值分配能力评价情况

单位：分

项目	行业均值	所有上市公司均值
G 股利政策	78.08	74.79
①最近 3 年总现金股利是否大于等于年均可分配利润的 30%	50.77	53.71
②公司章程中是否有股东回报计划或现金分红政策	93.85	87.71
③股利分配情况及独立董事相关意见	89.62	82.98
H 投资者保护	51.23	51.36
①股东大会是否实行网络投票制	100.00	100.00
②股东大会是否实行累积投票制	12.31	14.61
③实际控制人控制权与现金流权分离度	81.23	78.14
④是否组织投资者活动	11.38	12.71
I 企业社会责任	46.14	42.52
①是否披露企业社会责任报告	35.38	27.83
②员工就业增长率	47.45	51.41
③企业支付税费增长率	55.58	48.32

情况以及实际控制人控制权和现金流权分离度得分等于或者大于所有上市公司均值。该行业未来应该加强组织投资者活动，提升投资者保护整体得分。

企业社会责任。企业社会责任得分高于所有上市公司均值。其中，企业社会责任报告披露和企业支付税费增长率指标得分均高于所有上市公司水平。企业支付税率增长率高于所有上市公司均值 7.26 分，只有员工就业增长率得分偏低。

（三）总结

当前，建筑业面临发展低迷和竞争加剧的双重压力，已挥别高速增长，进入"减速慢行"的存量时代。如何在竞争中加速变革，实现转型升级是建筑业面临的迫切问题。按照上面的分析，分大项来看，建筑业上市公司价值创造能力、价值分配能力、价值管理能力均处于所有上市公司中等水平。

分小项来看，建筑业上市公司优势项目是：信息披露、股利政策和企业社会责任。优势项目形成的原因是在是否交叉上市、公司章程中是否有详细的现金分红规划、股利分配情况及独董意见、披露企业社会责任报告以及企业支付税费增长率等方面表现较好。建筑业上市公司的劣势项目有：公司治理、财务质量、创新能力与内部控制。劣势项目形成的原因是在年度股东大会股东出席比例、董事会成员和高管持股比例、盈利能力、偿债能力和成长能力以及无形资产增长率、审计意见类型以及缺陷整改情况等方面表现欠佳。未来，建筑业上市公司需要在这些方面继续改善。

十一　房地产业

（一）行业概况

房地产业是指以土地和建筑物为经营对象，从事房地产开发、建设、经营、管理、维修、装饰和服务的集多种经济活动为一体的综合性产业。主要包括：土地开发，房屋的建设、维修、管理，土地使用权的有偿划拨、转让，房屋所有权的买卖、租赁，房地产的抵押贷款，以及由此形成的房地产市场。房地产业在国民经济中占据重要地位，其关联度高，带动力强，对促进相关产业的发展，拉动经济增长和增加就业，提高居民居住水平起着重要作用，因此，世界各国都非常重视房地产业的发展和调控。

"十三五"时期我国仍然处于城镇化快速发展时期，同时住房改善性需求处于高水平，决定"十三五"时期我国城镇住房需求总量仍然维持高位。初步估算，"十三五"时期我国城镇住房需求增量将保持年均大约11亿~12亿平方米的规模，与"十二五"时期规模大致相当。

2016年，在一系列刺激政策的影响下，房地产市场各项指标明显回暖，销售、投资等指标同比增速快速上升，带动新开工、开发企业资金来源等指标的持续改善。居民加杠杆购房，房屋销售面积增长较快，与此同时，区域分化进一步加剧，部分城市房价上涨过快，泡沫风险加大。针对热点城市房价过高过快上涨与三四线城市存量住房规模过大的现象，调控政策更加注重因地因城施策，已取得初步成效。

2016 年，全国房地产开发投资 102581 亿元，比上年名义增长 6.9%（扣除价格因素实际增长 7.5%），增速比 1～11 月提高 0.4 个百分点。其中，住宅投资 68704 亿元，增长 6.4%，增速提高 0.4 个百分点。住宅投资占房地产开发投资的比重为 67.0%。2016 年，房地产开发企业房屋施工面积为 758975 万平方米，比上年增长 3.2%，增速比 1～11 月提高 0.3 个百分点。其中，住宅施工面积为 521310 万平方米，增长 1.9%。房屋新开工面积为 166928 万平方米，增长 8.1%，增速提高 0.5 个百分点。其中，住宅新开工面积为 115911 万平方米，增长 8.7%。房屋竣工面积为 106128 万平方米，增长 6.1%，增速回落 0.3 个百分点。其中，住宅竣工面积为 77185 万平方米，增长 4.6%。2016 年，房地产开发企业土地购置面积为 22025 万平方米，比上年下降 3.4%，降幅比 1～11 月收窄 0.9 个百分点；土地成交价款为 9129 亿元，增长 19.8%，增速回落 1.6 个百分点。

2016 年，商品房销售面积为 157349 万平方米，比上年增长 22.5%，增速比 1～11 月回落 1.8 个百分点。其中，住宅销售面积增长 22.4%，办公楼销售面积增长 31.4%，商业营业用房销售面积增长 16.8%。商品房销售额为 117627 亿元，增长 34.8%，增速回落 2.7 个百分点。其中，住宅销售额增长 36.1%，办公楼销售额增长 45.8%，商业营业用房销售额增长 19.5%。

2016 年末，商品房待售面积为 69539 万平方米，比 11 月末增加 444 万平方米。其中，住宅待售面积减少 200 万平方米，办公楼待售面积增加 195 万平方米，商业营业用房待售面积增加 234 万平方米。

2016 年，房地产开发企业到位资金为 144214 亿元，比上年增长 15.2%，增速比 1～11 月提高 0.2 个百分点。其中，国内贷款为 21512 亿元，增长 6.4%；利用外资 140 亿元，下降 52.6%；自筹资金 49133 亿元，增长 0.2%；其他资金 73428 亿元，增长 31.9%。其他资金中，定金及预收款 41952 亿元，增长 29.0%；个人按揭贷款为 24403 亿元，增长 46.5%。

2017 年是实施"十三五"规划的重要一年和推进供给侧结构性改革的深化之年，房地产市场平稳健康发展是 2017 年经济工作的重点。"防风险、稳消费"将会成为房地产调控的主基调，全国房地产市场将会出现回落，城市之间继续保持分化。2017 年我国经济下行压力仍存在，必须坚持"房子是用来住的、不是用来炒的"的定位，把防范和应对房地产市场泡沫风险放在更重要位置，把握调控节奏和力度，有序释放风险，并做好不同风险情境下的应对预案。同时按照供给侧结构性改革的要求，结合新型城镇化进程，积极稳妥推动三四线城市和县城"去库存"，加快建立符合我国国情、适应市场规律的住房基础制度和长效机制。

（二）房地产行业上市公司质量总体情况

房地产业共有 116 家上市公司，占样本总量 2451 家的 4.73%。其中来自沪深市主板 108 家，中小板 8 家。房地产业上市公司综合质量评价平均分为 63.51 分，低于 63.63 分的所有上市公司平均分，在所有上市公司中处于中等水平。综合质量评分最高的公司得分为 76.28 分，排名所有上市公司的第 37 位；综合质量评分最低的公司得分为 47.91 分，在所有上市公司中排名第 2405。价值创造能力低于所有上市公司平均分，属于中等水平。价值管理能力和价值分配能力得分高于所有上市公司平均分，在所有上市公司中均属于中等水平（见表58）。

表 58　房地产业上市公司质量评价总体情况

项目	平均值(分)	最大值(分)	最小值(分)	标准差	所有上市公司平均值(分)
综合质量	63.51	76.28	47.91	5.94	63.63
1. 价值创造能力	56.67	74.49	38.53	8.26	58.01
1.1 公司治理	67.13	96.61	22.23	16.34	66.20
1.2 财务质量	59.59	83.39	28.12	10.30	58.77
1.3 创新能力	43.29	100	20	11.51	49.05
2. 价值管理能力	82.75	97.22	68.22	4.86	82.30
2.1 内部控制	89.34	100	38	11.50	89.89
2.2 信息披露	92.47	100	88.33	2.61	92.04
2.3 股价维护	66.45	100	50	9.86	64.96
3. 价值分配能力	57.95	82.24	26.31	11.12	56.22
3.1 股利政策	74.57	100	0	21.19	74.79
3.2 投资者保护	49.48	80	30	11.50	51.36
3.3 企业社会责任	49.80	90.27	13.20	20.64	42.52

按照综合质量评分排名区间，房地产业上市公司数量在各排名区间的分布不太均衡。"较差"和"较好"等级的公司较多，占比分别为 25.00% 和 23.28%，二者合计占比 48.28%。"好"和"差"的公司占比一致，均为 18.97%。"中等"公司占比为 13.79%（见表 59）。按照综合质量得分，房地产业上市公司排名前 10 的公司见表 60。排名前 3 的公司是万科 A（000002）、陆家嘴（600663）以及迪马股份（600565）。

表 59　房地产业上市公司在各质量区间的分布

单位：家，%

质量区间	综合质量		价值创造能力		价值管理能力		价值分配能力	
	数量	占比	数量	占比	数量	占比	数量	占比
好（0~20%）	22	18.97	12	10.34	22	18.97	33	28.45
较好（20%~40%）	27	23.28	26	22.41	30	25.86	18	15.52
中等（40%~60%）	16	13.79	28	24.14	26	22.41	28	24.14
较差（60%~80%）	29	25.00	21	18.10	18	15.52	16	13.79
差（80%~100%）	22	18.97	29	25.00	20	17.24	21	18.10
总体	116	100.00	116	100.00	116	100.00	116	100.00

表 60　房地产业上市公司质量总体排名前 10 的公司

本行业排名	在所有上市公司中排名	证券代码	证券简称	综合质量（分）
1	37	000002	万科 A	76.28
2	100	600663	陆家嘴	73.90
3	159	600565	迪马股份	72.75
4	163	600064	南京高科	72.70
5	183	000863	三湘印象	72.40
6	230	000540	中天金融	71.73
7	234	600684	珠江实业	71.70
8	254	600510	黑牡丹	71.41
9	255	000402	金融街	71.39
10	257	600503	华丽家族	71.36

1.价值创造能力

价值创造能力得分为 56.67 分，低于 58.01 分的所有上市公司平均分，在所有上市公司中处于中等档次。从三个分项平均得分来看，除了创新能力得分低于所有上市公司平均分之外，公司治理和财务质量得分均高于所有上市公司平均分（见表61）。从价值创造能力排名区间来看，"差"的公司占比最高，达到25%。其次是"中等"的公司，占比为24.14%。再次是"较好"的公司，占比为22.41%。最后"较差"的公司和"好"的公司占比分别为18.10%和10.34%。价值创造能力得分最高的前三名公司分别是万泽股份（000534）、黑牡丹（600510）以及三湘印象（000863）。其中，近三年有两年入选价值创造能力前三名的有黑牡丹（600510）和世联行（002285）。

表61　房地产业上市公司价值创造能力评价情况

单位：分

项目	行业均值	所有上市公司均值
A 公司治理	67.13	66.20
①年度股东大会股东出席比例	49.83	49.62
②董事长与总经理是否由一人兼任	85.34	74.50
③董事会中独立董事人数所占比例	67.76	67.33
④董事会成员有无持股	63.79	72.91
⑤高管是否持股	60.34	71.24
⑥机构持股比例	75.70	61.58
B 财务质量	59.59	58.77
①盈利能力	64.49	61.83
②偿债能力	56.39	58.51
③营运能力	53.83	54.97
④成长能力	60.98	58.11
C 创新能力	43.29	49.05
①研发投入占主营业务收入比	47.50	52.75
②无形资产增长率	39.08	45.36

　　公司治理。公司治理得分高于所有上市公司均值。表现好的指标有董事长与总经理是否由一人兼任以及机构持股比例，两者均高于所有上市公司均值较多。年度股东大会股东出席比例以及董事会中独立董事人数所占比例也稍高于所有上市公司均值，说明该行业董事会结构比较健康，且机构投资者

看好该行业前景。董事会成员持股以及高管持股方面表现较弱，得分低于所有上市公司平均分。说明该行业股权激励还需要进一步改善。

财务质量。房地产业公司财务质量的得分高于所有上市公司均值。其中，盈利能力和成长能力的得分高于所有上市公司平均水平，而偿债能力以及营运能力得分均低于所有上市公司均值。财务质量总体得分偏低，样本公司整体需要进一步提高财务质量，尤其是偿债能力和运营能力，在经济确定性增加的情况下，这两项能力显得尤为重要。

创新能力。房地产业的创新能力低于所有上市公司均值，且差距较大。两项子评价指标的得分也均大幅落后于所有上市公司均值。该行业创新能力总体得分偏低，在研发投入占主营业务收入比和无形资产增长率上要加大改善力度。

2. 价值管理能力

价值管理能力得分为 82.75 分，高于所有上市公司 82.30 分的平均分，在所有上市公司中属于中等水平。从分项指标表现来看，信息披露和股价维护的得分均高于所有上市公司平均分，而内部控制得分略低于所有上市公司均值（见表 62）。按照价值管理能力排名区间，"较好"的公司占比最高，为 25.86%。其次是"中等"的公司，占比为 22.41%。"好"和"差"的公司占比分别为 18.97% 和 17.24%。最后，"较差"的公司占比为 15.52%（见表 59）。价值管理能力得分最高的前三名公司分别是中洲控股（000042）、中天金融（000540）以及万科 A（000002）。其中，万科 A（000002）已经连续三年在价值管理能力方面入围三甲。

内部控制。该行业公司内部控制总体得分略低于所有上市公司均值。表现较好的指标有会计师事务所排名，其得分超过所有上市公司均值。其他指标得分均低于所有上市公司均值。其中，缺陷整改情况以及企业是否违规则低于所有上市公司平均分相对较多。说明违规企业相对较多，公司运营还存在漏洞，且整改情况不理想。

信息披露。该行业公司信息披露的得分略高于所有上市公司均值。各明细项指标得分也基本和所有上市公司均值相等，公司是否交叉上市水平高于所有上市公司平均水平相对较多。

表62 房地产行业价值管理能力评价情况

单位：分

项目	行业均值	所有上市公司均值
D 内部控制	89.34	89.89
①内部控制审计意见类型	98.71	99.01
②会计师事务所排名	82.59	79.04
③缺陷整改情况	75.52	79.41
④上市公司是否违规	92.24	94.04
⑤接受处罚类型	97.63	97.94
E 信息披露	92.47	92.04
①一季度报告的及时性	100.00	100.00
②中期报告的及时性	100.00	100.00
③三季度报告的及时性	100.00	100.00
④年度报告的及时性	100.00	100.00
⑤会计师事务所审计意见	99.66	99.32
⑥公司是否交叉上市	55.17	52.92
F 股价维护	66.45	64.96
①第一大股东持股变化情况	73.49	70.41
②管理层（整体）持股变化情况	71.55	67.65
③公司是否回购股份	54.31	56.83

股价维护。股价维护得分高于所有上市公司均值。第一大股东和管理层是否增持股票方面得分均高于所有上市公司均值。而公司是否回购股份得分则低于所有上市公司均值。

3. 价值分配能力

价值分配能力得分为57.95分，高于所有上市公司56.22分的平均分，位于所有上市公司中等水平。从子项目来看，股利政策和投资者保护得分均低于所有上市公司均值，而企业社会责任得分则高于所有上市公司均值（见表63）。按照价值分配能力排名区间，"好"和"中等"的公司占比较高，分别为28.45%和24.14%。其次是"差"的公司，占比为18.10%。

最后"较好"和"较差"的公司占比分别为 15.52% 和 13.79%（见表59）。价值分配能力得分最高的前三名公司分别是万科 A（000002）、珠江实业（600684）和陆家嘴（600663）。

表 63　房地产行业价值分配能力评价情况

单位：分

项目	行业均值	所有上市公司均值
G 股利政策	74.57	74.79
①最近 3 年总现金股利是否大于等于年均可分配利润的 30%	50.86	53.71
②公司章程中是否有股东回报计划或现金分红政策	84.48	87.71
③股利分配情况及独立董事相关意见	88.36	82.98
H 投资者保护	49.48	51.36
①股东大会是否实行网络投票制	100.00	100.00
②股东大会是否实行累积投票制	12.93	14.61
③实际控制人控制权与现金流权分离度	77.24	78.14
④是否组织投资者活动	7.76	12.71
I 企业社会责任	49.80	42.52
①是否披露企业社会责任报告	38.79	27.83
②员工就业增长率	57.28	51.41
③企业支付税费增长率	53.32	48.32

股利政策。股利政策的得分略低于所有上市公司均值。从具体指标来看，股利分配情况及独立董事相关意见得分高于所有上市公司均值，而近 3 年累计分红占年均可分配利润比以及公司章程中是否有股东回报计划或现金分红政策得分均低于所有上市公司均值，因此，股利政策需要进一步改善，尤其是在三年累计分红占年均可分配利润比例方面上。

投资者保护。投资者保护得分低于所有上市公司均值。除了股东大会是否实行网络投票制和所有上市公司均值持平外，其他指标都低于所有上市公司均值。尤其是组织投资者活动表现稍差，和所有上市公司均值相差约 5 分。该行业应进一步加强组织投资者活动，提高投资者保护程度。

企业社会责任。企业社会责任得分高于所有上市公司均值。三项子指标得分均超过所有上市公司均值。其中，是否披露企业社会责任报告高于所有上市公司均值近 11 个百分点。但是由于企业社会责任报告披露的总体均值水平较低，所以，该行业仍要进一步加强企业社会责任报告的披露工作。员工就业增长率也高于所有上市公司均值近 6 个百分点。这与 2016 年房地产行情高涨有关。

（三）总结

2016 年是"十三五"规划的开局之年。根据全面推进供给侧结构性改革的要求，去库存成为贯穿全年的主基调。但随着房地产市场的显著分化，风险逐渐累积，政策重心逐步转向防范风险。按照上面的分析，房地产上市公司总体质量居全国中等水平。从大项来说，主要表现在价值管理能力和价值分配能力得分超过所有上市公司平均水平，而价值创造能力低于所有上市公司平均水平。

从小项来说，房地产业上市公司的优势项目有公司治理、财务质量、信息披露、股价维护和企业社会责任。从具体分项指标来看，房地产业在年度股东大会股东出席人数、董事长与总经理是否由一人兼任、独立董事人数比例、机构持股比例、盈利能力、成长能力、会计师事务所审计意见、交叉上市、股价维护、第一大股东增持与否、管理层是否增持股票、是否披露企业社会责任报告、员工就业增长率以及企业支付税费增长率方面表现较好。房地产业上市公司的劣势项目有创新能力、内部控制、股利政策以及投资者保护。从具体指标来看，劣势主要体现在研发投入占主营业务收入比、无形资产增长率、审计意见类型、缺陷整改情况、企业是否违规、接受处罚类型、三年累计分红占年均可分配利润比、公司章程中是否有股东回报计划和现金分红政策、股东大会是否实行累积投票制、实际控制人控制权与现金流权是否分离以及是否组织投资者活动。因此，房地产业上市公司要在创新能力、内部控制、股利政策以及投资者保护方面加大工作力度，持续改善上市公司质量。

十二 化工行业

（一）行业概况

化工行业主要指以化学方法为主进行生产的工业，也是进行化学工业生产、开发的企业或单位的统称。化工行业共有三大类九小类，三大类分别是石油化工、基础化工以及化学化纤，九小类分别是化肥、有机品、无机品、氯碱、精细与专用化学品、农药、日用化学品、塑料制品以及橡胶制品。化工行业的可持续发展对于社会经济发展具有重大的战略与现实意义。2016年化工行业规模微幅上涨。截至2016年12月末，规模以上企业数量为2.49万家，资产总额为7.57万亿元，同比增长5.8%，2016年化工行业固定资产投资14753亿元，同比减少1.6%。2016年全年规模以上工业中，化学原料和化学制品制造业工业增加值增长7.7%。

2016年化工行业财务表现稳中含忧。主营业务收入8.77万亿元，同比增长5.6%，利润总额4983.2亿元，同比增长10.7%，负债合计4.22万亿元，同比增长3.7%，截至2016年12月产成品库存2790.9亿元，同比减少1.0%，亏损1002.2亿元，同比增长9.8%，业务成本7.53万亿元，同比增长5.3%。细分行业财务表现分化明显，2016年石油化工行业上市公司景气度触底，石油化工上市公司2016年营业收入同比下降4.08%，净利润同比下降28.49%。油服行业发展惨淡，亏损达到261.25亿元。基础化工行业迎来周期性复苏，基础化工行业上市公司毛利率24.6%，净利率处于近2年来最高点，达到9.1%，营业收入同比增长13.8%，归属母公司净利润同比增长21.4%，涂料涂漆、氯碱、聚氨酯、有机硅、涂料涂漆、农药、其他石化等行业上市公司均表现优异。

化工行业目前面临的挑战是国内技术瓶颈、国外技术壁垒，以及不断加大的环保压力。环保标准加压，农药行业供给侧收缩。农药行业2014~2016年持续两年下行期，农药行业环保治理技术仍处在初级化学技术阶段与国际市场采用的生物技术差距较大，落后产能在此期间遭到大量淘汰。环保产业政策倒逼染料行业转型。我国已经成为全球最大染料产出国和出口国，染料产量占全球总产量的 60%～70%，据海关统计 2016 年染料出口 26.05 万吨，同比增加 3.54%，出口金额 14.23 亿美元，同比下滑 10.43%。染料生产过程中产出大量有毒气体，叠加行业集中度较高的特点，造成"三废"累计量庞大，《中华人民共和国环境保护法》提出更为严格的要求和明确标准，中央及各地方政府继续保持高标准、严要求促使染料行业加快整合转型。有机硅行业供应端增速放缓、产业结构持续优化。2016 年行业产能基本没有增长，开工率维持在 70% 以上，环保政策促使竞争力和技术水平较差的产能关停常态化，行业前四名集中度达到 50%。

与此同时，国家及地方政府陆续出台环保政策，引导行业规范健康发展。在国家层面，《"十三五"生态环境保护规划》提出到 2020 年生态环境质量总体改善的目标以及打好大气、水、土壤污染防治三大战役等七项主要任务。《关于实施工业污染源全面达标排放计划的通知》要求到 2020 年底，各类工业污染源持续保持达标排放，环境治理体系更加健全，环境守法成为常态。《重点行业挥发性有机物削减计划通知》提出将在 11 个重点行业加快挥发性有机物削减。《涉及危险化学品安全风险的行业品种目录》指导各地区和相关行业全面摸排涉及危险化学品的安全风险。各地方政府相继出台相关规定，17 个省市提出排污收费标准，如江苏将多项审批权授予省辖市环保局，福建省颁布《关于进一步加强危险废物污染防治工作的意见》，重庆积极组织开展打击危险废物违法行动等。

新材料行业正在领衔产业结构调整升级，冲破行业环保压力迷局。石墨烯被认为是最有市场前景的新材料之一，军民领域皆可广泛运用，根据全球知名咨询公司 Marketsand Markets 报告，预计到 2020 年全球石墨烯市场将达 2.78 亿美元，2015～2020 年，市场增长率将达 42.8%。目前国内市场 70% 的碳纤维依靠进口，且多应用于高端领域，替代空间可观市场潜力巨大。OLED 取代 LCD 成为主要发展趋势，OLED 具有广视角、响应速度快、色彩柔和、节能等特点，国内 OLED 生产企业较少且集中度高，行业进入壁垒较高，对生产企业技术和成本投入都有较高要求。锂电产业伴随新能源汽车行业快速发展而迅猛扩张，2016 年我国新能源汽车销量 51.7 万辆，带动动力电池产量同比增长超过 60%，关键电池材料随之产销两旺，根据高工产研锂电研究所数据，2016 年全国锂电池正极材料产出 16.16 万吨，同比增长 43%。

　　未来，石油化工行业中长期发展趋势仍然堪忧。传统石油化工行业可能因为 OPEC 减产协议生效短期内获得喘息机会，国际石油价格上涨带动国内石油化工行业盈利能力和景气度暂时回升，但一旦失去价格优势，石油化工行业中长期发展趋势仍然不容乐观。随着供给侧结构性改革逐步深化、环保要求趋严，化工行业部分细分行业集中度有望持续提高，拥有高新技术的行业龙头企业必将通过提高资源利用率和优化产品质量等方式抢占落后产能的市场份额；国家政策大力引导将对行业投资产生积极影响，由于国家及地方政府明确多项环保标准并执行到位，投资资金更倾向于在化工行业的拐点进入，同时出于对回报率的要求将更加倾向于技术水平较高的细分行业或企业。

（二）行业上市公司质量总体情况

　　截至 2016 年底，全国化工行业共有 157 家上市公司，占全部样本（2451 家）的 6.41%。其中来自沪深股市主板的上市公司 72 家，中小板 61 家，创业板 24 家。该行业上市公司综合质量的评价结果如表 64 所示，行业上市公司综合质量评分平均值为 63.39 分，略低于 63.63 分的所有上市公司平均水平，价值创造能力和价值管理能力略高于所有上市公司平均水平，而价值分配能力与所有上市公司平均水平差距较显著。综合质量评分最高的公司得分 79.71 分，全国排名第 6；综合质量评分最低的公司得分为 44.14 分，全国排名倒数第 11（第 2441 位）。

表64 化工行业上市公司质量总体评价状况

项目	平均值（分）	最大值（分）	最小值（分）	标准差	所有上市公司平均值（分）
综合质量	63.39	79.71	44.14	7.16	63.63
1. 价值创造能力	59.05	83.29	34.73	10.17	58.01
1.1 公司治理	65.20	95.07	21.93	15.45	66.20
1.2 财务质量	59.22	78.56	28.21	10.42	58.77
1.3 创新能力	52.72	91.40	0.00	17.20	49.05
2. 价值管理能力	82.35	97.22	69.44	5.11	82.30
2.1 内部控制	89.90	100.00	45.00	10.01	89.89
2.2 信息披露	91.74	100.00	88.33	1.27	92.04
2.3 股价维护	65.39	100.00	50.00	11.68	64.96
3. 价值分配能力	53.13	78.42	28.36	10.95	56.22
3.1 股利政策	73.09	100.00	0.00	24.03	74.79
3.2 投资者保护	51.24	80.00	25.00	11.85	51.36
3.3 企业社会责任	35.07	80.27	10.07	15.79	42.52

从综合质量评分排名分布来看，化工行业上市公司数量整体较多，且在综合质量评分各排名区间的分布较均衡。如表65所示，处于"好"和"较好"区间的公司分别为41家和31家，占比共计45.86%；处于"较差"和"差"区间的公司分别为26家和30家，合计占比达到35.67%。处于"中等"区间的公司数量达29家，占比为18.47%。整体来看，质量"中等"的公司数量较多以及质量评分较高的公司数量不具明显优势是该行业处于所有上市公司平均分以下的主要原因。

表65 化工行业上市公司质量分布状况

单位：家，%

质量区间	综合质量		价值创造能力		价值管理能力		价值分配能力	
	数量	占比	数量	占比	数量	占比	数量	占比
好（0～20%）	41	26.11	29	18.47	23	14.65	36	22.93
较好（20%～40%）	31	19.75	31	19.75	23	14.65	25	15.92
中等（40%～60%）	29	18.47	28	17.83	23	14.65	33	21.02
较差（60%～80%）	26	16.56	33	21.02	47	29.94	30	19.11
差（80%～100%）	30	19.11	36	22.93	41	26.11	33	21.02
总体	157	100.00	157	100.00	157	100.00	157	100.00

化工行业上市公司综合质量评分排名前 10 的公司如表 66 所示，各公司的综合质量评分均在 70 分以上，显著高于 63.63 分的所有上市公司平均分，行业排名前 10 的公司全部进入所有上市公司排名前 100，行业排名前 5 的公司均进入所有上市公司排名前 50。就三大价值能力来看，价值创造能力、价值管理能力和价值分配能力平均水平分别达到 75.26 分、88.10 分和 64.32 分，均显著高于所有上市公司平均水平。其中，前 10 名公司的价值创造能力均高于所有上市公司平均水平；价值管理能力中行业第 3 名（新开源）、第 5 名（万润股份）和第 9 名（康得新）得分略低于所有上市公司平均水平；价值分配能力中仅行业第 7 名（天赐材料）略低于所有上市公司平均水平，而第 4 名（国瓷材料）略高于所有上市公司平均水平。

表 66　化工行业上市公司综合质量评分前 10 名公司情况

排名	证券代码	证券简称	综合质量（分）	价值创造能力（分）	价值管理能力（分）	价值分配能力（分）	在所有上市公司中排名
1	002601	龙蟒佰利	79.71	71.60	97.22	78.42	6
2	300054	鼎龙股份	76.58	83.29	79.22	60.53	27
3	300109	新开源	76.13	81.21	80.67	61.42	42
4	300285	国瓷材料	76.09	75.24	97.22	56.64	43
5	002643	万润股份	76.05	76.60	80.56	70.47	45
6	300221	银禧科技	75.17	69.69	97.22	64.07	61
7	002709	天赐材料	74.79	80.44	84.78	53.49	72
8	300041	回天新材	74.73	73.08	91.67	61.09	78
9	002450	康得新	74.10	74.48	80.78	66.64	96
10	600143	金发科技	74.00	66.95	91.67	70.42	99

1. 价值创造能力

如表 64 所示，化工行业上市公司的价值创造能力评分均值为 59.05 分，略高于 58.01 分的所有上市公司平均水平，这主要是由于该行业财务质量和创新能力均值均高于所有上市公司平均分，尤以创新能力的优势最为明显（3.67 分）。从行业整体上看，超过 55% 的上市公司（90 家）价值创造能力高于 58.01 分的所有上市公司平均值，最高分为 83.29 分，最低分为 34.73

分。从价值创造能力排名分布来看（如表65所示），化工行业上市公司价值创造能力在各区间分布较为均衡。处于"好"和"较好"区间的公司60家，合计占比38.22%，低于"较差"和"差"公司共计69家，占比43.95%；处于"中等"区间的上市公司仅28家，占比17.83%。

2. 价值管理能力

如表64所示，化工行业上市公司的价值管理能力评分均值为82.35分，仅略高于82.30分的所有上市公司平均水平，这主要是由于该行业内部控制和股价维护均值均略高于所有上市公司平均分。就行业整体上看，70家（44.59%）上市公司的价值管理能力高于所有上市公司的平均值，最高分为97.22分，最低分为69.44分。从价值管理能力排名分布来看（见表65），化工行业上市公司价值管理能力在各区间分布较均衡。处于"好"和"较好"区间的公司数量（46家，合计占比29.30）显著低于"较差"和"差"公司的数量（88家，合计占比56.05%），"中等"区间占比达到14.65%。"中等"及以上区间的公司数量占比超过70%，从而行业价值管理能力低于所有上市公司平均水平。

3. 价值分配能力

如表64所示，化工行业上市公司的价值分配能力评分均值为53.13分，绝对水平不高，且显著低于56.22分的所有上市公司平均水平，主要由于该行业企业社会责任、股利政策和投资者保护均值均低于所有上市公司平均水平，企业社会责任的差距达到7.45分。从行业整体上看，63家上市公司的价值分配能力高于56.22分的所有上市公司平均值，得分超过60分的公司有47家；整体得分最高分为78.42分，最低分为28.36分。从价值分配能力排名分布来看（如表65所示），化工行业上市公司价值分配能力在各区间分布较为均衡。处于"好"和"较好"区间的公司数量（61家，合计占比38.85%）略低于"较差"和"差"公司的数量（63家，合计占比40.13%），而分布于"中等"区间的公司数量较多（达到33家），占比21.02%。"中等"及以下区间分布的公司数量占比达到61.15%，"中等"以上区间公司的得分不高导致该行业的价值分配能力略低于所有上市公司平均水平。

（三）总结

按照上面的分析，化工行业的价值管理能力、价值分配能力低于所有上市公司平均水平，而价值创造能力各分项均略高于所有上市公司平均水平。分小项来看，化工行业的优势项目是财务质量、创新能力、内部控制和股价维护，以创新能力优势最为明显（优势达 3.38 分）。其余五个维度为劣势项目，其中企业社会责任差距最为明显（达到 7.45 分），公司治理和股利政策的差距则分别达到 1 分和 1.7 分。综合来看，新材料等新经济驱动力量是未来化工行业的突破点，创新能力的优势将是化工行业开拓新领域的必备条件，财务质量的持续健康也是企业保持对研发有效投入的基础。同时，化工行业面临的持续挑战之一就是环保压力，企业社会责任的劣势也将在一定时间内持续，但化工企业须重视并采取中长期的措施以改进企业社会责任并保持企业的转型和可持续发展。公司治理、股利政策和投资者保护等维度也须加大改进力度以维护投资者信心和切实利益。

十三　航天军工业

（一）行业概况

航天军工业主要涉及航空航天、武器装备、舰船制造以及电子信息等与国防相关的综合性高科技行业，该行业可以进一步细分为航天装备、航空装备、地面兵装和船舶制造。航天军工企业是指承担国防科研生产任务的企业。航天军工业对外是国家安全和国际地位的保障，行业的发展水平集中体现了一国科技水平和综合国力。我国航天军工业龙头企业多为央企，主要包括中国核工业建设集团公司、中国航天科技集团公司、中国电子科技集团公司、中国航空工业第一集团公司、中国航空工业第一集团公司、中国航空工业第二集团公司、中国船舶工业集团公司、中国船舶重工集团公司、中国兵器工业集团公司、中国兵器装备集团公司和中国核工业集团公司，囊括海、陆、空以及航天等完整军工产业链，使得我国成为除了美国和俄罗斯之外军工门类最为齐全的国家。

航天军工业 2016 年财务表现卓越，但市场竞争力仍需观察。根据WIND 资讯数据，按照申万一级行业标准统计，航天军工业净利润率独占鳌头成为全部行业第一名。但航天军工业高增长率并非来自市场竞争优势，而来自政府高额补贴。根据西南证券相关统计，2016 年航天军工业获政府补贴共计约 14 亿元，占全行业合计归属母公司净利润的 19%，其中行业内有 7 家公司 50% 以上净利润来自政府补贴，如博云新材 2016 年归属母公司净利润为 629 万元，而政府补贴金额则高达 7439 万元，是归母净利润的 11.83 倍。

军民融合上升为国家战略。民营企业、民营资本或以民品为主的国资进入军工行业，实现方式包括军转民和民参军两种。军转民指国防科工体系军工集团、地方军工企业或部队等实现军用技术民用化；民参军指民用装备、基础器件和原材料供应商等进入军工行业。近年来，民参军模式已经得到中央层面的大力支持，2016 年，《中央军委关于国防和军队改革的意见》提出"分类推进相关领域改革，健全军民融合发展法规制度和创新发展机制。"《关于经济建设和国防建设融合发展的意见》提出，"到 2020 年基本形成军民深度融合发展的基础领域资源共享体。"军费增速放缓提高军民融合速度。我国军力建设需求不断增强，军费支出增长受累于财政收支增速缓慢难以为继。军民融合可以有效解决这一难题，一方面，民企灵活、高效和低成本的优势加入军品供应体系更能做到"少花钱多办事"；另一方面，军工企业产品民用化的技术溢出效应将为行业技术水平发展提供动力。2016 年民营军工上市公司业绩增长较快，业绩增长的主要原因有：一是合并报表带来的变化；二是军品交付速度加快的影响，未来前景仍有待观察。

军工资产证券化运作加速。国防军费投入需求必将持续加大，我国GDP 规模约为美国 GDP 规模的 2/3，军费预算约为美国军费预算的 1/4，军费支出占 GDP 比重为 2%，低于 2.6% 的世界平均水平。资产证券化成为军工企业盘活存量资产、提高资金流动性，降低融资成本的不二选择。其中航天和电子科技行业证券化潜力巨大，航天和电子科技行业不仅契合未来信息化战争市场需求，而且行业资产质量和盈利能力较强。2016 年较为成功的资产证券化案例有，中航工业集团将预估值 73.1 亿元的沈飞集团注入 ST 黑豹，中船重工借壳中电广通并将其打造为专业化电子信息业务上市平台。另外，中船重工集团"十三五"规划显示，集团证券化目标是通过 IPO 或借壳将资产证券化率提高至 70%。

未来，国防信息化五大细分领域值得关注。"十三五"规划纲要指出，构建能够打赢信息化战争、有效履行使命任务的中国特色现代军事力量体系。由于 C4ISR 系统成为国防信息化主要载体，与其密切相关的雷达、军工电子、信息安全和卫星导航等产业也成为航天军工领域重点发展的产业。大飞机市场潜力巨大，产业链上下游将从中受益。广发证券表示，根据空客、波音、中国商飞对中国市场预测值取均值，到 2035 年中国民航大飞机市场规模将达 9664 亿美元。C919 进入市场将带动产业链相关产品如原材料、子系统分包等需求上涨，未来市场发展前景乐观。

（二）行业上市公司质量总体情况

截至 2016 年底，全国航天军工业共有 33 家上市公司，占全部样本（2451 家）的 1.35%。其中来自沪深股市主板的上市公司 23 家，中小板 7 家，创业板 3 家。该行业上市公司综合质量评价结果如表 67 所示，行业上市公司质量综合质量评分平均值为 62.98 分，低于 63.63 分的所有上市公司平均水平，仅价值创造能力略高于所有上市公司平均水平。综合质量评分最高的公司得分为 76.20 分，在所有上市公司中排名第 38；综合质量评分最低的公司得分为 46.06 分，在所有上市公司中排名倒数第 28（第 2424 位）。

从综合质量评分排名分布来看，航天军工业上市公司数量整体较少，且在质量评分各排名区间的分布较均衡。如表 68 所示，处于"好"和"较好"区间的公司分别为 4 家和 9 家，占比共计 39.39%；处于"较差"和"差"区间的公司分别为 4 家和 7 家，合计占比达到 33.33%。处于"中等"

表67　航天军工行业上市公司质量总体评价状况

项目	平均值（分）	最大值（分）	最小值（分）	标准差	所有上市公司平均值（分）
综合质量	62.98	76.20	46.06	6.73	63.63
1. 价值创造能力	58.17	76.42	41.51	9.43	58.01
1.1 公司治理	64.56	91.19	35.88	16.22	66.20
1.2 财务质量	58.39	74.05	33.80	10.63	58.77
1.3 创新能力	51.56	83.40	16.80	15.46	49.05
2. 价值管理能力	80.48	87.67	66.56	5.60	82.30
2.1 内部控制	85.09	100.00	42.00	11.94	89.89
2.2 信息披露	91.72	100.00	85.00	1.86	92.04
2.3 股价维护	64.65	83.33	50.00	9.41	64.96
3. 价值分配能力	55.09	73.44	31.42	10.84	56.22
3.1 股利政策	75.00	100.00	0.00	21.32	74.79
3.2 投资者保护	48.48	75.00	30.00	10.55	51.36
3.3 企业社会责任	41.79	77.27	0.00	17.88	42.52

区间的公司达9家，占比为27.27%。整体来看，质量评分中等的公司数量较多以及质量评分高的公司数量不占优势是该行业质量评分处于所有上市公司平均分以下的主要原因。

表68　航天军工行业上市公司质量总评分分布状况

单位：家，%

质量区间	综合质量		价值创造能力		价值管理能力		价值分配能力	
	数量	占比	数量	占比	数量	占比	数量	占比
好（0～20%）	4	12.12	6	18.18	5	15.15	5	15.15
较好（20%～40%）	9	27.27	8	24.24	8	24.24	8	24.24
中（40%～60%）	9	27.27	1	3.03	6	18.18	6	18.18
较差（60%～80%）	4	12.12	8	24.24	7	21.21	8	24.24
差（80%～100%）	7	21.21	10	30.30	7	21.21	6	18.18
总体	33	100.00	33	100.00	33	100.00	33	100.00

航天军工业上市公司质量总评分排名前10的公司如表69所示，各公司的综合质量评分均高于63.63分的所有上市公司平均分，但仅前4名

在 70 分以上。具体来看，排名第 1 的雷科防务在所有上市公司总排名中仅列第 38 位；排名第 2～4 名的公司基本处于所有上市公司总排名中第 150～200 位；而第 5～10 名公司处于所有上市公司评分排名的 400 名以后的位置。就三大能力来看，价值创造能力和价值分配能力的均值分别为 67.74 分和 62.81 分，均高于所有上市公司平均水平；价值管理能力平均 83.06 分，仅略高于所有上市公司平均水平。其中，行业排名第 2、第 5、第 8、第 9 的价值管理能力低于所有上市公司平均水平，行业排名第 5 的振芯科技价值分配能力也显著低于所有上市公司平均水平。

表 69　航天军工行业上市公司质量总评分前 10 名公司排名情况

排名	证券代码	证券简称	综合质量（分）	价值创造能力（分）	价值管理能力（分）	价值分配能力（分）	在所有上市公司中排名
1	002413	雷科防务	76.20	76.42	87.67	64.29	38
2	600562	国睿科技	72.96	72.91	72.56	73.44	153
3	600118	中国卫星	72.22	65.35	84.78	73.38	195
4	600372	中航电子	72.12	73.27	83.56	58.40	201
5	300101	振芯科技	69.19	74.97	79.33	47.49	472
6	600990	四创电子	69.00	63.99	86.22	61.80	492
7	000768	中航飞机	68.94	59.37	87.56	69.47	501
8	000738	航发控制	68.20	64.59	82.11	61.51	596
9	002151	北斗星通	67.97	65.71	79.22	61.24	636
10	600967	内蒙一机	66.57	60.81	87.56	57.11	844

1. 价值创造能力

如表 67 所示，航天军工业上市公司的价值创造能力评分均值为 58.17 分，略高于 58.01 分的所有上市公司平均水平，这主要是由于该行业创新能力高于所有上市公司平均水平（优势为 2.51 分），而公司治理和财务质量均值均低于所有上市公司平均分。从行业整体上看，近 55% 的上市公司（18 家）价值创造能力高于 58.01 分的所有上市公司平均值，最高分为 76.42 分，最低分为 41.51 分。从价值创造能力排名分布来看，航天军工业上市公司价值创造能力在各区间分布近似"V"形。处于"好"和"较好"

区间的公司为 14 家，占比 42.42%；"较差"和"差"公司为 18 家，占比 54.54%；处于"中等"区间的上市公司仅 1 家。

2. 价值管理能力

如表 67 所示，航天军工业上市公司的价值管理能力评分均值为 80.48 分，仅略低于 82.30 分的所有上市公司平均水平，这主要是由于该行业内部控制、信息披露和股价维护均值均低于所有上市公司平均分，以内部控制差距最大（4.8 分）。就行业整体看，14 家（42.42%）上市公司的价值管理能力高于所有上市公司的平均值，最高分为 87.67 分，最低分为 66.56 分。从价值管理能力排名分布来看，航天军工业上市公司价值管理能力在各区间分布较均衡。处于"好"和"较好"区间的公司数量（13 家，合计占比 39.39%）略低于"较差"和"差"公司的数量（14 家，合计占比 42.42%），"中等"及以下区间分布的公司数量占比超过 60%。

3. 价值分配能力

如表 67 所示，航天军工业上市公司的价值分配能力评分均值为 55.09 分，绝对水平不高，略低于 56.22 分的所有上市公司平均水平，主要由于该行业投资者保护和企业社会责任均值低于所有上市公司平均水平，而股利政策略高于所有上市公司平均水平。从行业整体上看，15 家上市公司的价值分配能力高于 56.22 分的所有上市公司平均值，得分超过 60 分的公司为 13 家；整体得分最高分为 73.44 分，最低分为 31.42 分。从价值分配能力排名分布来看，航天军工业上市公司价值分配能力在各区间分布较为均衡。处于"好"和"较好"区间的公司数量（13 家）与"较差"和"差"公司的数量（14 家）相当。"中等"及以下区间分布的公司数量占比达到 60.61%，因此该行业的价值分配能力相对略低。

（三）总结

按照上面的分析，航天军工业的价值管理能力、价值分配能力和价值创造能力均略高于所有上市公司平均水平。分小项来看，航天军工业的优势项目为创新能力（优势达 2.51 分），股利政策略高于所有上市公司平均水平，而其他项目均为劣势项目，其中内部控制和投资者保护差距最为明显（差距分别为4.8分和2.88分）。综合来看，航天军工企业承担国防科研生产任务，其创新能力是一国科技水平和综合国力的保障，航天军工的创新优势应该继续在保持的同时扩大。军民融合虽然上升为国家战略，但股利政策的微弱优势、投资者保护的明显劣势也反映了军民融合的行业发展需要进行普惠、包容性的综合性考量。同时，公司治理、内部控制等基础性建设与完善也是航天军工业面临的长期任务。

十四　传媒行业

（一）行业概况

传媒行业是指传播各类信息、知识的传媒实体部分构成的产业群，它是生产、传播各种以文字、图形、艺术、语言、影像、声音、数码、符号等形式存在的信息产品以及提供各种增值服务的特殊产业。传媒行业自身的特点决定其资产构成以无形资产为主，固定资产占比低，资产周转率较高。同时，传媒行业作为一个市场导向型的行业，与其他行业相比，并不完全依赖出售自身产品获取收入，传媒行业的收入有很大一部分来自广告等，因而该行业对市场动向和需求变化非常敏感。

近年来，随着新媒体的快速发展，传媒行业正发生着极大的变化。在中国，传媒产业正处于第二个"黄金十年"，2016年中国传媒产业总规模达16078.1亿元，较上年同期增长了19.1%，并有望在2018年突破2万亿元。中国传媒产业的整体繁荣伴随结构的重大调整。在技术与资本双重支持下的互联网媒体成为市场的佼佼者。

根据中国互联网络信息中心（CNNIC）发布的《第39次中国互联网络发展状况统计报告》，截至2016年12月，中国网民规模达7.31亿人，增长了4299万人，互联网普及率为53.2%；手机网民规模达6.95亿人，同比增长7550万人，市场渗透率提升至95.1%，手机网络基本上实现了全覆盖。① 网络广告收入已远超电视、广播、报刊等传统媒体广告收入。报刊广告发行继续呈现断崖式下滑的态势，电视广告市场也出现明显萎缩。互联网无论是用户规模、产业规模还是资本投入、发展速度，都已超越传统媒体。

2016 年，虽然受我国经济增速继续放缓、宏观经济疲软等不利因素的影响，但在我国网民用户增速同比提升和新技术的推动下，尤其是直播、大数据技术等落地取得实效，我国的新媒体产业依然处于高速发展状态，并且出现了直播、大数据和知识付费等新增长点。同时，国家政策也进一步支持传媒行业健康发展，《中共中央关于制定国民经济和社会发展第十三个五年规划的建议》指出，到 2020 年文化产业的发展目标是成为国民经济的支柱性产业，文化产业的整体市场规模将超过 1 万亿元。为了顺利完成该目标，2016 年国家出台了相应的"十三五"分规划及配套政策，文化传媒行业的政策利好不断。尤其需要指出的是，2016 年，国家新闻出版广电总局、网信办、文化部等多个部门出台各种新规，互联网媒体受到越来越严格的监管，这也将对新媒体产业的发展产生一定的影响。②

总的来说，2016 年我国传媒行业获得了极大的发展，新媒体的快速发展势不可当，同时也给传统媒体带来了巨大的冲击，而传媒行业的健康发展需要传统媒体和新媒体的融合。传统媒体要利用互联网技术寻求新的发展思路，加快与新媒体融合的脚步。同时，传媒行业也要与其他行业融合发展，找准自身定位，顺应潮流，把握机遇，从而实现更大的发展。

（二）行业上市公司质量总体情况

本报告中的传媒行业共有 98 家上市公司，占样本总数的 4%。其中创业板公司有 27 家，中小板公司有 29 家，主板公司有 42 家。传媒行业综合

---

① 中国互联网络信息中心：《第 39 次中国互联网络发展状况统计报告》。
② 新华社：《中共中央关于制定国民经济和社会发展第十三个五年规划的建议》。

质量评分均值为 62.74 分（见表 70），略低于所有上市公司综合质量评分均值 63.63 分，处于中下游水平。价值管理能力和价值分配能力表现较为均衡，比所有上市公司均值略低不足 1 分，基本持平。价值创造能力表现较差，比所有上市公司均值低 1.29 分。传媒行业综合质量评分最大值为 79.14 分，比所有上市公司最大值 83.75 分低 4.61 分，与上一年相比缩小了差距；传媒行业综合质量评分最小值为 47.41 分，比所有上市公司最小值 37.27 分高 10.14 分，表明该行业上市公司质量较为均衡，不存在两极分化的情况。

表 70　传媒行业上市公司质量总体评价状况

项目	平均值（分）	最大值（分）	最小值（分）	标准差	所有上市公司均值（分）
综合质量	62.74	79.14	47.41	5.45	63.63
1. 价值创造能力	56.72	81.77	27.71	9.14	58.01
1.1 公司治理	66.54	93.33	31.24	13.34	66.20
1.2 财务质量	57.06	75.03	24.61	8.31	58.77
1.3 创新能力	46.54	100.00	1.50	19.10	49.05
2. 价值管理能力	81.91	95.89	65.67	5.33	82.30
2.1 内部控制	90.03	100.00	42.00	11.36	89.89
2.2 信息披露	91.43	91.67	85.00	0.99	92.04
2.3 股价维护	64.29	100.00	50.00	11.72	64.96
3. 价值分配能力	55.63	78.76	32.56	10.19	56.22
3.1 股利政策	76.15	100.00	33.33	19.67	74.79
3.2 投资者保护	52.70	80.00	35.00	9.85	51.36
3.3 社会责任	38.04	67.33	12.60	16.27	42.52

从公司质量分布来看（见表 71），传媒行业在各质量区间分布有一定特点，主要表现为在极端质量区间分布较少，中间质量区间分布集中。在"好"区间的公司有 7 家，占 7.14%；在"差"区间的公司有 17 家，占比 17.35%，二者总和不超过 30%。传媒行业公司优良率达 25.51%，"中等"以下质量的占比为 43.88%，与上一年相比总体质量略有下降。

163

表71 传媒行业上市公司质量总评分分布状况

单位：家，%

质量区间	综合质量		价值创造能力		价值管理能力		价值分配能力	
	数量	占比	数量	占比	数量	占比	数量	占比
好（0～20%）	7	7.14	12	12.24	17	17.35	17	17.35
较好（20%～40%）	18	18.37	18	18.37	19	19.38	17	17.35
中等（40%～60%）	30	30.61	24	24.49	18	18.37	20	20.41
较差（60%～80%）	26	26.53	28	28.57	22	22.45	25	25.51
差（80%～100%）	17	17.35	16	16.33	22	22.45	19	19.38
总体	98	100.00	98	100.00	98	100.00	98	100.00

从公司质量排名来看，传媒行业上市公司排名大多靠后，排名靠前的公司非常少。传媒行业综合质量评分前10的公司如表72所示，排名第1的公司在所有上市公司中排名第10，排名第2的公司在所有上市公司排名中位于第30位。排名第10的公司在所有上市公司排名中位于第579位。

表72 传媒行业上市公司质量总评分前10名公司排名情况

本行业排名	在所有上市公司总排名	证券代码	证券简称	综合质量得分（分）
1	10	002558	巨人网络	79.14
2	30	002624	完美世界	76.43
3	83	300148	天舟文化	74.56
4	130	600633	浙数文化	73.38
5	327	300315	掌趣科技	70.51
6	387	600373	中文传媒	69.92
7	432	300113	顺网科技	69.49
8	514	002555	三七互娱	68.82
9	549	002354	天神娱乐	68.56
10	579	002247	帝龙文化	68.30

1. 价值创造能力

从价值创造能力来看，该行业上市公司平均得分为56.72分（见表70），低于所有上市公司平均水平，处于所有上市公司中下游水平。主要表现为财务质量和创新能力相对较差，分别低于所有上市公司均值1.71分和2.51分，这与该行业自身特点有很大的关系。传媒行业公司价值创造能力优良率为30.61%，低于所有上市公司平均水平。其中该行业价值创造能力排名前3的公司依次是巨人网络（002558）、天舟文化（300148）和完美世界（002624）。

表73 传媒行业价值创造能力评价情况

单位：分

评分项目	行业均值	所有上市公司均值
A 公司治理	66.54	66.20
①年度股东大会股东出席比例	54.96	49.62
②董事长与总经理是否由一人兼任	68.37	74.50
③董事会中独立董事人数所占比例	65.92	67.33
④董事会成员有无持股	78.57	72.91
⑤高管是否持股	75.51	71.24
⑥机构持股比例	55.93	61.58
B 财务质量	57.06	58.77
①盈利能力	62.62	61.83
②偿债能力	59.72	58.51
③营运能力	51.96	54.97
④成长能力	50.92	58.11
C 创新能力	46.54	49.05
①研发投入占主营业务收入比	49.62	52.75
②无形资产增长率	43.47	45.36

公司治理。该行业公司治理得分略高于所有上市公司均值，处于中上游水平。主要表现在该行业年度股东大会股东出席比例较高，董事会成员与高管持股公司较多，导致相关的三项指标得分较高，表明该行业上市公司内部激励较为充足，但是在其他方面还存在一些问题，如董事长和总经理由一人兼任现象较多，董事会中独董比例较低，机构持股比例较低等。

财务质量。该行业财务质量得分低于所有上市公司均值，处于中下游水平。很明显的是营运能力和成长能力较差，特别是成长能力远低于所有上市公司平均水平，表明该行业成长性较差。但该行业盈利能力和偿债能力相对较好，达到所有上市公司平均水平。

创新能力。该行业创新能力得分低于所有上市公司均值，处于中下游水平。主要原因在于传媒行业研发投入占主营业务收入比远低于所有上市公司均值，无形资产增长率也较低。说明该行业创新能力较差，同时对创新方面的投入也偏低。

2. 价值管理能力

从价值管理能力来看，该行业上市公司平均得分为81.91分（见表70），略低于所有上市公司平均水平82.30分，处于中等水平。内部控制略高于所有上市公司平均水平，信息披露和股价维护略低于所有上市公司平均水平。从该行业公司价值管理水平质量区间来看，行业公司优良率为36.73%，"中等"区间公司数量较少。该行业价值管理能力质量排名前3的公司分别是华闻传媒（000793）、完美世界（002624）和智度股份（000676）。

表74 传媒行业价值管理能力评价情况

单位：分

项目	行业均值	所有上市均值
D 内部控制	90.03	89.89
①内部控制审计意见类型	97.96	99.01
②会计师事务所排名	78.78	79.04
③缺陷整改情况	84.90	79.41
④上市公司是否违规	90.82	94.04
⑤接受处罚类型	97.70	97.94
E 信息披露	91.43	92.04
①一季度报告的及时性	100.00	100.00
②中期报告的及时性	100.00	100.00
③三季度报告的及时性	100.00	100.00
④年度报告的及时性	100.00	100.00
⑤会计师事务所审计意见	98.57	99.32
⑥公司是否交叉上市	50.00	52.92
F 股价维护	64.29	64.96
①第一大股东持股变化情况	68.88	70.41
②管理层（整体）持股变化情况	67.35	67.65
③公司是否回购股份	56.63	56.83

内部控制。该行业内部控制得分略高于所有上市公司均值，处于中上游水平。主要体现在该行业公司缺陷整改方面做得较好，远高于所有上市公司平均水平。但是传媒行业内部控制审计意见较差，上市公司存在较多违规和处罚情况，从而拉低了评分。

信息披露。该行业信息披露得分略低于所有上市公司均值，处于中下游水平。其中上市公司一季度报告、中期报告、三季度报告、年度报告都非常及时，高于所有上市公司平均水平。但该行业交叉上市公司较少，不利于公司信息的披露。同时"会计师事务所审计意见"这一指标得分也偏低。

股价维护。该行业股价维护得分略低于所有上市公司均值，处于中下游水平。主要原因在于"第一大股东持股变化情况"这一指标得分偏低，上市公司大股东有减持情况。

3. 价值分配能力

从价值分配能力来看，该行业上市公司平均得分为 55.63 分（见表 70），略低于所有上市公司平均水平 56.22 分，处于中下游水平。其中股利政策和

表 75　传媒行业上市公司价值分配能力评价状况

单位：分

项目	行业均值	所有上市公司均值
G 股利政策	76.15	74.79
①最近 3 年总现金股利是否大于等于年均可分配利润的 30%	51.02	53.71
②公司章程中是否有股东回报计划或现金分红政策	90.72	87.71
③股利分配情况及独立董事相关意见	87.24	82.98
H 投资者保护	52.70	51.36
①股东大会是否实行网络投票制	100.00	100.00
②股东大会是否实行累积投票制	14.29	14.61
③实际控制人控制权与现金流权分离度	83.47	78.14
④是否组织投资者活动	13.06	12.71
I 企业社会责任	38.04	42.52
①是否披露企业社会责任报告	30.61	27.83
②员工就业增长率	45.97	51.41
③企业支付税费增长率	37.54	48.32

投资者保护都高于所有上市公司平均水平，企业社会责任得分则远低于平均水平。从价值分配能力质量区间来看，该行业上市公司价值分配能力优良率为34.69%，低于所有上市公司优良率水平。其中该行业价值分配能力得分排名前3的公司依次是城市传媒（600229）、北巴传媒（600386）和蓝色光标（300058）。

股利政策。该行业股利政策平均得分为76.15分，比所有上市公司均值高1.36分，处于中上游水平。主要表现在该行业上市公司章程中有详细的现金分红规划披露，同时股利分配情况和独立董事相关意见也优于所有上市公司平均水平。但近三年累计分红超过平均利润30%的公司比例较低。

投资者保护。该行业投资者保护平均得分为52.70分，高于所有上市公司均值1.34分，处于中上游水平。主要体现在该行业上市公司全部实现了网络投票制，该比例略高于所有上市公司平均水平。此外，该行业在"实际控制人控制权与现金流权是否分离"指标上表现突出，远高于所有上市公司均值5.33分，同时，该行业在组织投资者活动方面表现也较好。

企业社会责任。该行业企业社会责任平均得分为38.04分，比所有上市公司均值低4.48分，远低于所有上市公司平均水平。虽然该行业上市公司在披露企业社会责任报告方面表现良好，领先所有上市公司平均水平，但在"员工就业增长率"和"支付各项税费增长率"方面表现较差，低于所有上市公司平均水平很多，说明该行业公司在承担企业社会责任方面存在较大缺陷。

（三）总结

总体来看，传媒行业上市公司的质量处于所有上市公司中等偏下水平，按照总评分来看，行业排名第1的公司在全国排名第10，但不存在各方面都表现特别突出的公司。该行业上市公司的价值创造能力、价值管理能力和价值分配能力均略低于所有上市公司平均水平。从二级指标来看，该行业上市公司的公司治理、股利政策以及投资者保护等能力都领先所有上市公司平均水平，而财务质量、创新能力和企业社会责任方面表现较差，落后于所有上市公司平均水平。其余指标基本与所有上市公司水平持平。

目前，传媒行业正面临转型时期，传统媒体与新媒体的融合发展处于探索前进阶段。传统媒体仍处于下滑阶段，新媒体产业增速虽有放缓但仍然保持高速。因此，媒体行业提高创新能力，转变赢利模式，加速产业融合将成为其转型成功、提高行业价值创造能力的关键。新媒体应该进一步发挥自身优势，加强产业私有化，积极推动海外并购，同时增强互联网监管，提高市场适应能力，增强创新能力，探索新的发展空间。传统媒体则积极利用充足的社会资本和庞大的市场群体，加强形式和内容的创新，使用大数据手段向技术驱动转变，与新媒体加强融合互动，抓住电影、游戏以及直播等方面的机遇，改善经营效益。同时内部加强监管和控制，改善财务质量，增强行业社会责任感，提高整个行业的经营效益，寻求更好的传媒行业发展模式。

十五　公用事业

（一）行业概况

广义的公用事业，即市政服务业或城市基础设施业，既是负责维持公共服务基础设施的公司的统称，又是事业单位、企业和居民共享，服务于城市生产、流通和居民生活的各项事业的总称。狭义的公用事业主要包括水、燃气、电力、热力的生产和供应等产业。一般而言，公用事业处于由政府控制的自然垄断状态，少数私营企业会受到更为严格的行政法规监督。

近年来，公用事业行业规模保持较高发展速度。固定资产投资规模增长较快，2016年电力、热力、燃气及水生产和供应业固定资产投资（不含农户）2.97万亿元，同比增长11.3%，水利、环境和公共设施管理业固定资产投资（不含农户）6.86万亿元，同比增长23.3%，公共管理、社会保障和社会组织固定资产投资（不含农户）8188亿元，同比增长4.3%。公用事业企业数量平稳增长，截至2016年12月底公用事业企业数量11490家，比上年增长5%，其中电力、热力的生产和供应业企业6889家，燃气生产和供应业企业1426家，水的生产和供应业企业1620家，废弃资源综合利用业企业1555家。

公用事业经营业绩微幅下降，主要由细分行业经营业绩下降较快导致。公用事业主营业务收入 6.63 万亿元，比上年下降 0.62%，其中电力、热力的生产和供应业主营业务收入下降 1285.1 亿元；公用事业利润总额 4783.4 亿元，比上年下降 13.72%，其中电力、热力的生产和供应业下降 850.90 亿元；公用事业负债合计 9.29 万亿元，比上年增长 7492.30 亿元，同比增长 8.77%；公用事业资产总计 15.26 万亿元，比上年增长 1.25 万亿元，同比增长 8.92%，其中水的生产和供应业比上年增长 1343.9 亿元，同比增长 13.34%。

国家在政策层面提出公用事业供给侧结构性改革方向。如 2016 年发布的《电力发展"十三五"规划（2016~2020 年）》提出"清洁低碳、绿色发展"等基本原则，提出到 2020 年非化石能源消费比重达到 15% 左右，非化石能源发电装机达到 7.7 亿千瓦左右，占比约 39%，力争淘汰火电落后产能 2000 万千瓦以上等目标。同年发布了《可再生能源发展"十三五"规划》《电力发展"十三五"规划（2016~2020 年）》《风电发展"十三五"规划》等。

供给侧结构性改革在公用事业行业中取得明显成效。2016 年电力生产结构优化升级，非化石能源发电比重持续提升，火电企业承压。核能发电、风力发电、太阳能发电占全部发电量比重较上年同期分别提高 0.5 个百分点、0.7 个百分点和 0.3 个百分点，分别为 3.5%、3.9% 和 1.0，水力发电占比 19.4%，与去年同期持平，火力发电占比 72.2%，比去年同期下降 1.4 个百分点。中国核电技术跨入国际先进行列，2016 年中英签署欣克利角 C 核电项目一揽子协议，这不仅是中国企业在欧洲的最大一笔投资，也意味着中国核电技术开始得到西方传统核电大国的认可。

PPP 项目落实率提高，激发供给侧结构性改革活力。2016 年 PPP 项目落地速度持续提高。截至 2016 年 12 月末，全国 PPP 项目 11260 个，投资额 13.5 万亿元，已落地项目 1351 个，落地率 31.6%，比 1 月末 19.6% 落地率增加了 12 个百分点。国家政策层面出台相关政策加速落地 PPP 项目，如 2016 年财政部发布《关于联合公布第三批政府和社会资本合作示范项目加快推动示范项目建设的通知》公布第三批示范项目 516 项，总投资额 11708 亿元，并要求第一批示范项目于 2016 年底前完成采购，逾期未完成将调出示范项目名单。

2016 年公用事业 PPP 项目重点发展国家环保政策相关项目，如城市地下综合管廊建设、供水及污水处理、黑臭水体治理以及海绵城市建设。

未来，公用事业行业发展将迎来冰火两重天。火电企业发展仍将面临多重阻力。发电成本上涨与电价平稳压缩利润空间，2016 年 3 季度发电成本开始上涨超过 40%，而火电电价在未来一段时间保持平稳必将对企业利润空间造成挤压；火电行业产能过剩，2016 年火电产能利用率下降约 1/3；国家政策层面鼓励清洁能源，煤电产能相对落后将遭遇清洁能源抢占市场。新能源发电成为行业新增长点，风电产业将迎来高速发展期。从政策层面看，根据 2016 年国家能源局发布的《风电发展"十三五"规划》，到 2020 年底风电累计并网装机容量达到 2.1 亿千瓦以上，约占全国总发电量的 6%；从行业水平看，风电已成为我国第三大电源，产业技术水平基本达到世界先进水平，产能端和需求端均有利于我国风电行业顺势而为、切入高速发展轨道。核电产业技术难关逐步突破、环保效能凸显，核电站获批将带来行业性机会。从技术层面看，浙江三门核电站的三代核电技术 AP1000 非能动设计在无人工干预情况下保证核岛 72 小时内安全水平，同时核电机组寿命延长至 60 年。从环保效能看，2016 年我国核电累计发电 2105.19 亿千瓦时，相当于少燃烧 6568.19 万吨标准煤，减排二氧化碳 17208.66 万吨、二氧化硫 55.83 万吨、氮氧化物 48.60 万吨。从未来产能看，截至 2016 年末，我国在建核电机组近 30 台，建设规模居于全球首位。

（二）行业上市公司质量总体状况

截至 2016 年底，公用事业共有 89 家上市公司，占全部上市公司的 3.63%。公用事业上市公司质量总体评价状况如表 76 所示。公司质量总评分平均值为 62.64 分，比所有上市公司平均水平低 0.99 分。其中价值创造能力 55.03 分，比所有上市公司平均水平低 2.98 分；价值管理能力 81.99 分，比所有上市公司平均水平低 0.31 分；价值分配能力 58.50 分，略高于所有上市公司平均水平 2.28 分。公用事业上市公司质量略低于所有上市公司平均水平，主要由价值管理能力和价值创造能力不足所致。

表 76　公用事业上市公司质量总体评价状况

项目	平均值（分）	最大值（分）	最小值（分）	标准差	所有上市公司均值（分）
综合质量	62.64	75.43	50.89	5.46	63.63
1. 价值创造能力	55.03	73.36	38.87	7.80	58.01
1.1 公司治理	59.48	88.21	23.41	17.40	66.20
1.2 财务质量	57.93	79.52	34.45	9.67	58.77
1.3 创新能力	47.67	79.90	22.10	11.18	49.05
2. 价值管理能力	81.99	89.00	72.22	3.90	82.30
2.1 内部控制	88.39	100.00	59.00	9.16	89.89
2.2 信息披露	92.51	100.00	91.67	2.53	92.04
2.3 股价维护	65.07	83.33	50.00	7.63	64.96
3. 价值分配能力	58.50	80.40	28.82	11.25	56.22
3.1 股利政策	78.75	100.00	0.00	22.72	74.79
3.2 投资者保护	51.63	80.00	30.00	10.27	51.36
3.3 企业社会责任	45.12	74.67	9.47	18.17	42.52

　　公用事业上市公司质量评分分布状况如表 77 所示。综合质量评分分布状况表明：处于"好"、"较好"和"中等"区间的公司分别为 11 家、14 家和 15 家，占比分别为 12.36%、15.73% 和 16.85%；处于质量"较差"区间和"差"区间的占比分别为 34.83% 和 20.22%。

表 77　公用事业上市公司在各质量区间的分布

单位：家，%

质量区间	综合质量		价值创造能力		价值管理能力		价值分配能力	
	数量	占比	数量	占比	数量	占比	数量	占比
好（0～20%）	11	12.36	9	10.11	13	14.61	23	25.84
较好（20%～40%）	14	15.73	11	12.36	23	25.84	23	25.84
中等（40%～60%）	15	16.85	18	20.22	16	17.98	17	19.10
较差（60%～80%）	31	34.83	23	25.84	20	22.47	12	13.48
差（80%～100%）	18	20.22	28	31.46	17	19.10	14	15.73
总　计	89	100.00	89	100.00	89	100.00	89	100.00

　　公用事业上市公司综合质量评分排名前 10 的公司如表 78 所示。其中排名第 1 的公司在所有上市公司排名中位于第 56 位，综合质量得分为 75.43

分，其价值创造能力得分为 72.60 分、价值管理能力得分为 80.89 分、价值分配能力得分为 75.64 分，瀚蓝环境综合质量得分较高主要得益于价值创造能力和价值分配能力的突出表现。

排名第 2~10 的公司处于所有上市公司排名第 100~350。说明公用事业行业内质量好的上市公司，其质量在所有上市公司中仍然相对较好。

表 78　公用事业质量排名前 10 的公司

行业排名	股票代码	证券简称	综合质量（分）	价值创造能力（分）	价值管理能力（分）	价值分配能力（分）	在所有上市公司中排名
1	600323	瀚蓝环境	75.43	72.60	80.89	75.64	56
2	000690	宝新能源	73.48	71.86	77.89	72.29	123
3	601139	深圳燃气	73.38	63.83	89.00	76.87	128
4	600674	川投能源	72.62	69.22	82.22	69.80	167
5	002039	黔源电力	72.12	66.42	86.11	69.53	200
6	600900	长江电力	71.86	66.57	73.89	80.40	221
7	600578	京能电力	71.00	63.87	84.78	71.49	279
8	600856	中天能源	70.79	73.36	87.56	48.91	296
9	600642	申能股份	70.62	65.19	80.78	71.33	313
10	000601	韶能股份	70.27	69.74	80.67	60.93	349

1. 价值创造能力

公用事业上市公司价值创造能力总体评价状况如表 79 所示。该行业价值创造能力平均值为 55.03，比所有上市公司均值低 2.98 分。其中公司治理均值 59.48 分，比所有上市公司均值低 6.72 分；财务质量均值 57.93 分，比所有上市公司均值低 0.84 分；创新能力均值 47.67 分，比所有上市公司均值低 1.38 分。公用事业价值创造能力提升，需要从公司治理、财务质量和创新能力三方面改善。

公用事业上市公司价值创造能力排名分布状况如表 77 所示，各区间分布结构呈金字塔形。其中处于"好"区间的公司为 9 家，占比 10.11%，处于"较好""中等""较差"和"差"区间的公司比例依次增加，分别为 12.36%、20.22%、25.84% 和 31.46%。价值创造能力排名第 1 的是中天能源（代码：600856），排名第2的是瀚蓝环境（代码：600323），排名第3的是宝新能源（代码：000690）。

公司治理。行业公司治理得分比所有上市公司均值低6.72分。主要差距在于股东大会股东出席比例、董事会成员有无持股和高管是否持股这三项评价指标得分低于所有上市公司均值较多。表现较好的有董事长与总经理是否由一人兼任以及机构持股比例，表明该行业董事会结构较为健康。

财务质量。财务质量得分略低于所有上市公司均值。主要差距在于盈利能力和偿债能力两项评价指标得分低于所有上市公司均值，表明该行业财务质量需要从盈利能力和偿债能力两方面改善。

创新能力。该行业创新能力略低于所有上市公司均值，其中研发投入占主营业务收入比的行业均值比所有上市公司均值低2.22分，无形资产增长率行业均值也略低于所有上市公司均值。

表79 公用事业上市公司价值创造能力评价情况

单位：分

项目	行业均值	所有上市公司均值
A 公司治理	59.48	66.20
①年度股东大会股东出席比例	39.75	49.62
②董事长与总经理是否由一人兼任	87.64	74.50
③董事会中独立董事人数所占比例	64.04	67.33
④董事会成员有无持股	42.70	72.91
⑤高管是否持股	47.19	71.24
⑥机构持股比例	75.55	61.58
B 财务质量	57.93	58.77
①盈利能力	60.47	61.83
②偿债能力	56.49	58.51
③营运能力	55.51	54.97
④成长能力	57.84	58.11
C 创新能力	47.67	49.05
①研发投入占主营业务收入比	50.53	52.75
②无形资产增长率	44.81	45.36

2. 价值管理能力

公用事业上市公司价值管理能力总体评价状况如表80所示。该行业价值管理能力评分均值为81.99分，略低于所有上市公司均值0.31分。其中内部控制均值88.39分，比所有上市公司均值低1.50分；信息披露均值92.51分，比所有上市公司均值高0.47分；股价维护均值65.07分，比所有上市公司均值高0.11分。公用事业行业上市公司价值管理能力评分低于所有上市公司均值，主要由内部控制均值较低所致。

表80　公用事业价值管理能力评价情况

单位：分

项目	行业均值	所有上市公司均值
D 内部控制	88.39	89.89
①内部控制审计意见类型	99.44	99.01
②会计师事务所排名	80.90	79.04
③缺陷整改情况	65.84	79.41
④上市公司是否违规	96.63	94.04
⑤接受处罚类型	99.16	97.94
E 信息披露	92.51	92.04
①一季度报告的及时性	100.00	100.00
②中期报告的及时性	100.00	100.00
③三季度报告的及时性	100.00	100.00
④年度报告的及时性	100.00	100.00
⑤会计师事务所审意见	100.00	99.32
⑥公司是否交叉上市	55.06	52.92
F 股价维护	65.07	64.96
①第一大股东持股变化情况	73.60	70.41
②管理者（整体）持股变化情况	71.07	67.65
③公司是否回购股份	50.56	56.83

公用事业上市公司价值管理能力排名分布状况如表77所示，"好"和"较好"区间与"差"和"较差"区间占比较为接近。居于"好"和"较好"区间

的公司分别为 13 家和 23 家，占比 14.61％ 和 25.84％，处于"中等"区间公司数为 16 家，占比 17.98％，处于"较差"和"差"区间的公司占比为 22.47％ 和 19.1％。价值管理能力排名第 1 的是深圳燃气（代码：601139），排名第 2 的是粤电力 A（代码：000539），排名第 3 的是中原环保（代码：000544）。

内部控制。该行业内部控制平均得分略低于所有上市公司均值。从评价指标来看，主要是由于缺陷整改情况得分低于所有上市公司均值 13.57 分所致。

信息披露。该行业信息披露得分略高于所有上市公司均值。从评价指标来看，主要得益于会计师事务所审计意见和公司是否交叉上市两项评价指标得分较高。

股价维护。该行业股价维护得分略高于所有上市公司均值。从评价指标来看，主要得益于第一大股东持股变化情况、管理者（整体）持股变化情况两项指标得分均高于所有上市公司均值，但值得注意的是公司是否回购股份得分低于所有上市公司均值 6.27 分。

3. 价值分配能力

公用事业上市公司价值分配能力总体评价状况如表 81 所示。该行业价值分配能力得分均值为 58.50 分，比所有上市公司均值高 2.28 分。其中股利政策得分均值为 78.75 分，比所有上市公司均值高 3.96 分，投资者保护方面得分均值为 51.63 分，比所有上市公司均值高 0.27 分，企业社会责任方面得分 45.12 分，比所有上市公司均值高 2.60 分。由此可见，该行业上市公司价值分配能力优于所有上市公司得益于股利政策、投资者保护和企业社会责任三项评价指标均表现较好。

公用事业上市公司价值分配能力排名分布状况如表 77 所示。处于"好"和"较好"区间的公司数量最多，均为 23 家，分别占比 25.84％；处于"中等"、"较差"和"差"区间的公司数量分别为 17 家、12 家和 14 家，占比分别为 19.10％、13.48％ 和 15.73％。相对来讲，公用事业上市公司价值分配能力略高于所有上司公司平均水平。价值分配能力排名第 1 的是长江电力（代码：600900），排名第 2 的是华电国际（代码：600027），排名第 3 的是深圳燃气（代码：601139）。

表 81　公用事业价值分配能力评价情况

单位：分

项目	行业均值	所有上市公司均值
G 股利政策	78.75	74.79
①最近 3 年总现金股利是否大于等于年均可分配利润的 30%	58.99	53.71
②公司章程中是否有股东回报计划或现金分红政策	92.13	87.71
③股利分配情况及独立董事相关意见	85.11	82.98
H 投资者保护	51.63	51.36
①股东大会是否实行网络投票制	100.00	100.00
②股东大会是否实行累积投票制	14.61	14.61
③实际控制人控制权与现金流权分离度	85.84	78.14
④是否组织投资者活动	6.07	12.71
I 企业社会责任	45.12	42.52
①是否披露企业社会责任报告	43.82	27.83
②员工就业增长率	49.98	51.41
③企业支付税费增长率	41.57	48.32

股利政策。该行业股利政策得分均值高于所有上市公司均值。从评价指标来看，主要得益于最近 3 年累计分红占比（再融资条件）、公司章程中是否有详细的现金分红规划和股利分配情况相关指标均得分较高。

投资者保护。该行业投资者保护得分均值略高于所有上市公司均值。从评价指标来看，主要得益于实际控制人控制权与现金流权是否分离这一评价指标得分较高，值得注意的是，是否组织投资者活动得分比所有上市公司均值低 6.64 分。

企业社会责任。该行业企业社会责任得分略高于所有上市公司均值。从评价指标来看，是否披露了企业社会责任报告得分比所有上市公司均值高 15.99 分，但值得注意的是企业支付各项税费增长率得分比所有上市公司均值低 6.75 分。

（三）总结

2016 年公用事业虽然规模保持较快增长，但是电力、热力的生产和供

177

应业财务指标下降导致公用事业经营业绩微幅下降。公用事业上市公司质量评价显示该行业仍然存在两方面问题：在价值创造能力方面，行业均值低于全部上市公司平均水平，其中公司治理、财务质量和创新能力均低于全部上市公司平均水平。在价值管理能力方面，行业均值低于全部上市公司平均水平，其中内部控制得分较低，成为短板。

未来，公用事业上市公司需要从两方面提高行业水平。一是在价值创造方面要积极改善以下几项内容：公司治理的四项评价指标，包括年度股东大会股东出席比例、董事会中独立董事人数所占比例、董事会成员有无持股、高管是否持股；财务质量的三项指标，包括盈利能力、偿债能力和成长能力；创新能力的两项指标，包括研发投入占主营业务收入比和无形资产增长率。二是在价值管理能力方面，内部控制中的缺陷整改情况需要提高。

十六　批发和零售业

（一）行业概况

批发业是指从事以下活动的行业：向其他批发或零售单位（含个体经营者）及其他企事业单位、机关团体等批量销售生活用品、生产资料的活动；从事进出口贸易和贸易经纪与代理的活动，包括拥有货物所有权并以本单位（公司）的名义进行交易活动，以及不拥有货物的所有权，收取佣金的商品代理、商品代售活动；各类商品批发市场中固定摊位的批发活动，以及以销售为目的的收购活动。零售业是指从事以下活动的行业：百货商店、超级市场、专门零售商店、品牌专卖店、售货摊等主要面向最终消费者（如居民等）的销售活动；采用互联网、邮政、电话、售货机等方式的销售活动；在同一地点，后面加工生产，前面销售的店铺（如面包房）。谷物、种子、饲料、牲畜、矿产品、生产用原料、化工原料、农用化工产品、机械设备（乘用车、计算机及通信设备除外）等生产资料的销售不作为零售活动，多数零售商对其销售的货物拥有所有权，但有些是充当委托人的代理人，进行委托销售或以收取佣金的方式进行销售。

批发和零售业对国民经济发展的主要作用有拉动 GDP 增长、吸纳社会劳动力、促进产业结构调整优化和直接影响消费者生活品质等，也具有民间投资主导、中小企业聚集等特点。

批发和零售业 2016 年整体业绩平淡，行业景气度处于低位。从固定资产投资来看，2016 年城镇固定资产投资完成额 1.79 万亿元，占全国固定资产投资总量的 3.00%，比上年减少 742.42 亿元，同比减少 3.97%；从行业规模来看，2016 年批发和零售业生产总值（现价）7.11 万亿元，比上年增加 0.50 万亿元，同比增加 7.40%，其中社会消费品零售总额 33.23 万亿元、同比增长 10.43%，限额以上批发和零售业零售额 14.51 万亿元，同比增长 8.35%，网络零售社会消费品零售额占比 15.5%，比上年增长 2.7 个百分点。批发和零售业财务绩效增长趋势放缓。从行业财务表现来看，2016 年批发和零售业销售（营业）利润率为 2.3%，比上年增长 0.1 个百分点；净资产收益率 4.3%，比上年增长 0.7 个百分点；不良资产比率 4.5%，与上年持平；资产负债率为 65%，与去年持平。截至 2016 年 12 月 31 日，全行业上市公司总市值 1.95 万亿元，比上年减少 960.92 亿元，同比下降 4.70%。

2016 年批发和零售业发展的主要特征有以下几点：一是中小型零售业销售实现较高增长，跨界和细分专业品类推动零售业整体发展，一方面由于在这些销售渠道里的便利店、小超市业态突破传统门店定位，跨界创新满足顾客新的消费需求，包括增加咖啡、餐饮销售等；另一方面遵循专业业态 - 品类中心概念，大卖场中出现大量专业品类销售业态，如化妆品、母婴用品等。二是轻资产运营成为大势所趋，资产证券化有助于重资产，使批发和零售企业"甩开包袱，轻装上阵"。2016 年类 REITs 商业资产证券化大量展开，借此零售企业不仅可以回收大量现金，而且大幅提高投资回报率。这一做法已经得到政策层面明确支持，2016 年中国证监会高层对 REITs 表达了明确支持，政策有望进一步放开。三是批发和零售业细分行业超市板块业绩增长迅速。主要原因是：一方面超市销售产品价格弹性较小，如食品、饮料等均为日常生活必需品，具有刚性需求，即使零售价格上涨销售额仍保持相对稳定；另一方面，货源具有周转周期，即使短期面临通货膨胀，存货价值升高仍主要反映在利润表中，体现为收入端回暖。四是实体书店实现复合式转型，复合式书店的丰富业态组合表现出强大聚客和提高客单价能力，成为未来主要发展方向。同时实体书店发展得到政策支持，2016年中宣部等11部门联合发布《关于支持实体书店发展的指导意见》，地方政府纷纷响应，四川、浙江、江苏、广东等十个省市发布了关于推进实体书店发展的实施意见。五是大型公司跨界青睐发展社区商业，社区商业主要指以社区周边2千米内居民为服务对象的综合业态，恒大、万科等大型住宅开发商已经在这方面进行了积极探索。六是大型购物中心高速增长，增长动力主要来自购物中心迅速向二线城市下沉的趋势，目前72%的购物中心位处二线城市，商圈多元化，核心商圈、区域商圈以及非核心商圈均成为大型购物中心拓展标的。

未来，批发和零售业将迎来新的发展机遇。主要原因有：一是与批发和零售业密切相关的CPI指数相对平稳，较低的通货膨胀率将带动零售终端销售增速上升；二是房地产投资不再成为侵蚀零售端居民消费能力主要因素，由于政府对房地产业调控效果显著，房地产过热现象有效抑制，房地产价格增速降低，使得房地产投资的侵蚀作用明显减弱；三是消费渠道不再成为消费者选择的主要影响因素，随着近两年消费者对线上、线下消费渠道认知逐步理性化，线上、线下消费渠道将跨越过去相互替代的零和博弈时代，迎来共同发展、相互补充、逐渐融合的理性发展时代。

（二）行业上市公司质量总体状况

截至2016年底，批发和零售业共有136家上市公司，占所有上市公司数量的5.55%。批发和零售业上市公司质量总体评价状况如表82所示。公司综合质量评分平均值为62.40分，比所有上市公司均值低1.23分。其中价值创造能力为56.76分，比所有上市公司均值低1.24分；价值管理能力为81.30分，比所有上市公司均值低1.00分；价值分配能力为54.78分，比所有上市公司均值低1.44分。由此可见，批发和零售业上市公司质量略低于所有上市公司平均水平，主要由价值创造能力、价值分配能力和价值管理能力不足所致。

表 82　批发和零售业上市公司质量总体评价状况

项目	平均值（分）	最大值（分）	最小值（分）	标准差	所有上市公司均值（分）
综合质量	62.40	74.64	45.98	5.68	63.63
1. 价值创造能力	56.76	75.64	36.28	8.19	58.01
1.1 公司治理	66.13	94.84	28.09	16.02	66.20
1.2 财务质量	57.38	73.42	25.64	9.30	58.77
1.3 创新能力	46.76	100.00	20.00	13.39	49.05
2. 价值管理能力	81.30	91.67	69.22	4.87	82.30
2.1 内部控制	87.14	100.00	54.00	10.52	89.89
2.2 信息披露	92.11	100.00	88.33	2.02	92.04
2.3 股价维护	64.64	83.33	50.00	9.65	64.96
3. 价值分配能力	54.78	79.33	27.31	10.79	56.22
3.1 股利政策	72.24	100.00	0.00	22.04	74.79
3.2 投资者保护	51.47	85.00	25.00	13.47	51.36
3.3 企业社会责任	40.63	100.00	6.33	18.54	42.52

批发和零售业上市公司质量评分分布状况如表 83 所示。总评分分布状况表明：处于好和较好区间的公司均为 19 家，占比均为 13.97%；处于中、较差和差区间的公司分别有 27 家、42 家和 29 家，占比分别为19.85%、30.88% 和 21.32%。从分布区间来看，该行业上市公司总体质量相对较低。

表 83　批发和零售业上市公司在各质量区间的分布

单位：家，%

质量区间	综合质量		价值创造能力		价值管理能力		价值分配能力	
	数量	占比	数量	占比	数量	占比	数量	占比
好（0~20%）	19	13.97	17	12.50	18	13.24	25	18.38
较好（20%~40%）	19	13.97	25	18.38	30	22.06	26	19.12
中等（40%~60%）	27	19.85	27	19.85	26	19.12	21	15.44
较差（60%~80%）	42	30.88	41	30.15	23	16.91	33	24.26
差（80%~100%）	29	21.32	26	19.12	39	28.68	31	22.79
总体	136	100.00	136	100.00	136	100.00	136	100.00

批发和零售业上市公司综合质量评分排名前 10 的公司如表 84 所示。其中排名第 1 的公司在所有上市公司中仅列第 81 位，综合质量得分为 74.64 分，其中价值创造能力得分为 68.46 分、价值管理能力得分为 86.11 分、价值分配能力得分为 75.56 分，可见江苏国泰综合质量得分较高主要得益于价值创造、价值管理和价值分配能力的优异表现。第 2～10 名公司处于所有上市公司排名的第 100～300 名。由此可见，批发和零售业质量较好的上市公司，在所有上市公司中也是相对较好的公司。

表 84　批发和零售业质量排名前 10 的公司

本行业排名	股票代码	证券简称	综合质量（分）	价值创造能力（分）	价值管理能力（分）	价值分配能力（分）	在所有上市公司中排名
1	002091	江苏国泰	74.64	68.46	86.11	75.56	81
2	002193	如意集团	73.10	71.91	80.56	68.02	149
3	600693	东百集团	72.26	69.67	84.89	64.82	191
4	002356	赫美集团	71.95	69.75	83.44	64.84	214
5	000963	华东医药	71.86	66.25	87.56	67.38	220
6	600180	瑞茂通	71.64	70.97	91.67	52.96	239
7	600387	海越股份	71.38	69.84	85.00	60.82	256
8	300131	英唐智控	71.24	67.58	80.67	69.13	264
9	000034	神州数码	71.24	75.64	90.33	43.33	265
10	600976	健民集团	71.04	74.95	84.78	49.49	276

1. 价值创造能力

批发和零售业上市公司价值创造能力总体评价状况如表 85 所示。该行业价值创造能力评分均值为 56.76 分，比所有上市公司均值低 1.25 分。其中，行业公司治理得分均值为 66.13 分，比所有上市公司均值低 0.07 分；财务质量得分均值为 57.38 分，比所有上市公司均值低 1.39 分；创新能力得分均值为 46.76 分，比所有上市公司均值低 2.29 分。由此可见，未来提高批发和零售业价值创造能力应该从公司治理、财务质量和创新能力三方面着力。

表85 批发和零售业上市公司价值创造能力评价情况

单位：分

项目	行业均值	所有上市公司均值
A 公司治理	66.13	66.20
①年度股东大会股东出席比例	50.04	49.62
②董事长与总经理是否由一人兼任	79.41	74.50
③董事会中独立董事人数所占比例	66.18	67.33
④董事会成员有无持股	66.91	72.91
⑤高管是否持股	65.44	71.24
⑥机构持股比例	68.81	61.58
B 财务质量	57.38	58.77
①盈利能力	61.21	61.83
②偿债能力	56.95	58.51
③营运能力	54.29	54.97
④成长能力	54.98	58.11
C 创新能力	46.76	49.05
①研发投入占主营业务收入比	50.79	52.75
②无形资产增长率	42.73	45.36

批发和零售业上市公司价值创造能力排名分布如表83所示。处于"好"和"较好"区间的公司数量为17家和25家，占比分别为12.50%和18.38%；处于"中等"、"较差"和"差"区间的公司数量为27家、41家和26家，占比分别为19.85%、30.15%和19.12%。从区间分布特征来看，批发和零售业价值创造能力"差"的公司所占比例较高。价值创造能力排名第1的是神州数码（代码：000034），排名第2的是健民集团（代码：600976），排名第3的是美克家居（代码：600337）。

公司治理。公司治理得分比所有上市公司均值低0.07分。从评价指标来看，主要是由于董事会成员有无持股和高管是否持股两项指标得分均值低于所有上市公司均值所致。

财务质量。财务质量得分比所有上市公司均值低1.39分。从评价指标来看，主要是由于盈利能力、偿债能力、营运能力和成长能力四项指标得分均低于所有上市公司均值，亦表明该行业财务质量提升任务相当艰巨。

创新能力。创新能力得分比全部上市公司均值低 2.29 分。从评价指标来看，主要是研发投入占主营业务收入比和无形资产增长率两项评价指标得分均低于总体均值所致。

2. 价值管理能力

批发和零售业上市公司价值管理能力总体评价状况如表 86 所示。该行业价值管理能力评分均值为 81.30 分，比所有上市公司均值低 1.00 分。其中内部控制均值 87.14 分，比全部上市公司均值低 2.75 分；信息披露均值 92.11 分，比所有上市公司均值水平低 0.07 分；股价维护均值 64.64 分，比所有上市公司平均水平低 0.32 分。批发和零售业上市公司价值管理能力低于所有上市公司平均水平，主要是公司内部控制和股价维护得分较低所致。

表 86　批发和零售业价值管理能力评价情况

单位：分

项目	行业均值	所有上市公司均值
D 内部控制	87.14	89.89
①内部控制审计意见类型	98.90	99.01
②会计师事务所排名	76.62	79.04
③缺陷整改情况	68.82	79.41
④上市公司是否违规	93.38	94.04
⑤接受处罚类型	97.98	97.94
E 信息披露	92.11	92.04
①一季度报告的及时性	100.00	100.00
②中期报告的及时性	100.00	100.00
③三季度报告的及时性	100.00	100.00
④年度报告的及时性	100.00	100.00
⑤会计师事务所审计意见	99.71	99.32
⑥公司是否交叉上市	52.94	52.92
F 股价维护	64.64	64.96
①第一大股东持股变化情况	72.79	70.41
②管理层（整体）持股变化情况	67.10	67.65
③公司是否回购股份	54.04	56.83

　　批发和零售业上市公司价值管理能力排名分布状况如表83所示，处于"好"区间的公司为18家，占比13.24%；处于"中等"、"较差"和"差"区间的公司占比分别为19.12%、16.91%和28.68%。价值管理能力排名第1的是瑞茂通（代码：600180），排名第2的是开开实业（代码：600272），排名第3是神州数码（代码：000034）。

　　内部控制。该行业内部控制平均得分比所有上市公司均值低2.75分。从评价指标来看，主要是由于缺陷整改情况和会计师事务所排名得分较低。

　　信息披露。该行业信息披露总体得分比所有上市公司均值高0.07分。从评价指标来看，主要得益于会计师事务所审计意见和公司是否交叉上市得分高于所有上市公司均值。

　　股价维护。该行业股价维护得分比所有上市公司均值低0.32分。从评价指标来看，主要是由于管理层（整体）持股变化情况和公司是否回购股份得分较低。

3. 价值分配能力

　　批发和零售业上市公司价值分配能力评价状况如表87所示。该行业价值分配能力评分均值为54.78分，比全部上市公司均值1.44分。其中公司股利政策得分均值为72.24分，比所有上市公司均值低2.55分；在投资者保护方面得分均值为51.47分，比所有上市公司均值高0.11分；企业社会责任得分均值为40.63分，比所有上市公司均值低1.89分。由此可见，批发和零售业价值分配能力的提升需要从股利政策和企业社会责任两个层面着手。

　　批发和零售业上市公司价值分配能力排名分布状况如表83所示，分布类似金字塔形。处于"好"、"较好"、"中等"、"较差"和"差"区间的公司数量分别为25家、26家、21家、33和31家，占比分别为18.38%、19.12%、15.44%、24.26%和22.79%。从区间分布特征来看，批发和零售业中价值分配能力"较差"和"差"的公司所占比例较高。价值分配能力排名第1的是物产中大（代码：600704），排名第2的是厦门国贸（代码：600755），排名第3的是江苏国泰（代码：002091）。

表87 批发和零售业价值分配能力评价情况

单位：分

项目	行业均值	所有上市公司均值
G 股利政策	72.24	74.79
①最近3年总现金股利是否大于等于年均可分配利润的30%	50.74	53.71
②公司章程中是否有股东回报计划或现金分红政策	83.82	87.71
③股利分配情况及独立董事相关意见	82.22	82.98
H 投资者保护	51.47	51.36
①股东大会是否实行网络投票制	100.00	100.00
②股东大会是否实行累积投票制	22.06	14.61
③实际控制人控制权与现金流权分离度	74.85	78.14
④是否组织投资者活动	8.97	12.71
I 企业社会责任	40.63	42.52
①是否披露企业社会责任报告	25.74	27.83
②员工就业增长率	48.68	51.41
③企业支付税费增长率	47.48	48.32

股利政策。该行业股利政策平均得分比全部上市公司均值低2.55分。从评价指标来看，主要是三年累计分红占比（再融资条件）、公司章程中是否有详细的现金分红规划和股利分配情况相关指标得分较低所致。

投资者保护。该行业投资者保护总体得分比所有上市公司均值高0.11分。从评价指标来看，主要是实际控制人控制权与现金流权是否分离和是否组织投资者活动得分均低于总体均值所致。

企业社会责任。该行业企业社会责任总体得分比所有上市公司均值低1.89分。从评价指标来看，主要是由是否披露企业社会责任报告、企业支付各项税费增长率和员工就业增长率三个方面得分低于总体水平所致。

（三）总结

由于宏观经济增长处于换挡期，2016年批发和零售业行业景气度较低，财务指标表现平淡，但行业规模仍实现较快增长。批发和零售业上市公司质量评价显示该行业仍然存在三方面问题，主要是价值创造能力、价值管理能力和价值分配能力均低于所有上市公司平均水平。

未来，批发和零售业需要从以下三个方面进行改进：一是在价值创造方面，公司治理的三项评价指标包括董事会中独立董事人数所占比例、董事会成员有无持股、高管是否持股均需要得到有效改善；二是在价值管理方面，内部控制的四项评价指标包括内部控制审计意见类型、会计师事务所排名、缺陷整改情况和上市公司是否违规需要进一步提高；三是在价值分配能力方面，股利政策的几项评价指标如三年累计分红占比、公司章程中有关现金分红规划和股利分配情况相关指标，以及企业社会责任的三项评价指标如是否披露企业社会责任报告和企业支付税费增长率应该得到有效改进。

十七　交通运输业

（一）行业概况

交通运输业是指使用运输工具、人力等将货物或旅客送达目的地，完成空间位置转移的社会生产部门，是从事运送等经济活动的企业或单位的集合。主要包括铁路运输业、公路运输业、水路运输业、航空运输业、管道运输业及其他运输服务业。交通运输业属于第三产业，是中国经济增长的支柱产业，具有较强的服务特性，贯穿生产、分配、交换和消费全过程，支撑着社会经济发展健康运行。

随着 2016 年宏观经济增速换挡至中高速挡，与其高度相关的交通运输业也实现了稳中有进的增长态势。从投资规模看，2016 年交通运输业固定资产投资水平总体保持中高速增长，其中铁路、公路和水路固定资产投资 2.79 万亿元，占全国固定资产投资总额的 4.68%，比上年增长 4.7%；公路建设投资 1.80 万亿元比上年增长 8.9%，水运建设投资 1417.37 亿元，比上年下降 2.7%。从基础设施建设看，交通运输业基础设施建设保持匀速增长，全国铁路营业里程 2016 年末达到 12.4 万千米，比上年增长 2.5%，公路总里程 469.63 万千米，比上年增长 11.90 万千米。从业务规模看，交通运输业细分行业有升有降，2016 年营业性客运量 190.02 亿人，比上年下降 2.2%，其中铁路全年完成旅客发送量 28.14 亿人次，比上年增长 11.0%，公路客运量 154.28 亿人次，比上年下降 4.7%，民航客运量 4.88 亿人次，比上年增长 11.8%；2016 年货运量 431.34 亿吨，比上年增长 5.2%，其中邮政行业业务总量 7397.24 亿元，比上年增长 45.7%。从财务绩效看，交通运输业整体发展稳中有进，根据国资委的统计，2016 年全行业总资产报酬率 1.3%，比上年提高 0.1 个百分点，净资产收益率 1.8%，比上年提高 0.1 个百分点，销售利润率 3.4%，比上年提高 0.2 个百分点，不良资产率、资产负债率和销售增长率均与上年持平，分别为 2.7%、65% 和 2.0%。在科技与人才队伍建设方面，铁路行业共有 4 项科技成果获 2016 年度国家科学技术奖。

值得注意的是，交通运输业细分行业表现极端，航空运输业和道路运输业净资产收益率在 2007~2016 年连续 10 年同比正增长，作为后起之秀的快递业 2016 年业务收入和业务量继续保持高速增长，业务收入 3974.36 亿元，比上年增长 43.5%，占邮政行业业务收入比重为 73.9%，比上年提高 5.3 个百分点，快递业务量 312.83 亿件，比上年增长 51.4%。而由于投资回收期较长，铁路运输业净资产收益率在 2012~2016 年连续 5 年同比负增长。

交通运输业作为国民经济增长支柱产业，得到来自国家政策层面的大力支持。在交通行业基础设施建设方面，国家发改委等 2016 年发布《交通基础设施重大工程建设三年行动计划》，指出 2016~2018 年以铁路与城市轨道交通为主，重点推进 303 个项目，总投资约 4.7 万亿元。在细分行业中，根据铁路"十三五"发展规划，铁路固定资产投资规模预计将达 3.8 万亿元，到 2020 年，全国铁路营业里程达到 15 万千米，其中高速铁路 3 万千米；交通运输部印发《城市公共交通"十三五"发展纲要》推进城市公共交通优先发展，并提出到 2020 年初步建成适应全面建成小康社会需求的现代化城市公共交通体系。在降低物流成本方面，物流大通道布局逐步完善、"降本增效"成果显著。根据交通运输部相关规定取消收费站 49 个共计 6119 千米，"绿色通道"和重大节假日免费通行等措施减免费用约 500 亿元等。

2016 年交通运输业总体竞争力增强，但细分行业市场化水平不同步。在铁路市场化运营方面，2016 年进一步开放市场。铁路客票运价市场化，根据《关于改革完善高铁动车组旅客票价政策的通知》（本文以下简称《通知》），中国铁路总公司拥有高铁客票定价权同时允许票价浮动。《通知》主要内容有：时速 200 千米以上的高铁动车组列车一等、二等座旅客票价由铁路运输企业自主制定；商务座、特等座、动卧等票价继续根据市场供求及竞争情况实行市场调节等。在完全竞争市场，充分竞争与抱团取暖并存。快递业竞争愈演愈烈，跨界新入者加剧行业竞争，如苏宁并购天天快递并积极推广自营快递业务社会化，与此同时京东迫于赢利压力高调提出"物流社会化"，安能与德邦借力干线比较优势与加盟运营成功从货运行业"弯道超车"跨界进入快递业等；航运业抱团应对全球市场低迷，随着全球最大航运公司马士基航运大幅裁员，全球第七大航运企业韩进海运申请破产保护，国内航运业出现规模化、联盟化趋势。以央企为例，大陆最大航运企业中国远洋运输（集团）总公司与中国海运（集团）总公司宣布并购重组后规模超过 5000 亿元；中外运长航集团有限公司被整体并入招商局集团有限公司，成为其全资子企业。

未来，我国通用航空产业发展空间巨大，以国内无人机行业龙头企业大疆创新为例，2016 年实现销售额 100 亿元，同比增长 60%，互联网研究机构艾瑞咨询预计 2025 年我国无人机市场总规模将达到 750 亿元。在通用航空管制方面已经出现新突破，按照国务院、中央军委《关于深化我国低空空域管理改革的意见》所提出的低空空域管理进程，2016～2020 年为深化阶段，将使我国低空空域资源得到科学合理的开发利用。2016 年 5 月，国务院办公厅印发《关于促进通用航空业发展的指导意见》，提出到 2020 年，通用航空器超过 5000 架，通用航空业经济规模超过 1 万亿元，扩大低空空域开放，解决"上天难"问题。

（二）行业上市公司质量总体状况

截至 2016 年底，交通运输业共有 81 家上市公司，占全部上市公司数量的 3.30%。交通运输业上市公司质量总体评价状况如表 88 所示，综合质量评分平均值为 62.11 分，比所有上市公司平均水平低 1.52 分。其中价值创造能力为 54.09 分，比所有上市公司平均水平低 3.92 分；价值管理能力为 82.75 分，略高于所有上市公司平均水平 0.45 分；价值分配能力为 57.53 分，高于所有上市公司平均水平 1.31 分。由此可见，交通运输业上市公司质量略低于所有上市公司平均水平与其价值创造能力不足密切相关。

表 88　交通运输业上市公司质量总体评价状况

项目	平均值（分）	最大值（分）	最小值（分）	标准差	所有上市公司均值（分）
综合质量	62.11	81.82	50.44	4.80	63.63
1. 价值创造能力	54.09	76.19	35.96	7.84	58.01
1.1 公司治理	61.16	87.41	29.58	15.37	66.20
1.2 财务质量	55.79	71.67	28.12	8.83	58.77
1.3 创新能力	45.32	96.70	20.00	12.98	49.05
2. 价值管理能力	82.75	91.67	66.67	4.24	82.30
2.1 内部控制	90.11	100.00	50.00	9.98	89.89
2.2 信息披露	93.62	100.00	91.67	3.55	92.04
2.3 股价维护	64.51	83.33	50.00	7.88	64.96
3. 价值分配能力	57.53	83.24	34.22	9.92	56.22
3.1 股利政策	77.57	100.00	33.33	18.19	74.79
3.2 投资者保护	52.53	80.00	30.00	12.95	51.36
3.3 企业社会责任	42.49	92.60	13.53	18.13	42.52

交通运输业上市公司质量评分分布状况如表 89 所示。综合质量评分分布状况表明：处于"好"区间和"较好"区间的公司数量较少，分别为 5 家和 9 家，占比为 6.17% 和 11.11%；处于"中等"区间的公司相对较多，数量为 23 家，占比 28.40%；而处于"较差"区间的公司数量最多为 26 家，占比 32.10%；处于"差"区间的公司数量 18 家，占比 22.22%。

表 89　交通运输业上市公司在各质量区间的分布

单位：家，%

质量区间	综合质量		价值创造能力		价值管理能力		价值分配能力	
	数量	占比	数量	占比	数量	占比	数量	占比
好(0~20%)	5	6.17	7	8.64	11	13.58	16	19.75
较好(20%~40%)	9	11.11	6	7.41	25	30.86	15	18.52
中等(40%~60%)	23	28.40	17	20.99	22	27.16	17	20.99
较差(60%~80%)	26	32.10	26	32.10	12	14.81	21	25.93
差(80%~100%)	18	22.22	25	30.86	11	13.58	12	14.81
总体	81	100.00	81	100.00	81	100.00	81	100.00

交通运输业上市公司综合质量评分排名前 10 的公司如表 90 所示。其中排名第 1 的公司在所有上市公司中名列第 2 位，综合质量评分为 81.82 分，超过所有上市公司平均水平 18.19 分，在三大能力指标方面均超所有上市公司平均水平，具体为价值创造能力 76.19 分、价值管理能力 91.67 分、价值分配能力 83.24 分，可见圆通速递综合质量评分较高得益于价值创造、价值管理能力和价值分配能力的积极表现。

表 90　交通运输业质量排名前 10 的公司

行业排名	股票代码	证券简称	综合质量（分）	价值创造能力（分）	价值管理能力（分）	价值分配能力（分）	在所有上市公司中排名
1	600233	圆通速递	81.82	76.19	91.67	83.24	2
2	002120	韵达股份	80.11	81.17	84.78	73.34	5
3	002352	顺丰控股	73.38	67.43	83.33	75.31	129
4	000022	深赤湾A	70.04	74.24	86.11	45.58	372
5	002245	澳洋顺昌	70.00	70.61	84.78	54.00	377
6	300240	飞力达	69.63	69.00	82.11	58.42	417
7	002492	恒基达鑫	68.94	68.92	86.11	51.80	502
8	600115	东方航空	68.19	59.66	83.33	70.11	599
9	601006	大秦铁路	67.64	54.15	86.11	76.13	679
10	600787	中储股份	67.40	56.73	83.33	72.80	723

排名第 2 的公司在所有上市公司中名列第 5，第 3~10 名公司处于所有上市公司评分排名的第 350~800 名。由此表明，交通运输业质量较好的上

市公司在所有上市公司中也是属于相对较好的，在总体排名中居于较前段。

1. 价值创造能力

交通运输业上市公司价值创造能力总体评价状况如表91所示。该行业价值创造能力评分均值为54.09分，比所有上市公司平均水平低3.92分。其中公司治理均值为61.16分，比所有上市公司平均水平低5.04分；财务质量均值55.79分，比所有上市公平均水平低2.98分；创新能力均值为45.32分，比所有上市公司平均水平低3.73分。由此可见，交通运输业价值创造能力略低于所有上市公司平均水平，需要从公司治理、财务质量和创新能力三个层面着手改善。

表91 交通运输业上市公司价值创造能力评价情况

单位：分

项目	行业均值	所有上市公司均值
A 公司治理	61.16	66.20
①年度股东大会股东出席比例	39.15	49.62
②董事长与总经理是否由一人兼任	87.65	74.50
③董事会中独立董事人数所占比例	63.21	67.33
④董事会成员有无持股	45.68	72.91
⑤高管是否持股	48.15	71.24
⑥机构持股比例	83.10	61.58
B 财务质量	55.79	58.77
①盈利能力	55.52	61.83
②偿债能力	57.86	58.51
③营运能力	53.19	54.97
④成长能力	56.73	58.11
C 创新能力	45.32	49.05
①研发投入占主营业务收入比	50.37	52.75
②无形资产增长率	40.26	45.36

交通运输业上市公司价值创造能力评分分布状况如表89所示，各区间分布结构呈金字塔形。其中处于"好"区间的公司仅有7家，占比8.64%；处于"较好"区间的公司为6家，占比7.41%；处于"中等"、"较差"和

"差"区间的公司比例分别为 20.99%、32.10% 和 30.86%。价值创造能力排名第 1 的是韵达股份（代码：002120），排名第 2 的是圆通速递（代码：600233），排名第 3 的是深赤湾 A（代码：000022）。

公司治理。公司治理得分与所有上市公司平均水平差距较大，主要体现为年度股东大会股东出席比例、董事会成员有无持股以及高管是否持股三项得分低于所有上市公司均值较多。表现较好的有董事长与总经理是否由一人兼任以及机构持股比例，表明该行业董事会结构较为健康。

财务质量。财务质量得分略低于所有上市公司平均水平，主要由于盈利能力低于所有上市公司均值较多，同时偿债能力、营运能力和成长能力得分略低于所有上市公司平均水平。

创新能力。该行业创新能力得分略低于所有上市公司均值，其中研发投入占主营业务收入比和无形资产增长率两项评价指标得分分别低于总体均值 2.38 分和 5.10 分。

2. 价值管理能力

交通运输业上市公司价值管理能力评价状况如表 92 所示。该行业价值管理能力评分均值为 82.75 分，比所有上市公司平均水平略高 0.45 分。其中内部控制得分均值 90.11 分，比所有上市公司平均水平高 0.22 分；信息披露均值 93.62 分，比所有上市公司平均水平高 1.58 分；股价维护均值 64.51 分，比所有上市公司平均水平低 0.45 分。由此可见，交通运输业上市公司价值管理能力高于所有上市公司平均水平主要得益于内部控制和信息披露两项评价指标的表现，而股价维护仍然存在改善空间。

交通运输业上市公司价值管理能力排名分布状况如表 89 所示。各区间分布结构呈现橄榄状。其中处于"好"区间的公司数量较少，仅为 11 家，占比 13.58%；处于"较好"、"中等"和"较差"的公司分别为 25 家、22 家和 12 家，占比分别为 30.86%、27.16% 和 14.81%；处于"差"区间的公司数量也为 11 家，占比 13.58%。价值管理能力排名并列第 1 的是圆通速递（代码：600233）和深高速（代码：600548），并列第 2 的是东莞控股（代码：000828）和皖江物流（代码：600575），第 3 位是天海投资（代码 600751）。

表 92　交通运输业价值管理能力评价情况

单位：分

项目	行业均值	所有上市公司均值
D 内部控制	90.11	89.89
①内部控制审计意见类型	100.00	99.01
②会计师事务所排名	83.70	79.04
③缺陷整改情况	72.10	79.41
④上市公司是否违规	96.30	94.04
⑤接受处罚类型	98.46	97.94
E 信息披露	93.62	92.04
①一季度报告的及时性	100.00	100.00
②中期报告的及时性	100.00	100.00
③三季度报告的及时性	100.00	100.00
④年度报告的及时性	100.00	100.00
⑤会计师事务所审计意见	100.00	99.32
⑥公司是否交叉上市	61.73	52.92
F 股价维护	64.51	64.96
①第一大股东持股变化情况	73.77	70.41
②管理层（整体）持股变化情况	69.14	67.65
③公司是否回购股份	50.62	56.83

内部控制。内部控制平均得分高于总体均值。从评价指标来看，内部控制审计意见类型、会计师事务所排名、上市公司是否违规和接受处罚类型均得到较好控制，但缺陷整改情况低于所有上市公司均值 7.31 分。

信息披露。该行业信息披露得分略高于总体均值。从评价指标来看，主要得益于会计师事务所审计意见和公司是否交叉上市得分比所有上市公司均值略高。

股价维护。股价维护得分低于总体均值。从评价指标来看，主要是公司是否回购股份得分较低所致。

3. 价值分配能力

交通运输业上市公司价值分配能力总体评价状况如表 93 所示。该行业价值分配能力评分均值为 57.53 分，比所有上市公司平均水平高 1.31 分。其中股利政策得分均值为 77.57 分，比所有上市公司平均水平高 2.78 分；投资者保护得分均值为 52.53 分，比所有上市公司平均水平高 1.17 分；企业社会责任得分均值为 42.49 分，比所有上市公司平均水平低 0.03 分。由此可见，股利政策和投资者保护对公用事业上市公司的价值分配能力贡献较大。

表 93　交通运输业价值分配能力评价情况

单位：分

项目	行业均值	所有上市公司均值
G 股利政策	77.57	74.79
①最近 3 年总现金股利是否大于等于年均可分配利润的 30%	56.79	53.71
②公司章程中是否有股东回报计划或现金分红政策	82.72	87.71
③股利分配情况及独立董事相关意见	93.21	82.98
H 投资者保护	52.53	51.36
①股东大会是否实行网络投票制	100.00	100.00
②股东大会是否实行累积投票制	24.69	14.61
③实际控制人控制权与现金流权分离度	78.77	78.14
④是否组织投资者活动	6.67	12.71
I 企业社会责任	42.49	42.52
①是否披露企业社会责任报告	48.15	27.83
②员工就业增长率	41.64	51.41
③企业支付税费增长率	37.68	48.32

交通运输业上市公司价值分配能力排名分布状况如表 89 所示。处于"好"区间和"较好"区间的公司数分别为 16 家和 15 家，占比分别为 19.75% 和 18.52%；处于"中等"、"较差"和"差"区间的公司数分别为 17 家、21 家和 12 家，分别占 20.99%、25.93% 和 14.81%。相对来讲，交通运输业上市公司价值分配能力处于中等偏差位置。价值分配能力排名第 1 的是圆通速递（代码：600233），排名第 2 的是强生控股（代码：600662），排名第 3 的是大秦铁路（代码：601006）。

股利政策。股利政策的得分略高于所有上市公司均值。从评价指标来看，主要是得益于三年累计分红占比（再融资条件）和股利分配情况相关指标的得分较高。而公司章程中是否有股东回拨计划或现金分红政策得分则低于总体均值，未来仍有改善空间。

投资者保护。投资保护得分略高于所有上市公司平均水平。从评价指标来看，主要得益于股东大会是否实现累积投票制和实际控制人控制权与现金流权分离度得分较高，而是否组织投资者活动得分相对较低。

企业社会责任。企业社会责任得分略低于所有上市公司平均水平。从评价指标来看，是否披露企业社会责任报告得分高于所有上市公司平均水平为20.32分，但员工就业增长率和企业支付各项税费增长率两项评价指标低于所有上市公司平均水平导致其企业社会责任优势未能维持。

（三）总结

2016年交通运输业发展稳中有进，行业规模实现一定程度增长，经营业绩微幅上涨，细分行业财务水平差异较大。交通运输业上市公司质量评价显示该行业存在的主要问题在价值创造能力方面，其中公司治理、财务质量和创新能力三项评价指标得分均低于所有上市公司平均水平。

因此，交通运输业上市公司应从以下三个方面提升整体质量水平：一是在公司治理方面，需要从年度股东大会股东出席比例、董事会中独立董事人数所占比例、董事会成员有无持股和高管是否持股四个方向进行积极改善；二是在财务质量方面，需要从盈利能力、偿债能力、营运能力和成长能力四个方面加强自身实力；三是在创新能力方面，需要从研发投入占主营业务收入比和无形资产增长率两个方面着手改善。

专题报告

Special Reports

专题报告一
现金分红能够增强股市投资者长期信心吗[*]

张跃文　杨志平

摘　要：　在短期炒作盛行的中国股市，现金分红政策能否增强投资者的长期信心？利用 2000～2014 年的 A 股上市公司现金分红事件和相应的二级市场交易数据，运用经典的时间日历组合法和配对法，我们发现现金分红在长期提振投资者信心的证据，在考虑重大事件影响和变换基准组合以后，研究结论依然稳健。为了继续扩大现金分红对稳定股市的正面影响，促进上市公司制定和执行稳定的现金分红政策，鼓励投资者全面认识持续分红股票的投资价值，需要在完善公司治理和制定强有力监管规则方面做出更多努力。

* 本文的主要内容曾发表于《金融评论》2016年第4期，感谢《金融评论》编辑部同意本书收录。

关键词：现金分红　股票　投资者信心　上市公司

一　引言

中国股票市场长期大幅波动，投资者以买卖差价获取投资收益的难度越来越大，要求上市公司增加现金分红，弥补投资者在二级市场损失的呼声渐起。2000年以来，监管机构持续督促上市公司提高现金分红的水平。中国证监会先后在2001年、2004年、2006年、2008年和2012年出台规定，对于上市公司的现金分红提出细化要求，对于分红不达标的上市公司设置再融资限制。现金分红给投资者带来的回报不同于股票股利、上市公司股票回购或单纯的股票溢价，可以独立于个股的股价波动或市场波动。但是不是现金分红越多则投资者持股的总收益就越大，有没有一个具体的标准来衡量公司股利政策的适当性？这些问题目前在理论界尚无定论。另外，20世纪70年代以来国际范围内的公司现金股利支付出现明显减少趋势。Fama和French（2001）报告说支付现金股利的美国上市公司比例从1978年的64.8%下降到了2000年的19.3%。Denis和Osobov（2008）对欧美主要国家上市公司股利政策的研究和Fatemi和Bildik（2012）对33个国家17000多家上市公司的股利数据分析，表明上市公司减少现金股利支付已经成为国际化趋势。如果更多的现金股利确实能够迎合投资者需要，又怎么解释海外市场发生的这种变化呢？

根据已有的研究，公司股利政策的决定因素包括代理关系（Easterbrook 1984；Jensen 1986）、信号传递（Bhattacharya，1979；Miller and Rock 1985）和上市公司对投资者股利需求的迎合（Baker and Wurgler，2004a）。尽管一些研究支持代理模型（La Porta et al.，2000；Allen and Michaely，2003），不支持信号模型（DeAngelo et al.，1996；Brav et al.，2005），特别是股利政策对公司未来财务状况的预示作用没有得到更多研究的印证，但是也很难证明上市公司每年数以亿计的股利支付不会对投资者心理产生任何影响。

DeAngelo 等人（2006）的研究发现，公司增发股利，投资者会认为公司已进入成熟期，增长前景暗淡，而降低对股票的估值。当然，也有可能如信息模型所描述的，认为公司有能力通过发放股利将自己与质量差的公司区别开来，进而提高市场对公司股票的估值。Goldstein 等人（2015）的最新研究表明，包括中国在内的许多国家的投资者都偏爱进行现金分红的上市公司股票，这种现象在熊市中尤为突出。无论如何，仿佛一颗石子投入平静的水面必然会产生涟漪一样，无论上市公司出于何处考虑制定股利政策，投资者对于股利的变化都会做出反应。这些反应可能是过度的或不足的，或者事后证明是错误的，但投资者对于股利变化没有反应的可能性是极小的。本文致力于揭示中国股市投资者对于上市公司现金股利决策的长期反应，即长期来看，上市公司进行现金分红是否会增强投资者信心，从而愿意长期持有公司股票？如果确实如此，那么通过增加现金分红吸引长期投资者的政策措施就可以获得支持。我们的结论是，长期来看稳定的现金分红政策能够增强投资者的持股信心。随着现金分红间隔期的延长，分红事件能够带来 11.6% ~ 14.1% 的年化异常收益率；此外，连续的现金分红能够有效促进投资者观点趋同，降低股票换手率，意味着投资者长期持股信心增强。但不完善的内部公司治理和外部监管环境使得现金分红的市场认同感尚不明显，其积极作用也难以充分发挥，因此有必要从以上两个方面做出更多努力。

　　本文以下部分做如下安排：第二部分对有关文献进行回顾；第三部分说明研究方法和数据构成；第四部分介绍实证结果并进行分析；第五部分分析上市公司股利政策与公司治理和相关监管政策的关系；第六部分对全文进行总结。

二　文献回顾

　　本文所论及的投资者信心是指投资者总体上对于某只股票的价值及其所代表的上市公司发展前景的肯定程度。投资者信心越强，则买入和持有股票的意愿越强烈，其直接后果是股票异常收益率上升及换手率相对下降。投资者信心同已有文献中广泛论及的投资者情绪既有联系也有区别，投资者信心发端于投资者乐观情绪，经常表现为过度自信或信心不足（雷光勇等，2012）。鉴于直接论及投资者信心的文献并不多见，我们主要从投资者情绪角度回顾前人的相关研究成果。Barberis 等人（1998）、Hong 和 Stein（1999）建立了正式的模型对投资者情绪与股票溢价的关系进行描述。Baker 和 Wurgle（2006）用股票换手率、股息红利、封闭式基金折价率、IPO 上市首日收益和普通股发行数量 6 项指标，采用主成分分析方法编制反映市场整体投资者情绪的综合指标，发现投资者情绪会引发投机活动，进而对难以估值和套利的股票价格产生明显影响。Mendel 和 Shleifer（2012）发现理性但缺少信息的投资者盲目跟从市场情绪变化进行噪声交易，也会对资产的均衡价格产生明显影响。上述研究在一定程度上揭示了投资者情绪影响金融资产价格的作用机制。

上市公司股利政策的制定，不仅受制于公司当前的财务条件，而且受到股东和公司管理层对自身利益、公司未来经营状况以及股价波动等诸多主观判断的影响，因此公司股利政策必然带有一定的行为特征。Shefrin 和 Statman（1984）从自我控制和前景理论等人类心理偏差的角度，解释了投资者为什么会青睐现金股利。Baker 和 Wurgler（2004a，2004b）提出的迎合理论，用股价波动反映投资者对现金股利的态度，他们发现公司会迎合投资者态度决定是否改变现金分红政策。在投资者青睐现金股利的时候，发放现金股利的上市公司股票会出现溢价，其他公司为了迎合投资者的偏好也跟进发放股利。Michaeley 等人（1995）利用美国上市公司数据，采用购买—持有累积收益的方法（BHAR），考查了发放股利和取消股利两类决策所引发的短期和长期市场反应。他们发现股利发放信息会使股票产生正的超额收益，取消股利则相反，而且取消股利所引发的市场反应比发放股利更大、更稳定。Boehme 和 Sorescu（2002）采用日历时间异常收益（Calendar Time Abnormal Returns，CTAR）方法和改进的 Fama-French 三因素法，利用 1927~1998 年美国上市公司数据，重新计算了 Michaely 样本中股票的长期异常收益率，却没有得到与之类似的稳健结果，但也没有完全拒绝股利政策变化可能引发股票长期异常收益的假设。针对长期异常收益现象，Fama（1998）回应说这些异常收益可能仅仅是统计方法选取或模型设定方面的差错，抑或只是偶然性因素造成的，言下之意其不能构成对有效市场假说的挑战。Liu等人（2008）利用 Fama-French 三因素法和配对样本法，考查了 1927~1999年美国上市公司减少或取消现金股利事件所引起的股价波动。他们没有发现减少或者取消现金股利能够引起股票异常收益率下降的系统性证据。采用Fama-French 三因素法所发现的负的异常收益率实际上是上市公司盈利减少的信息所引发的，与现金股利无关。

国外学者对于现金股利政策会引发异常收益的求证努力，实际上隐含了一个假设条件，即股利政策及其变化向市场传递了关于公司未来经营状况变化的确定信息。如果股利政策确实包含了上述信息，或者可以提高对未来经营状况的预测质量，那么基本可以判定股利政策变化会由于向投资者提供了有用信息而改变投资者预期，进而引发股票异常收益率。但如果股利政策不能够提供有用信息，而且股利变动对于股东财富的影响足够小，不会产生Grullon 等人（2002）所提出的降低系统性风险的作用，而此时股票异常收益率又确实存在，那么就可以将其归结为市场"异象"，即异常收益率是投资者情绪引发的。早期的研究如 Watts（1973）、Penman（1983）、DeAngelo等人（1996）和 Grullon 等人（2005），都没有发现股利变化与公司未来盈利存在显著的相关关系。而最近的两篇文献（Michaely and Roberts，2012；Braggion and Moore，2011）发现美国公众公司宁可放弃某些投资机会，也会集中资金保持相对平滑的股利政策，以向市场传达有利信号。而与其相类似的私人公司则通常不会这样做。结合 Easterbrook（1984）和 Jensen（1986）的早期研究，上市公司制定股利政策的主要目的是克服代理问题和向市场传达公司管理层发出的某种信号，尽管这种信号通常不会对公司前景发挥稳定的预测作用。因此，如果股利政策引发的异常收益确实存在，那么将其归结为市场"异象"也不为过。

国内学者任有泉（2006）利用 Lintner 模型和混合回归方法，检验了我国上市公司股利政策同盈余的关系，结果显示股利政策变动并不反映企业未来盈余的变化。宋逢明等人（2010）的研究发现连续进行现金分红的公司，其股票收益波动率与公司基本面信息的关联性更强，但并没有给出股利政策与公司未来盈利信息存在联系的证据。肖珉（2010）利用我国上市公司数据检验了股利的代理模型和信号模型，实证结论支持代理模型但并不支持信号模型，连续派现记录无法排除上市公司内部现金流紧张的问题。关于现金分红对股票价格的长期影响，国内的研究还不是很多。宋逢明等人（2010）的研究发现进行连续现金分红的公司，其长期股票收益波动率更小。黄祥钟（2013）采用BHAR和配对分析法，研究了新股现金分红的长期市场反应，研究结论支持新股上市后三年内现金分红次数对股票长期表现具有信号效应的观点。

综合国内外学者的研究成果，可以初步得出以下三点结论：第一，投资者情绪可以在长期意义上影响股票价格；第二，现金分红总体而言不具有对企业未来盈利能力的预测功能；第三，现金分红可以经由自我控制和前景理论等因素对投资者情绪产生影响，改变投资者预期，从而影响股价。但是现有研究特别是国内理论界对于现金分红在长期意义上对于投资者信心的研究还很有限，特别是对于现金分红的长期市场反应是否稳定存在，以及引发这种反应的因素还缺乏足够认识，本报告尝试在上述方面做出探索。

三　研究设计

1. 投资者信心测度指标的选择

本项研究的核心目标是检验现金分红是否能够增强投资者对上市公司的长期信心。研究投资者情绪对股价影响的文献近年很多，对于投资者情绪的测度方法和代理变量的选择各有不同。其中比较有代表性的如Baker和Wurgler（2006）采用封闭式基金折价率、股票换手率和普通股发行数量等6项指标用主成分分析方法构造反映市场整体投资者情绪的综合指数。Schmeling（2009）采用消费者信心指数代表投资者情绪。这些选用宏观变量的方法可以反映普遍的投资者情绪，但不能够反映投资者对待单一公司事件的看法。关于投资者针对单一股票的情绪测度的研究文献较少，比较有代表性的有 Kumar 和 Lee（2006），他们采用投资者证券账户的交易数据，通过交易行为推断投资者情绪。这种方法虽然直接，却面临很大的数据可得性障碍。出于为投资者保密的考虑，目前在我国还很难从相关机构批量获得投资者证券交易账户的具体数据。Frazzinit 和 Lamont（2008）开发了一种新的方法测试投资者情绪，他们假设新流入基金的资金按照每只基金资产在基金总资产中的比重平均分配给每只基金，用基金实际持有某只股票数量占该股票发行在外总量的百分比，减去此假设情形下该百分比的数值，所得差值即代表投资者对于特定股票的情绪。Frazzinit 和 Lamont 的方法尽管在一定程度上体现了投资者在情绪影响下的行为变化，但并没有很好地将基于信息的交易行为与基于情绪的交易行为分开，而且鉴于我国基金相关数据的公布以季度为单位，具有较强的时点限制，因此不能很好地满足事件研究的需要。另外，随着行为资产定价理论的不断成熟，投资者情绪因素对于股票价格形成的作用正在日益明朗。投资者情绪是形成股票均衡价格的一个重要因素已经逐渐成为理论界共识。Brown 和 Cliff（2005）以及 Yu 和 Yuan（2011）为投资者情绪与股票收益之间的关联性提供了实证证据。Stambaugh 等人（2012）在此基础上甚至开发出利用投资者情绪在股票市场获利的投资策略。国内学者陈彦斌（2005）、胡昌生和池阳春（2013）以及文凤华等人（2014），先后研究了投资者情绪与股票价格的关系，均得出前者对后者会产生显著影响的结论。文凤华等人还发现，正面情绪和情绪的向上变动会对股票收益有更加显著的正向影响。

基于前人的研究和探索，考虑到本报告所涉及的投资者信心是情绪的一个组成部分，考查的重点是现金分红这一特定事件对投资者信心的影响，在现金分红不能够为投资者提供新信息的假设前提下，我们选择异常收益率作为投资者信心变化的代理变量是可行的。本报告中，股票异常收益率表明投资者在现金分红事件影响下对于公司的长期发展前景的自信程度。Brown 和 Cliff（2005）直接采用异常收益率代表投资者信心，国内学者王化成等人（2010）也用异常收益率反映上市公司控制权转移事件中投资者信心的变化。不过也有学者担心异常收益率可能来自公司基本面因素，而不只是投资者信心（Bessembinder and Zhang，2013）。因此异常收益率方法不适用于那些事件本身确定会对公司基本面产生直接影响的事件。我们认为现金分红事件可能是一个例外，因为已有的研究并不支持现金分红的信号效应，现金分红与公司未来盈利能力的变化不存在稳定关系。如果现金分红行为导致异常收益率持续稳定地存在，那么可以认为在相当大的程度上这是由投资者信心导致的。因此，在本项研究中我们主要采用异常收益率代表投资者信心，同时引进异常换手率作为补充证据反映投资者看法一致性的程度。

2. 长期异常收益率的计算方法

Lyon 等人（1999）认为，对于长期异常收益率（6 个月以上）的计算目前主要有两种方法：一是购买持有异常收益法（Buy-and-Hold Abnormal Returns Approach，BHAR）；二是日历时间组合法（Calendar Timing Portfolio Approach）。购买持有法同传统的累积异常收益法相似，都是采用公司实际收益率减去基准组合收益率或者预期收益率的方法，计算特定公司事件引发的股票异常收益率，这一方法的特点是可以得出单一公司异常收益率，方便进一步的归因分析，但是它很难摆脱截面数据相关性的影响。日历时间组合法按事件发生时间构建动态事件股票组合，组合包含在一定时间周期内发生特定事件的上市公司股票，每一期都有新股票加入和完成该事件的股票退出，此方法得出的是按照算术平均法计算的更一般意义上的事件组合收益率，它可以最大限度地降低具体公司特征、当期市场波动和截面数据相关性的影响。Fama（1998）认为该方法更适于研究长期异常收益问题。鉴于本项研究的重点在于检验投资者对于发放现金股利的上市公司的长期信心的存在，对于异常收益率的准确性要求较高，但是并没有更多的归因要求，因此我们选择日历时间组合法作为构建事件股票组合的方法。对于基准收益率的选择，Fama 和 French（2004）认为经典的 CAPM 模型和他们所开发的三因素法，都很难成为实践中预测股票收益率的方法，以这些方法计算出的基准收益率在现实中很难找到。据此，我们放弃了采用理论模型计算基准收益率的常规做法，转而采用以日历时间组合法构建基准组合，基准组合由考察期内没有进行现金分红的上市公司股票组成，这些上市公司同事件组合中的上市公司在规模和市净率上具有相近性。Michaely 等人（1995）、Mitchell 与 Stafford（2000）、Brav 等人（2000）和 Liu 等人（2008）都采用了这一方法。尽管基准组合收益率并没有得到某一特定理论模型的支持，而且计算过程比较复杂，计算量较大，但它是现实存在的可以代表同期没有出现现金分红事件股票的一般收益率。事件组合股票的异常收益率就等于该只股票实际收益率减去与之规模和市净率均相近的基准组合的收益率。综上所述，我们所采用的研究方法基本步骤如下。

首先，计算单只现金分红股票 i 在 t 月的异常收益率 $AR_{i,t}$：

$$AR_{i,t} = r_{i,t} - R_t \tag{1}$$

式中 $r_{i,t}$ 为第 i 只股票的当月实际收益率，R_t 为基准组合收益率。

其次，计算现金分红股票组合在 t 月的算术平均超常收益率 MAR_t：

$$MAR_t = \frac{1}{n} \sum_{i=1}^{n} AR_{i,t} \tag{2}$$

n 为事件月内的股票数量。

最后，计算股票组合在指定事件发生后多个月内的月度平均异常收益率 $CTAR$：

$$CTAR = \frac{1}{T} \sum_{t=1}^{T} MAR_t \tag{3}$$

T 为月份数。

基准组合收益 R_t 的计算方法如下：

$$R_t = \frac{1}{m} \sum_{j=1}^{m} R_{j,t} \tag{4}$$

式中 $R_{j,t}$ 为基准组合中第 j 只股票在 t 月的实际收益，m 为基准组合中的股票数量。

3. 数据构成与筛选

我们从 WIND 资讯选择了 2000～2012 年我国 A 股市场上共 13748 个现

金分红事件作为基础事件样本，样本数据为 2000~2012 年所涉及公司经复权计算的月度收益率。长期事件研究的一个主要难点是保证窗口期清洁。为此，我们结合理论界以往的研究成果，去除了在特定时期发生的可能对股票长期收益产生影响的其他重要事件的现金分红事件。这些事件包括：在现金分红之前 3 个月内进行了增发、配股或并购的上市公司，在现金分红的同时还进行了股票分红的上市公司，当月股价涨幅超过 100% 的上市公司。当然，某公司如果由于发生了上述事件而在特定月份的事件组合中被去除，并不影响该公司在其他月份的现金分红事件公司组合中出现。此外，为了保持样本公司的代表性和成熟度，我们还剔除了金融类上市公司和现金分红事件发生时上市不满 2 年的新上市公司。

（1）事件组合的股票构成

事件组合包括且仅包括在分析周期内出现且仅出现 1 次现金分红的公司，例如，分析现金分红的 12 个月异常收益时，事件组合包含且仅包含在过去 12 个月进行过 1 次现金分红的公司。按照日历时间组合法的要求，需要每月对组合进行动态调整，将分析周期以前发生现金分红的股票剔除，将当月新发生现金分红的股票加入。我们分别计算了现金分红事件发生后事件组合在 6 个月、12 个月、18 个月、24 个月、30 个月和 36 个月内的平均异常收益率，篇幅所限，以下仅列出 12 个月、24 个月和 36 个月内事件公司在不同时点的股票数量（见表 1~表 3）。

表 1 12 个月事件组合股票只数

年份	2000	2001	2002	2003	2004	2005	2006	2007	2008	2009	2010	2011	2012
1 月	0	174	397	477	448	379	501	475	496	446	593	595	639
2 月	0	172	403	488	448	384	502	475	498	449	598	592	647
3 月	0	168	416	493	443	386	508	473	496	451	600	589	672
4 月	0	181	413	475	427	371	493	452	487	452	588	574	673
5 月	0	209	380	447	395	352	446	424	424	452	528	540	669
6 月	0	273	364	377	343	354	414	377	353	467	498	486	655
7 月	0	333	406	407	336	419	428	413	373	508	546	505	757

续表

年份	2000	2001	2002	2003	2004	2005	2006	2007	2008	2009	2010	2011	2012
8 月	0	381	438	428	360	483	471	476	407	556	583	581	827
9 月	0	384	443	433	366	490	472	494	427	570	592	597	856
10 月	0	380	445	437	369	489	472	496	432	570	595	614	892
11 月	0	384	457	441	368	493	475	497	435	579	595	614	908
12 月	0	394	474	444	372	499	476	498	441	590	596	624	925

表 2 24 个月事件组合股票只数

年份	2000	2001	2002	2003	2004	2005	2006	2007	2008	2009	2010	2011	2012
1 月	0	0	321	310	292	283	322	321	265	311	390	378	444
2 月	0	0	323	315	296	284	324	321	263	312	389	378	463
3 月	0	0	331	318	297	286	332	322	264	314	389	373	487
4 月	0	0	333	317	296	276	330	308	263	313	385	360	483
5 月	0	0	324	318	292	263	318	313	253	318	382	369	477
6 月	0	0	311	306	296	264	314	297	258	323	393	372	502
7 月	0	0	279	308	284	296	297	287	281	341	372	391	555
8 月	0	0	284	294	273	303	312	275	284	368	373	393	583
9 月	0	0	297	289	275	310	324	269	295	369	385	408	605
10 月	0	0	298	288	278	310	322	268	295	369	381	425	625
11 月	0	0	300	289	283	315	325	269	303	374	382	423	638
12 月	0	0	306	290	280	317	323	267	310	386	383	424	651

表 3 36 个月事件组合股票只数

年份	2000	2001	2002	2003	2004	2005	2006	2007	2008	2009	2010	2011	2012
1 月	0	0	0	276	235	261	236	240	234	247	298	331	344
2 月	0	0	0	281	238	262	239	241	235	247	299	331	362
3 月	0	0	0	285	240	264	246	242	233	249	299	325	382
4 月	0	0	0	284	237	262	248	238	233	250	303	314	371
5 月	0	0	0	275	238	254	248	238	237	246	289	311	400
6 月	0	0	0	246	250	250	251	228	241	238	296	295	410
7 月	0	0	0	231	261	248	243	229	247	266	316	279	420
8 月	0	0	0	222	253	237	234	233	233	281	326	287	448
9 月	0	0	0	227	252	232	242	233	230	282	329	297	459
10 月	0	0	0	230	252	235	241	231	229	281	330	312	480
11 月	0	0	0	232	254	233	240	234	236	286	331	316	493
12 月	0	0	0	233	256	235	240	235	243	296	332	325	507

（2）基准组合的股票构成

基准组合由在规模与市净率同事件上市公司接近的没有进行现金分红的上市公司构成，基准组合原则上每年构建一次，主要包括当年和前一年没有发生过现金分红的公司，但是会从中剔除事件月发生3个月前发生增发、配股、并购等事件的公司以及金融类上市公司和单月涨幅超过100%的公司，以尽量排除其他特定事件、特殊行业和异常股价波动对于基准组合收益率清洁度与稳定性的影响。表4为各事件月基准参考组合所包含的股票总数。

表4 各时期基准组合股票只数

年份	2000	2001	2002	2003	2004	2005	2006	2007	2008	2009	2010	2011	2012
1月	0	318	297	393	515	536	565	652	684	689	714	732	659
2月	0	315	298	394	517	537	567	650	684	692	714	732	672
3月	0	310	299	399	517	538	569	646	684	695	714	726	692
4月	0	309	301	399	517	540	571	641	683	694	717	718	704
5月	0	316	302	400	518	540	569	649	683	700	723	710	712
6月	0	333	303	401	520	540	577	654	684	696	728	707	721
7月	0	343	303	400	521	542	582	656	685	703	730	709	724
8月	0	344	305	401	524	543	585	655	691	712	731	714	737
9月	0	345	307	401	527	546	586	656	692	718	730	723	751
10月	0	345	308	400	527	547	586	656	698	719	734	743	753
11月	0	345	309	400	528	548	586	655	703	724	734	746	757
12月	0	345	312	400	528	547	586	657	709	729	734	750	763

Fama和French（1992）的研究认为，除市场风险以外，上市公司的规模和成长性也会对股票收益产生影响。为了更准确地计算现金分红事件引发的股票长期异常收益，我们参照了Mitchell和Stafford（2000）和许艳芳（2009）的做法，将各事件月内的基准组合成分股票按照当年末的公司总市值均分成5组，再按照当年末的市净率均分成5组，最后进行交叉分组，从而在每一事件月都获得了25组总市值和市净率不同的基准组合，在计算异常收益时，选取与进行现金分红的公司规模和成长性特征相近的基准组合收

益率为基准收益率，以减少特征因素对计算异常收益率准确性的干扰。限于篇幅，此处不再详细列出各事件月内基准组合进一步分组的情况。

四　实证结果及分析

依照前文所述的方法，我们获得了单只股票的现金分红长期异常收益率数据，其中 6 个月的异常收益率数据 4.3 万条，12 个月数据 6.9 万条，18 个月数据 5.7 万条，24 个月数据 4.5 万条，30 个月数据 3.8 万条，36 个月数据 3.3 万条。利用这些个股数据进行标准方法处理，得出现金分红事件组合在事件发生后的长期平均异常收益率（见表 5）。在现金分红发生以后的 6~36 个月内，事件组合的月均异常收益率为 0.97%~1.18%，年化异常收益率为 11.6%~14.1%，统计结果在 T 检验下为显著，表明现金分红事件能够引发稳定的个股异常收益，而且这一异常收益随着分红频率的下降即分析周期的延长而有所增加，说明市场对于长期不分红公司的分红行为反应更加积极。

表 5　不同分析周期的异常收益率

单位：%

指标	分析周期					
	6 个月	12 个月	18 个月	24 个月	30 个月	36 个月
平均月度异常收益率	0.9675 ***	0.9602 ***	1.0168 ***	1.0928 ***	1.1388 ***	1.1781 ***
	(5.2777)	(6.2186)	(6.7417)	(8.2915)	(9.0252)	(9.5200)
年化异常收益率	11.6096	11.5220	12.2016	13.1136	13.6656	14.1372

注：括号内为 t 检验值，***、**、*分别代表在 1%、5% 和 10% 置信水平下显著，下同。

1. 公司规模对异常收益率的影响

如果我们放松对公司成长性的约束，仅考查公司规模对现金分红异常收益率的影响，可以发现更大规模公司的现金分红行动能够产生更高的异常收益率，而且显著性更强。这与我们以往的测算不谋而合：能够进行现金分红并且规模比较大的公司，一般当期都有很好的盈利记录。张跃文（2012）

的研究发现，2000 年以来我国上市公司现金分红的集中化趋势日益明显，2010 年现金分红最多的 50 家公司的分红额度占 A 股市场全部分红的 77.2%，利润占接近 70%。这些公司基本都在我们所确定的规模最大公司的组合内。投资者对于实施现金分红的大盘股显然抱有更强的持续盈利预期（见表6）。

表6　按公司规模分组的现金分红长期月均异常收益率

单位：%

总市值分组	6 个月	12 个月	18 个月	24 个月	30 个月	36 个月
1	- 0.606 ** (- 2.0215)	- 0.3575 * (- 1.9003)	- 0.2935 (- 1.4905)	- 0.2574 (- 1.4999)	- 0.3321 * (- 1.8884)	- 0.3593 * (- 1.8923)
2	0.6979 ** (2.5437)	0.4106 ** (2.2424)	0.45 ** (2.4187)	0.5124 *** (3.1621)	0.681 *** (4.0465)	0.7136 *** (3.9965)
3	1.0511 *** (4.3826)	0.9666 *** (5.5108)	0.9936 *** (5.3621)	1.043 *** (5.8053)	1.1405 *** (5.9580)	1.2352 *** (6.4011)
4	1.5049 *** (6.4547)	1.5205 *** (7.8505)	1.6782 *** (8.9145)	1.7527 *** (9.5222)	1.793 *** (9.5469)	1.9769 *** (9.9974)
5	1.2025 *** (4.2721)	1.2826 *** (5.7406)	1.4145 *** (6.1735)	1.7045 *** (6.9736)	1.8896 *** (7.8295)	2.1954 *** (8.4766)

注：样本股票按总市值从小到大均等分为 5 组。

2. 成长性对异常收益率的影响

高成长性的公司一般有比较强的投资需求，公司留存利润主要用于投资，现金分红能力偏低。但是如果一家高成长公司有能力发放现金股利，根据 DeAngelo（2006）研究，这样的公司正在从成长型公司向价值型公司转变，但是市场对公司的估值尚未体现这一特征。此时公司兼具成长型与价值型特征，投资者信心达到高点。我们的实证结果也支持这一判断，成长性越好的公司，其现金分红引发的长期异常收益越高，收益水平明显高于按照规模分组的收益水平，显著性也更强，而且在不同分析周期下都体现了这一特征。表明现金分红对于高成长性公司而言可以引发更大程度的投资者乐观情绪，增强投资者信心（见表7）。

表 7 按成长性分组的现金分红长期月均异常收益率

单位：%

市净率分组	6 个月	12 个月	18 个月	24 个月	30 个月	36 个月
1	- 0. 4415 ** (- 1. 9888)	- 0. 1915 (- 1. 2796)	- 0. 2825 * (- 1. 8260)	- 0. 2199 * (- 1. 6640)	- 0. 3341 ** (- 2. 5072)	- 0. 3848 ** (- 2. 4860)
2	0. 3259 (1. 4432)	0. 1048 (0. 5165)	0. 1052 (0. 5261)	0. 0686 (0. 4035)	0. 1069 (0. 6071)	0. 1814 (0. 9770)
3	1. 0053 *** (3. 0678)	1. 1232 *** (5. 0000)	1. 163 *** (5. 1431)	1. 1206 *** (5. 2015)	1. 0338 *** (4. 9626)	1. 0932 *** (5. 8459)
4	2. 2391 *** (6. 3816)	2. 3634 *** (8. 8701)	2. 4111 *** (9. 7709)	2. 458 *** (10. 5064)	2. 5026 *** (9. 9588)	2. 4099 *** (10. 0310)
5	3. 1105 *** (7. 6952)	3. 532 *** (11. 0931)	3. 4314 *** (11. 2191)	3. 4628 *** (11. 1316)	3. 7417 *** (11. 7160)	3. 6764 *** (11. 7160)

注：样本股票按市净值从小到大均等分为 5 组。

3. 分红连续性对异常收益率的影响

连续分红能够增强投资者的长期信心吗？我们的实证结果对此给予支持。受研究方法和数据的限制，我们仅计算了连续分红以后 12 个月的月均异常收益率（见表 8）。从结果来看，总体上连续分红的次数越多，所产生的月均异常收益率越高，从 0.96% 到 1.12% 不等。但是不同连续性之间的收益率差别并不大。同首次分红引起的异常收益率相比，连续分红产生的异常收益率差别甚至可以忽略不计。这也是国外理论界对于现金分红引发市场反应的研究，如 Michaely 等人（1995）和 Liu 等人（2008），主要集中在首次现金分红或者取消分红方面的原因。

表 8 按现金分红连续性分组的 12 个月月均异常收益率

单位：%

分 组	月均异常收益率
一年内有分红	0. 9602 *** (6. 2186)
连续 2 年分红	1. 0297 *** (6. 0782)
连续 3 年分红	1. 0627 *** (5. 9058)
连续 4 年分红	1. 1211 *** (5. 8067)
连续 5 年分红	1. 0879 *** (4. 8205)

4. 分红连续性对股票异常换手率的影响

股票换手率反映其在市场中的受欢迎程度，同时也可以反映买卖双方对于股价变化看法的差异。换手率高的股票表明买卖双方对于股票未来价格的变化方向分歧较大，换手率低则相反（Kandel and Pearson，1995）。我们采用与异常收益率计算相同的研究方法，但将个股收益数据更换为换手率数据，发现现金分红也可以产生一定程度的异常换手率（见表9），代表此类股票有更好的流动性。连续分红时间越长，异常换手率越低，说明连续分红可以在一定程度上降低股票换手率，表明投资者对股价变化的分歧在减少。连续4年和5年进行现金分红的股票异常换手率显著性不强，一定程度上影响了结果的稳健性，不过结合我们前面所发现的连续分红引发稳定的异常收益率的结论，可以得出投资者总体看好连续分红股票的结论。

表9　按现金分红连续性分组的12个月月均异常换手率

单位：%

分组	月均异常换手率
一年内有分红	1.8287 *** (4.6741)
连续2年分红	1.1961 *** (2.9983)
连续3年分红	0.7969 * (1.8539)
连续4年分红	0.0328 (0.0654)
连续5年分红	−0.9053 (−1.4189)

5. 稳健性检验

为了检验本项研究的统计结果是否稳定和显著，我们做了以下工作。

（1）控制股权分置和2008年国际金融危机等重大事件对于股票收益率的影响。这些事件有可能对股票市场的正常运行产生比较大的扰动作用，进而在一定程度上改变投资者对于上市公司进行现金分红的情绪反应。为此，我们以2005年9月中国证监会发布《上市公司股权分置改革管理办法》为界线，将样本期划分为两个阶段：第一个阶段自2000年1月至2005年8

月；第二阶段自 2005 年 9 月至 2012 年 12 月，计算结果如表 10 所示。显然，股权分置改革和 2008 年国际金融危机对于现金分红事件组合异常收益率的显著性并没有产生明显影响，各分析周期的异常收益率均在 1% 水平上显著。说明在多变的市场条件下，我国股市投资者关于现金分红的情绪反应总体稳健。

表 10　股权分置改革前后现金分红事件组合异常收益率

单位：%

阶段	分析周期					
	6 个月	12 个月	18 个月	24 个月	30 个月	36 个月
股权分置前平均月度异常收益率（2000.01 ~ 2005.08）	0.5272 * (1.7116)	0.5847 ** (2.6667)	0.7260 *** (3.4771)	0.7388 *** (3.5565)	0.7737 *** (4.3054)	0.67423 *** (4.3927)
股权分置后平均月度异常收益率（2005.09 ~ 2012.12）	1.1771 *** (5.1295)	1.1535 *** (5.7591)	1.1650 *** (6.0174)	1.2489 *** (7.7391)	1.2795 *** (8.3407)	1.3013 *** (9.0243)

（2）采用 Fama-French 三因素模型检验异常收益的稳健性

借鉴 Mitchell 和 Stafford（2000）及 Stambaugh 等人（2012）的方法，我们利用 Fama-French 三因素模型建立回归方程，检验现金分红事件组合的异常收益率。公式如下。

$$R_{pt} - R_{ft} = \alpha_p + \beta_p (R_{mt} - R_{ft}) + s_p SMB_t + h_p HML_t + \varepsilon_{pt}$$

式中 R_{pt} 为事件组合在 t 月的实际平均收益率；R_{ft} 为无风险收益率，用同期一年期存款利率表达；α_p 为事件组合在分红前后的 t 月度上的平均异常收益；R_{mt} 为当期市场收益，用上证指数代表；SMB_t 是小股票组合收益同大股票收益的差（申万小盘指数月度收益率 – 申万大盘指数月度收益率）；HML_t 是低市净率股票组合收益同高市净率股票收益的差（申万低市净率指数月度收益率 – 申万高市净率指数月度收益率），βp、s_p、h_p 为系数，ε_{pt} 为残差项。检验结果如表 11 所示。

表 11　以 Fama-French 三因素模型对现金分红组合收益率进行回归的结果

分析周期	α_p	β_p	s_p	h_p	R^2
6 个月	0.3567 （1.4003）	1.0550 *** （33.2179）	0.6703 *** （14.1421）	0.2425 *** （5.0907）	0.9015
12 个月	0.3645 （1.4756）	1.0600 *** （34.4169）	0.7052 *** （15.3433）	0.2433 *** （5.2676）	0.9082
18 个月	0.4233 * （1.7012）	1.0776 *** （35.0926）	0.7778 *** （16.9266）	0.2384 *** （5.1867）	0.9160
24 个月	0.3931 （1.4799）	1.0988 *** （33.510）	0.8341 *** （17.2198）	0.2768 *** （5.7272）	0.9145
30 个月	0.3350 （1.1837）	1.1035 *** （31.7534）	0.8736 *** （17.1356）	0.2797 *** （5.5160）	0.9105
36 个月	0.3248 （1.0809）	1.1067 *** （30.5462）	0.9067 *** （17.1418）	0.2942 *** （5.6020）	0.9092

　　利用 Fama-French 三因素模型进行回归检验现金分红股票组合异常收益率的显著性有所下降。在不同分析周期下，市场因素、规模因素和成长因素对组合收益率都有显著影响，但是此三因素以外的事件组合月度异常收益率 α_p 尽管数值保持在 0.32～0.42，但显著性同前文的检验结果相比则明显下降。除事件后 18 个月事件股票组合的异常收益率在 10% 水平上显著之外，6 个月、12 个月、24 个月、30 个月和 36 个月，分别仅在 20%、15%、15%、25% 和 30% 的水平上显著。尽管如此，这一结果仍然明显强于 Bessembinder 和 Zhang（2013）的实证结果，因此不能得出 Fama-French 三因素模型不支持本报告主体实证结果的结论，只能说该模型对于本报告总体结论的支持较弱。为了更详细地考查子样本组合的异常收益情况，我们分别按照总市值和市净率对股票样本进行分组和构建时间日历组合，并采用 Fama-French 三因素模型进行回归，所得各子样本事件组合异常收益率见表 12 和表 13。从子样本的表现而言，按总市值分组方法形成的第 4 组合和第 5 组合（大市值股票组合）的异常收益明显高于本组内的其他组合，且显著性更强；同样，按市净率分组的第 4 组合和第 5 组合（高市净率股票组合）的异常收益率明显高于组内的其他组合，显著性也更强。这

两项结果同我们采用配对法取得的结果一致。说明虽然按照 Fama-French 三因素模型进行检验测得到的样本组合总体异常收益率偏弱，但该模型对大市值股票和高市净率股票进行现金分红可以产生长期异常收益和提振投资者信心的结论给予了支持。基于以上检验，我们认为本项研究的结论具有稳健性。

表 12　按事件股票总市值分组的 Fama-French 三因素模型回归所得异常收益率

总市值分组	6 个月	12 个月	18 个月	24 个月	30 个月	36 个月
1	− 1.0386 *** (− 3.1925)	− 0.7831 *** (− 2.7266)	− 0.6844 ** (− 2.2681)	− 0.7220 ** (− 2.1984)	− 0.8781 ** (− 2.4810)	− 0.9259 ** (− 2.5064)
2	− 0.1500 (− 0.4472)	− 0.3431 (− 1.2717)	− 0.3083 (− 1.1059)	− 0.3617 (− 1.2461)	− 0.3097 (− 0.9291)	− 0.2759 (− 0.7504)
3	0.1270 (0.4287)	0.0999 (0.3690)	0.1525 (0.5640)	0.1264 (0.4183)	0.1309 (0.4137)	0.1595 (0.4712)
4	0.5934 * (1.9299)	0.6434 ** (2.3392)	0.7961 *** (2.8881)	0.7688 *** (2.7892)	0.7851 *** (2.7486)	0.9388 *** (3.0837)
5	0.9838 *** (3.1426)	1.1147 *** (4.1506)	1.2902 *** (4.7992)	1.4875 *** (4.6405)	1.5902 *** (4.7742)	1.8454 *** (5.2524)

注：样本股票按总市值从小到大均等分为 5 组。

表 13　按事件股票市净率分组的 Fama-French 三因素模型回归所得异常收益率

市净率分组	6 个月	12 个月	18 个月	24 个月	30 个月	36 个月
1	− 1.2062 *** (− 4.3693)	− 1.0203 *** (− 3.7604)	− 1.1032 *** (− 3.8623)	− 1.1478 *** (− 3.6775)	− 1.3461 *** (− 4.0119)	− 1.3387 *** (− 3.8344)
2	− 0.1427 (− 0.4602)	− 0.3153 (− 1.2043)	− 0.3587 (− 1.3002)	− 0.5198 * (− 1.8170)	− 0.6488 ** (− 2.0193)	− 0.6430 * (− 1.8752)
3	0.4896 (1.4657)	0.5420 ** (2.0207)	0.6138 ** (2.2582)	0.5300 * (1.8993)	0.3152 (1.0682)	0.3072 (0.9230)
4	1.5237 *** (4.5141)	1.6509 *** (5.8457)	1.6279 *** (5.7745)	1.5046 *** (4.8395)	1.5086 *** (4.7620)	1.3486 *** (4.0462)
5	2.6185 *** (6.4920)	3.0304 *** (9.5069)	2.9583 *** (10.0027)	2.9661 *** (9.2363)	3.1554 *** (9.1165)	3.0237 *** (8.9440)

注：样本股票按市净率从小到大均等分为 5 组。

五 股利政策与投资者长期信心

股利政策决定了上市公司向股东支付投资回报的方式、水平、时机和频率。由于股票具有与债券完全不同的风险结构和回报特征，因此上市公司过于灵活的股利政策，尽管可能更好地契合企业经营状况的变化，最大限度满足企业对资金的需求，但也不利于稳定投资者回报预期，有可能削弱投资者长期信心。

（一）投资者对于现金股利的态度分化

现有的多数研究文献都反映了投资者对股利分配的总体支持性态度。Grullon 等人（2002）的实证研究发现支付现金股利和股份回购已经成为美国上市公司进行股利分配的主要方式，两者存在互补性且市场的短期反应是正面的，而市场对于初次发放现金股利或者取消现金股利的反应则更加明显（Michaely and Vila，1995）。Goldstein 等人（2015）发现在熊市期间投资者明显偏爱支付股利的上市公司股票。由于中国股市发展阶段的特殊性，股市投资者对于现金股利的看法与国外投资者有所不同。国内学者夏云峰等人（2007）采用事件研究方法，发现中国股市投资者尽管对现金分红的短期反应比较积极，但是更喜爱混合股利和股票股利。支晓强等人（2014）利用某券商的客户交易数据挖掘投资者对于股利政策的真实态度。他们发现短期内机构投资者总体上并不偏爱现金股利，个人投资者虽然反应稍好，但显然更喜欢股票股利。只有那些低换手率、非博彩型和过去投资盈利的投资者才更加偏好高现金股利。现金分红将资金从上市公司账户转入股东账户，上市公司可支配现金减少，对外投资和并购等活动受限，股价想象空间承压，不利于短线炒作。在投资者热衷做短线、炒题材的中国股市，现金分红相较于股票股利的弱势地位很明显，在短期意义上说，国外理论界热议的现金分红在解决代理问题和传递信号方面的功能，并没有在中国股市得到充分重视。我们认为，国内股市投资者对于现金分红的短期反应不足，在解释股价短期波动方面具有一定意义，但它并不能代替长期意义上的投资者反应。支晓强（2014）等人的研究已经证明了长期投资者对于现金分红的偏好，本报告的研究结论也在一定程度上证明了这一点。只要上市公司出于对全体股东利益考虑制定现金分红决策，并且这一决策的执行尽量保持连续性，那么该政策通常会增强市场投资者对于上市公司长期盈利能力和股票投资回报的信心。

（二）股利政策的问题根源在于公司治理

我国上市公司在股利政策方面经常会面临来自理论界和社会舆论的两类质疑。一类质疑是内部人控制导致的上市公司不发或者少发股利，造成上市公司过度投资和滥用现金流（魏明海、柳建华，2008；肖珉，2010）；另一类质疑针对少数上市公司恶意发放现金股利，认为高额现金股利是在帮助大股东"掏空"上市公司（周县华、吕长江，2008）。刘浩等人（2010）的研究认为，大股东如果不能通过出售股份获得所有权收益，则有可能通过现金分红来"掏空"上市公司，他们论证了我国股权分置改革的合理性。上述两类质疑都源于上市公司不完善的公司治理下控股股东或者实际控制人的掠夺行为没有得到有效扼制，而且即使在股份全流通以后，控股股东为了保住控股权未必愿意通过减持股份获得资金，仍然存在利用其控制权"掏空"上市公司的可能，因此单纯依靠股权分置改革不太可能解决控股股东滥用上市公司现金流的问题。

La Porta 等人（2000）的跨国研究证明股利政策是对公司治理的一种补充，即在公司治理水平较低的情况下，少数股东会要求支付现金股利，以减少管理层占用公司现金流的可能性。魏明海和柳建华（2007）的研究，将控股股东所有权与现金流权的分离度作为衡量公司治理问题的核心指标，他们的研究实际上佐证了我国上市公司治理缺陷存在的广泛性和严重性。近年来，一些研究文献证明了诸如机构投资者持股、产品市场竞争等因素对于上市公司派现的直接促进作用。国内学者陶启智等人（2014）和申尊焕（2011）的实证研究对于我国机构投资者持股与上市公司现金分红之间的正向关系进行了确认。当然，也不应当过分夸大机构投资者的作用。特别是在我国上市公司总体盈利能力有限、现金分红收益总体上远不能覆盖投资者所承担风险的形势下，包括机构在内的股市投资者收益仍以资本利得为主，机构投资者羊群行为甚至有可能成为股市的"崩盘加速器"（许年行等，2013）。支晓强等人（2014）所描述的机构投资者针对现金分红事件的短期交易行为，也与理论界的已有研究结论不一致。

已有研究成果仅呈现我国上市公司股利政策面临的困境，对于如何通过完善公司治理来保证股利政策适当性，并没有提出太多的建设性意见。这一方面是公司治理的复杂性和个性化特征导致难以形成完整的公司治理衡量标准，简单的股权分散化被证明操作成本过高，且不可能解决现有治理问题①；另一方面是理论界已经形成的一些共识，比如董事长和总经理不得兼任、增加独立董事数量、强化内部股权激励等，在现实中仍然由于种种原因不能够全面实施，学者们不得不在现实基础上进一步探寻更具中国特色的公司治理解决方案，理论研究难度很大。目前来看，改善上市公司治理的重点还是在于促进股东间以及股东与管理层间制衡关系的形成。上市公司普遍存在的"一股独大"和内部人控制，以及外部法治环境不健全，加剧了股东关系失衡和股东与管理层关系失衡。增加中小股东的决策参与权和"对抗大股东"的权利，可能会在一定程度上缓解上述失衡关系。

（三）必要的监管规则具有正面作用

上市公司的内部治理机制和外部治理机制可以相互补充、共同发挥作用，提升公司治理水平（Acharya et al., 2011）。因此，如果上市公司的内部治理机制不能够帮助制定符合全体股东利益的股利政策，那么完善外部治理机制也可以起到类似作用。法制体系是外部治理的重要组成部分

---

① Aggarwal 等人（2008）编制的公司治理指数包括 44 项指标，国内学者李维安和唐跃军（2006）所编制的上市公司治理指数也包含 6 个维度共 19 项指标，这凸显了公司治理问题的复杂性。

（Denis and McConnell，2003），国外理论界往往从投资者保护、产权保护、法制和文化传统等角度研究外部治理问题。考虑到我国法制环境的特殊性，股票市场监管规则对于改善上市公司的股利政策，可能会发挥更加有效的作用。

为体现股票市场长期投资价值，国内监管机构长期以来致力于推动上市公司增加现金分红。自 2001 年以来，中国证监会先后多次发布监管规定，督促上市公司增加现金分红。其中比较著名的是 2008 年 10 月发布的《关于修改上市公司现金分红若干规定的决定》，要求上市公司公开发行证券应符合最近三年以现金方式累计分配的利润不少于最近三年实现的年均可分配利润的 30%。同以往的相关规定比较，该文件直接将上市公司的现金分红水平同再融资资格挂钩，并且提出了明确的现金分红标准，规则内容清晰，可操作性强，被业界称为"半强制分红政策"（李常青等，2010）。但李常青等人针对该政策所做的事件研究发现，有融资需求的上市公司在该政策出台后需要首先增加现金分红以获得再融资资格，导致这些公司的现金流更加紧张，资金比较充裕且短期内没有融资计划的上市公司反而可以继续少分红甚至不分红，因此该政策客观上难以平衡促进上市公司融资发展和增加现金分红两大目标。2013 年 11 月，中国证监会又发布了《上市公司监管指引第 3 号——上市公司现金分红》，要求上市公司在公司章程中载明利润分配决策程序、现金分红政策的具体内容和发放现金分红的具体条件，并对有关信息披露、方案执行、独立董事责任以及监管重点做出了详细说明，该指引明确了现金分红相对于股票股利的优先地位，鼓励上市公司制定差异化股利政策。这一指引具有监管规则的强制属性，是近年来监管机构对于上市公司现金分红的监管意见的一次全面阐述。当然，由于仍然没有解决保护公众利益与尊重上市公司财产权利二者协调的问题，该指引仍然没有提出上市公司进行现金分红的绝对标准，只有"公司发展阶段属成熟期且无重大资金支出安排的，进行利润分配时，现金分红在本次利润分配中所占比例最低应达到 80%"这样的相对要求。上市公司实际上仍然可以自主判断自身所处的发展阶段，是否有重大支出安排以及未分配利润中用于当期分配的资金比例，因此这一指引并没有成为真正的"强制性现金分红政策"。

验证监管规则有效性的最直接做法，就是考查在规则出台以后进行现金分红的上市公司是否明显增加。图1展示了2001~2014年A股上市公司中近三年累计现金分红占平均未分配利润之比超过30%的上市公司数量。2001~2009年，此类上市公司总数在600~700家；2008年的"半强制现金分红政策"发布实施以后，同时受益于上市公司盈利增加，分红达标的上市公司数量明显增加，2012年最多达到901家，此后这一数量又有所下降。值得强调的是，此类上市公司在全部上市公司中的比重总体呈下降趋势，从2001年的52.1%逐步下降至2014年的24.4%。一种说法是，由于中小企业板和创业板集中了大量成长型上市公司，这些公司的现金分红能力可能会受到强劲投资需求的影响，拉低了分红达标的上市公司在全体上市公司中的比重。但我们发现，名义上主板上市公司以大型企业和价值型企业为主，现金分红能力较强，但实际上这些公司的现金分红状况甚至弱于总体水平，而且分红达标的上市公司数量和占比呈同步下降趋势，即使在2008年政策出台后，这一趋势也没有明显改变（见图2）。相反，中小板和创业板上市公司的分红状况则强于主板市场（见图3、图4）。截至2014年末，主板上市公司的现金分红达标率为21.6%，中小板为29.8%，创业板为25%。

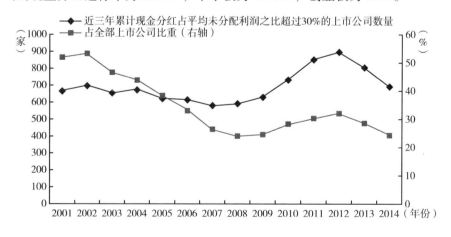

图1　A股上市公司现金分红情况

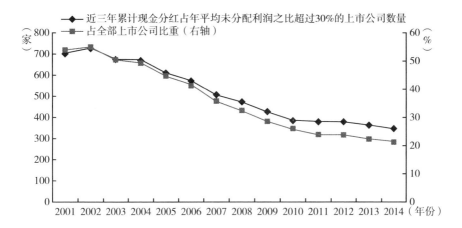

图 2 A 股主板上市公司现金分红情况

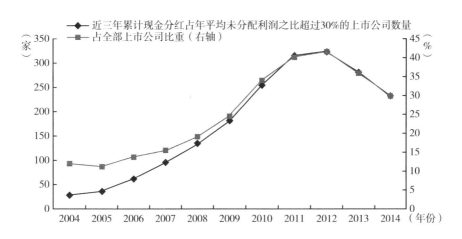

图 3 中小板上市公司现金分红情况

从前面的分析可知,与再融资挂钩的现金分红监管规则对于促进上市公司分红的作用有限,而且不易稳定和提高上市公司整体分红水平。但为了巩固投资者的长期信心,增加长期投资者数量,市场需要一批能够提供稳定现金分红的上市公司。现有监管规则对于实现这一目标的作用有限,而以往针对上市公司主业、成长阶段和现金流特征制定差异化现金分红监管规定的建议(李常青等,2010),由于监管成本高而难以真正施行,目前需要更加强有力且具有可操作性的措施。可以考虑参照欧洲股票市场单独设立"高级

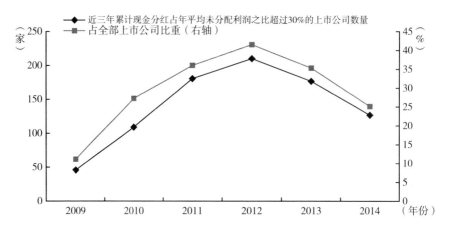

图4 创业板上市公司现金分红情况

资料来源：作者根据 WIND 数据库数据计算得出。

主板市场"，实施强制性现金分红规定和更高的信息披露标准，将真正具有长期投资价值的上市公司股票集中于此，通过这一板块市场稳定的现金分红政策积聚和巩固投资者长期信心，推动中国股市可持续发展。

六　结论与启示

国内外理论界的研究表明，现金分红决策本身并不具有明显的信号传递效应，它与公司未来的盈利变化不存在稳定联系，而且上市公司也没有充分动机通过现金分红的方式向市场传达利好信号。尽管如此，我们仍然很难相信在中国股票市场上投资者对于每年数千亿元的现金分红会毫无反应。研究现金分红对于股市投资者长期信心的影响，是本报告研究的主题。利用2000～2012 年我国 A 股市场上市公司的现金分红事件及相关收益率数据，采用日历时间组合法和配对法，我们考查了现金分红是否会在长期意义上鼓励投资者信心。实证结果表明，现金分红能够引发比较稳定的异常收益，而且这种异常收益会随着上市公司现金分红间隔期的延长而有所上升，长期不分红公司的分红行动对于投资者信心的提振作用更加明显。事件股票组合在换手率上的变化也支持我们的判断,现金分红可以提高股票流动性,同时持续的现金分红可以使流动性下降,代表投资者看法趋向一致。两方面的证据共同支持现金分红能够增强投资者长期信心的论断。在控制重大市场事件冲击之后,该结论依然稳健。尽管 Fama-French 三因素模型对本文总体结论的支持偏弱,但该模型对于本文关于大市值股票和高市净率股票进行现金分红可以引发长期异常收益率的结论仍然给予了有力支持。

当然,不得不承认现金分红使投资者长期信心增强的现实基础还很薄弱:首先,已有的研究既不支持现金分红能够提升公司价值,也不支持它可以预测公司未来盈利能力的变化,最近的研究认为它仅仅是当期公司财务状况的一个后果,这些研究文献削弱了现金分红的信号功能;其次,相当一部分上市公司出于种种原因既无能力也不愿意制定稳定的现金分红政策,中小股东的弱势地位使其对上市公司股利政策难以产生决定性影响;最后,关于上市公司自由财产权利的主张,限制了监管机构出台强制性现金分红措施,导致外部治理环境无法作为。不过如果结合中国股市现实来看,促进有能力的上市公司实施持续稳定的现金分红政策,增强对股东的回报能力,从而巩固投资者长期信心,对于促进股市理性健康发展意义重大。2015 年下半年以来的股市振荡,再次提醒人们透明度和投资者预期对于市场稳定的重要意义,以及股市萧条期现金分红对于增加投资者回报的重要作用。诚然,当前我国上市公司的总体盈利能力不高,现金分红相较于买卖价差对于投资者的吸引力还不够强,况且二者还有明显的税收差异。为了改善现金分红的弱势地位,当前比较现实的做法是集中一部分价值型股票组建"高级主板市场",凸显具有稳定现金分红政策的上市公司股票的投资价值,同时推动实行个人投资者分红派息所得免税政策,鼓励上市公司和投资者更加重视现金分红。

本项研究没有特别分析现金分红增强投资者信心的心理学基础,它将成为我们未来的研究方向。正因为现金分红可以在长期意义上鼓舞投资者,所以我们的研究部分解释了监管机构要求上市公司增加现金分红的动机:这样做可以对市场发挥提振信心的作用。可是如果上市公司管理层普遍认同现金分红可以提升长期股价（"高级主板市场"的设立极有可能产生这一结果），那么就有可能催生 Baker 和 Wurgler（2004a）所提出的迎合行为，即人为地以现金分红的方式向市场传达错误信号，使绩差公司股票获得长期溢价，进而在实践中逐步侵蚀投资者信心的存在基础，这也是在今后制定有关监管规则时需要特别注意的问题。

参考文献

1. 陈彦斌：《情绪波动和资产价格波动》，《经济研究》2005 年第 3 期，第 36~45 页。

2. 胡昌生、池阳春：《投资者情绪、资产估值与股票市场波动》，《金融研究》2013 年第 10 期，第 181~193 页。

3. 黄祥钟：《新股现金分红后长期表现研究》，《经济与管理研究》2012 年第 8 期，第 73~81 页。

4. 李常青、魏志华、吴世农：《半强制分红政策的市场反应研究》，《经济研究》2010 年第 3 期，第 144~155 页。

5. 李维安、唐跃军：《公司治理评价、治理指数与公司业绩——来自 2003 年中国上市公司的证据》，《中国工业经济》2006 年第 4 期，第 98~107 页。

6. 刘浩、李增泉、孙铮：《控股股东的产权收益实现方式与利益输送转向——兼论中国的股权分置改革》，《财经研究》2010 年第 4 期，第 56~67 页。

7. 任有泉：《中国上市公司股利政策稳定性的实证研究》，《清华大学学报》（哲学社会科学版）2006 年第 1 期。

8. 申尊焕：《机构投资者对现金股利影响的实证分析》，《财贸经济》2011 年第 2 期，第 113~119 页。

9. 宋逢明、姜琪、高峰：《现金分红对股票收益率波动和基本面信息相关性的影响》，《金融研究》2010 年第 10 期，第 103~116 页。

10. 陶启智、李亮、李子扬：《机构投资者是否偏好现金股利》，《财经科学》2014 年第 12 期，第 30~38 页。

11. 文凤华、肖金利、黄创霞、陈晓红、杨晓光：《投资者情绪特征对股票价格行为的影响研究》，《管理科学学报》2014 年第 3 期，第 60~69 页。

12. 王化成、孙健、邓路、卢闯：《控制权转移中投资者过度乐观了吗?》，《管理世界》2010 年第 2 期，第 38~45 页。

13. 魏明海、柳建华：《国企分红、治理因素与过度投资》，《管理世界》2007 年第

4 期，第 88 ~ 95 页。

14. 夏云峰、刘朝晖、袁芳：《投资者股利政策偏好及其交易行为》，《财经科学》2007 年第 12 期，第 32 ~ 38 页。

15. 肖珉：《现金股利、内部现金流与投资效率》，《金融研究》2010 年第 10 期，第 117 ~ 134 页。

16. 许艳芳：《基于 CTAR 法的上市公司长期并购绩效研究》，《经济理论与经济管理》2009 年第 6 期，第 75 ~ 80 页。

17. 许年行、于上尧、伊志宏：《机构投资者羊群行为与股价崩盘风险》，《管理世界》2013 年第 7 期，第 31 ~ 47 页。

18. 袁显平、柯大钢：《长期事件研究方法论——一个综述》，《数理统计与管理》2007 年第 5 期，第 809 ~ 820 页。

19. 张跃文：《我国上市公司现金分红决策研究》，《证券市场导报》2012 年第 9 期。

20. 支晓强、胡聪慧、吴偎立、刘玉珍：《现金分红迎合了投资者吗——来自交易行为的证据》，《金融研究》2014 年第 5 期，第 143 ~ 161 页。

21. 周县华、吕长江：《股权分置改革、高股利分配与投资者利益保护——基于驰宏锌锗的案例研究》，《会计研究》2008 年第 8 期，第 59 ~ 68 页。

22. Acharya. Viral, Myers. Stewart, Rajan Raghuram, 2011. The Internal Governance of Firms, *Journal of Finance* 66, 689 – 720.

23. Aggarwal. Reena, Erel. Isil, Stulz. René, Williamson. Rohan, 2009, Differences in Governance Practices between U. S. and Foreign Firms: Measurement, Causes, and Consequences, *Review of Financial Studies* 22, 3131 – 3169.

24. Allen. F., Michaely, R., 2003, Dividend policy. In: Constantinides, G., Harris, M., Stulz, R. (Eds.), *Handbook of the Economics of Finance*, North-Holland, Amsterdam.

25. Baker. Malcolm, and Jeffrey. Wurgler, 2004 (a), A Catering Theory of Dividends, *Journal of Finance* 59, 1125 – 1165.

26. Baker. Malcolm., Jeffrey. Wurgler, 2006, nvestor sentiment and the cross-section of stock returns, *Journal of Finance* 61, 1645 – 1680.

27. Barberis. Nicholas., Andrei. Shleifer., Robert Vishny., 1998, A model of investor sentiment, *Journal of Financial Economics* 49, 307 – 343.

28. Bessembinder. Hendrik, Feng. Zhang, 2013, Firm characteristics and long-run stock returns aftercorporate events, *Journal of Financial Economics* 109, 83 – 102.

29. Bhattacharya. Sudipto, 1979, Imperfect Information, Dividend Policy, and 'The Bird in the Hand' Fallacy, *Bell Journal of Economics* 10, 259 – 270.

30. Boehme. R., Sorescu. S., 2002, Thelong-run performance following dividend initiations and resumptions: underreaction or product of chance? *Journalof Finance* 57,

871 – 900.

31. Braggion. Fabio. and Lyndon Moore, 2011, Dividend Policies in an Unregulated Market: The London Stock Exchange, 1895 – 1905, *Review of Financial Studies* 24, 2935 – 2973.

32. Brav. Alon, John R. Graham, Campbell R. Harvey, Roni. Michaely, 2005, Payout policy in the 21st century, Journal of Financial Economics 77, 483 – 527.

33. Brown. W. Gregory, Michael. T. Cliff, 2005, Investor Sentiment and Asset Valuation, *Journal of Business* 78, 405 – 440.

34. DeAngelo, H, DeAngelo, L, Skinner, D. J, 1996, Reversal of fortune Dividend signaling and the disappearance of sustained earnings growth, *Journal of Financial Economics* 40, 341 – 371.

35. DeAngelo. Harry, Linda DeAngelo, Rene' M. Stulz, 2006, Dividend policy and the earned/contributed capitalmix: a test of the life-cycle theory, *Journal of Financial Economics* 81, 227 – 254.

36. Denis. Diane, McConnell. John, 2003, International corporate governance, *Journal of Financial and Quantitative Analysis* 38, 1 – 36.

37. Denis, D. J. , and I. Osobov. , 2008, Disappearing dividends, the earned/contributed capital mix, and catering incentives: International evidence on the determinants of dividend policy, *Journal of Financial Economics* 89, 62 – 82.

38. Easterbrook. Frank H. , 1984, Two Agency-Cost Explanations of Dividends, *American Economic Review* 74, 650 – 659.

39. Fama, E, 1998, Market efficiency, long-term returns, and behavioral finance, *Journal of Financial Economics* 49, 283 – 306.

40. Fama, E. and K. R. French, 1992, The cross section of expected stock returns, *Journal of Finance* 47, 427 – 466.

41. Fama, E. and K. R. French, 2001, Disappearing dividends: changing firm characteristicsor lower propensity to pay? *Journal of Financial Economics* 60, 3 – 43.

42. Fama, E. F. and K. R. French, 2004, The Capital Asset Pricing Model: Theory and Evidence, *Journal of Economic Perspectives* 18, 25 – 46.

43. Fatemi Ali. , Recep Bildik, 2012, Yes, dividends are disappearing: Worldwide evidence, *Journal of Banking & Finance* 36, 662 – 677.

44. Frazzini Andrea, Owen A. Lamont, 2008, Dumb money: Mutual fund flows and the cross-sectionof stock returns, *Journal of Financial Economics* 88, 299 – 322.

45. GoldsteinMichael, GoyalAbhinav, Lucey Brian, MuckleyCal, 2015, The Global Preference for Dividends in Declining Markets, *Financial Review* 50 (4), 575 – 609.

46. Grullon. Gustavo, Roni. Michaely and Bhaskaran Swaminathan, 2002, Are Dividend

Changes a Sign of Firm Maturity?, *Journal of Business* 75, 387 – 424.

47. Grullon. Gustavo, Roni. Michaely, Shlomo. Benartzi, and Richard H. Thaler, 2005, Dividend Changes Do Not Signal Changes in Future Profitability, *Journal of Business* 78, 1659 – 1682.

48. Hong. Harrison, and Jeremy C. Stein, 1999, A Unified Theory of Underreaction, Momentum Trading, and Overreaction in Asset Markets, *Journal of Finance* 54, 2143 – 2184.

49. Jensen. Michael C. , 1986, Agency Costs of Free Cash Flow, Corporate Finance and Takeovers, *American Economic Review* 76, 323 – 329.

50. Kandel. Eugene and Neil D. Pearson, 1995, Differential Interpretation of Public Signals and Trade in Speculative Markets, *Journal of Political Economy* 103, 831 – 872.

51. Kuma Alok, Charles M. C. Lee, 2006, Retail Investor Sentiment and Return Comovements, *Journal of Finance* 61, 2451 – 2486.

52. La Porta, L'opez-de-Silanes, A. Shleifer, and R. Vishny, 2000, Agency Problems and Dividend Policies around the World. *Journal of Finance* 55, 1 – 33.

53. Liu. Yi, Samuel. Szewczyk, and Zaher. Zantout, 2008, Underreaction to Dividend Reductions and Omissions?, *Journal of Finance* 63, 987 – 1020.

54. Mendel Brock, andAndrei Shleifer, 2012, Chasing noise, *Journal of Financial Economics*104, 303 – 320.

55. Miller. Merton, and Kevin. Rock, 1985, Dividend Policy under Asymmetric Information, *Journal of Finance* 40, 1031 – 1051.

56. Michaely Roni, Richard H. Thaler, and Kent L. Womack, 1995, Price Reactions to Dividend Initiations and Omissions: Overreaction or Drift? *Journal of Finance* 50, 573 – 608.

57. Michaely Roni, Vila Jean-Luc, 1995, Investors' heterogeneity, prices, and volume around the ex-dividend day, *Journal of Financial and Quantitative Analysis* 30, 171 – 198.

58. Michaely. Roni, Michael R. Roberts, 2012, Corporate Dividend Policies: Lessons from Private Firms, *Review of Financial Studies* 25, 711 – 746

59. Mitchell. Mark, Erik Stafford, 2000, Managerial Decisions and Long-Term Stock Price Performance, The Journal of Business 73, 287 – 329.

60. Penman. Stephen. H, 1983, The Predictive Content of Earnings Forecasts and Dividends, *Journal of Finance* 38, 1181 – 1199.

61. Shefrin. Hersh. , and Meir Statman (1984), Explaining Investor Preference For Cash Dividends, *Journal of Financial Economics* 13, 253 – 282.

62. Schmeling. Maik, 2009, Investor sentiment and stock returns: Some international evidence, *Journal of Empirical Finance* 16, 394 – 408.

63. Stambaugh. Robert, Jianfeng. Yu, Yu. Yuan, 2012, The short of it: Investor Sentiment and Anomalies, Journal of Financial Economics 104, 288 – 302.

64. Watts. Ross, 1973, The Information Content of Dividends, *Journal of Business* 46, 191 – 211.

65. Yu. Jianfeng, Yu. Yuan, 2011, Investor sentiment and the mean-variance relation, *Journal of Financial Economics* 100, 367 – 381.

专题报告二
企业去杠杆、投资与创新：
一个投资者保护的视角

顾 弦　王陈豪*

摘　要：　本文从投资者保护的视角探讨了企业去杠杆、投资与研发创新的关系。法律与金融文献等理论与经验证据表明，更强的股东权利保护有助于股票市场融资以及研发投入与创新。在中国经济结构转型的背景下，加强投资者保护将为企业去杠杆、促进企业研发提供重要出路。无论是国企改革方案中的"债转股"，还是鼓励企业创新和加强股东权利保护都是改革成功的必要条件。

关键词：　去杠杆　资本性支出　研发　投资者保护

一　引言

2008 年全球金融危机爆发以来，中国经济增速回落，为了应对这一严峻局面，维持国内经济金融稳定，2008 年 11 月，中国政府出台了财政刺激"四万亿"一揽子计划。"四万亿"计划出台之后，银行信贷大规模增长，不良贷款率再度上升，政府债台高筑，在债务展期的压力下，影子银行业务

＊　顾弦，中央财经大学金融学院副教授。王陈豪，北京大学光华管理学院金融系博士研究生。

迅速增长。从资金需求方来看，实体企业负债大幅攀升。如果以分部门的信贷存量/名义 GDP 来衡量杠杆率，中国的非金融部门杠杆率从 2008 年 4 季度的 141.3% 快速上升至 2016 年 4 季度的 257.0%，超过了 G20 整体与美国的非金融部门杠杆率。

虽然"四万亿"计划出台之后中国企业负债高速增长，但与此同时企业资本支出与研发支出并没有出现同步增长，以中央国有企业为例，上市公司资本性支出与总负债比例从 2003~2007 年的平均 17.9% 下跌至 2008~2016 年的平均 13.4%，企业负债向资本性支出的转换率下降了约 4.5 个百分点。相当一部分证据表明，企业负债筹资大部分流入金融、房地产等领域（Chen，He and Liu，2017；Allen et al.，2017a；Allen et al.，2017b），推高了资产价格，而实体经济没有从正规金融渠道得到充足的资金支持。例如，资质较好的企业进行债务融资，然后把闲置资金通过委托贷款放给融资受限的房地产企业等，Allen 等（2017a）对中国上市公司委托贷款的研究发现，由于这些公司在出借委托贷款过程中得到了相当高的资金回报，因此股价反而有更好的表现，进一步肯定了委托贷款对公司收益的正向作用。当然，也有一些研究表明企业过度参与虚拟经济的投资效率较低，例如，黄海杰、吕长江和 Edward Lee（2016）以 2004~2013 年中国上市公司为样本，研究发现，"四万亿"经济刺激政策的实施反而导致实体企业投资绩效的下降，并且"四万亿"计划实施期间企业投资绩效的下降对企业后续的股票回报率具有明显的不利影响。因此，如何避免企业过度参与虚拟经济，如何使金融部门的发展更好地为实体增长服务，是解决中国经济新常态下金融发展的至关重要的问题。

另外，尽管近几年中国金融部门进行了一系列改革以发展资本市场融资功能，但中国的投资者保护一直处于较弱的水平。例如，从 2014 年"超日债"违约事件开始，近几年债券市场陆续出现违约案例，而违约后债权人权利保护机制尤其是破产清算机制存在严重问题。就股票市场而言，长期以来对中小投资者保护力度不足，同时存在内幕交易与信息不对称等诸多问题。2013 年 12 月，国务院办公厅颁布"新国九条"（《关于进一步加强资本市场中小投资者合法权益保护工作的意见》），旨在健全中小投资者赔偿机制、投票机制，以及完善投资者保护组织体系，此后股票市场信心短暂提升，但其有效性与"旧国九条"（2004 年 1 月国务院颁布的《关于推进资本市场改革开放和稳定发展的若干意见》）推动股权分置改革带来的巨大影响相比，影响还很有限。投资者保护与企业融资结构、投资支出存在一定因果关系（Acharya et al. ，2011；顾弦，2015）。中国正处于实体经济增速减慢的结构转型时期，在实体企业杠杆高企的压力下，提升投资者保护强度尤其是加强股东权利保护，能在一定程度上帮助企业去杠杆、增加股权融资规模以及扩大资本性支出与研发支出的比例，也能进一步鼓励企业创新。

本文从投资者保护的角度出发，以中国上市企业为例，试图解释中国企业高杠杆与资本支出、创新研发支出不足的原因，从而进一步对实体企业，尤其是国有企业去杠杆提出切实的政策建议。本文以下部分安排如下：第二部分对投资者保护的概念、度量以及其他相关法律因素进行梳理；第三部分阐述投资者保护与融资结构的关系；第四部分详述投资者保护与公司资本性投资与研发支出的关系；第五部分是总结与启示。

二 投资者保护的概念、度量与法律因素

（一）投资者保护的概念与度量

根据国际证监会组织（International Organization of Securities Commissions，IOSCO）的规范，投资者应当受到保护以免被误导、操纵或被欺骗，包括内幕交易、插队交易、滥用客户资金等。具体而言，投资者保护的内涵包括两个方面：一是法律对投资者的保障程度，即相关法律条款和法律条约的制定情况；二是投资者保护相关法律的有效实施程度。投资者保护是使得投资者权利充分得以实现，投资者的利益能够得到充分保障的制度安排。在现代公司治理结构下，委托代理机制带来的信息不对称导致公司高层管理者以及大股东很可能出于自身私利的考虑侵犯其他股东尤其是中小股东的利益，投资

者保护机制主要是为解决这一问题而产生的。根据投资者参与投资方式的不同，目前投资者保护可以分为两种：一是债权投资者保护，一般是指在企业借款人破产之后的清算过程中对有抵押债权人权利的保护；二是股权投资者保护，对股权投资者的保护主要体现在股东的各项权利上，股东通过行使股东权利来维护自身的利益。

在债权方面，投资者保护可以从债务违约前保护机制、债务违约后保护机制以及债务合约的执行力度等方面进行考量。度量债务违约前保护机制的主要指标为债券契约限制性条款，债券契约限制性条款依照契约条款限制企业经营者在债务违约前的行为，从而保护债权人权利（Miller and Reisel，2012）；度量债务违约后保护机制的指标主要为债权人权利指数，该指数由Djankov、Mcliesh和Shleifer（2007）首先提出，度量有担保债务的债权人保护情况，综合考量债权人的法律权利，对一国债权人保护机制乃至资本市场的发展都具备较强的解释能力（Miller and Reisel，2012）。此外，债权合约或债权条款的执行力度直接决定了债权人权利保护条约的实现程度和完成情况，同样是考量债权人保护的重要方面。

在股权方面，度量投资者保护的指标经历了漫长的发展历程，国内外学者基本上是在LaPorta等（1997、1998）的研究框架下设计投资者保护指标、思考投资者保护各项作用的：首先，抗董事权指数（Anti-director Right Index），该指数由LaPorta等（1998）建立，综合考量了股东投票权和小股东保护两个方面；其次，Djankov等（2008）在抗董事权指数的基础上，区分了赋权条款、强制性规范和任意性规范，对抗董事权指数进行了修正，建立了修正的抗董事权指数（Revised Anti-director Rights Index）作为股东权利保护状况的度量指标。与此同时，考虑到控股股东行为对中小股东的影响，Djankov等（2008）还建立了抗自我交易指数（Anti-self-dealing Index），衡量企业中小股东在抵制控股股东自利性关联交易方面的法律保障状况；2010年，Spamami又在Djankov等（2008）的研究基础之上，提高了编码的准确性，提出了校正的抗董事权指数（Corrected Anti-director Rights Index）。

由于不同国家在投资者保护的法律条约、执行力度等方面存在差异，中国有关投资者保护的主要指标和国外有所不同。目前国内衡量投资者保护情况较为全面的指标体系主要有两种：一是由中国证券投资者保护基金有限责任公司公布的中国上市公司中小股东保护状况指标（《中国资本市场投资者保护状况白皮书》）；二是由张跃文和王力（2016，2017）编制的投资者保护指标（《中国上市公司质量评价报告（2016～2017）》）。前者更为强调中国 A 股上市公司对企业中小股东的保护情况，主要考查上市公司治理结构对投资者决策参与权的保护程度、上市公司信息披露对投资者知情权的保护状况、上市公司经营活动对投资者投资收益的保护程度三大方面的内容；后者主要度量股东大会是否实行网络投票制、股东大会是否实行累积投票制、实际控制人控制权与现金流权是否分离、是否组织投资者活动四个方面。

除此之外，现有文献也根据实际研究需要，自行设计指标体系或选择一些代理变量作为中国投资者保护程度的度量指标，通常在设计投资者保护指标体系时主要从立法、司法两个层面出发，分析上市公司相关制度的完善性和执行度，继而构建投资者保护指标体系对上市公司的投资者保护状况进行评价和打分。例如，沈艺峰等（2004、2005）构建的指数以中国投资者保护相关法律条款为基础；王鹏（2008）构建的指数包含通信表决权、股票留置权、少数股东抗争权、累计表决权、优先认股权、临时股东召集权以及信息披露政策、相关会计和审计政策、管理层和监事会相关政策等内容。除此之外，也可以从企业投资者对企业的所有权益出发，设计和构建投资者保护指标体系，分析企业中小股东的知情权、中小股东对公司利益的平等享有权、股东财富最大化的执行情况、企业投资回报率和上市公司诚信情况等方面内容，从而对上市公司的投资者保护状况做出合理评价并进行打分（姜付秀等，2008）。

当然，法律条例只是投资者保护的一个方面，对于投资者保护来说，法律的执行力度和法律环境同样重要，甚至更加重要（LaPorta et al.，1998）。关于中国的法律执行与法律环境，最常用的度量指标就是分省（地区）法律环境指数（樊纲和王小鲁，2004；樊纲、王小鲁和朱恒鹏，

2011；樊纲、王小鲁和余静文，2017）。在过去的 20 年中，中国的资本市场得到了长足发展，投资者保护状况正在逐年改善，投资者保护相关制度不断完善。2008 年 10 月中国证监会出台《关于修改上市公司现金分红若干规定的决定》，鼓励上市公司现金分红，将上市公司再融资和现金分红挂钩，促进了 A 股市场价值投资者的保护；2014 年 12 月，中证中小投资者服务中心有限责任公司注册成立，归属中国证监会直接管理，为中小投资者自主维权提供教育、法律、信息、技术等服务；2016 年 1 月，中证中小投资者服务中心有限责任公司为资本市场创新推出证券纠纷解决小额速调机制，从而使得普通投资者能够通过民事诉讼渠道维护自身合理合法的权益，从强势的上市公司获得应有的赔偿；2017 年 7 月中国证监会出台的《证券期货投资者适当性管理办法》正式实施，使得投资者在开户过程中能得到充分的信息告知、风险揭示，令投资者能够购买与其自身风险承受能力相适应的金融产品，加强了对缺乏信息优势、风险判断能力较弱的中小投资者的保护。

虽然投资者保护相关政策不断完善，政府对中小投资者的保护水平不断提高，市场经济相关制度和环境逐步完善（Jiang and Kenneth，2014），但是总体来说，中国投资者保护水平仍然较低，在投资者保护相关法律方面的立法和执法都存在较大问题，中国经济的快速发展和法律的缓慢建设之间存在巨大不平衡（Allen，Qian and Qian，2005）。具体而言，在立法层面，中国投资者保护相关法律主要集中于保护国家对上市公司的控制权（Macneil，2002），法律设计之初对于投资者保护的考虑就较为欠缺。例如，根据 2005 年修订的公司法，中国上市公司董事会职权与发达国家相似，具有任免企业 CEO 等权力，却没有规定董事会成员必须通过股东大会选出，这使得中国上市公司高管多由其母公司直接指派，公司股东的合法权利很难得到保障，高管人员和董事会成员的激励机制存在严重问题（Allen，Qian and Gu，2017）。如 Fung，Firth 和 Rui（2003）、Kato 和 Long（2006）就发现中国上市公司很少给企业 CEO 或董事会发股票期权，企业高层缺乏应有的约束和激励机制，严重影响了股东利益的实现；在司法层面，中国的司法体系存在审判系统缺乏效率、律师资源严重不足、律师知识技能相对欠缺等问题，总体司法能力亟待改善（Djankov et al.，2003；Allen，Qian and Gu，2017）。举例来说，2007 年 6 月《中华人民共和国企业破产法》生效，新法律在许多条例上已经和发达国家相似，例如新破产法强调了破产企业冻结资产管理人的独立性和专业性，在具体实施层面却非常薄弱，中国很少有企业会真正破产（Allen，Qian and Gu，2017）。

中国投资者保护机制基础薄弱，相关法律条文缺乏，投资者自我保护意识欠缺，法律资源欠缺，因此加大中国投资者保护力度，完善中国投资者保护机制从而促进中国金融市场健康有序发展的任务仍然任重而道远。

（二）其他法律因素、投资者保护与金融结构

投资者保护对金融、企业的作用植根于法律对经济的作用，法律具有经济价值是投资者保护机制能够对企业投融资活动、经营活动产生影响的基本要求。法律会在一定程度上影响个人选择以及具有潜在收益的个人交易行为，同时也会影响交易合同双方的选择成本，因此，法律具有非常重要的经济价值。在现有法律体系中，基础法（BasicLaw）、公司法（Corporate Law）和证券法（Securities Law）对经济金融的影响尤为重要：基础法对商业合作中的不诚信行为进行惩罚，能够有效阻止商业交易行为中的违约行为，使得商业交易成本降低；公司法对现代企业代理人制度下职业经理人的行为起约束作用；证券法一方面保证资本市场具有信息统一、公开的市场环境，另一方面对特定证券行为进行有效的规范，阻止机会主义行为的发生。

法律因素对于一国金融发展与结构的影响主要体现在投资者保护状况方面。从法律起源来看，各国法律体系主要包括英美普通法系、德国大陆法系、北欧大陆法系和法国大陆法系（La Porta et al.，1998）。一国法律起源和法律规则会直接影响企业的股东权利和债权人权利，进而影响该国的金融发展和结构。第一，在实行普通法系的国家和地区，股权保护机制更加完善，完善的股权保护机制一方面使得委托代理关系下委托人的代理成本降

低，企业股权融资成本降低，另一方面减轻了投资者信息不对称程度，使逆向选择和道德风险发生的可能性降低，使得投资者更加愿意通过股权投资获得收益。此外，完善的股权投资者保护机制下，投资者预期的风险更低，从而其预期收益也相应降低，企业股权融资成本降低。因而企业更容易通过股权融资，其股票市场更为发达（LaPorta et al.，1997，1998；Modiglianni and Perotti，2000；Erungor，2004；Liberti and Mian，2010）第二，在采用大陆法系的国家和地区，债权人保护机制更加完善，银行信贷业务信息成本较低，能够很好确定借款者风险情况，从而使得信贷供给期限更长，贷款利率更低，因此信贷融资更加便利，银行信贷体系更为发达（Djankov，Mcliesh and Shleifer，2007；Qian and Strahan，2007）。

因此，一国的法律因素可以影响该国投资者保护水平，从而影响企业外部融资条件以及融资约束程度，进而影响该国的金融结构。投资者保护相关法律机制越健全，企业的外部融资成本就越低，相对应的金融部门也就更为发达。

三 投资者保护、融资结构与中国经验

（一）投资者保护与资本结构：理论与经验关系

债权人权利保护与公司资本结构的复杂关系是"法律与金融关系悖论"的焦点，换言之，增强债权人保护机制是否会带来企业杠杆水平的提高，在理论与实证领域存在争议。从供给端来看，（LaPorta et al.，1998；Djankov et al.，2007；Haselmann et al.，2010）研究指出较强债权人权利保护，可以使在借款人面临破产重组时贷款人获取抵押物的能力更强；同时，更强的债权人权利保护可以使得贷款人更了解借款人的信息，如信用历史等，降低信息不对称，因此，贷款人融资给失败项目的可能性更低，这两种渠道，前者被称为债权人权利保护影响融资的"权利渠道"（Townsend，1979；Aghion and Bolton，1992），后者被称为"信息渠道"（Stiglitz and Weiss，

1981），在这种情况下，贷款者信贷意愿更高，从而能够提高借款者的债务空间。因此，在债权人权利保护更强的情况下，企业杠杆率往往更高。从需求端来看，加强债权人权利保护可以降低有担保债务的净损失成本，在借款者具有融资约束的情况下，加强债权人权利保护可以提高借款者对有担保债务的需求。此外，更强的债权人权利保护下，由于债权人对抵押物的获取能力更强，或者提前清算的可能性更大，使抵押物清算值提高，在这种情况下，为了保证自己的利益，借款者很可能会减少抵押，从而反过来减少借款空间（Vig，2013；Bae and Goyal，2009；Acharya et al.，2011）。因此，从需求端来看，债权人权利保护程度对债务融资规模的影响并不确定。

综合供给端与需求端两方面，现有文献也发现了关于债权人权利保护与公司资本结构关系并不一致的结论，例如，Acharya 等（2011）发现投资者权利保护更强的情况下，公司杠杆反而更低；Vig（2013）用印度证券法改革后的数据，发现投资者权利保护增强之后，公司债务融资规模与杠杆都相应增长。从对银行贷款的影响来看，债权人权利更强将使得银行贷款规模更大、利率更低、期限更长（Qian and Strahan，2007）。在转型国家中，在法律制度（抵押法）变化前后，债权人权利保护显著增强，银行贷款规模相应增长（Haselman，Pistor and Vig，2010）。Gu 和 Kowalewski（2016）用 44 个国家的数据发现，债权人权利保护更强的国家，公司债市场更加发达。

另外，更强的股东权利保护一般能带来规模更大的股权融资。原因主要包括几个方面，第一，更强的股东权利保护使得财务报告更准确（Leuz，Manda and Wysocki，2003）、交易套利活动更多（Morck，Yeung and Yu，2000），因此股价能够更准确地反映基本面；第二，更强的股东权利保护能使公司更好地为增值项目寻找外部融资（La Porta et al.，2006）；第三，更强的股东权利保护下，公司经理以及控股股东占用公司资源为自身服务的可能性更小，更愿意投资于那些有利于股东的项目（Wurgler，2000；Bekaert，Harvey and Lundblad，2010）。

近年来，虽然较多的法与金融文献提出了投资者保护会对公司资本结构产生影响的观点，但无论是从理论上，还是在经验证据上，都主要是从不同国家的法律因素与机构建设情况来阐明他们的观点，并没有具体说明同一个国家里不同公司在投资者保护执行方面的差异究竟如何对公司本身的外部融资产生作用。从这个角度探索投资者保护与资本结构之间的关系，对理解中国投资者保护与企业融资决策之间的关系至关重要。从公司微观层面来说，在投资者保护执行较好的公司中，控股股东对中小股东的资源剥夺行为会得到一定的约束，从而保护资本市场的权益资本提供者，使他们更愿意为公司提供权益资本。在这一面，沈艺峰等（2009）提供了与金融文献结论一致的来自中国上市公司的经验证据。

（二）中国经验：去杠杆与投资者保护

2003 年至今，中国上市公司平均杠杆率从约 50.5% 上升至接近 60.0%（见图 1）。从公司属性来看，国有企业包括中央国有企业和地方国有企业，自 2008 年开始资产负债率与非国有企业拉开距离逐步走高，并于 2014 年接近阶段性高位；而非国有企业资产负债率自 2006 年以来呈下行趋势，2010年之后小幅回升（见图 2）。2016 年国有企业与民营企业资产负债率相差6.4 个百分点。2017 年全国金融工作会议把国有企业降杠杆作为未来增长的重中之重，尤其是"僵尸企业"的处置任务，债转股、国企资产证券化、国企重组、混合所有制改革均是国企去杠杆的重要方式。

从公司治理的角度来看，加强投资者保护有助于企业去杠杆的进行。虽然债权人保护与企业债务融资比率的关系并不确定，但股东权利保护增强，将有助于投资者尤其是中小投资者对上市企业公司经营与治理的监督。2014年以来，全国各省份推进国企混合所有制改革，主要方式包括资产注入、整体上市、借壳上市、员工持股等措施，在这种背景下，加强投资者保护尤其是股东权利保护的重要性更加突出，对国有企业过高的经营风险的监督得到加强；同时，国有企业改革过程中引入各类投资者实现股权多元化也进一步要求加强投资者保护。

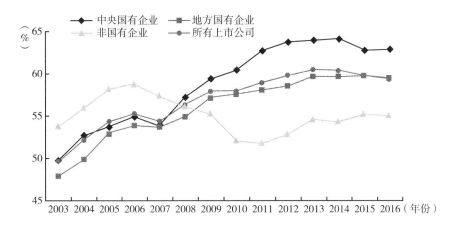

图1　国有企业与非国有企业杠杆率

资料来源：WIND 资讯。

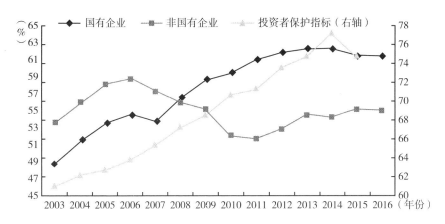

图2　企业资产负债率与投资者保护：2003～2016 年

资料来源：WIND 资讯。

四　投资者保护、公司投资与中国经验

（一）投资者保护与公司投资、创新

投资者保护可能会影响企业经营者的风险偏好，进而影响企业的投资决策与公司绩效。在更强的股东权利保护下，公司的风险偏好更高，更愿意承担风险较大、不确定性较大但回报更高的投资，如公司兼并重组、研发投入；在更强的债权人权利保护下，公司往往资本性支出比例更高。除了对本公司投资活动的影响之外，投资者保护机制还会影响公司信息对外部的传导情况，影响公司信息透明度，从而间接影响其他企业对该公司的投资活动，以及公司的融资约束。

第一，更强的股东权利保护有助于公司研发投入与技术创新。企业是技术创新的主体，因此，促进技术创新需要以企业为落脚点。关于如何促进企业创新，理论与经验上并没有统一的模式。在一国或者一个区域之内，所有企业面临相同或类似的政治、法律、文化和社会环境，不同企业的创新和业绩差异源于企业或者行业层面的差异。股东权利保护影响公司研发与创新主要通过如下两种渠道：首先，更强的股东权利保护下，公司的经营策略更为激进，偏好有利于公司估值的投资项目，而这些项目往往未必有短期高回报并存在投资风险（Acharya et al.，2011；Acharya and Subramanian，2009）；其次，更强的股东权利保护下，企业面临的政府行政环境与法律环境都更为完善，这为企业创新、产权保护、履行合约、破产清算等都提供了良好的环境与机制，从而减少企业技术创新的技术成本，为企业和投资者构建稳定的创新预期（鲁桐和党印，2015）。

第二，更强的债权人权利保护有助于企业进行固定资产类投资。由于破产清算次序不同，债权人与股东的风险偏好也不同。债权人往往更为偏好固定资产等可作为抵押物的资产。在更强的债权人权利保护下，企业债权人与股东的利益冲突相对较弱，企业更容易获取更高的评级，在这种情况下，企业的资本性支出相对较高（Gu，Mahaney-Walter and Kadiyala，2016），但相比于现金资产，依然有可能让这类支出包含限制性条款。经验数据显示，大约30%以上的银行私人信贷合约都包含对资本性支出的限制条款（Nini，Smith and Sufi，2009）；而在债券市场上，只有大约不到5%的债务合同包含（或者隐含）这种投资限制（Billett et al.，2007）。

中国的数据则显示，投资者保护程度一方面影响上市公司外部估值，另一方面影响基金公司投资策略和投资决策。前者是加强投资者保护有利于减轻控股股东对流动性资产偏好导致的投资不足，抑制控股股东进行资产转移的动机，从而使上市公司获得更高的外部估值（罗琦和王寅，2010）；后者则是加强投资者保护有利于改善公司信息的透明度，提升公司的盈利能力，吸引基金投资，而投资能力较强的基金公司又会选择投资者保护更差的企业以获得超额收益（路磊和吴博，2012）。

（二）中国经验：投资者保护有利于创新

在深化国有企业改革的进程中，鼓励企业创新是一个相当重要的内容，也是中国经济新常态下实现经济结构转型的保证。从国际经验来看，大部分成功国家都是通过研发或创新获得成功。图3比较了中国与其他几个发达国家2011～2015年研发支出与GDP比例，中国的均值为1.95%，大幅低于日本、德国与美国。从上市公司数据来看，2003～2016年，国企与非国企在资本性支出方面变化趋势基本一致，其中，中央国企资本性支出与总资产比例从2003年的8.67%一直上升至2008年的11.96%，之后一路降落至2016年的4.90%；地方国有企业资本性支出与总资产比例的走势基本与中央国企一致，从2003年的1.29%上升至2008年最高点7.91%，之后一直回落至2016年的3.52%；非国有企业从2003年的0.29%上升至2008年的7.48%，之后回落至3.71%。但在研发支出方面，国企与非国企表现差异巨大，以研发费用与总资产比例来看，中央国企2006年为0.25%，到2016年仅缓慢上升至0.83%，地方国企类似，从2006年的0.12%上升至2016年的0.80%；但非国有企业从2006年的0.31%快速上升至2014年的1.64%，近两年小幅回落。所有上市公司的研发投入大约43.9%来自非国企，而总资产仅有31.2%来自非国企。

考虑到近几年国企债务迅速增长，国企与非国企杠杆率差距加大，我们用资本性支出与总负债的比例以及研发支出与总负债的比例分别衡量负债中有多少投入固定资产类投资与研发投资（见图4、图5）。第一，在资本性支出方面，国企与非国企2009年以来都下降显著，其中国企下降速度更快；

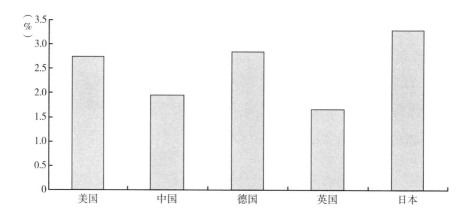

图 3　跨国研发支出与 GDP 比例均值：2011～2015 年

资料来源：世界银行。

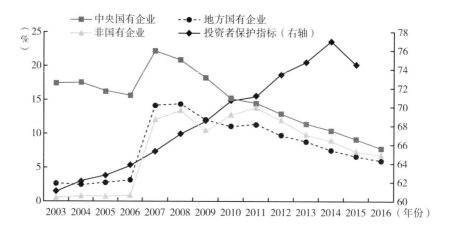

图 4　中国公司资本性支出/总负债：2003～2016 年

资料来源：WIND 资讯。

第二，在研发支出方面，国企缓慢增长，非国企增长显著，两者差距明显。如果加总资本性支出与研发支出与负债的比例，国企与非国企 2009 年均经历显著下降，这也进一步验证了上市企业的相当一部分债务融资并没有进入本公司业务相关的生产或者研发，而可能通过各种渠道进入资本市场或房地产市场。对于国企而言，要鼓励企业技术创新，必须有长线的激励机制，以使其放弃潜在的短期利益，加强股东对公司治理的监督与决策以及法律体制

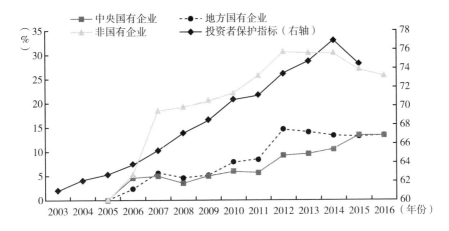

图5　中国公司研发支出/总负债：2003～2016年

资料来源：WIND资讯。

的建设有利于这种机制的形成。与跨国经验证据一致的是，过去十多年，中国上市企业投资者保护与企业研发投入都经历了显著增长。一个较好的例子是，广东省与浙江省的市场与机构相对于政府在资源分配方面的力量更强，法律与机构建设更加完备，企业也表现出更强的竞争力。

五　结论与启示

本报告从投资者保护的视角探讨了企业去杠杆、投资与研发创新的关系。法律与金融文献的理论与经验证据表明，更强的股东权利保护有助于通过股权进行融资，有利于公司估值以及研发创新类投入；更强的债权人权利保护可能使公司更多通过债务融资，并相对扩大资本性支出。

中国经济正面临结构转型，去杠杆被列为供给侧改革的五大任务之一，同时，国有企业降低企业杠杆率又是重中之重。在这一背景下，加强投资者保护，保护投资者的知情权、决策与监督权、收益权，优化投资回报机制，加强信息披露，健全中小投资者的投票与赔偿机制，进一步落实退市制度，有助于企业更好地控制杠杆水平与经营风险。无论是国企改革实施"债转股"，还是鼓励企业创新，都要求有较强的投资者保护。以"债转股"为例，转股之后，原债权人将可能变为中小股东，而现有状况是，中小股东参与公司治理的权利经常被"真空"。因此，如果股东权利保障未能得到重视，"债转股"将存在风险。同时，增强投资者保护也是降低企业杠杆与促进科技创新的重要出路。

参考文献

1. 樊纲、王小鲁：《中国市场化指数——各地区市场化相对进程 2004 年度报告》，经济科学出版社，2004。

2. 樊纲、王小鲁、朱恒鹏：《中国市场化指数——各地区市场化相对进程 2011 年度报告》，经济科学出版社，2011。

3. 樊纲、王小鲁、余静文：《中国分省份市场化指数报告（2016）》，社会科学文献出版社，2017。

4. 耿同劲：《货币空转：中国银行业"钱荒"的起点及其防范》，《财经科学》2014 年第 2 期，第 1~9 页。

5. 顾弦：《投资者保护如何影响企业融资结构与投资水平》，《世界经济》2015 年第 11 期，第 168~192 页。

6. 黄海杰、吕长江和 Edward Lee：《"四万亿投资"政策对企业投资效率的影响》，《会计研究》2016 年第 2 期，第 51~57 页。

7. 姜付秀、支晓强、张敏：《投资者利益保护与股权融资成本——以中国上市公司为例的研究》，《管理世界》2008 年第 2 期，第 117~125 页。

8. 李祺：《应重点关注货币空转的影子银行传导渠道》，《经济纵横》2015 年第 3 期，第 114~119 页。

9. 鲁桐、党印：《投资者保护、行政环境与技术创新：跨国经验证据》，《世界经济》2015 年第 10 期，第 99~124 页。

10. 路磊、吴博：《投资者保护和基金投资业绩，金融研究》2012 年第 6 期，第 167~177 页。

11. 罗琦、王寅：《投资者保护与控股股东资产偏好》，《会计研究》2010 年第 2 期，第 57~64 页。

12. 沈艺峰、肖珉、黄娟娟：《中小投资者法律保护与公司权益资本成本》，《经济研究》2005 年第 6 期，第 115~124 页。

13. 沈艺峰、许年行、杨熠：《中国中小投资者法律保护历史实践的实证检验》，

《经济研究》2004 年第 9 期，第 90 ~ 100 页。

14. 王鹏：《投资者保护、代理成本与企业绩效》，《经济研究》2008 年第 2 期，第 68 ~ 82 页。

15. 王跃堂、王亮亮、彭洋：《产权性质、债务税盾与资本结构》，《经济研究》2010 年第 9 期，第 122 ~ 136 页。

16. 张维迎、柯荣住：《诉讼过程中的逆向选择及其解释》，《中国社会科学》2002 年第 2 期，第 31 ~ 43 页。

17. 张跃文、王力：《上市公司蓝皮书：中国上市公司质量评价报告（2014 ~ 2015)》，社会科学文献出版社，2016。

18. 张跃文、王力：《中国上市公司质量评价报告（2016 ~ 2017)》，社会科学文献出版社，2017。

19. 中国证券投资者保护基金有限责任公司：《中国资本市场投资者保护状况白皮书——2010 年度 A 股上市公司投资者保护状况评价报告》，2011。

20. 中国证券投资者保护基金有限责任公司：《中国资本市场投资者保护状况白皮书——2011 年度 A 股上市公司投资者保护状况评价报告》，2012。

21. 中国证券投资者保护基金有限责任公司：《中国资本市场投资者保护状况白皮书——2012 年度 A 股上市公司投资者保护状况评价报告》，2013。

22. 中国证券投资者保护基金有限责任公司：《中国资本市场投资者保护状况白皮书——2013 年度 A 股上市公司投资者保护状况评价报告》，2014。

23. 中国证券投资者保护基金有限责任公司：《中国资本市场投资者保护状况白皮书——2014 年度 A 股上市公司投资者保护状况评价报告》，2015。

24. 中国证券投资者保护基金有限责任公司：《中国资本市场投资者保护状况白皮书——2015 年度 A 股上市公司投资者保护状况评价报告》，2016。

25. Acharya V. V. and K. V. Subramanian, 2009, "Bankruptcy Codes and Innovation", The Review of Financial Studies, 22, pp. 4949 – 4988.

26. Acharya V. V. , Y. Amihud and L. Litov, 2011, "Creditor Rights and Corporate Risk-taking", Journal of Financial Economics, 102, pp. 150 – 166.

27. Adler B. E. , 1992, "Bankruptcy and Risk Allocation", Cornell Law Review, 77, pp. 439 – 489.

28. Aghion P. and P. Bolton, 1992, "An Incomplete Contracts Approach to Financial Contracting", Review of Economic Studies, 59, pp. 473 – 494.

29. Allen F. , J. Qian and X. Gu, 2017, "An Overview of China's Financial System", Annual Review of Financial Economics, 9, pp. 13. 1 – 13. 41.

30. Allen F. , J. Qian, G. Tu and F. Yu, 2017a, "Entrusted Loans：A Close Look at China's Shadow Banking System", Imperial College London Working Paper.

31. Allen F. , Qian J. , and M. J. Qian, 2005, "Law, Finance, and Economic Growth in

China", Journal of Financial Economics, 77, pp. 57 – 116.

32. Allen F. , X. Gu, J. Qian and Y. Qian, 2017b, "Implicit Guarantee and Shadow Banking: The Case of Trust Products", Imperial College London Working Paper.

33. Bae K. and V. K. Goyal, 2009, "Creditor Rights, Enforcement, and Bank Loans", The Journal of Finance, 2, pp. 823 – 860.

34. Billett M. T. , T. D. King, E. L. Cox and D. C. Mauer, 2007, "Growth Opportunities and the Choice of Leverage, Debt Maturity, and Covenants", The Journal of Finance, 61, pp. 697 – 730.

35. Boubakri N. and H. Ghouma, 2010, "Conttol Ownership Structure, Creditor Rights Protection, and the Cost of Debt-financing: International Evidence", Journal of Banking and Finance, 34, pp. 2481 – 2499.

36. Chen Z. , Z. He and C. Liu, 2017, "The Financing of Local Government in China: Stimulus Loan Wanes and Shadow Banking Waxes", Chicago Booth Business School Working Paper.

37. Demirguc-Kunt A. and R. Levine, 2012, "Bank-based and Market-based Financial Systems: Cross-country comparisons", World Bank policy working paper, No. 6175.

38. Djankov S. , C. Mcliesh and A. Shleifer, 2007, "Private Credit in 129 Countries", Journal of Financial Economic, 84, pp. 299 – 329.

39. Djankov S. , La Porta, R. , F. Lopez-de-Silanes and A. Shleifer, 2008, "The Law and Economics of Self-dealing", Journal of Financial Economic, 88, pp. 430 – 465.

40. Djankov S. , R. La Porta, F. Lopez-de-Silanes and A. Shleifer, 2003, "Courts", Quarterly Journal of Economics, 118, pp. 453 – 517.

41. Erungor O. E. , 2004, "Market-vs. Bank-based Financial systems: Do Rights and Regulations Really Matter?", Journal of Banking and Finance, 28, pp. 2869 – 2887.

42. Fung P. , M. Firth and O. Rui, 2003, "Corporate Governance and CEO Compensation in China", Hong Kong University Working Paper.

43. Gu X. and O. Kowalewski, 2016, "Creditor Rights and the Corporate Bond Market", Journal of International Money and Finance, 67, pp. 215 – 238.

44. Gu X. , P. Kadiyala and X. Mahaney-Walter, 2016, "Creditor Rights and Firm Investments: Evidence from Public Debt Market", working paper.

45. Haselmann R. , K. Pistor and V. Vig, 2010, "How Law Affects Lending", Review of Financial Studies, 23, pp. 549 – 580.

46. Jiang F. and A. K. Kenneth, 2014, "Corporate governance in China: A modern perspective", Journal of Corporate Finance, 6, pp. 190 – 216.

47. Kato T. and C. Long, 2006, "Executive compensation, firm performance, and corporate governance in China: evidence from firms listed in the Shanghai and

Shenzhen stock exchanges", Economic Development and Cultural Change, 54, pp. 945 – 983.

48. La Porta R. , F. Lopez-de-Silanes, A. Shleifer and R. Vishny, 1997, " Legal Determinants of External Finance", Journal of Finance, 52, pp. 1131 – 1150.

49. La Porta R. , F. Lopez-de-Silanes, A. Shleifer and R. Vishny, 1998, " Law and Finance", Journal of Political Economy, 106, pp. 1113 – 1155.

50. La Porta R. , F. Lopez-de-Silanes, C. Pop-Eleches and A. Shleifer, 2004, "Judicial Checks and Balances", Journal of Political Economy, 112, pp. 445 – 470.

51. Liberti J. M. and A. R. Mian, 2010, "Collateral Spread and Financial Development. ", Journal of Finance, 65, pp. 147 – 177.

52. MacNeil I. , 2002, " Adaptation and Convergence in Corporate Governance: The Case of Chinese Listed Companies", Journal of Corporate Law Studies, 2, pp. 289 – 344.

53. Mclean R. G. , T. Zhang and M. Zhao, 2012, "Why Does the Law Matter? Investor Protection and Its Effects on Investment, Finance, and Growth", Journal of Finance, 67, pp. 313 – 350.

54. Miller D. P. and N. Reisel, 2012, " Do Country-level Inverstor Protections Affect Security-livel Contract Design? Evidence from Foreign Bond Covenants", Review of Financial Studies, 25, pp. 408 – 438.

55. Modiglianni F. and E. Perotti, 2000, "Security Market versus Bank Finance: Legal Enforcement an Investors' Protections", International Review and Finance, 1, pp. 81 – 96.

56. Nini G. , D. C Smith and A. Sufi, 2009, " Creditor Control Rights and Firm Investment Policy", Journal of Financial Economics, 92, pp. 400 – 420.

57. Qian J. and P. E. Straluui, 2007, " How Laws and Institutions Shape Financial Contracts: Tlie Case of Bank Loans", Journal of Finance, 62, pp. 2803 – 2834.

58. Spamann H. K. , 2010, " The Anti-director Rights Index Revisited", Review of Financial Studies, 23, pp. 467 – 486.

59. Stiglitz J. E. and A. Weiss, 1981, " Credit Rationing in Markets with Imperfect Information", The American Economic Review, 71, pp. 393 – 410.

60. Townsend R. , 1979, "Optimal Contracts and Competitive Markets with Costly State Verification", Journal of Economic Theory, 21, pp. 265 – 293.

61. Vig V. , 2013, "Access to Collateral and Corporate Debt Structure: Evidence from a Natural Experiment", The Journal of Finance, 68, pp. 881 – 928.

专题报告三
异质信念、错误定价与定向增发折价[*]

徐 枫[**]

摘 要： 本文以2006～2013年上市公司定向增发事件为研究对象，通过路径分析法考查异质信念通过错误定价对定向增发折价的影响，并检验这一机制在不同增发对象和认购方式中的差异性。实证结果发现：①异质信念与定向增发折价正相关；②异质信念对定向增发折价有影响。通过错误定价中介作用，区分增发对象和认购方式考查发现：①仅大股东认购、大股东和机构投资者同时认购，以及仅机构投资者认购三种情形下，错误定价的中介效应程度依次增强；②大股东采用资产认购时，错误定价的中介效应程度弱于现金认购。

关键词： 异质信念 定向增发折价 错误定价

一 引言

2006年5月中国证监会推出《上市公司证券发行管理办法》以来，

---

* 本文曾发表于《金融评论》2016年第2期，感谢《金融评论》编辑部同意本书收录。
** 本文获得国家社会科学基金"异质信念、卖空限制与企业定向增发行为研究"（13CGL033）、中国社会科学院创新工程项目"上市公司融资行为及其经济后果：投资者视角"资助。感谢中国社会科学院金融研究所董裕平研究员、张跃文研究员、程炼副研究员和中国人民大学商学院姜付秀教授提供的建议，感谢匿名审稿专家的修改意见。

定向增发迅速成为 A 股市场再融资的首要选择。根据 WIND 资讯统计，2007～2013 年沪深两市实施定向增发企业占全部股权再融资企业的82.6%，与之相伴的是增发折价超过 21.34%。折价居高不下不仅弱化了定向增发行为优化资产质量的初衷，而且演变为上市公司输送利益的重要路径。为完善投资者利益保护机制，2007 年 9 月监管层制定《上市公司非公开发行股票实施细则》，规定"发行价格不低于定价基准日前 20个交易日股票均价 90%"，并将基准日明确为"董事会决议公告日、股东大会决议公告日或发行期首日"。然而，无论选择哪个时点，金融市场摩擦都会影响折价基准对资产价值的如实反映，因此错误定价就会发生。投资者异质信念是资本市场中的常见摩擦，学术界、实务界和监管层都非常关注其对资本市场有效性的影响。由此产生一系列重要问题：投资者异质信念是否影响上市企业定向增发折价呢？如果影响存在，错误定价是否成为一种中介作用路径？选择不同增发对象或认购方式，这一影响机制是否有所差异？从已有文献来看，对上述问题的探讨才刚进入中国学者的视野。

本报告以 2006～2013 年沪深两市定向增发事件为研究对象，以分析师预测分歧和调整换手率作为异质信念测度，通过路径分析法考查异质信念是否通过错误定价中介途径影响定向增发市场折价。进而区分增发对象和认购方式，检验异质信念对定向增发折价的影响机制是否发生变化。对上述问题的理论分析和实证检验有利于拓展定向增发折价的相关理论，同时积累基于中国制度背景的相关经验证据。

实证研究结果表明，错误定价作为投资者异质信念影响企业定向增发折价的中介效应显著存在。区分增发对象研究发现，在仅大股东认购、大股东和机构投资者同时认购以及仅机构投资者认购三种情形下，错误定价作为异质信念影响定向增发折价的中介效应依次增强。区分认购方式研究发现，大股东资产认购时错误定价作为异质信念影响定向增发折价的中介效应程度弱于现金认购。

本文从以下两方面在对投资者特征如何影响企业定向增发行为研究方面

做出贡献。

第一，选择从异质信念视角切入，研究投资者特征对定向增发折价的影响效果和作用途径，拓展和补充了现有文献。首先，立足于投资者信念分歧导致市场交易形成折价基准的现实，关注两权分离以来掌握控制权的管理者在企业融资决策时是否受投资者特征的影响。其次，以错误定价作为中介变量，试图剖析异质信念对定向增发折价影响的作用路径，为研究投资者特征对企业决策行为的影响机制提供借鉴思路。

第二，区分增发对象和认购方式，揭示投资者异质信念对定向增发折价影响效果的差异性，为政府分类监管提供依据。首先，机构投资者参与和控股股东退出认购可以抑制定向增发价格操纵行为，以增发对象为标准划分样本可能会反映中介效应影响效果的差异性有助于分类监管。其次，相较现金认购，资产认购既利于大股东掏空又便于支持上市公司，以认购方式为标准划分样本识别增发动机有助于制定差异化的监管措施。

本文结构安排如下：第二部分在述评已有文献和介绍制度背景基础上展开理论分析；第三部分界定主要变量、研究方法和样本分布；第四部分检验异质信念对企业定向增发折价的影响效果和作用路径，以及在不同分类情形下的差异性；最后总结全文。

二 制度背景与研究假设

（一）研究文献及评述

作为定向增发决策的重要方面，折价是判别控股股东是要提升公司质量还是要输送利益的关键（廖理、刘碧波，2009；王志强等，2010）。但可能由于两权分离以来投资者对企业决策行为约束有限，已有文献中直接考查投资者特征，尤其是异质信念如何影响企业定向增发折价及其作用路径的研究颇为稀少。因此，我们简要梳理关于企业定向增发折价的影响因素及形成机制的文献，以便勾勒本文研究的范围和边际贡献。

近 20 年来，金融学者沿着"财富转移—折价控制"思路做了大量理论和经验研究，结论表明控股股东普遍存在利用定向增发转移财富的行为，而增发折价水平和大股东认购比例则决定了上市企业财富是否以及在多大程度上被转移（Baek et al.，2006；张鸣、郭思勇，2009）。为抑制定向增发行为对中小股东利益的侵犯，信奉"股东积极主义"的学者建议在增发对象中提高机构投资者认购比例以监督控股股东操纵利润，进而完善增发折价决定机制（Chung et al.，2002；郑琦，2008）。那么，在财富转移动机之外，上市公司对特定发行对象是否有利益补偿的必要呢？

Wruck（1989）最早从管理者监督水平角度进行解释，由此燃起该领域研究热潮。他们发现定向增发导致的股权集中会增加企业价值，因此认为折价是对投资者提供监督服务的补偿。然而，与这一观点相矛盾的是控制权补偿假说。该假说认为管理者通常挑选对企业运营较少关注或从不过问的投资者作为定向增发对象，在新股增发时给予被动型投资者较高折价作为回报（Barclay et al.，2007）。从信息不对称角度出发，Hertzel 和 Smith（1993）认为信息不对称导致定向增发传递股价高估信号，因此增发折价补偿的是信息不对称。从期限流动性补偿角度来看，股权禁售期越短，所要求的折价越低（Maynes and Pandes，2011）。总体而言，现有文献在探讨折价成因时，更多将焦点放在公司治理方面考虑，较少对折价基准有效性进行科学论证。本报告则从价格基准非有效的现实出发，研究投资者特征对定向增发折价的影响。

关于投资者特征方面，一些研究考查了投资者情绪对定向增发折价的影响。例如，徐斌和俞静（2010）研究发现，投资者情绪高涨导致股价高估时，回归内在价值的投资预期客观上迫使定向增发折价。进一步的，卢闯和李志华（2011）研究发现，错误定价是投资者影响企业定向增发折价的重要中介途径。显然，这些文献考查的是投资者"一致性"特征是否以及怎样影响定向增发折价的问题，较少涉及投资者"分歧性"。支晓强和邓路（2014）区分增发对象分别探讨了面向机构投资者和大股东两种情形下，投资者异质信念对定向增发折价影响的总体效果。本报告则希望考查投资者异质信念对定向增发折价的影响效果和作用机制，及其在不同增发情形中的差异性，为充实现有理论做出边际贡献。

（二）定向增发实施的制度背景

自开闸以来，定向增发就受到市场热捧，然而实施过程中操纵发行价格行为屡见不鲜，与监管层优化资产质量本意渐行渐远。为规范定向增发行为，中国证监会在《上市公司非公开发行股票实施细则》中采取多种措施：其一，在定价机制方面，针对战略投资者引入公开询价机制，以及针对财务投资者引入竞价机制；其二，在定价基准方面，明确董事会决议公告日、股东大会决议公告日和发行期首日供选择；其三，在股票锁定期方面，针对实际控制人和战略投资者限制转让三年，针对其他投资者限制转让一年。上述制度设计提升了定向增发的公平性和透明度，但仍然留下了诸多操作空间。

作为上市公司控制者与非公开发行对象议价博弈的均衡，定向增发折价受到诸多因素影响。首先，增发折价受到主导者与认购者关系影响。从增发主导者角度来看，大股东主导定向增发有更强利益输送动机，具体到折价方面，对上市公司控制能力强的大股东会要求更高折价。徐寿福（2009）实证发现控股股东及关联者认购比例与增发折扣率正相关。从增发参与者角度来看，机构投资者的参与可以抑制发行过程中的利益输送行为，具体到折价方面，发挥股东积极作用的机构投资者参与会导致折价下降。一些研究表明，机构投资者参与时定向增发折价比没有参与时更低（郑琦，2008）。

其次，认购方式也会影响定向增发折价。与现金支付"货真价实"相比，大股东资产认购——控股股东与上市公司间的天然关联交易，更利于上市公司利益输送。其途径主要体现在两方面：一是高估认购资产评估增值率。周勤业等（2003）以资产评估报告为对象，发现上市公司接受资产注入时大股东交易资产评估增值率显著高于其他资产。二是注入低质量资产获利。章卫东和李海川（2010）研究大股东向上市公司注资行为时发现，注入相关资产时长期投资收益率显著高于无关资产。当然，这种利益输送并非总是立竿见影。一些研究甚至发现，控股股东还可能借道资产认购优化上市公司质量。对此可能的一种解释是，控股股东为了谋求更多未来利益，从而选择在当期支持上市公司（王浩、刘碧波，2011）。

（三）研究假说的发展

定向增发市场折价最终通过发行价格和市场价格的关系体现，发行价格越低，市场价格越高，增发折价自然越高（Baek et al.，2006）。借用公式简要表述为：市场折价 =（市场价格 – 发行价格）/市场价格。其中，发行价格是上市公司与认购对象议价博弈达成的均衡，体现的是非公开投资者对禁售股价值的判断；而市场价格则可以看作对流通股价值估计存在分歧的投资者交易行为的结果，表明的是公开投资者认知的异质性。现实资本市场中，股票价格与内在价值存在偏离，即错误定价现象出现。如果错误定价表现形式为相对高估，则定向增发后股价会回归内在价值，因此认购投资者就会要求折价补偿，并且折价幅度与错误定价正相关；反之，则会出现溢价增发。

错误定价形成机制甚多，其中较为重要的来源是投资者特征。一些理论研究和实证文献证明，投资者异质信念和卖空限制相结合时，只有乐观投资者才能参与市场交易，从而导致股价高估（Miller，1977；Chen et al.，2002）。进一步的，Bayar 等（2011）借助信念 – 财富密度概念阐释了异质信念导致股票错误定价的影响机制，即假定投资者总财富不变，尽管异质性程度加剧会导致单位信念承载财富量降低，但是乐观投资者比例增加最终会推高市场股价。这一理论逻辑转化为现实需要相应的制度土壤。2010 年卖空开启以前，中国股市严格禁止卖空，其后经历三次扩容，截至 2013 年底，标的股票数量达到 700 只，但较高的融资费率和交易门槛导致普通投资者难以入场，从而创造了推高股价的制度环境。我们的逻辑是投资者异质信念导致股价高估，因此企业定向增发时需要对认购主体给予折价补偿，并且异质信念对定向增发折价的影响是通过错误定价中介产业作用，但其作用路径可能不限于此。基于上述分析本报告提出如下假设。

假设1：投资者异质信念与定向增发折价正相关。

假设2：异质信念对定向增发折价的影响，通过股票错误定价中介途径发挥作用。

在市场价格之外，发行价格是影响定向增发折价的另一重要途径。根据折价公式不难推演，发行价格偏离内在价值越小，错误定价对定向增发折价的相对影响更强。无论采用公开询价机制还是竞价机制，发行价格均由非公开发行对象决定。当认购方仅为控股股东时，"独享"收益会诱使主导者压低发行价格，从而导致两者偏离度增加。若此时机构投资者参与认购，一方面"分享"收益会降低主导者的利益输送意愿，另一方面外部投资者参与认购能抑制价格操纵行为。然而，一旦大股东不参与认购，其身份迅速演变为股东利益捍卫者，此时两者偏离度最小，错误定价作用相应最强。基于上述分析，我们提出如下假设。

假设3：仅大股东参与认购、大股东和机构投资者同时认购，以及仅机构投资者认购三种情形，错误定价作为异质信念影响定向增发折价的中介效应依次增强。

作为定向增发主导者，大股东参与认购时会有较强动机压低发行价格。然而现实中，意愿并非都能实现。特别的，以2010~2013年为例，进入股东大会预案289起，其中未能通过数量超过12.8%。因此理性增发主导者必定会在定向增发前预判可能的市场反应，从而确定合适的折价幅度和支付方式。相对现金而言，资产认购作为支付手段更容易引起市场强烈反应，说明投资者对资产注入已经具备辨别能力（曾颖，2010）。那么资产认购方式对发行价格有何影响呢？一种观点认为，大股东借助资产认购输送利益，例如高估资产评估值或注入无关资产，此时为获取股东大会认可要支付高于现金认购的发行价格；另一种观点则认为，大股东利用资产认购谋求长期价值，例如注入优质资产提升上市公司质量，此时低于现金认购的发行价格也能被市场接受。基于上述分析，提出如下对立假设。

假设4a：大股东采用资产认购时，错误定价作为异质信念影响定向增发折价的中介效应强于现金认购。

假设4b：大股东采用资产认购时，错误定价作为异质信念影响定向增发折价的中介效应应弱于现金认购。

三　研究设计

（一）变量选择与定义

借鉴现有研究（Garfinkel and Sokobin，2006；支晓强、邓路，2014）做法，构造超额换手率（ABT）和分析师预测分歧（$DISP$）两个指标测度投资者异质信念（HB）。

$$ABT_i = \frac{1}{30} \sum_{k=-30}^{-1} \left| (Turn_{i,k} - Turn_{m,k}) - \frac{1}{120} \sum_{t=k-124}^{k-5} (Turn_{i,t} - Turn_{m,t}) \right| \qquad (1)$$

其中 $Turn_{i,t(k)}$ 和 $Turn_{m,t(k)}$ 分别表示定向增发日前第 t 或 k 日，股票 i 换手率和市场换手率。选择定向增发公告日前 30 天调整换手率均值测度异质信念，计算过程中既控制市场整体换手率状况，也考虑个股特有流动性。与已有文献不同的是，本报告计算换手率中的流动性时选择 120 天"清洁窗口" $[k-124, k-5]$ 受基准时间 k 影响①。

$$DISP_i = \sqrt{\frac{1}{n} \sum_{j=1}^{n} (f_{i,j} - \bar{f}_i)^2} / BPS_i \qquad (2)$$

其中 $f_{i,j}$ 和 $\bar{f}_i$ 分别表示分析师 j 对公司 i 每股收益预测和所有分析师每股收益预测均值，预测时间限定为定向增发前 3 个月以内②；BPS_i 表示公司 i 每股净资产账面价值。

定向增发折价（$DISC$）：参考 Hertzel 和 Smith（1993）、Deng 等（2011）做法，我们使用定向增发公告日时间窗口 $[-30, -1]$ 收盘价均值

---

① 受 *Economic Modelling* 匿名审稿人建议，选择动态清洁窗口更为严谨。
② 与 ABT 和 $DISP$ 时间窗口一致，研究过程尝试选择 30 天窗口，但样本量相对较少，因此放宽至 3 个月。

作为市场价格基准[①]，将其与发行价格的差异相对基准价格进行标准化处理。如果数值为正，意味着折价发行，否则为溢价发行。

错误定价（*MISP*）：参考 Ang 和 Cheng（2006）、卢闯和李志华（2011）的做法，我们采用市净率相对定价法计算，具体方法为公司 *i* 市净率与所属行业企业市净率中位数之差，除以所属行业市净率中位数。其中行业选择参考申银万国分类标准。数值为正意味着股价高估；否则为股价低估。

此外，根据相关文献设置若干控制变量：增发比例（用 *FR* 表示，定义为定向增发股票数量与增发后股票总量之比），增发规模（用 *PS* 表示，定义为定向增发筹集资金的自然对数），市值账面比（用 *MB* 表示，定义为市场价值除以账面价值），大股东控制力（用 *CS* 表示，定义为第一大股东持股比例），年度因素（用 *year* 表示），等等。

（二）研究方法与模型设计

为考查异质信念是否通过错误定价中介途径影响定向增发市场折价，以及这一影响机制在不同增发对象和认购方式的分组样本中是否存在差异，本报告实证设计涵盖中介效应的存在性检验和作用程度差异性检验两方面内容（方杰等，2012）。针对存在性检验，分别采用依次检验法和系数乘积法互为印证。其中依次检验法主要根据模型（3）~（5）中 *HB* 和 *MISP* 项的回归系数来判定，而系数乘积法则更关注检验联合检验统计量的置信区间。

$$DISC = \alpha + \alpha_1 HB + \alpha_2 FR + \alpha_3 PS + \alpha_4 MB + \alpha_5 CS + \Sigma\varphi year \tag{3}$$

$$MISP = \beta + \beta_1 HB + \Sigma\varphi year \tag{4}$$

$$DISC = \gamma + \gamma_1 HB + \gamma_2 MISP + \gamma_3 FR + \gamma_4 PS + \gamma_5 MB + \gamma_6 CS + \Sigma\varphi year \tag{5}$$

针对作用程度在分组样本中的差异性检验，分别采用系数比值法和方差

[①] 不同于已有文献公告以增发后 10 日收盘价为折价基准，本文考量如下：从决策逻辑看，确定发行价格后，发行时机成为公司增发决策重要选项，选择增发前价格为基准更适宜；从检验逻辑看，市场价格由异质性投资者交易形成，两者时间窗口匹配更稳健。当然，稳健性检验中，仍会参照现有其他折价基准。

解释法互为印证。其中系数比值法依据中介效果系数与直接效果系数比值判定[1]（Shrout and Bolger，2006；方红星等，2013），而方差解释法则核算 *DISC* 方差能被异质信念 *HB* 和错误定价 *MISP* 共同解释的比例[2]（Fairchild et al.，2009）。

（三）研究样本与统计分布

研究样本为沪深两市 2006～2013 年实施定向增发的非金融上市企业。剔除发行 B/H 股、交易状态 PT/ST、净资产为负值、数据缺失的样本，对于同一会计年度内定向增发多次的企业，以最大融资规模为准，最终得到有效样本 944 个，涉及上市企业 752 家（见表 1）。对所有连续性变量的极端值进行 1% 和 99% 分位的缩尾处理（Winsorization）。所有数据均来自 WIND 资讯。

表 1 样本分布

年份	全样本	增发对象			认购方式	
		大股东	大股东和机构	机构投资者	资产	现金
2006	42	10	6	26	8	4
2007	122	34	33	54	31	31
2008	75	23	23	27	19	22
2009	94	29	21	44	21	20
2010	121	17	37	64	16	32
2011	142	25	49	65	23	37
2012	128	32	44	47	30	31
2013	220	39	66	102	23	66

注：大股东含大股东关联方，机构投资者含境外机构投资者；现金与资产同时认购，以规模较大者为准。

---

[1] 若直接效应与中介效应方向相反，系数比值法会造成结果失真，本报告判定中介效应时会参考系数特征。

[2] 方差解释法度量中介效应时，可能导致结果为负值，本报告判定中介效应时亦会参考系数特征。

表1报告了2006~2013年上市公司定向增发样本分布结果。从发行年度来看，除了2008年金融危机冲击和2012年股市低迷时有所下降外，上市公司定向增发增长态势明显。从增发对象来看，面向机构投资者增发708起，剔除同时面对大股东情形后仍多达429起，说明外部资金成为主要融资来源，意味着利益输送不断减少。从认购方式来看，2010年成为分水岭，其后大股东采用现金认购比例明显超过资产认购，意味着定向增发交易过程趋向公平。

四　实证检验结果与分析

（一）单变量差异性检验

借鉴 Diether 等（2002）的方法，以异质信念为基准将全部样本划分为高、中、低三组，检验最高组和最低组定向增发折价和错误定价的差异性，表2列示了检验结果。Panel A 针对定向增发折价的检验结果显示：$DISP$ 作为代理变量时，最高异质信念组合的折价均值和中位数分别为 0.266 和 0.264，显著高于最低组合；ABT 作为代理变量时，最高异质信念组合的折

表2　基于异质信念的单变量差异性检验

检验变量	分组指标	均值	T 检验	中值	W 检验
Panel A:定向增发折价					
DISC	DISP（H）	0.266	0.107***	0.264	0.109***
	DISP（L）	0.159	（5.021）	0.155	（6.464）
	ABT（H）	0.257	0.068***	0.239	0.035***
	ABT（L）	0.189	（3.718）	0.204	（3.617）
Panel B:错误定价					
MISP	DISP（H）	1.165	0.554***	0.819	0.430***
	DISP（L）	0.611	（4.428）	0.389	（4.123）
	ABT（H）	0.932	0.116***	0.626	0.129***
	ABT（L）	0.816	（4.112）	0.497	（4.178）

注："***"、"**"和"*"分别表示回归系数在1%、5%和10%显著性水平下显著。

价均值和中位数分别为 0. 257 和 0. 189，同样高于最低组合。初步表明异质信念确实能够显著提高定向增发折价幅度，初步验证了本报告假设 1。

Panel B 针对错误定价的检验结果显示：*DISP* 作为代理变量时，最高异质信念组合的错误定价均值和中位数分别为 1. 165 和 0. 819，显著高于最低组合；*ABT* 作为代理变量时，最高异质信念组合的错误定价均值和中位数分别为 0. 923 和 0. 626，同样高于最低组合。这一结果初步说明异质信念与错误定价正相关，支持 Miller（1977）以来的主流观点。

（二）异质信念对定向增发折价影响的效应及路径分析

表 3 列示了异质信念对定向增发折价影响的效应及路径实证检验结果。模型（1）和（2）控制相关变量后，分别检验不同异质信念代理变量对定向增发折价影响的总效应。模型（1）和模型（2）中变量方差膨胀因子（VIF）最大值分别为 1. 179 和 1. 150，表明不存在严重多重共线性；同时实证结果显示异质信念的代理变量 *ABT* 和 *DISP* 系数为 0. 118 和 0. 021，同时在 1% 水平上显著为正。结果表明定向增发折价与投资者异质信念正相关，与支晓强和邓路（2014）针对大股东增发情形结论一致①，也证实了本报告假设 1。此外，从控制变量来看，增发比例与折价幅度正相关，这一比例越高表明增发对象议价能力越强，要求上市公司折让幅度更高。增发规模与折价幅度负相关，发行规模越大意味着单位信息成本越低，折价补偿也会越低。市值账面比越高，反映企业经营不确定性增加，要求增发折价也会更高。大股东控制力与折价幅度正相关，意味着缺乏有效股权制衡结构，上市公司利益保护难度增大，体现为更高折价补偿。

模型（3）和模型（4）中因变量为错误定价（*MISP*），控制年度效应后，检验结果显示异质信念代理变量 *ABT* 和 *DISP* 的回归系数为 0. 249 和 0. 195，分别在 5% 和 1% 水平上显著为正，说明异质信念能够导致股票错误

---

① 需要指出的是，支晓强和邓路（2014）理论探讨的是机构投资者异质信念和大股东异质信念对发行价格的影响，本报告侧重说明普通投资者异质信念与市场价格的关系；前文关注增发后折价，本报告研究增发前折价。另外，异质信念计量方法也存在差异。

定价上升，提高了定向增发折价基准。在模型（1）和模型（2）基础上，模型（5）和模型（6）引入错误定价变量，同时检验异质信念对定向增发折价影响的直接和间接效应。模型（5）显示异质信念代理变量 ABT 和错误定价 MISP 回归系数为 0.113 和 0.026，且同时在 1% 水平上显著为正；而模型（6）结果显示异质信念代理变量 DISP 和错误定价 MISP 回归系数为 0.016 和 0.032，且分别在 5% 和 1% 水平上显著为正。表 3 列示了回归结果，但中介效应是否存在还需借助判定方法确定。

表3　异质信念对定向增发折价的影响

被解释变量	DISC		MISP		DISC	
模型	（1）	（2）	（3）	（4）	（5）	（6）
	系数（T值）	系数（T值）	系数（T值）	系数（T值）	系数（T值）	系数（T值）
ABT	0.118 *** (7.195)		0.249 ** (2.009)		0.113 *** (7.002)	
DISP		0.021 *** (2.910)		0.195 *** (3.753)		0.016 ** (2.178)
MISP					0.026 *** (5.549)	0.032 *** (5.258)
FR	0.445 *** (8.823)	0.504 *** (8.136)			0.367 *** (6.973)	0.434 *** (6.970)
PS	−0.030 *** (−3.634)	−0.025 *** (−2.771)			−0.031 *** (−3.751)	−0.025 *** (−2.815)
MB	0.015 *** (7.092)	0.015 *** (5.897)			0.009 *** (3.925)	0.009 *** (3.221)
CS	0.001 ** (2.514)	0.001 ** (2.413)			0.001 *** (2.826)	0.001 ** (2.546)
C	0.416 *** (4.394)	0.329 *** (3.279)	1.373 *** (5.227)	1.299 *** (5.631)	0.414 *** (4.443)	0.318 *** (3.228)
Year	控制	控制	控制	控制	控制	控制
Adj-R²	0.279	0.238	0.028	0.041	0.302	0.269
F	30.075 ***	16.941 ***	2.199 **	3.487 ***	31.019 ***	18.405 ***
Obs.	944	664	944	664	944	664

注："***"、"**" 和 "*" 分别表示回归系数在 1%、5% 和 10% 显著性水平下显著。

　　表 4 列示了错误定价中介效应的判定过程及结果。Panel A 采用依次检验法，检验过程分三步：第一，模型（1）和模型（2）中异质信念对定向增发折价影响的总效应显著，*DISP* 和 *ABT* 系数均在 1% 水平显著；第二，模型（3）和模型（4）中异质信念对错误定价影响显著，*DISP* 和 *ABT* 系数分别在 1% 和 5% 水平显著；第三，模型（5）和模型（6）中错误定价对定向增发折价影响显著，MISP 系数均在 1% 水平显著。这一结论表明，错误定价作为异质信念影响定向增发折价的中介效应显著存在，证实了本报告假设 2。

表 4　错误定价中介效应的判定

Panel A：依次检验法				
异质信念	回归参数	α_1	β_1	γ_2
DISP	P 值	0.004	0.000	0.000
ABT	P 值	0.000	0.045	0.000

Panel B：系数乘积法					
异质信念	回归参数	α_1	β_1	γ_2	Z
DISP	估计值	0.021	0.195	0.032	3.067 ***
	标准差	0.007	0.052	0.006	
ABT	估计值	0.118	0.249	0.026	1.809 *
	标准差	0.016	0.129	0.005	

注："***"、"**" 和 "*" 分别表示回归系数在 1%、5% 和 10% 显著性水平下显著。

　　Panel B 报告了系数乘积法的检验结果，Z 对应着 Sobel 统计量[①]。检验结果显示：*DISP* 作为异质信念代理变量时，Sobel 统计量为 3.067，对应 P 值为 0.002；而 *ABT* 作为异质信念代理变量时，Sobel 统计量为 1.809，对应 P 值为 0.071。这一结论表明，系数乘积项分别在 1% 和 10% 水平显著，与依次检验法结论一致，同样证实了本报告假设 2。

_____

[①] Sobel 统计量 $Z = \beta_1\gamma_2 / \sqrt{\beta_1^2 s\,(\gamma_2) + \gamma_2^2 s\,(\beta_1)}$，用于检验系数乘积项 β_1、γ_2 显著性，检验 Sobel 统计量对应 P 值可以通过在线网站：http://danielsoper.com/statcalc3/calc.aspx? id =31。

（三）基于增发对象分组的中介效应差异性检验

异质信念对定向增发折价影响的效应和路径在不同增发对象中是否有所差异呢？对此，我们从总样本中提取仅针对大股东、同时针对大股东和机构投资者以及仅针对机构投资者的三类子样本，沿用表3模型回归，分样本实证结果同样支持假设1和假设2。限于篇幅，表5仅列示与中介效应作用程度差异性检验相关的重要参数。Panel A 采用系数比值法检验[1]，结果显示：以 *DISP* 测度异质信念时，仅针对大股东增发情形，中介效果系数高达0.301，分别低于针对两类投资者和针对机构投资者情形的0.064和0.089；以 *ABT* 测度异质信念时，仅针对大股东增发情形，中介效果系数高达0.054，分别低于针对两类投资者和针对机构投资者情形的0.009和0.022。这一结论

表5　基于增发对象分组的中介效应差异性检验

Panel A：系数比值法					
增发对象	异质信念	β_1	γ_2	γ_1	λ_1
大股东	*DISP*	0.208 *	0.042 **	0.029 *	0.301
	ABT	0.217 **	0.035 ***	0.141 ***	0.054
大股东和机构投资者	*DISP*	0.197 **	0.039 ***	0.021 *	0.365
	ABT	0.318 *	0.024 ***	0.122 ***	0.063
机构投资者	*DISP*	0.256 ***	0.035 *	0.023 ***	0.390
	ABT	0.235 **	0.023 ***	0.071 ***	0.076

Panel B：方差解释法					
增发对象	异质信念	r_1	r_2	R_1	λ_2
大股东	*DISP*	0.188	0.327	0.300	0.215
	ABT	0.144	0.294	0.378	0.060
大股东和机构投资者	*DISP*	0.145	0.427	0.239	0.333
	ABT	0.264	0.321	0.259	0.326
机构投资者	*DISP*	0.230	0.183	0.119	0.359
	ABT	0.237	0.262	0.154	0.345

注："***"、"**"和"*"分别表示回归系数在1%、5%和10%显著性水平下显著。

---

① 中介效应系数 $\lambda_1 = \beta_1\gamma_2/\gamma_1$，采用中介效应与直接效应的比值度量。

表明，大股东参与认购意愿下降和机构投资者认购意愿上升，均会导致错误定价作为异质信念使定向增发折价的中介效应提升，证实了本报告的假设3。

Panel B采用方差解释法检验中介效应作用程度差异性[①]，结果显示：以 *DISP* 测度异质信念时，仅针对大股东增发情形，方差解释系数高达0.215，分别低于针对两类投资者和针对机构投资者情形的0.118和0.144；以 *ABT* 测度异质信念时，仅针对大股东增发情形，方差解释系数高达0.060，分别低于针对两类投资者、针对机构投资者增发情形的0.266和0.285。这一结论与系数比值法一致，同样证实了本报告的假设3。

（四）基于认购方式分组的进一步考查

异质信念对定向增发折价影响的效应和路径在不同认购方式中是否有所差异呢？对此，我们将针对大股东的增发样本按照认购方式分为现金认购和资产认购两类子样本，沿用表3模型回归，分样本实证结果同样支持假设1和假设2。限于篇幅，表6仅列示与中介效应作用程度差异性检验相关的重要参数。Panel A采用系数比值法检验，结果显示：以 *DISP* 测度异质信念时，现金认购情形下中介效果系数高达0.374，比资产认购情形高0.020；以 *ABT* 测度异质信念时，现金认购情形下中介效果系数高达0.137，比资产认购情形高0.071。这一结论表明，大股东采用资产认购会导致错误定价作为异质信念使定向增发折价的中介效应减弱，证实了本报告的假设4b。

Panel B采用方差解释法检验中介效应作用程度差异性，结果显示：以 *DISP* 测度异质信念时，现金认购情形下方差解释系数为0.338，比资产认购情形高0.191；以 *ABT* 测度异质信念时，现金认购情形下方差解释系数为0.277，超过资产认购情形的0.206。这一结论与系数比值法一致，同样证

---

① 方差解释系数 $\lambda_2 = r_1 + r_2 - R_1$，其中 r_1（r_2）为 *DISC* 与 *HB*（*MISP*）的相关系数，表示 *DISC* 方差能被 *HB*（*MISP*）解释的部分；R_1 为 *HB* 和 *MISP* 同时对 *DISC* 回归的决定系数，表示 *DISC* 方差能被 *HB* 和 *MISP* 解释的部分。

实了本文假设 4b。表 6 列出的实证结论从中介效应角度佐证了定向增发已经成为大股东注入优质资产、提升上市公司质量的重要途径（王浩、刘碧波，2011）。

表 6　基于认购方式分组的中介效应差异性检验

Panel A:系数比值法					
认购方式	异质信念	β_1	γ_2	γ_1	η_1
现金	DISP	0.218 ***	0.036 ***	0.021 ***	0.374
现金	ABT	0.423 **	0.041 ***	0.127 **	0.137
资产	DISP	0.304 *	0.042 ***	0.036 *	0.354
资产	ABT	0.513 *	0.032 ***	0.247 ***	0.066
Panel B:方差解释法					
认购方式	异质信念	r_1	r_2	R_1	η_2
现金	DISP	0.166	0.372	0.200	0.338
现金	ABT	0.193	0.321	0.237	0.277
资产	DISP	0.177	0.337	0.367	0.147
资产	ABT	0.227	0.222	0.378	0.071

注："***"、"**"和"*"分别表示回归系数在 1%、5% 和 10% 显著性水平下显著。

（五）稳健性检验

为了增强研究结论稳健性，检验中介效应存在性时进行如下技术性替换。（1）计算定向增发折价时，采用时间窗口 $[-20,-1]$ 收盘价均值作为市场价格基准进行考查；此外，借鉴 Barclay 等（2007）做法，将股价基准替换为公告日前一天收盘价，研究结论不受影响。（2）采用超额换手率测度异质信念时，将计算异质信念时间窗口替换为公告日前 20 天，并将计算流动性清洁窗口替换为 $[k-64, k-5]$，结论仍然稳健。（3）计算错误定价时，将行业标准替换为 WIND 资讯行业标准构建定价基准，结论没有变化。

检验中介效应作用程度差异性时，进行如下分类标准替换。（1）按增发对象分组时，从大股东样本组中剔除仅针对大股东关联方的情形，共 35 家；从机构投资者组中剔除仅针对境外机构投资者的情形，共 4 家。（2）按认购方式分组时，剔除同时采用资产和现金认购的情形，共 10 家。研究结论仍然稳健。

五 结论

我们以 2006～2013 年沪深两市定向增发事件为研究对象，通过路径分析法考查异质信念是否通过错误定价中介途径影响定向增发市场折价。本报告研究结果表明：错误定价作为投资者异质信念影响企业定向增发折价的中介效应显著存在；区分增发对象考查发现，仅大股东认购、大股东和机构投资者同时认购以及仅机构投资者认购三种情形下，股票错误定价作为异质信念使定向增发折价的中介效应依次增强；进一步区分认购方式考查发现，大股东采用资产认购时，错误定价的中介效应弱于现金认购。

本报告研究结论具有如下重要政策含义。（1）从作用路径来看，投资者异质信念对企业定向增发折价的影响既可以通过直接途径作用，又能透过错误定价间接途径作用。对于一个以公司价值最大化为目标的上市企业融资决策而言，预判投资者特征对定向增发方案的市场反应，从而避免高增发折价等损害投资者利益现象出现，可以资本市场错误定价中介变量作为指示器来部分实现。（2）从增发对象来看，机构投资者参与认购和大股东退出认购可以增强错误定价作为异质信念影响定向增发折价的中介效应程度，说明引入机构投资者参与增发可以有效抑制定向增发价格操纵行为，而大股东退出增发有助于促进中小投资者利益保护。建议未来发行审批机构鼓励上市公司面向机构投资者定向增发，并且通过适当限制大股东认购比例来弱化借道定向增发输送利益的现象出现。（3）从大股东认购方式来看，尽管资产认购弱化了错误定价作为投资者特征影响定向增发折价中介效应的指示功能，但其带来的正面效应是大股东优化上市公司资产质量。因此针对大股东参与增发行为的监管原则是鼓励采用资产认购模式，同时提升注入资产信息透明度。

本报告研究还具有一定的改进空间。例如，研究异质信念对定向增发折价影响的中介途径仅从市场定价效率角度入手，并未探讨发行定价这一关键因素作为中介途径的作用机制。其中很重要的原因是定向增发过程中公开询价和竞价信息披露较少，难以提炼参与非公开发行的投资者异质信念。再如，研究异质信念对定向增发折价的影响时并未考虑融资约束。显然，增发折价不仅与增发主导者和非公开认购对象有关，而且受股东大会同意等程序约束。事实上，并非所有进入股东大会的定向增发预案都能获得通过。因此进一步考虑融资约束可能会使问题研究更贴近现实。

参考文献

1. 方杰、张敏强、邱皓政：《中介效应的检验方法与效果量测量：回顾与展望》，《心理发展与教育》2012 年第 1 期，第 105～117 页。

2. 方红星、施继坤、张广宝：《产权性质、信息质量与公司债定价》，《金融研究》2013 年第 4 期，第 170～182 页。

3. 廖理、刘碧波：《定向增的战略动机：模型和实证》，清华大学出版社，2009。

4. 卢闯、李志华：《投资者情绪对定向增发折价的影响研究》，《中国软科学》2011 年第 7 期，第 155～162 页。

5. 王浩、刘碧波：《定向增发：大股东支持还是利益输送》，《中国工业经济》2011 年第 10 期，第 119～129 页。

6. 王志强、张玮婷、林丽芳：《上市公司定向增发中的利益输送行为研究》，《南开管理评论》2010 年第 3 期，第 109～116 页。

7. 徐斌、俞静：《究竟是大股东利益输送抑或投资者情绪推高了定向增发折价》，《财贸经济》2010 年第 4 期，第 40～47 页。

8. 徐寿福：《大股东认购与定向增发折价：来自中国市场的证据》，《经济管理》2009 年第 9 期，第 129～135 页。

9. 曾颖：《资产注入：支付手段与市场反应市》，《证券市场导报》2007 年第 10 期，第 29～36 页。

10. 张鸣、郭思勇：《大股东控制下的定向增发和财富转移》，《会计研究》2009 年第 5 期，第 78～86 页。

11. 章卫东、李海川：《定向增发新股、资产注入类型与上市公司绩效》，《会计研究》2010 年第 3 期，第 58～64 页。

12. 郑琦：《定向增发对象对发行定价影响的实证研究》，《证券市场导报》2008 年第 4 期，第 3 ~ 36 页。

13. 周勤业、夏立军、李莫愁：《大股东侵害与上市公司资产评估偏差》，《统计研究》2003 年第 10 期，第 39 ~ 44 页。

14. 支晓强、邓路：《投资者异质信念影响定向增发折价吗》，《财贸经济》2014 年第 2 期，第 56 ~ 65 页。

15. Ang J. S. and Y. Cheng, 2006, "Direct Evidence on the Market Driven Acquisition Theory", Journal of Financial Research, 29 (2), pp. 199 – 216.

16. Baek J. S. , J. K. Kang and I. Lee, 2006, "Business Groups and Tunneling: Evidence from Private Securities Offerings by Korean Chaebols", Journal of Finance, 61 (5), pp. 2415 – 2449.

17. Barclay M. J. , C. G. Holderness and D. P. Sheehan, 2007, "Private Placement and Managerial Entrenchment", Journal of Corporate Finance, 13 (4), pp. 461 – 484.

18. Bayar O. , T. Chemmanur and H. Liu, 2010, "A Theory of Capital Structure, Price Impact and Long-run Stock Return under Heterogeneous Beliefs", Working Paper, University of Texas at San Antonio.

19. Chen J. , H. G. Hong and J. C. Stein, 2002, "Breath of Ownership and Stock Return", Journal of Financial Economics, 66, pp. 171 – 205.

20. Chung R. , M. Firth and J. Kim, 2002, "Institutional monitoring and opportunistic earnings management", Journal of Corporate Finance, 8 (1), pp. 29 – 48.

21. Deng L. , S. F. Li and X. W. Wu, 2011, "Market Discount and Announcement Effect of Private Placements: Evidence from China", Applied Economics Letters, 18, pp. 1411 – 1414.

22. Diether K. B. , C. J. Malloy and A. Scherbina, 2002, "Differences of Opinion and the Cross Section of Stock Returns", Journal of Finance, 57 (5), pp. 2113 – 2141.

23. Fairchlid A. J. , D. P. Mackinon, M. P. Taborga and A. B. Taylor, 2009, "R Square Effect-size Measure for Mediation Analysis", Research Methods, 41 (2), pp. 486 – 498.

24. Garfinkel J. and J. Sokobin, 2006, "Volume, Opinion Divergence and Returns: a Study of Post-earnings Announcement Drifts", Journal of Accounting Research, 44, pp. 85 – 112.

25. Hertzel M. and R. L. Smith, 1993, "Market Discounts and Shareholder Gains for Placing Equity Privately", Journal of Financial Economics, 48 (2), pp. 459 – 485.

26. Maynes E. and J. A. Pandes, 2011, "The Wealth Effects of Reducing Private Placement Resale Restrictions", European Financial Management, 17 (3), pp. 503 – 531.

27. Miller E. M. , 1977, "Risk, Uncertainty and Divergence of Opinion", Journal of

Finance, 32 (4), pp. 1151 – 1168.

28. Shrout P. E. and N. Bolger, 2002, "Mediation in Experiment and No experimental Studies: New Procedures and Recommendations", Psychological Method, 7 (4), pp. 422 – 445.

29. Wruck K. H. , 1989, "Equity ownership concentration and firm value: Evidence from private equity financings", Journal of Financial Economics, 23, pp. 3 – 28.

附　　录

Appendix

附录一
上市公司质量评价指标体系

2017～2018 年上市公司质量评价指标体系表

一级指标	二级指标	三级指标	占上级对应指标权重	评分标准
价值创造能力 (1/2)	公司治理 (1/3)	1 年度股东大会股东出席比例	(1/6)	万分之一以下 0 分,万分之一到万分之二为 20 分,万分之二到万分之九为 40 分,万分之九到万分之十八为 60 分. 万分之十八到万分之二十七为 80 分,万分之二十七以上为100 分
		2 董事长与总经理是否由一人兼任	(1/6)	两职合一的 0 分;分开的 100 分
		3 董事会中独立董事人数所占比例	(1/6)	低于 20% 的为 0 分,大于等于 20% 小于 25% 的为 20 分;大于 25% 小于 1/3 的为 40 分,大于等于 1/3 小于 37.5% 的为 60 分,大于等于 37.5% 小于 50% 的为 80 分,大于 50% 的为 100 分
		4 董事会成员有无持股(除 CEO 外)	(1/6)	没有持股为 0 分,有持股为 100 分
		5 高管是否持股	(1/6)	没有持股为 0 分,有持股为 100 分

续表

一级指标	二级指标	三级指标		占上级对应指标权重	评分标准
价值创造能力(1/2)		6 机构持股情况		(1/6)	机构投资者持股比例由大到小排列,平均分为4段,根据排名前25%、前50%、整体样本、后50%以及后25%分别计算平均值,得出"高""较高""中等""较低""低"5个分界值,分界值划分的6个区间分别赋予分数值100、80、60、40、20、0
	财务质量(1/3)	盈利能力(34%)	7 净资产收益率ROE(平均)	(1/4)	所有财务指标均使用功效系数法评分
			8 销售净利率	(1/4)	
			9 销售现金比(经营活动产生的现金流量净额/营业收入)	(1/4)	
			10 主营业务比率	(1/4)	
		偿债能力(22%)	11 资产负债率	(1/3)	
			12 息税折旧摊销前利润/负债合计	(1/3)	
			13 非筹资性现金净流量与流动负债的比率	(1/3)	
		营运能力(22%)	14 流动资产周转率	(1/2)	
			15 总资产周转率	(1/2)	
		成长能力(22%)	16 营业收入增长率(同比)	(1/4)	
			17 营业利润增长率(同比)	(1/4)	
			18 归属母公司股东的净利润增长率(同比)	(1/4)	
			19 总资产增长率(同比)	(1/4)	
	创新能力(1/3)	20 研发投入占主营业务收入比		(1/2)	创新指标使用功效系数法评分
		21 无形资产增长率		(1/2)	

一级 指标	二级 指标	三级指标	占上级对应 指标权重	评分标准
价值 管理 能力 (1/4)	内部 控制 (1/3)	22 内部控制评价报告审计意见	(1/5)	持否定意见加说明段 0 分;无法发表意见 25 分;保留意见加强调事项段 50 分;无保留意见加强调事项段 75 分;标准无保留意见 100 分
		23 审核内部控制评价报告的会计师事务所排名	(1/5)	会计师事务所在中国注册会计师协会的《2016 年会计师事务所百家排名》中居前 5 位的为 100 分;排名第 6 ~ 15 位的 80 分;排名第 16 ~ 30 位的 60 分;排名第 31 ~50 位的为 40 分;排名第 51 ~ 70 位的为 20 分;排在 70 名以后的为 0 分
		24 内部控制缺陷整改情况(注:选取最严重缺陷)	(1/5)	存在重大或重要缺陷,但未整改或未提及整改得 0 分;存在一般缺陷但未整改或未提及整改得 20 分;一般缺陷部分整改得 40 分;重大或重要缺陷部分整改得 60 分;缺陷已整改得 80 分;无缺陷得 100 分
		25 上市公司(及相关方)是否违规	(1/5)	是为 0 分;否为 100 分
		26 接受处罚类型(注:选取级别最高的违规)	(1/5)	"市场禁入"为 0 分;"取消营业许可(责令关闭)"为 25 分;"罚款、没收非法所得"为 50 分;"警告、批评、谴责、其他"为 75 分;"无处罚"为 100 分
	信息 披露 (1/3)	27 一季度报告的及时性	(1/6)	在 4 月 30 日(不含 30 日)之后的 0 分;之前的 100 分
		28 中期报告的及时性	(1/6)	在 8 月 31 日(不含 31 日)之后的 0 分;之前的 100 分
		29 三季度报告的及时性	(1/6)	在 10 月 31 日(不含 31 日)之后的 0 分;其他 100 分
		30 年度报告的及时性	(1/6)	在 4 月 30 日(不含 30 日)之后的 0 分;其他 100 分
		31 会计师事务所审计意见	(1/6)	意见为"否定"的得 0 分;"无法发表"的 20 分;"保留带强调"的 40 分;"保留"的 60 分;"无保留带强调"的 80 分:"标准无保留"的 100 分
		32 公司是否交叉上市	(1/6)	是为 100 分,否为 50 分

续表

一级指标	二级指标	三级指标	占上级对应指标权重	评分标准
价值管理能力（1/4）	股价维护（1/3）	33 第一大股东持股变化情况	（1/3）	增持为100分,不变为75分,减持为50分
		34 管理层（整体）持股变化情况	（1/3）	增持为100分,不变为75分,减持为50分
		35 公司是否回购股份	（1/3）	是为100分,否为50分
价值分配能力（1/4）	股利政策（1/3）	36 最近3年总现金股利是否大于等于年均可分配利润的30%	（1/3）	是为100分,否为50分,未分红0分
		37 公司章程中是否有股东回报计划或现金分红政策	（1/3）	是为100分,否为0分
		38 股利分配情况及独立董事相关意见	（1/3）	当年分配股利的,得分100分;没有分配股利的,说明原因,且独立董事发表同意意见,得分75分;没有分配股利,说明原因,但独立董事未发表同意意见,得分25分;没有分配股利,且未说明原因,得分0分
	投资者保护（1/3）	39 股东大会是否实行网络投票制	（1/4）	是为100分,否为0分
		40 股东大会是否实行累积投票制	（1/4）	是为100分,否为0分
		41 实际控制人控制权与现金流权分离度	（1/4）	两权分离度大于等于30%的0分,30%和20%之间的20分,20%和10%之间的40分,10%和1%之间的60分,1%与0之间的80分,等于零的100分
		42 是否组织投资者活动	（1/4）	没有组织活动的为0分,组织活动在10次以下的20分,10次到20次之间的40分,20次到30次之间的60分,30次到40次之间的80分,大于等于40次的100分
	企业社会责任（1/3）	43 是否披露企业社会责任报告	（1/3）	是为100分,否为0分
		44 员工就业增长率	（1/3）	使用功效系数法评分
		45 企业支付税费增长率	（1/3）	使用功效系数法评分

附录二
2017年A股上市公司质量评分速查表

（依股票代码顺序）

证券代码	证券简称	综合质量评分（分）	排名	质量等级*	分项评分（分）		
					价值创造能力	价值管理能力	价值分配能力
000002	万科A	76.28	37	好	64.89	93.11	82.24
000004	国农科技	59.63	1858	较差	58.00	80.67	41.87
000005	世纪星源	53.80	2247	差	41.99	83.67	47.56
000006	深振业A	69.47	434	好	60.42	83.33	73.71
000007	全新好	56.72	2102	差	56.30	69.22	45.07
000008	神州高铁	74.13	94	好	81.53	79.22	54.24
000009	中国宝安	69.23	466	好	61.28	86.22	68.11
000010	美丽生态	51.13	2342	差	39.72	83.44	41.62
000011	深物业A	58.48	1974	差	51.10	87.56	44.16
000012	南玻A	74.87	69	好	66.77	87.56	78.38
000014	沙河股份	61.29	1664	较差	53.25	88.89	49.76
000016	深康佳A	46.83	2416	差	30.43	86.11	40.36
000017	深中华A	52.73	2293	差	38.28	86.44	47.91
000018	神州长城	71.73	229	好	68.70	94.44	55.09
000019	深深宝A	67.39	725	较好	64.82	90.33	49.58
000020	深华发A	47.56	2408	差	36.18	77.56	40.31
000021	深科技	66.75	824	较好	54.50	86.11	71.87
000022	深赤湾A	70.04	372	好	74.24	86.11	45.58
000023	深天地A	55.72	2165	差	45.30	74.78	57.51
000025	特力A	53.56	2253	差	47.62	83.33	35.67
000026	飞亚达A	68.65	534	较好	65.20	82.00	62.22
000027	深圳能源	64.26	1216	中等	52.97	84.78	66.33
000028	国药一致	69.86	393	好	63.43	84.89	67.71

证券代码	证券简称	综合质量评分（分）	排名	质量等级*	分项评分（分）		
					价值创造能力	价值管理能力	价值分配能力
000029	深深房 A	66.27	890	较好	60.12	87.56	57.27
000030	富奥股份	68.43	562	较好	63.91	88.89	57.02
000031	中粮地产	65.69	993	中等	55.74	84.78	66.51
000032	深桑达 A	69.02	487	好	69.11	82.22	55.62
000034	神州数码	71.24	265	好	75.64	90.33	43.33
000035	中国天楹	65.88	962	较好	56.97	91.67	57.91
000036	华联控股	65.84	970	较好	60.63	83.44	58.67
000037	深南电 A	59.43	1877	较差	51.67	83.56	50.82
000038	深大通	59.96	1818	较差	49.64	76.44	64.13
000039	中集集团	67.37	727	较好	57.82	88.89	64.93
000040	东旭蓝天	54.70	2212	差	46.89	83.44	41.58
000042	中洲控股	67.56	694	较好	57.12	97.22	58.76
000043	中航地产	67.47	709	较好	64.45	86.11	54.89
000045	深纺织 A	53.11	2274	差	41.36	80.89	48.82
000046	泛海控股	68.74	526	较好	66.74	72.22	69.27
000048	康达尔	60.22	1785	较差	66.00	76.44	32.42
000049	德赛电池	57.03	2074	差	52.92	84.78	37.51
000050	深天马 A	72.34	186	好	68.64	79.22	72.87
000055	方大集团	65.86	965	较好	57.92	82.00	65.60
000056	皇庭国际	55.54	2173	差	48.74	88.89	35.80
000058	深赛格	65.57	1016	中等	59.29	89.00	54.69
000059	华锦股份	56.19	2138	差	45.28	83.33	50.84
000060	中金岭南	69.75	403	好	63.19	83.33	69.27
000061	农产品	68.77	523	较好	53.77	84.78	82.76
000062	深圳华强	60.19	1790	较差	59.74	84.78	36.51
000063	中兴通讯	66.83	816	较好	61.44	83.33	61.09
000065	北方国际	69.58	425	好	58.43	82.00	79.44
000066	中国长城	58.85	1945	较差	46.83	83.11	58.64
000068	华控赛格	60.82	1726	较差	55.58	87.56	44.58
000069	华侨城 A	68.84	512	较好	61.99	80.56	70.82
000070	特发信息	70.33	340	好	70.84	83.33	56.29
000078	海王生物	59.84	1831	较差	61.52	89.00	27.31
000088	盐田港	58.29	1983	差	40.39	86.11	66.27

证券代码	证券简称	综合质量评分（分）	排名	质量等级*	分项评分（分）		
					价值创造能力	价值管理能力	价值分配能力
000089	深圳机场	58.28	1985	差	51.92	82.00	47.29
000090	天健集团	70.27	350	好	57.31	88.89	77.56
000096	广聚能源	58.96	1934	较差	48.82	87.56	50.64
000099	中信海直	56.85	2089	差	49.85	83.56	44.13
000100	TCL集团	69.62	419	好	58.42	90.33	71.29
000150	宜华健康	64.53	1182	中等	54.28	87.56	62.00
000151	中成股份	66.50	853	较好	54.64	86.11	70.62
000153	丰原药业	50.39	2358	差	39.76	82.11	39.91
000156	华数传媒	63.69	1302	中等	53.37	84.78	63.24
000157	中联重科	64.43	1191	中等	51.34	90.33	64.71
000158	常山股份	64.77	1141	中等	61.43	80.67	55.56
000159	国际实业	59.30	1892	较差	50.15	82.22	54.69
000301	东方市场	55.97	2147	差	38.87	80.67	65.47
000333	美的集团	75.05	67	好	70.80	80.56	78.02
000338	潍柴动力	71.70	235	好	63.47	83.33	76.51
000400	许继电气	74.15	93	好	75.03	88.89	57.64
000401	冀东水泥	59.56	1864	较差	50.04	79.44	58.73
000402	金融街	71.39	255	好	63.26	86.11	72.91
000404	华意压缩	66.73	829	较好	64.09	86.22	52.53
000407	胜利股份	62.49	1479	较差	55.02	80.67	59.24
000408	藏格控股	61.01	1694	较差	51.20	91.67	50.00
000409	山东地矿	57.43	2042	差	47.79	93.11	41.02
000411	英特集团	62.72	1457	中等	62.98	87.56	37.36
000413	东旭光电	66.56	848	较好	56.96	84.89	67.44
000417	合肥百货	61.08	1684	较差	56.08	87.56	44.60
000418	小天鹅A	65.65	1001	中等	59.60	86.11	57.29
000419	通程控股	59.78	1840	较差	55.85	82.00	45.42
000420	吉林化纤	55.30	2185	差	48.89	82.11	41.31
000421	南京公用	57.98	2010	差	51.83	80.67	47.60
000422	湖北宜化	54.04	2235	差	44.18	77.56	50.24
000423	东阿阿胶	64.72	1151	中等	62.59	80.78	52.93
000425	徐工机械	61.46	1644	较差	49.09	94.56	53.09
000426	兴业矿业	66.27	887	较好	60.98	89.00	54.13

续表

证券代码	证券简称	综合质量评分（分）	排名	质量等级 *	分项评分（分）		
					价值创造能力	价值管理能力	价值分配能力
000428	华天酒店	52.90	2286	差	50.87	82.00	27.84
000429	粤高速 A	65.63	1007	中等	64.51	80.67	52.84
000430	张家界	67.47	711	较好	63.52	82.00	60.84
000488	晨鸣纸业	64.94	1110	中等	57.17	86.11	59.31
000498	山东路桥	60.98	1703	较差	48.81	84.78	61.51
000501	鄂武商 A	65.56	1017	中等	66.95	73.89	54.47
000502	绿景控股	66.37	869	较好	65.68	86.11	48.00
000503	海虹控股	68.81	515	较好	62.97	90.33	58.96
000504	南华生物	47.41	2410	差	36.72	83.67	32.56
000505	珠江控股	51.54	2331	差	44.85	75.33	41.13
000506	中润资源	48.86	2392	差	48.68	72.00	26.07
000507	珠海港	61.99	1553	较差	53.39	86.11	55.07
000509	华塑控股	44.85	2437	差	36.77	78.11	27.76
000510	金路集团	49.11	2388	差	43.48	76.67	32.82
000513	丽珠集团	74.46	86	好	73.21	88.89	62.53
000514	渝开发	59.37	1883	较差	51.65	82.00	52.20
000516	国际医学	68.12	609	较好	61.47	86.22	63.31
000517	荣安地产	65.10	1091	中等	59.76	80.67	60.20
000518	四环生物	45.90	2428	差	31.57	82.44	38.02
000519	中兵红箭	61.95	1565	较差	57.52	87.56	45.22
000520	长航凤凰	54.41	2222	差	49.33	84.78	34.22
000521	美菱电器	69.42	438	好	67.53	87.56	55.07
000523	广州浪奇	68.24	588	较好	64.25	80.56	63.91
000524	岭南控股	63.46	1338	中等	50.36	86.11	67.00
000525	红太阳	61.66	1610	较差	52.19	88.89	53.38
000528	柳工	67.54	697	较好	56.74	88.89	67.80
000529	广弘控股	55.99	2145	差	46.21	88.89	42.64
000530	大冷股份	71.82	224	好	64.55	87.56	70.64
000531	穗恒运 A	64.57	1177	中等	63.87	86.11	44.44
000532	华金资本	62.78	1446	中等	60.63	73.67	56.20
000533	万家乐	49.48	2379	差	37.74	82.00	40.42
000534	万泽股份	70.09	367	好	74.49	79.22	52.18
000536	华映科技	66.57	847	较好	60.66	69.89	75.07

证券代码	证券简称	综合质量评分（分）	排名	质量等级*	分项评分(分)		
					价值创造能力	价值管理能力	价值分配能力
000537	广宇发展	61.19	1676	较差	46.65	86.11	65.33
000538	云南白药	66.14	914	较好	49.96	84.78	79.89
000539	粤电力A	64.31	1205	中等	52.46	88.89	63.44
000540	中天金融	71.73	230	好	61.53	95.89	67.98
000541	佛山照明	69.35	447	好	65.97	82.11	63.36
000543	皖能电力	65.84	969	较好	61.37	82.22	58.40
000544	中原环保	62.29	1504	较差	47.92	88.89	64.42
000545	金浦钛业	60.11	1799	较差	53.05	80.78	53.58
000546	金圆股份	68.91	503	较好	61.87	84.78	67.13
000547	航天发展	70.77	300	好	63.69	83.33	72.36
000548	湖南投资	55.77	2162	差	42.43	84.78	53.44
000550	江铃汽车	80.74	4	好	79.66	88.89	74.76
000551	创元科技	57.90	2015	差	51.57	80.78	47.69
000552	靖远煤电	59.42	1880	较差	47.35	86.11	56.87
000553	沙隆达A	57.40	2048	差	57.56	86.11	28.36
000554	泰山石油	60.53	1760	较差	60.52	84.78	36.29
000555	神州信息	61.80	1587	较差	53.49	79.22	61.00
000557	西部创业	49.41	2381	差	29.93	87.78	50.00
000558	莱茵体育	61.28	1665	较差	57.01	86.22	44.89
000559	万向钱潮	67.47	712	较好	61.07	87.56	60.18
000560	昆百大A	61.05	1689	较差	55.44	87.56	45.76
000561	烽火电子	61.97	1559	较差	64.65	83.44	35.13
000564	供销大集	61.57	1624	较差	52.52	79.22	62.02
000565	渝三峡A	61.06	1687	较差	55.95	79.44	52.89
000566	海南海药	65.94	951	较好	58.39	78.11	68.87
000567	海德股份	60.83	1725	较差	50.26	86.11	56.67
000568	泸州老窖	72.07	205	好	69.80	82.11	66.56
000570	苏常柴A	60.08	1804	较差	51.98	83.56	52.80
000571	新大洲A	61.51	1636	较差	53.09	83.33	56.51
000572	海马汽车	61.86	1578	较差	57.66	83.56	48.56
000573	粤宏远A	66.02	933	较好	60.13	83.44	60.38
000576	广东甘化	59.70	1848	较差	62.26	78.11	36.16
000581	威孚高科	72.56	170	好	72.15	79.56	66.40

续表

证券代码	证券简称	综合质量评分（分）	排名	质量等级*	分项评分（分）		
					价值创造能力	价值管理能力	价值分配能力
000582	北部湾港	61.12	1678	较差	52.75	86.11	52.87
000584	友利控股	47.61	2407	差	43.49	86.22	17.24
000585	东北电气	46.48	2419	差	38.67	86.33	22.27
000586	汇源通信	51.92	2321	差	45.48	79.44	37.29
000587	金洲慈航	53.44	2259	差	40.41	79.44	53.51
000589	黔轮胎A	60.86	1719	较差	59.26	83.44	41.47
000590	启迪古汉	52.97	2282	差	40.65	84.78	45.80
000591	太阳能	65.63	1006	中等	69.24	80.56	43.51
000592	平潭发展	58.86	1944	较差	49.55	83.33	53.00
000593	大通燃气	58.66	1954	较差	55.72	82.11	41.11
000596	古井贡酒	73.22	143	好	73.59	88.89	56.80
000597	东北制药	55.47	2179	差	51.96	91.67	26.29
000598	兴蓉环境	63.24	1377	中等	48.90	84.78	70.38
000599	青岛双星	69.00	493	较好	62.42	88.89	62.24
000600	建投能源	59.70	1846	较差	47.08	83.44	61.20
000601	韶能股份	70.27	349	好	69.74	80.67	60.93
000603	盛达矿业	62.73	1453	中等	59.20	84.78	47.73
000605	渤海股份	52.01	2319	差	49.89	79.44	28.82
000606	神州易桥	62.40	1489	较差	60.66	84.67	43.62
000607	华媒控股	61.47	1643	较差	59.83	83.33	42.87
000608	阳光股份	51.29	2337	差	43.43	83.33	34.96
000609	绵石投资	58.49	1971	差	52.50	94.44	34.51
000610	西安旅游	61.48	1639	较差	55.17	83.44	52.13
000611	天首发展	39.75	2450	差	21.78	73.67	41.76
000612	焦作万方	49.60	2378	差	43.14	75.11	37.02
000615	京汉股份	67.67	674	较好	65.82	87.56	51.51
000616	海航投资	61.28	1666	较差	58.71	82.00	45.69
000619	海螺型材	60.88	1714	较差	51.16	83.44	57.76
000620	新华联	59.91	1823	较差	46.71	84.78	61.44
000622	恒立实业	42.53	2447	差	28.50	83.44	29.69
000623	吉林敖东	68.32	578	较好	64.84	89.11	54.49
000625	长安汽车	77.83	17	好	74.15	83.56	79.47
000626	远大控股	66.18	905	较好	65.31	83.44	50.67

续表

证券代码	证券简称	综合质量评分（分）	排名	质量等级*	分项评分（分）		
					价值创造能力	价值管理能力	价值分配能力
000628	高新发展	45.14	2433	差	28.83	82.11	40.80
000630	铜陵有色	62.45	1483	较差	60.17	75.33	54.11
000631	顺发恒业	56.75	2100	差	48.00	82.00	49.02
000632	三木集团	54.43	2220	差	49.39	79.33	39.60
000633	合金投资	48.62	2395	差	39.55	73.44	41.93
000635	英力特	56.09	2141	差	46.81	86.11	44.62
000636	风华高科	60.74	1740	较差	47.50	91.67	56.29
000637	茂化实华	60.74	1738	较差	58.60	75.11	50.67
000638	万方发展	52.66	2297	差	42.24	84.78	41.38
000639	西王食品	71.44	251	好	67.51	82.00	68.73
000650	仁和药业	60.87	1715	较差	52.96	84.78	52.80
000651	格力电器	63.96	1258	中等	54.60	87.56	59.07
000652	泰达股份	61.09	1683	较差	52.01	88.89	51.44
000655	金岭矿业	55.66	2168	差	42.12	84.78	53.64
000656	金科股份	60.36	1769	较差	51.57	79.44	58.84
000657	中钨高新	53.98	2238	差	47.07	84.78	37.02
000661	长春高新	75.03	68	好	75.57	90.33	58.64
000662	天夏智慧	64.83	1126	中等	62.89	75.11	58.44
000663	永安林业	68.46	557	较好	63.04	93.11	54.64
000665	湖北广电	60.57	1754	较差	54.40	84.78	48.69
000666	经纬纺机	57.75	2023	差	57.11	84.78	31.98
000667	美好置业	61.44	1645	较差	54.55	86.22	50.44
000668	荣丰控股	51.28	2338	差	38.53	76.44	51.60
000669	金鸿能源	65.43	1038	中等	59.39	87.56	55.38
000670	盈方微	61.31	1662	较差	63.63	74.00	43.98
000671	阳光城	68.87	506	较好	62.21	82.11	68.96
000672	上峰水泥	68.30	580	较好	61.14	86.11	64.80
000673	当代东方	52.76	2290	差	42.30	84.78	41.67
000676	智度股份	66.85	810	较好	68.35	91.67	39.02
000677	恒天海龙	55.77	2163	差	55.02	82.00	31.02
000678	襄阳轴承	49.62	2376	差	41.29	66.56	49.36
000679	大连友谊	56.50	2117	差	50.45	80.67	44.44
000680	山推股份	59.69	1850	较差	51.01	82.00	54.76

续表

证券代码	证券简称	综合质量评分（分）	排名	质量等级*	分项评分（分）		
					价值创造能力	价值管理能力	价值分配能力
000681	视觉中国	65.38	1048	中等	64.35	84.78	48.04
000682	东方电子	63.36	1355	中等	66.81	84.89	34.96
000683	远兴能源	56.84	2090	差	46.25	84.78	50.09
000685	中山公用	63.41	1346	中等	55.17	86.22	57.07
000687	华讯方舟	58.52	1967	差	50.86	86.22	46.16
000688	建新矿业	60.82	1727	较差	61.48	80.78	39.56
000690	宝新能源	73.48	123	好	71.86	77.89	72.29
000692	惠天热电	62.60	1467	中等	54.25	84.78	57.13
000695	滨海能源	51.47	2333	差	43.38	77.78	41.36
000697	炼石有色	62.29	1502	较差	58.55	91.67	40.42
000698	沈阳化工	63.84	1281	中等	57.58	84.78	55.40
000700	模塑科技	58.51	1969	差	53.74	79.33	47.24
000701	厦门信达	61.68	1606	较差	49.25	79.33	68.89
000702	正虹科技	56.06	2142	差	52.37	82.00	37.51
000703	恒逸石化	57.78	2022	差	46.40	86.11	52.20
000705	浙江震元	63.04	1409	中等	59.83	84.78	47.73
000707	双环科技	51.56	2330	差	36.91	84.78	47.64
000708	大冶特钢	62.72	1458	中等	60.88	82.11	47.00
000709	河钢股份	65.35	1054	中等	55.03	84.89	66.47
000711	京蓝科技	69.09	481	好	61.35	86.22	67.42
000713	丰乐种业	65.69	995	中等	70.33	79.44	42.64
000715	中兴商业	59.39	1882	较差	50.55	82.00	54.44
000716	黑芝麻	62.78	1447	中等	66.78	76.78	40.78
000717	韶钢松山	51.66	2326	差	43.53	86.11	33.44
000718	苏宁环球	67.06	779	较好	57.90	79.33	73.11
000719	大地传媒	57.48	2040	差	42.99	82.11	61.84
000720	新能泰山	52.33	2310	差	46.77	82.00	33.78
000721	西安饮食	54.69	2213	差	51.42	80.89	35.02
000722	湖南发展	61.77	1591	较差	51.12	86.22	58.62
000723	美锦能源	52.17	2316	差	39.86	72.56	56.40
000725	京东方A	70.08	369	好	57.29	90.33	75.42
000726	鲁泰A	75.27	59	好	67.97	88.89	76.24
000727	华东科技	55.11	2196	差	47.89	78.00	46.64

证券代码	证券简称	综合质量评分（分）	排名	质量等级*	分项评分（分）		
					价值创造能力	价值管理能力	价值分配能力
000729	燕京啤酒	72.19	198	好	70.29	87.56	60.60
000731	四川美丰	44.14	2441	差	34.85	76.67	30.20
000732	泰禾集团	66.92	797	较好	56.41	86.11	68.76
000733	振华科技	55.37	2184	差	50.30	80.78	40.11
000735	罗牛山	58.87	1942	较差	53.46	84.78	43.78
000736	中房地产	60.72	1743	较差	45.86	86.11	65.04
000737	南风化工	44.70	2439	差	38.25	72.00	30.29
000738	航发控制	68.20	596	较好	64.59	82.11	61.51
000739	普洛药业	64.83	1130	中等	63.20	80.78	52.13
000751	锌业股份	51.68	2325	差	46.65	75.33	38.07
000752	西藏发展	53.05	2278	差	45.02	84.78	37.36
000753	漳州发展	59.84	1830	较差	43.94	83.56	67.93
000756	新华制药	62.38	1494	较差	53.02	87.56	55.93
000757	浩物股份	59.02	1925	较差	49.65	84.78	52.00
000758	中色股份	69.18	474	好	57.31	84.78	77.33
000759	中百集团	60.08	1803	较差	60.88	76.67	41.89
000760	斯太尔	62.86	1434	中等	67.60	80.67	35.56
000761	本钢板材	58.96	1935	较差	57.59	83.33	37.31
000762	西藏矿业	64.10	1237	中等	60.51	84.78	50.60
000766	通化金马	58.48	1972	差	47.30	84.89	54.44
000767	漳泽电力	55.94	2150	差	54.73	82.22	32.07
000768	中航飞机	68.94	501	较好	59.37	87.56	69.47
000777	中核科技	60.81	1729	较差	55.26	82.00	50.71
000778	新兴铸管	67.13	769	较好	59.00	83.33	67.18
000779	三毛派神	50.74	2349	差	43.25	86.11	30.24
000782	美达股份	59.00	1927	较差	53.82	79.22	49.13
000785	武汉中商	56.99	2080	差	53.41	79.44	41.69
000786	北新建材	66.32	882	较好	64.38	82.00	54.51
000788	北大医药	37.27	2451	差	27.73	65.33	28.31
000789	万年青	63.13	1387	中等	63.22	71.44	54.64
000790	泰合健康	59.06	1918	较差	49.21	80.67	57.16
000791	甘肃电投	61.94	1567	较差	59.15	80.56	48.91
000792	盐湖股份	60.98	1700	较差	45.26	82.00	71.42

续表

证券代码	证券简称	综合质量评分（分）	排名	质量等级*	分项评分（分）		
					价值创造能力	价值管理能力	价值分配能力
000793	华闻传媒	65.89	959	较好	54.67	95.89	58.33
000795	英洛华	57.60	2030	差	57.62	76.56	38.60
000796	凯撒旅游	69.20	470	好	60.09	80.89	75.73
000797	中国武夷	70.47	332	好	60.87	87.67	72.47
000798	中水渔业	52.17	2315	差	52.40	63.67	40.22
000799	酒鬼酒	51.70	2324	差	41.24	79.44	44.89
000800	一汽轿车	56.44	2121	差	43.37	68.89	70.11
000801	四川九洲	60.03	1811	较差	48.89	84.78	57.58
000802	北京文化	59.59	1861	较差	51.06	82.11	54.11
000806	银河生物	49.82	2368	差	47.17	72.56	32.38
000807	云铝股份	60.21	1786	较差	61.03	80.56	38.20
000810	创维数字	69.84	397	好	64.07	79.22	71.98
000811	烟台冰轮	68.90	505	较好	68.79	84.78	53.22
000812	陕西金叶	60.87	1717	较差	52.35	88.89	49.89
000813	德展健康	52.61	2300	差	45.08	79.22	41.07
000815	美利云	53.28	2262	差	41.44	80.56	49.69
000816	智慧农业	56.89	2087	差	52.10	84.78	38.58
000818	方大化工	62.94	1425	中等	60.14	84.78	46.71
000819	岳阳兴长	63.44	1341	中等	55.45	76.67	66.20
000820	神雾节能	63.02	1413	中等	61.71	90.33	38.33
000821	京山轻机	59.37	1884	较差	51.65	83.44	50.73
000822	山东海化	54.02	2237	差	47.47	84.78	36.36
000823	超声电子	64.66	1162	中等	60.81	82.00	55.00
000825	太钢不锈	67.29	742	较好	62.39	83.33	61.02
000826	启迪桑德	71.58	243	好	65.42	84.78	70.69
000828	东莞控股	66.26	893	较好	57.68	89.00	60.67
000829	天音控股	62.73	1454	中等	53.63	89.00	54.64
000830	鲁西化工	64.75	1145	中等	64.97	82.00	47.04
000831	五矿稀土	53.70	2250	差	47.53	84.78	34.98
000833	贵糖股份	71.58	242	好	74.34	84.78	52.84
000835	长城动漫	62.02	1546	较差	62.25	82.11	41.47
000836	鑫茂科技	58.11	2002	差	50.45	82.00	49.53
000837	秦川机床	57.85	2017	差	55.60	75.33	44.87

续表

证券代码	证券简称	综合质量评分（分）	排名	质量等级*	分项评分（分）		
					价值创造能力	价值管理能力	价值分配能力
000838	财信发展	65.95	947	较好	60.73	87.56	54.78
000839	中信国安	65.78	979	较好	50.42	87.56	74.71
000848	承德露露	69.36	446	好	71.76	87.56	46.36
000850	华茂股份	62.28	1505	较差	66.15	75.33	41.49
000851	高鸿股份	63.78	1291	中等	61.69	86.11	45.64
000852	石化机械	55.28	2187	差	47.92	82.00	43.29
000856	冀东装备	44.81	2438	差	32.51	82.00	32.24
000858	五粮液	71.65	238	好	69.71	79.33	67.84
000859	国风塑业	67.57	689	较好	65.28	90.33	49.40
000860	顺鑫农业	52.47	2306	差	39.08	75.33	56.38
000861	海印股份	67.02	784	较好	51.11	86.22	79.62
000862	银星能源	52.81	2287	差	46.52	84.78	33.42
000863	三湘印象	72.40	183	好	71.12	88.67	58.71
000868	安凯客车	59.33	1888	较差	52.42	86.22	46.24
000869	张裕A	60.20	1788	较差	51.69	88.89	48.53
000875	吉电股份	60.34	1775	较差	56.53	86.11	42.18
000876	新希望	69.01	491	好	61.95	84.89	67.24
000877	天山股份	63.19	1383	中等	64.03	87.56	37.13
000878	云南铜业	63.69	1300	中等	60.60	86.22	47.36
000880	潍柴重机	57.04	2072	差	49.17	82.11	47.71
000881	中广核技	75.84	48	好	75.37	79.56	73.07
000882	华联股份	53.27	2263	差	41.93	87.56	41.67
000883	湖北能源	69.59	424	好	62.25	86.22	67.62
000885	同力水泥	57.55	2035	差	46.16	82.00	55.87
000886	海南高速	56.30	2133	差	46.51	88.89	43.29
000887	中鼎股份	70.40	335	好	73.03	83.44	52.11
000888	峨眉山A	68.04	627	较好	67.50	82.00	55.16
000889	茂业通信	61.48	1641	较差	56.22	86.22	47.24
000890	法尔胜	56.58	2109	差	45.43	79.56	55.89
000892	欢瑞世纪	61.26	1669	较差	56.93	83.11	48.06
000893	东凌国际	61.04	1691	较差	64.12	79.56	36.36
000895	双汇发展	77.47	20	好	74.15	86.11	75.47
000897	津滨发展	49.40	2382	差	47.31	76.67	26.31

证券代码	证券简称	综合质量评分（分）	排名	质量等级*	价值创造能力	价值管理能力	价值分配能力
					分项评分（分）		
000898	鞍钢股份	68.23	591	较好	62.62	86.11	61.56
000899	赣能股份	67.18	763	较好	62.92	79.22	63.64
000900	现代投资	63.25	1376	中等	60.72	87.56	44.00
000901	航天科技	65.97	943	较好	63.20	83.33	54.16
000902	新洋丰	66.68	835	较好	68.81	80.33	48.76
000903	云内动力	64.06	1246	中等	59.83	79.22	57.36
000905	厦门港务	59.75	1843	较差	49.48	84.78	55.24
000906	浙商中拓	60.37	1766	较差	50.83	84.78	55.04
000908	景峰医药	64.90	1113	中等	65.44	80.56	48.18
000909	数源科技	62.00	1550	较差	49.38	84.78	64.47
000910	大亚圣象	66.36	872	较好	64.61	86.11	50.09
000911	南宁糖业	55.51	2177	差	47.97	84.78	41.31
000912	泸天化	47.18	2413	差	37.62	73.78	39.69
000913	钱江摩托	61.95	1566	较差	62.49	83.33	39.49
000915	山大华特	61.87	1577	较差	59.10	83.33	45.93
000916	华北高速	60.93	1709	较差	54.59	79.44	55.09
000917	电广传媒	63.15	1385	中等	56.21	84.78	55.40
000918	嘉凯城	47.91	2404	差	39.40	83.56	29.27
000919	金陵药业	66.30	884	较好	59.40	86.22	60.18
000920	南方汇通	71.77	227	好	73.11	82.00	58.84
000921	海信科龙	68.65	535	较好	64.11	88.89	57.47
000923	河北宣工	43.08	2446	差	30.71	72.33	38.56
000925	众合科技	62.52	1473	较差	62.86	84.78	39.60
000926	福星股份	70.91	286	好	69.82	79.22	64.78
000927	一汽夏利	50.56	2353	差	43.73	85.00	29.76
000928	中钢国际	61.71	1601	较差	53.82	82.00	57.22
000929	兰州黄河	62.21	1516	较差	56.95	79.22	55.71
000930	中粮生化	53.87	2244	差	50.96	82.33	31.22
000931	中关村	58.78	1949	较差	55.08	83.44	41.51
000933	神火股份	63.85	1278	中等	52.55	84.78	65.51
000935	四川双马	58.21	1993	差	53.75	88.89	36.44
000936	华西股份	62.88	1431	中等	55.95	80.67	58.96
000937	冀中能源	62.54	1470	中等	50.41	84.78	64.58

续表

证券代码	证券简称	综合质量评分（分）	排名	质量等级*	分项评分（分）		
					价值创造能力	价值管理能力	价值分配能力
000938	紫光股份	73.61	116	好	69.66	83.44	71.67
000939	凯迪生态	67.50	705	较好	64.89	72.22	67.98
000948	南天信息	61.83	1582	较差	55.79	82.00	53.73
000949	新乡化纤	67.28	745	较好	66.12	79.22	57.67
000951	中国重汽	60.82	1728	较差	49.90	86.11	57.38
000952	广济药业	55.75	2164	差	44.82	87.56	45.82
000955	欣龙控股	55.00	2202	差	49.51	83.56	37.42
000957	中通客车	64.65	1163	中等	66.60	70.89	54.53
000958	东方能源	54.38	2224	差	45.78	76.67	49.29
000959	首钢股份	59.60	1860	较差	51.76	82.00	52.89
000960	锡业股份	57.38	2049	差	49.11	82.00	49.31
000961	中南建设	55.82	2158	差	39.23	79.22	65.60
000962	东方钽业	58.14	1999	差	52.71	83.67	43.49
000963	华东医药	71.86	220	好	66.25	87.56	67.38
000965	天保基建	60.25	1783	较差	50.92	80.78	58.36
000966	长源电力	56.34	2127	差	42.63	84.78	55.33
000967	盈峰环境	63.63	1310	中等	62.07	73.67	56.73
000968	蓝焰控股	52.63	2298	差	41.30	86.11	41.80
000969	安泰科技	66.07	924	较好	61.61	84.78	56.29
000970	中科三环	68.57	545	较好	56.31	87.56	74.11
000971	高升控股	60.07	1807	较差	56.83	79.22	47.38
000973	佛塑科技	58.06	2003	差	49.05	80.67	53.49
000975	银泰资源	63.45	1339	中等	61.79	79.33	50.89
000976	春晖股份	62.03	1545	较差	58.59	84.78	46.18
000977	浪潮信息	64.97	1104	中等	60.82	76.54	61.69
000978	桂林旅游	61.24	1670	较差	58.93	77.89	49.20
000979	中弘股份	63.40	1347	中等	60.35	77.89	55.02
000980	众泰汽车	64.29	1210	中等	60.52	83.44	52.69
000981	银亿股份	59.64	1857	较差	44.62	82.00	67.33
000983	西山煤电	66.40	862	较好	60.73	78.00	66.13
000985	大庆华科	66.40	863	较好	56.05	86.11	67.38
000988	华工科技	61.66	1609	较差	47.10	83.44	69.00
000989	九芝堂	72.39	184	好	69.88	86.22	63.58

证券代码	证券简称	综合质量评分（分）	排名	质量等级*	价值创造能力	价值管理能力	价值分配能力
000990	诚志股份	63.06	1405	中等	60.30	79.22	52.42
000993	闽东电力	60.99	1698	较差	46.86	84.78	65.47
000995	皇台酒业	49.61	2377	差	42.76	75.11	37.80
000996	中国中期	57.54	2036	差	46.29	86.11	51.49
000997	新大陆	70.60	315	好	62.45	95.89	61.60
000998	隆平高科	73.07	150	好	75.54	79.22	61.98
000999	华润三九	65.31	1061	中等	59.02	88.89	54.33
001696	宗申动力	63.92	1266	中等	62.12	84.89	46.53
001896	豫能控股	62.16	1526	较差	58.42	86.11	45.69
002001	新和成	66.79	822	较好	67.22	82.00	50.71
002002	鸿达兴业	63.49	1330	中等	56.66	84.78	55.84
002003	伟星股份	74.27	90	好	71.61	84.78	69.07
002004	华邦健康	66.21	903	较好	61.07	84.89	57.80
002005	德豪润达	60.54	1757	较差	55.72	83.33	47.38
002006	精功科技	60.20	1789	较差	49.86	82.00	59.07
002007	华兰生物	73.26	141	好	64.27	82.00	82.49
002008	大族激光	77.84	16	好	78.51	80.56	73.80
002009	天奇股份	63.69	1299	中等	57.70	84.78	54.60
002010	传化智联	71.95	213	好	66.41	84.78	70.22
002011	盾安环境	65.35	1055	中等	60.80	79.22	60.58
002012	凯恩股份	63.29	1366	中等	58.32	84.78	51.73
002013	中航机电	63.67	1306	中等	63.94	73.89	52.91
002014	永新股份	76.46	29	好	76.02	83.44	70.36
002015	霞客环保	47.81	2405	差	38.28	78.00	36.67
002016	世荣兆业	63.30	1365	中等	51.06	84.78	66.31
002017	东信和平	70.04	374	好	64.13	90.33	61.56
002018	华信国际	55.25	2188	差	39.41	82.11	60.04
002019	亿帆医药	68.22	592	较好	63.90	83.33	61.76
002020	京新药业	70.53	325	好	65.13	91.67	60.20
002021	中捷资源	46.48	2420	差	37.30	83.33	28.00
002022	科华生物	70.78	298	好	64.06	83.33	71.64
002023	海特高新	65.56	1018	中等	60.68	84.78	56.11
002024	苏宁云商	67.33	735	较好	61.11	80.56	66.56

续表

证券代码	证券简称	综合质量评分（分）	排名	质量等级*	分项评分（分）		
					价值创造能力	价值管理能力	价值分配能力
002025	航天电器	69.21	468	好	67.86	80.67	60.47
002026	山东威达	67.51	703	较好	61.28	90.33	57.13
002027	分众传媒	65.12	1088	中等	52.91	83.33	71.31
002028	思源电气	62.94	1426	中等	65.30	76.56	44.60
002029	七匹狼	68.66	533	较好	61.44	87.67	64.09
002030	达安基因	74.69	79	好	66.28	88.89	77.31
002031	巨轮智能	61.91	1572	较差	55.99	82.00	53.67
002032	苏泊尔	76.88	22	好	73.02	90.33	71.16
002033	丽江旅游	69.13	479	好	58.39	87.56	72.18
002034	美欣达	68.15	602	较好	59.34	90.33	63.58
002035	华帝股份	73.38	131	好	67.82	85.00	72.87
002036	联创电子	54.17	2228	差	41.11	79.44	55.02
002037	久联发展	59.03	1923	较差	50.60	84.78	50.13
002038	双鹭药业	70.63	312	好	66.72	87.56	61.53
002039	黔源电力	72.12	200	好	66.42	86.11	69.53
002040	南京港	61.78	1589	较差	57.15	86.11	46.71
002041	登海种业	72.04	208	好	66.14	87.56	68.31
002042	华孚色纺	65.64	1003	中等	56.79	82.00	67.00
002043	兔宝宝	75.07	66	好	74.27	84.78	66.96
002044	美年健康	69.92	388	好	57.97	88.89	74.84
002045	国光电器	66.26	892	较好	62.43	86.11	54.07
002046	轴研科技	60.85	1720	较差	46.46	83.56	66.93
002047	宝鹰股份	69.38	445	好	66.15	83.33	61.87
002048	宁波华翔	70.54	322	好	73.13	84.78	51.13
002049	紫光国芯	68.58	542	较好	72.82	77.89	50.80
002050	三花智控	69.06	483	好	67.21	82.00	59.82
002051	中工国际	76.17	40	好	69.88	90.33	74.58
002052	同洲电子	52.91	2285	差	46.37	80.56	38.33
002053	云南能投	60.15	1793	较差	42.56	87.56	67.93
002054	德美化工	73.81	103	好	66.22	95.89	66.91
002055	得润电子	67.72	666	较好	61.28	83.56	64.78
002056	横店东磁	72.94	154	好	66.06	87.56	72.09
002057	中钢天源	60.58	1752	较差	51.03	84.78	55.47

续表

证券代码	证券简称	综合质量评分（分）	排名	质量等级*	分项评分（分）		
					价值创造能力	价值管理能力	价值分配能力
002058	威尔泰	63.53	1324	中等	62.74	79.22	49.40
002059	云南旅游	55.79	2160	差	48.16	79.44	47.40
002060	粤水电	69.32	450	好	65.60	88.89	57.20
002061	江山化工	62.16	1527	较差	55.79	87.56	49.49
002062	宏润建设	68.07	618	较好	63.66	83.33	61.62
002063	远光软件	72.26	193	好	68.86	86.11	65.22
002064	华峰氨纶	61.28	1667	较差	63.96	86.11	31.07
002065	东华软件	70.37	339	好	67.96	77.89	67.64
002066	瑞泰科技	59.06	1919	较差	50.85	86.11	48.44
002067	景兴纸业	63.39	1349	中等	54.18	84.78	60.40
002068	黑猫股份	68.13	607	较好	68.90	82.00	52.71
002069	獐子岛	54.85	2210	差	49.11	65.56	55.62
002071	长城影视	58.79	1948	较差	51.52	83.33	48.78
002072	凯瑞德	42.38	2448	差	31.21	70.44	36.67
002073	软控股份	65.73	989	中等	62.76	83.44	53.96
002074	国轩高科	76.36	33	好	75.69	89.00	65.04
002075	沙钢股份	58.53	1965	差	52.74	83.44	45.20
002076	雪莱特	73.68	112	好	72.74	90.33	58.91
002077	大港股份	70.30	342	好	69.63	84.78	57.18
002078	太阳纸业	69.19	471	好	62.04	86.11	66.58
002079	苏州固锝	67.62	680	较好	58.32	86.11	67.73
002080	中材科技	69.28	458	好	59.44	87.56	70.67
002081	金螳螂	70.60	314	好	69.43	80.67	62.89
002082	栋梁新材	58.40	1978	差	48.79	79.22	56.82
002083	孚日股份	69.73	405	好	64.63	86.11	63.58
002084	海鸥卫浴	69.86	394	好	62.81	84.78	69.07
002085	万丰奥威	66.51	852	较好	63.88	86.11	52.18
002086	东方海洋	55.17	2193	差	44.72	87.56	43.67
002087	新野纺织	70.78	297	好	66.21	83.44	67.24
002088	鲁阳节能	73.10	148	好	70.94	83.33	67.18
002089	新海宜	60.17	1792	较差	51.95	80.67	56.13
002090	金智科技	72.68	165	好	80.58	77.89	51.67
002091	江苏国泰	74.64	81	好	68.46	86.11	75.56

续表

证券代码	证券简称	综合质量评分（分）	排名	质量等级*	分项评分（分）		
					价值创造能力	价值管理能力	价值分配能力
002092	中泰化学	66.78	823	较好	59.98	80.56	66.62
002093	国脉科技	66.92	799	较好	50.76	87.56	78.60
002094	青岛金王	64.27	1214	中等	68.00	77.89	43.18
002095	生意宝	62.71	1460	中等	58.66	83.33	50.18
002096	南岭民爆	64.75	1143	中等	60.25	83.44	55.07
002097	山河智能	57.87	2016	差	44.97	85.00	56.53
002098	浔兴股份	64.31	1206	中等	55.71	79.33	66.49
002099	海翔药业	65.42	1039	中等	61.28	84.78	54.36
002100	天康生物	63.22	1379	中等	55.01	83.44	59.44
002101	广东鸿图	68.87	507	较好	64.45	89.00	57.58
002102	冠福股份	56.39	2124	差	49.49	72.33	54.27
002103	广博股份	68.08	617	较好	60.42	80.67	70.80
002104	恒宝股份	65.79	976	较好	66.04	91.67	39.40
002105	信隆健康	60.32	1777	较差	52.49	86.11	50.20
002106	莱宝高科	63.60	1314	中等	54.42	88.89	56.67
002107	沃华医药	67.61	683	较好	65.43	83.33	56.24
002108	沧州明珠	61.59	1622	较差	51.73	79.33	63.58
002109	兴化股份	55.77	2161	差	52.11	86.22	32.64
002110	三钢闽光	73.40	127	好	66.03	82.00	79.51
002111	威海广泰	67.44	717	较好	65.95	77.89	59.96
002112	三变科技	60.10	1801	较差	55.93	76.67	51.87
002113	天润数娱	62.69	1463	中等	64.87	72.56	48.47
002114	罗平锌电	55.51	2176	差	56.75	77.89	30.64
002115	三维通信	64.34	1200	中等	59.23	84.78	54.13
002116	中国海诚	64.23	1220	中等	66.00	75.22	49.71
002117	东港股份	74.74	75	好	73.35	91.67	60.62
002118	紫鑫药业	60.04	1810	较差	53.48	76.56	56.62
002119	康强电子	61.93	1568	较差	53.59	84.78	55.76
002120	韵达股份	80.11	5	好	81.17	84.78	73.33
002121	科陆电子	66.36	874	较好	57.41	79.44	71.16
002122	天马股份	54.43	2219	差	45.36	79.22	47.78
002123	梦网荣信	63.88	1272	中等	58.43	87.56	51.11
002124	天邦股份	66.07	925	较好	58.51	82.00	65.24

续表

证券代码	证券简称	综合质量评分（分）	排名	质量等级*	分项评分（分）		
					价值创造能力	价值管理能力	价值分配能力
002125	湘潭电化	59.05	1921	较差	59.26	79.22	38.44
002126	银轮股份	67.22	751	较好	68.68	78.00	53.51
002127	南极电商	65.24	1068	中等	66.62	89.00	38.73
002128	露天煤业	64.67	1159	中等	61.94	86.11	48.69
002129	中环股份	69.63	418	好	59.79	82.22	76.71
002130	沃尔核材	64.43	1192	中等	59.65	80.56	57.87
002131	利欧股份	61.89	1576	较差	56.36	79.22	55.62
002132	恒星科技	65.93	952	较好	60.74	79.22	63.02
002133	广宇集团	65.44	1036	中等	60.61	83.33	57.22
002135	东南网架	64.99	1101	中等	61.53	86.22	50.67
002136	安纳达	63.28	1368	中等	61.09	80.67	50.27
002137	麦达数字	60.47	1761	较差	51.04	84.78	55.04
002138	顺络电子	69.98	381	好	66.38	91.67	55.51
002139	拓邦股份	71.68	236	好	66.16	86.11	68.31
002140	东华科技	64.52	1183	中等	70.41	82.00	35.27
002141	贤丰控股	53.93	2242	差	38.60	87.56	50.98
002143	印纪传媒	54.10	2231	差	43.92	79.33	49.24
002144	宏达高科	67.39	724	较好	59.16	82.00	69.22
002145	中核钛白	61.19	1674	较差	53.35	90.33	47.76
002146	荣盛发展	67.91	644	较好	62.83	84.78	61.20
002147	新光圆成	64.47	1188	中等	58.42	83.44	57.60
002148	北纬通信	68.12	608	较好	58.69	90.33	64.76
002149	西部材料	58.96	1932	较差	54.20	80.67	46.80
002150	通润装备	60.13	1797	较差	49.00	83.33	59.20
002151	北斗星通	67.97	636	较好	65.71	79.22	61.24
002152	广电运通	75.48	54	好	69.82	86.11	76.18
002153	石基信息	70.20	359	好	58.23	87.56	76.78
002154	报喜鸟	63.99	1254	中等	57.97	86.11	53.89
002155	湖南黄金	68.40	570	较好	68.71	73.89	62.27
002156	通富微电	66.43	859	较好	66.17	90.33	43.02
002157	正邦科技	68.57	547	较好	65.01	84.78	59.47
002158	汉钟精机	74.12	95	好	73.45	87.56	62.02
002159	三特索道	62.31	1498	较差	58.77	87.56	44.16

续表

证券代码	证券简称	综合质量评分（分）	排名	质量等级*	分项评分（分）		
					价值创造能力	价值管理能力	价值分配能力
002160	常铝股份	73.51	121	好	66.98	97.22	62.84
002161	远望谷	67.61	682	较好	62.16	83.44	62.67
002162	悦心健康	67.13	767	较好	66.03	79.22	57.24
002163	中航三鑫	56.62	2104	差	51.85	73.89	48.89
002164	宁波东力	61.99	1551	较差	54.33	86.11	53.20
002165	红宝丽	71.90	216	好	70.26	83.67	63.40
002166	莱茵生物	57.41	2046	差	45.06	86.11	53.40
002167	东方锆业	55.23	2189	差	53.22	77.56	36.93
002168	深圳惠程	55.90	2155	差	44.24	82.33	52.78
002169	智光电气	67.31	736	较好	65.30	77.89	60.76
002170	芭田股份	64.21	1224	中等	55.80	79.22	66.00
002171	楚江新材	61.73	1597	较差	51.32	80.67	63.62
002172	澳洋科技	60.74	1739	较差	56.80	91.67	37.71
002173	创新医疗	58.71	1952	较差	54.08	72.22	54.44
002174	游族网络	68.21	594	较好	67.13	83.33	55.27
002175	东方网络	60.83	1723	较差	59.40	73.89	50.64
002176	江特电机	69.95	385	好	63.63	84.78	67.76
002177	御银股份	64.73	1149	中等	64.15	80.56	50.07
002178	延华智能	73.66	114	好	66.02	88.67	73.91
002179	中航光电	68.11	610	较好	60.56	86.11	65.22
002180	纳思达	75.75	50	好	76.78	86.11	63.33
002181	粤传媒	52.17	2317	差	39.45	79.44	50.33
002182	云海金属	69.25	463	好	58.75	89.00	70.49
002183	怡亚通	56.36	2126	差	47.31	71.11	59.71
002184	海得控制	65.76	982	中等	60.36	77.89	64.44
002185	华天科技	67.96	639	较好	66.48	86.11	52.78
002186	全聚德	70.30	343	好	66.63	87.56	60.38
002187	广百股份	62.75	1450	中等	51.91	86.11	61.07
002188	巴士在线	58.59	1958	较差	62.13	75.89	34.20
002189	利达光电	64.74	1146	中等	56.38	83.33	62.89
002190	成飞集成	62.74	1452	中等	53.45	79.44	64.62
002191	劲嘉股份	75.80	49	好	74.33	94.44	60.09
002192	融捷股份	55.46	2181	差	46.40	86.22	42.82

续表

证券代码	证券简称	综合质量评分（分）	排名	质量等级*	分项评分（分）		
					价值创造能力	价值管理能力	价值分配能力
002193	如意集团	73.10	149	好	71.91	80.56	68.02
002194	武汉凡谷	55.11	2197	差	52.07	72.56	43.73
002195	二三四五	62.25	1510	较差	53.89	80.56	60.67
002196	方正电机	71.15	272	好	61.31	95.89	66.07
002197	证通电子	64.69	1154	中等	56.26	83.44	62.80
002198	嘉应制药	61.53	1631	较差	56.89	86.11	46.22
002199	东晶电子	49.73	2372	差	41.69	83.33	32.22
002200	云投生态	56.84	2091	差	50.94	82.00	43.49
002201	九鼎新材	61.03	1692	较差	57.81	78.00	50.49
002202	金风科技	74.74	76	好	70.89	86.11	71.07
002203	海亮股份	68.50	553	较好	61.59	84.78	66.04
002204	大连重工	53.84	2245	差	45.44	83.33	41.16
002205	国统股份	62.54	1471	中等	59.65	84.78	46.07
002206	海利得	72.85	156	好	71.79	79.22	68.60
002208	合肥城建	65.37	1052	中等	56.96	89.00	58.56
002209	达意隆	60.00	1815	较差	61.46	77.89	39.18
002210	飞马国际	73.60	117	好	73.69	82.00	65.00
002211	宏达新材	50.44	2357	差	49.29	73.78	29.40
002212	南洋股份	68.56	550	较好	64.34	83.44	62.09
002213	特尔佳	64.11	1236	中等	59.91	76.56	60.09
002214	大立科技	62.81	1440	中等	56.69	84.78	53.07
002215	诺普信	66.17	909	较好	65.86	84.78	48.20
002216	三全食品	64.34	1201	中等	65.50	73.89	52.47
002217	合力泰	63.86	1275	中等	54.44	86.11	60.44
002218	拓日新能	73.41	126	好	74.64	86.22	58.13
002219	恒康医疗	63.55	1321	中等	52.56	97.22	51.84
002220	天宝股份	58.48	1973	差	52.42	80.56	48.53
002221	东华能源	61.23	1671	较差	54.40	77.89	58.24
002222	福晶科技	70.95	283	好	65.91	76.56	75.42
002223	鱼跃医疗	68.08	613	较好	66.64	79.22	59.84
002224	三力士	70.96	282	好	68.90	86.11	59.91
002225	濮耐股份	66.62	841	较好	63.32	83.67	56.16
002226	江南化工	60.73	1742	较差	57.32	75.22	53.07

证券代码	证券简称	综合质量评分（分）	排名	质量等级 *	分项评分（分）		
					价值创造能力	价值管理能力	价值分配能力
002227	奥特迅	63.93	1263	中等	64.35	74.78	52.22
002228	合兴包装	66.34	877	较好	58.67	88.89	59.16
002229	鸿博股份	67.21	755	较好	63.17	79.22	63.27
002230	科大讯飞	70.28	347	好	62.65	77.89	77.93
002231	奥维通信	52.47	2307	差	44.40	80.67	40.40
002232	启明信息	59.35	1886	较差	55.19	84.78	42.24
002233	塔牌集团	72.26	192	好	69.51	82.00	68.02
002234	民和股份	60.68	1744	较差	59.22	80.67	43.62
002235	安妮股份	57.00	2079	差	53.31	75.22	46.18
002236	大华股份	75.24	60	好	64.56	97.22	74.62
002237	恒邦股份	55.57	2172	差	57.50	69.33	37.96
002238	天威视讯	62.41	1488	较差	55.28	86.11	52.96
002239	奥特佳	76.15	41	好	82.19	80.56	59.64
002240	威华股份	50.91	2347	差	41.68	77.89	42.38
002241	歌尔股份	72.31	187	好	68.55	86.11	66.02
002242	九阳股份	66.91	800	较好	59.25	90.33	58.82
002243	通产丽星	66.20	904	较好	59.74	84.78	60.53
002244	滨江集团	69.28	457	好	64.69	79.22	68.51
002245	澳洋顺昌	70.00	377	好	70.61	84.78	54.00
002246	北化股份	65.24	1070	中等	54.93	84.78	66.33
002247	帝龙文化	68.30	579	较好	58.23	90.33	66.40
002249	大洋电机	76.29	36	好	68.91	84.78	82.56
002250	联化科技	70.64	309	好	62.49	91.67	65.89
002251	步步高	61.43	1646	较差	52.20	77.89	63.42
002252	上海莱士	72.21	196	好	64.73	90.33	69.07
002253	川大智胜	65.53	1024	中等	63.65	76.56	58.24
002254	泰和新材	65.06	1095	中等	68.22	82.00	41.78
002255	海陆重工	57.28	2056	差	49.37	80.56	49.82
002256	兆新股份	62.39	1493	较差	49.53	91.67	58.82
002258	利尔化学	69.76	402	好	71.07	90.33	46.58
002259	升达林业	57.66	2027	差	54.38	69.89	51.98
002260	德奥通航	65.70	991	中等	68.06	86.11	40.58
002261	拓维信息	67.38	726	较好	61.54	90.33	56.09

续表

证券代码	证券简称	综合质量评分（分）	排名	质量等级*	分项评分（分）		
					价值创造能力	价值管理能力	价值分配能力
002262	恩华药业	67.13	768	较好	68.28	80.56	51.40
002263	大东南	45.23	2432	差	43.41	65.56	28.56
002264	新华都	53.20	2266	差	51.11	69.22	41.38
002265	西仪股份	52.68	2295	差	41.65	86.11	41.31
002266	浙富控股	69.14	476	好	62.42	90.33	61.38
002267	陕天然气	65.84	972	较好	59.79	82.11	61.67
002268	卫士通	67.87	652	较好	62.77	84.78	61.18
002269	美邦服饰	63.61	1313	中等	56.23	94.44	47.56
002270	华明装备	63.36	1356	中等	58.90	82.00	53.62
002271	东方雨虹	81.01	3	好	82.48	84.78	74.31
002272	川润股份	49.76	2370	差	42.56	77.89	36.02
002273	水晶光电	63.28	1371	中等	63.01	71.11	55.98
002274	华昌化工	59.78	1841	较差	48.12	82.11	60.76
002275	桂林三金	69.69	412	好	69.21	82.00	58.36
002276	万马股份	65.95	948	较好	63.77	84.78	51.47
002277	友阿股份	55.00	2201	差	45.81	76.67	51.73
002278	神开股份	56.56	2112	差	63.19	68.33	31.53
002279	久其软件	70.51	326	好	69.29	83.33	60.13
002280	联络互动	72.40	180	好	63.29	80.56	82.49
002281	光迅科技	70.56	320	好	59.11	93.11	70.93
002282	博深工具	63.37	1354	中等	54.96	80.67	62.91
002283	天润曲轴	65.41	1042	中等	62.13	84.78	52.58
002284	亚太股份	67.76	663	较好	63.46	87.56	56.56
002285	世联行	68.78	522	较好	65.08	84.78	60.16
002286	保龄宝	63.25	1374	中等	59.49	76.56	57.47
002287	奇正藏药	61.65	1614	较差	50.47	78.11	67.56
002288	超华科技	54.06	2232	差	41.97	80.67	51.62
002289	宇顺电子	52.67	2296	差	45.91	83.44	35.42
002290	中科新材	60.92	1711	较差	55.95	75.67	56.11
002291	星期六	59.85	1829	较差	57.62	82.00	42.16
002292	奥飞娱乐	67.01	785	较好	57.34	83.44	69.91
002293	罗莱生活	68.99	494	较好	67.94	83.44	56.64
002294	信立泰	70.66	308	好	67.32	86.11	61.87

续表

证券代码	证券简称	综合质量评分（分）	排名	质量等级*	分项评分（分）		
					价值创造能力	价值管理能力	价值分配能力
002295	精艺股份	62.05	1542	较差	58.13	82.00	49.93
002296	辉煌科技	67.68	673	较好	63.42	76.67	67.20
002297	博云新材	59.09	1916	较差	61.18	79.22	34.80
002298	中电鑫龙	66.73	828	较好	63.98	79.22	59.76
002299	圣农发展	67.44	716	较好	58.21	79.22	74.11
002300	太阳电缆	67.59	686	较好	59.84	79.33	71.33
002301	齐心集团	64.81	1132	中等	60.62	83.33	54.67
002302	西部建设	63.99	1253	中等	59.13	84.78	52.91
002303	美盈森	63.90	1269	中等	60.81	73.89	60.09
002304	洋河股份	73.73	108	好	69.13	80.67	76.00
002305	南国置业	61.51	1635	较差	58.17	79.22	50.47
002307	北新路桥	59.34	1887	较差	46.31	83.44	61.29
002308	威创股份	59.87	1827	较差	62.64	75.11	39.09
002309	中利集团	63.35	1360	中等	56.93	83.44	56.09
002310	东方园林	68.59	541	较好	65.55	80.56	62.69
002311	海大集团	66.26	894	较好	61.87	83.44	57.84
002313	日海通讯	52.71	2294	差	41.01	82.00	46.82
002314	南山控股	62.04	1544	较差	44.60	83.33	75.62
002315	焦点科技	64.08	1242	中等	58.63	77.89	61.16
002316	键桥通讯	55.00	2203	差	42.37	83.33	51.91
002317	众生药业	67.96	640	较好	63.95	83.44	60.49
002318	久立特材	68.98	497	较好	66.58	90.33	52.42
002319	乐通股份	58.53	1966	差	51.70	84.78	45.93
002320	海峡股份	55.95	2149	差	45.65	80.78	51.71
002321	华英农业	59.18	1907	较差	53.83	80.56	48.53
002322	理工环科	74.76	73	好	75.58	95.89	51.98
002323	雅百特	72.54	171	好	77.40	79.56	55.80
002324	普利特	68.86	508	较好	64.02	88.89	58.53
002325	洪涛股份	66.79	820	较好	63.66	86.11	53.73
002326	永太科技	68.29	583	较好	67.49	91.67	46.51
002327	富安娜	70.80	295	好	59.93	97.22	66.13
002328	新朋股份	60.35	1771	较差	50.31	97.22	43.58
002329	皇氏集团	66.96	791	较好	65.08	80.56	57.11

证券代码	证券简称	综合质量评分（分）	排名	质量等级*	分项评分（分）		
					价值创造能力	价值管理能力	价值分配能力
002330	得利斯	59.70	1847	较差	59.35	75.89	44.20
002331	皖通科技	64.32	1204	中等	55.06	79.22	67.93
002332	仙琚制药	65.85	967	较好	58.63	84.78	61.36
002333	罗普斯金	72.61	168	好	73.94	86.11	56.42
002334	英威腾	67.58	687	较好	62.07	86.11	60.07
002335	科华恒盛	71.46	250	好	71.80	84.78	57.47
002336	人人乐	55.86	2157	差	45.07	87.56	45.73
002337	赛象科技	63.38	1351	中等	60.21	90.33	42.76
002338	奥普光电	65.14	1086	中等	63.79	83.33	49.64
002339	积成电子	66.16	910	较好	61.16	83.33	58.98
002340	格林美	64.29	1209	中等	53.76	80.67	68.98
002341	新纶科技	62.20	1518	较差	57.10	78.11	56.49
002342	巨力索具	61.00	1696	较差	62.96	76.67	41.42
002343	慈文传媒	59.10	1914	较差	50.14	80.67	55.44
002344	海宁皮城	60.79	1733	较差	53.79	79.22	56.36
002345	潮宏基	67.35	729	较好	67.53	86.22	48.13
002346	柘中股份	64.09	1241	中等	56.33	88.89	54.80
002347	泰尔股份	55.05	2200	差	47.32	82.00	43.56
002348	高乐股份	63.84	1279	中等	52.27	84.78	66.04
002349	精华制药	71.22	266	好	66.57	80.67	71.07
002350	北京科锐	63.26	1372	中等	59.43	82.00	52.18
002351	漫步者	62.06	1541	较差	52.94	82.00	60.38
002352	顺丰控股	73.38	129	好	67.43	83.33	75.31
002353	杰瑞股份	69.88	392	好	61.60	87.67	68.64
002354	天神娱乐	68.56	549	较好	69.90	79.33	55.11
002355	兴民智通	63.83	1283	中等	50.32	79.33	75.33
002356	赫美集团	71.95	214	好	69.75	83.44	64.84
002357	富临运业	64.07	1243	中等	57.95	84.78	55.60
002358	森源电气	65.20	1074	中等	63.94	79.22	53.71
002359	齐星铁塔	58.15	1998	差	56.55	73.78	45.73
002360	同德化工	63.85	1277	中等	62.37	79.22	51.44
002361	神剑股份	66.86	808	较好	63.35	83.44	57.31
002362	汉王科技	61.91	1573	较差	60.21	84.78	42.44

证券代码	证券简称	综合质量评分（分）	排名	质量等级 *	分项评分（分）		
					价值创造能力	价值管理能力	价值分配能力
002363	隆基机械	61.81	1585	较差	54.16	82.11	56.80
002364	中恒电气	73.28	138	好	79.77	80.56	53.04
002365	永安药业	63.95	1259	中等	63.10	79.22	50.40
002366	台海核电	68.08	614	较好	69.59	73.67	59.49
002367	康力电梯	66.04	928	较好	61.88	77.89	62.53
002368	太极股份	67.67	675	较好	60.06	82.00	68.56
002369	卓翼科技	59.51	1869	较差	47.60	90.33	52.53
002370	亚太药业	72.49	173	好	68.64	84.78	67.91
002371	北方华创	62.70	1461	中等	58.14	75.22	59.29
002372	伟星新材	73.28	139	好	69.52	84.78	69.31
002373	千方科技	64.70	1153	中等	55.81	87.56	59.64
002374	丽鹏股份	65.20	1075	中等	62.43	76.56	59.40
002375	亚厦股份	68.75	525	较好	65.42	79.22	64.96
002376	新北洋	73.80	104	好	70.23	91.67	63.07
002377	国创高新	63.48	1332	中等	60.13	90.33	43.31
002378	章源钨业	69.31	452	好	68.76	80.67	59.04
002379	宏创控股	53.15	2271	差	47.20	72.00	46.20
002380	科远股份	67.20	756	较好	67.12	76.56	58.02
002381	双箭股份	69.19	473	好	68.52	79.22	60.49
002382	蓝帆医疗	71.83	223	好	69.94	84.78	62.67
002383	合众思壮	66.15	912	较好	61.67	89.00	52.27
002384	东山精密	67.51	702	较好	64.25	87.56	53.98
002385	大北农	67.89	648	较好	60.91	83.33	66.40
002386	天原集团	62.15	1529	较差	56.34	82.00	53.93
002387	黑牛食品	56.21	2137	差	53.51	77.89	39.96
002388	新亚制程	49.12	2387	差	34.37	86.11	41.64
002389	南洋科技	62.83	1436	中等	53.44	84.78	59.69
002390	信邦制药	62.08	1538	较差	54.07	80.56	59.60
002391	长青股份	70.67	306	好	69.85	86.11	56.84
002392	北京利尔	63.81	1287	中等	62.25	73.67	57.07
002393	力生制药	61.57	1625	较差	56.98	83.33	49.00
002394	联发股份	69.13	478	好	57.31	84.78	77.13
002395	双象股份	65.05	1096	中等	62.36	84.78	50.71

续表

证券代码	证券简称	综合质量评分（分）	排名	质量等级*	分项评分（分）		
					价值创造能力	价值管理能力	价值分配能力
002396	星网锐捷	67.53	701	较好	59.98	82.11	68.04
002397	梦洁股份	68.03	628	较好	64.54	79.22	63.82
002398	建研集团	66.94	796	较好	64.38	82.00	57.00
002399	海普瑞	68.22	593	较好	56.55	94.44	65.33
002400	省广股份	65.69	994	中等	64.15	80.56	53.91
002401	中远海科	60.95	1706	较差	56.62	79.22	51.31
002402	和而泰	64.14	1232	中等	56.95	75.22	67.42
002403	爱仕达	64.79	1138	中等	57.76	86.11	57.53
002404	嘉欣丝绸	62.98	1419	中等	59.28	73.33	60.04
002405	四维图新	74.22	92	好	69.30	84.78	73.49
002406	远东传动	70.20	358	好	60.95	84.78	74.13
002407	多氟多	69.35	448	好	65.77	84.78	61.09
002408	齐翔腾达	71.19	270	好	74.10	86.22	50.36
002409	雅克科技	69.83	398	好	69.20	76.56	64.36
002410	广联达	77.79	18	好	71.39	97.22	71.13
002411	必康股份	70.63	310	好	66.82	86.11	62.78
002412	汉森制药	67.56	693	较好	61.90	84.78	61.64
002413	雷科防务	76.20	38	好	76.42	87.67	64.29
002414	高德红外	67.12	770	较好	63.84	79.22	61.56
002415	海康威视	79.66	7	好	75.31	88.89	79.13
002416	爱施德	64.98	1102	中等	63.31	84.78	48.51
002417	三元达	59.40	1881	较差	45.83	84.78	61.16
002418	康盛股份	59.52	1868	较差	47.81	84.78	57.67
002419	天虹股份	68.19	598	较好	62.69	78.00	69.40
002420	毅昌股份	62.24	1511	较差	65.14	82.00	36.69
002421	达实智能	61.26	1668	较差	51.32	87.67	54.73
002422	科伦药业	65.90	956	较好	61.17	77.56	63.71
002423	中原特钢	58.86	1943	较差	46.05	84.78	58.56
002424	贵州百灵	64.68	1156	中等	55.20	84.78	63.56
002425	凯撒文化	63.66	1307	中等	59.28	80.56	55.53
002426	胜利精密	65.29	1065	中等	56.25	78.11	70.56
002427	尤夫股份	68.00	632	较好	60.33	83.44	67.89
002428	云南锗业	61.56	1626	较差	59.83	79.22	47.33

续表

证券代码	证券简称	综合质量评分（分）	排名	质量等级*	分项评分（分）		
					价值创造能力	价值管理能力	价值分配能力
002429	兆驰股份	65.19	1076	中等	63.23	79.44	54.84
002430	杭氧股份	63.00	1416	中等	59.23	84.78	48.76
002431	棕榈股份	66.27	889	较好	61.41	80.56	61.69
002432	九安医疗	58.54	1963	差	54.49	80.67	44.51
002433	太安堂	59.65	1854	较差	49.90	89.00	49.80
002434	万里扬	73.85	101	好	74.30	79.22	67.58
002435	长江润发	72.97	152	好	71.28	82.11	67.22
002436	兴森科技	63.59	1315	中等	57.41	83.44	56.11
002437	誉衡药业	68.83	513	较好	67.56	86.33	53.87
002438	江苏神通	71.48	248	好	65.95	79.22	74.80
002439	启明星辰	64.94	1108	中等	62.52	80.56	54.18
002440	闰土股份	69.20	469	好	67.97	88.89	51.98
002441	众业达	63.96	1257	中等	54.54	83.44	63.33
002442	龙星化工	61.71	1602	较差	61.24	79.22	45.11
002443	金洲管道	63.72	1295	中等	59.94	82.00	53.02
002444	巨星科技	64.58	1175	中等	59.96	79.22	59.18
002445	中南文化	62.27	1509	较差	57.30	82.11	52.36
002446	盛路通信	63.08	1399	中等	54.20	83.33	60.58
002447	壹桥股份	61.42	1648	较差	60.30	79.22	45.84
002448	中原内配	68.35	576	较好	64.72	83.33	60.62
002449	国星光电	64.29	1211	中等	57.88	79.33	62.07
002450	康得新	74.10	96	好	74.48	80.78	66.64
002451	摩恩电气	55.92	2152	差	43.67	83.33	52.98
002452	长高集团	63.04	1410	中等	57.26	73.89	63.73
002453	天马精化	59.70	1849	较差	55.87	83.44	43.60
002454	松芝股份	72.10	204	好	67.43	91.67	61.89
002455	百川股份	63.53	1323	中等	57.81	79.33	59.16
002456	欧菲光	68.62	538	较好	66.01	79.22	63.24
002457	青龙管业	61.84	1581	较差	62.38	82.00	40.58
002458	益生股份	65.12	1087	中等	62.52	93.22	42.22
002459	天业通联	49.75	2371	差	38.46	79.33	42.76
002460	赣锋锂业	70.69	303	好	61.63	83.33	76.18
002461	珠江啤酒	63.56	1320	中等	57.05	84.89	55.24

证券代码	证券简称	综合质量评分（分）	排名	质量等级*	分项评分（分）		
					价值创造能力	价值管理能力	价值分配能力
002462	嘉事堂	70.21	356	好	63.86	86.11	67.02
002463	沪电股份	60.85	1721	较差	49.44	83.33	61.18
002464	金利科技	54.99	2205	差	50.41	80.67	38.49
002465	海格通信	71.99	211	好	60.12	88.89	78.84
002466	天齐锂业	70.66	307	好	60.11	84.78	77.64
002467	二六三	65.65	998	中等	59.27	91.67	52.40
002468	申通快递	71.48	249	好	66.29	85.00	68.33
002469	三维工程	72.29	188	好	70.75	87.56	60.11
002470	金正大	69.54	426	好	68.71	79.22	61.53
002471	中超控股	65.61	1009	中等	61.64	84.78	54.38
002472	双环传动	63.50	1327	中等	60.86	73.89	58.40
002474	榕基软件	57.04	2073	差	43.25	79.22	62.44
002475	立讯精密	68.13	606	较好	58.70	86.11	69.02
002476	宝莫股份	62.09	1536	较差	55.10	84.78	53.38
002477	雏鹰农牧	67.47	710	较好	58.73	76.67	75.76
002478	常宝股份	68.64	536	较好	68.30	84.89	53.09
002479	富春环保	67.21	754	较好	60.01	87.56	61.27
002480	新筑股份	64.07	1244	中等	64.78	82.00	44.71
002481	双塔食品	71.54	245	好	70.45	87.56	57.71
002482	广田集团	71.43	252	好	67.22	91.67	59.60
002483	润邦股份	65.35	1056	中等	59.26	91.67	51.20
002484	江海股份	65.17	1080	中等	64.69	77.89	53.40
002485	希努尔	56.45	2119	差	58.26	72.33	36.96
002486	嘉麟杰	61.06	1686	较差	59.74	83.33	41.44
002487	大金重工	66.13	917	较好	59.83	83.33	61.51
002488	金固股份	61.13	1677	较差	52.08	82.00	58.36
002489	浙江永强	66.96	793	较好	60.02	84.78	63.02
002491	通鼎互联	67.25	747	较好	64.68	83.44	56.22
002492	恒基达鑫	68.94	502	较好	68.92	86.11	51.80
002493	荣盛石化	64.50	1185	中等	59.94	79.22	58.91
002494	华斯股份	60.13	1796	较差	52.78	79.22	55.76
002495	佳隆股份	69.71	410	好	71.74	83.33	52.02
002496	辉丰股份	63.07	1402	中等	58.40	79.22	56.24

续表

证券代码	证券简称	综合质量评分（分）	排名	质量等级*	分项评分（分）		
					价值创造能力	价值管理能力	价值分配能力
002497	雅化集团	62.81	1439	中等	62.67	82.00	43.89
002498	汉缆股份	65.62	1008	中等	59.97	79.33	63.20
002499	科林环保	60.67	1746	较差	56.62	80.56	48.87
002501	利源精制	69.30	455	好	64.75	87.67	60.04
002502	骅威文化	63.83	1282	中等	63.27	77.89	50.89
002503	搜于特	63.79	1289	中等	59.08	79.22	57.78
002505	大康农业	52.33	2311	差	38.81	82.00	49.69
002506	协鑫集成	49.82	2369	差	37.54	73.67	50.51
002507	涪陵榨菜	71.33	260	好	71.66	83.33	58.67
002508	老板电器	76.88	23	好	73.86	86.11	73.69
002509	天广中茂	70.26	353	好	66.96	72.56	74.56
002510	天汽模	66.23	898	较好	60.00	80.56	64.38
002511	中顺洁柔	71.01	278	好	66.92	87.67	62.53
002512	达华智能	63.07	1400	中等	61.22	80.56	49.29
002513	蓝丰生化	66.04	931	较好	65.46	82.11	51.11
002514	宝馨科技	64.42	1195	中等	64.03	82.78	46.84
002515	金字火腿	61.05	1688	较差	57.59	79.22	49.80
002516	旷达科技	63.38	1352	中等	53.14	84.78	62.44
002517	恺英网络	64.63	1167	中等	58.32	79.22	62.64
002518	科士达	70.55	321	好	63.80	89.00	65.62
002519	银河电子	68.35	574	较好	64.01	80.56	64.82
002520	日发精机	64.60	1170	中等	63.22	82.00	49.96
002521	齐峰新材	67.97	637	较好	63.90	82.00	62.07
002522	浙江众成	67.35	730	较好	60.93	80.56	67.00
002523	天桥起重	78.32	13	好	77.12	86.11	72.91
002524	光正集团	49.70	2373	差	41.79	88.89	26.33
002526	山东矿机	53.64	2251	差	46.10	80.67	41.69
002527	新时达	74.73	77	好	71.23	80.56	75.91
002528	英飞拓	65.96	945	较好	59.68	86.11	58.38
002529	海源机械	56.94	2083	差	51.93	83.33	40.56
002530	金财互联	70.17	362	好	70.37	83.44	56.49
002531	天顺风能	67.98	635	较好	64.32	77.89	65.38
002532	新界泵业	66.70	832	较好	61.82	84.78	58.40

续表

证券代码	证券简称	综合质量评分（分）	排名	质量等级*	分项评分(分)		
					价值创造能力	价值管理能力	价值分配能力
002533	金杯电工	69.73	407	好	66.38	83.67	62.49
002534	杭锅股份	65.38	1046	中等	62.51	79.22	57.29
002535	林州重机	55.52	2175	差	34.92	77.89	74.36
002536	西泵股份	67.45	714	较好	67.63	79.22	55.33
002537	海立美达	62.31	1499	较差	50.97	84.78	62.53
002538	司尔特	70.05	371	好	67.70	82.00	62.80
002539	云图控股	62.96	1421	中等	54.64	79.22	63.36
002540	亚太科技	69.05	485	好	65.99	83.56	60.67
002541	鸿路钢构	64.27	1215	中等	55.77	79.22	66.31
002542	中化岩土	66.66	837	较好	67.10	73.89	58.56
002543	万和电气	73.52	120	好	69.09	86.22	69.69
002544	杰赛科技	65.57	1015	中等	56.46	80.67	68.69
002545	东方铁塔	71.21	268	好	71.54	79.22	62.53
002546	新联电子	67.87	654	较好	71.63	79.22	48.98
002547	春兴精工	64.14	1231	中等	57.21	83.44	58.69
002548	金新农	77.51	19	好	63.62	91.67	91.13
002549	凯美特气	68.15	603	较好	62.19	87.56	60.64
002550	千红制药	65.01	1100	中等	60.10	79.33	60.53
002551	尚荣医疗	65.45	1035	中等	54.51	93.22	59.56
002552	宝鼎科技	61.99	1555	较差	60.08	86.11	41.69
002553	南方轴承	69.41	441	好	65.06	86.22	61.31
002554	惠博普	70.50	328	好	65.60	88.89	61.89
002555	三七互娱	68.82	514	较好	61.82	79.22	72.40
002556	辉隆股份	65.44	1037	中等	58.93	87.56	56.33
002557	洽洽食品	62.23	1514	较差	50.26	83.44	64.96
002558	巨人网络	79.14	10	好	81.77	80.56	72.44
002559	亚威股份	71.89	217	好	66.57	89.00	65.42
002560	通达股份	60.89	1713	较差	49.56	84.78	59.67
002561	徐家汇	70.28	348	好	64.09	80.67	72.27
002562	兄弟科技	69.97	382	好	65.91	77.56	70.51
002563	森马服饰	73.73	107	好	67.31	94.44	65.87
002564	天沃科技	54.54	2216	差	47.53	78.11	45.00
002565	顺灏股份	58.98	1931	较差	56.64	70.78	51.87

证券代码	证券简称	综合质量评分（分）	排名	质量等级*	价值创造能力	价值管理能力	价值分配能力
					分项评分（分）		
002566	益盛药业	59.30	1891	较差	55.67	72.00	53.87
002567	唐人神	66.09	920	较好	59.52	87.56	57.76
002568	百润股份	69.66	414	好	82.35	80.56	33.38
002569	步森股份	53.47	2257	差	48.01	73.33	44.53
002570	贝因美	63.69	1303	中等	61.71	82.00	49.33
002572	索菲亚	73.77	105	好	73.92	79.22	68.00
002573	清新环境	69.61	421	好	65.00	83.44	65.00
002574	明牌珠宝	56.54	2115	差	44.83	84.78	51.71
002575	群兴玩具	59.65	1855	较差	56.09	86.11	40.29
002576	通达动力	61.32	1661	较差	55.89	80.56	52.93
002577	雷柏科技	53.10	2276	差	44.71	86.11	36.84
002578	闽发铝业	66.73	831	较好	62.86	84.78	56.42
002579	中京电子	64.55	1180	中等	54.87	84.78	63.67
002580	圣阳股份	67.75	664	较好	59.72	84.78	66.78
002581	未名医药	60.33	1776	较差	59.89	79.33	42.20
002582	好想你	68.70	531	较好	62.93	79.22	69.73
002583	海能达	65.75	985	中等	61.34	80.56	59.76
002584	西陇科学	63.47	1335	中等	59.77	79.22	55.11
002585	双星新材	65.23	1072	中等	58.16	89.00	55.60
002586	围海股份	61.58	1623	较差	52.03	82.00	60.24
002587	奥拓电子	68.99	496	较好	63.59	86.11	62.64
002588	史丹利	70.58	318	好	65.68	97.22	53.76
002589	瑞康医药	66.18	907	较好	60.88	76.56	66.40
002590	万安科技	67.48	708	较好	65.30	80.56	58.76
002591	恒大高新	62.67	1464	中等	56.97	87.56	49.20
002592	八菱科技	62.70	1462	中等	56.13	75.11	63.42
002593	日上集团	60.66	1747	较差	52.41	76.56	61.24
002594	比亚迪	69.42	439	好	61.15	78.00	77.38
002595	豪迈科技	70.97	280	好	67.74	80.67	67.73
002596	海南瑞泽	67.42	720	较好	63.52	86.11	56.53
002597	金禾实业	71.34	259	好	70.99	89.00	54.38
002598	山东章鼓	67.78	659	较好	64.79	79.44	62.11
002599	盛通股份	66.86	809	较好	62.14	84.78	58.36

续表

证券代码	证券简称	综合质量评分（分）	排名	质量等级*	分项评分（分）		
					价值创造能力	价值管理能力	价值分配能力
002600	江粉磁材	63.11	1391	中等	49.67	79.22	73.89
002601	龙蟒佰利	79.71	6	好	71.60	97.22	78.42
002602	世纪华通	67.49	707	较好	68.48	84.78	48.22
002603	以岭药业	69.01	490	好	67.56	83.44	57.47
002604	龙力生物	59.82	1834	较差	55.92	91.67	35.78
002605	姚记扑克	64.89	1114	中等	61.79	79.22	56.78
002606	大连电瓷	65.92	954	较好	60.90	84.78	57.11
002607	亚夏汽车	56.45	2120	差	48.30	77.89	51.31
002608	江苏国信	57.41	2044	差	62.11	66.56	38.89
002609	捷顺科技	67.03	783	较好	60.41	84.78	62.51
002610	爱康科技	62.16	1524	较差	46.26	80.56	75.58
002611	东方精工	65.04	1098	中等	62.64	80.56	54.33
002612	朗姿股份	73.44	125	好	70.01	87.67	66.07
002613	北玻股份	62.07	1540	较差	59.29	72.56	57.13
002614	奥佳华	66.34	878	较好	59.68	86.11	59.91
002615	哈尔斯	72.43	178	好	72.66	79.22	65.18
002616	长青集团	69.49	431	好	61.23	94.56	60.96
002617	露笑科技	59.15	1910	较差	53.05	79.22	51.29
002618	丹邦科技	58.60	1957	较差	49.47	84.78	50.69
002619	巨龙管业	62.95	1424	中等	61.69	82.00	46.40
002620	瑞和股份	67.54	698	较好	68.55	80.56	52.49
002621	三垒股份	66.74	825	较好	70.84	80.56	44.73
002622	融钰集团	58.28	1987	差	51.32	76.56	53.91
002623	亚玛顿	67.60	684	较好	62.68	83.33	61.71
002624	完美世界	76.43	30	好	77.67	91.67	58.73
002625	光启技术	65.89	960	较好	64.20	82.00	53.16
002626	金达威	74.40	87	好	75.34	86.11	60.82
002627	宜昌交运	62.15	1528	较差	55.06	83.33	55.16
002628	成都路桥	58.29	1984	差	44.00	82.00	63.16
002629	仁智股份	57.38	2050	差	53.60	82.33	39.98
002630	华西能源	63.06	1404	中等	50.86	91.67	58.87
002631	德尔未来	66.18	908	较好	60.99	84.78	57.96
002632	道明光学	64.31	1207	中等	59.94	82.00	55.36

续表

证券代码	证券简称	综合质量评分（分）	排名	质量等级*	分项评分（分）		
					价值创造能力	价值管理能力	价值分配能力
002633	申科股份	54.93	2209	差	54.95	70.89	38.91
002634	棒杰股份	67.19	759	较好	60.73	82.00	65.29
002635	安洁科技	69.51	430	好	63.85	76.56	73.76
002636	金安国纪	58.35	1981	差	53.43	82.11	44.42
002637	赞宇科技	66.89	805	较好	62.45	84.78	57.89
002638	勤上股份	52.94	2284	差	43.13	75.22	50.27
002639	雪人股份	68.45	560	较好	58.98	77.89	77.93
002640	跨境通	63.81	1286	中等	60.94	76.56	56.82
002641	永高股份	68.37	572	较好	68.17	79.22	57.93
002642	荣之联	67.93	642	较好	59.24	89.00	64.22
002643	万润股份	76.05	45	好	76.60	80.56	70.47
002644	佛慈制药	55.69	2167	差	43.83	80.78	54.33
002645	华宏科技	68.18	600	较好	67.80	82.11	55.02
002646	青青稞酒	62.63	1466	中等	56.19	84.78	53.38
002647	民盛金科	50.33	2359	差	36.53	68.67	59.60
002648	卫星石化	65.89	961	较好	64.94	84.78	48.89
002649	博彦科技	67.82	656	较好	62.34	90.33	56.24
002650	加加食品	65.14	1084	中等	57.64	84.78	60.51
002651	利君股份	63.72	1297	中等	52.54	84.78	65.00
002652	扬子新材	69.40	444	好	67.96	83.33	58.33
002653	海思科	74.36	88	好	73.61	88.89	61.36
002654	万润科技	60.94	1707	较差	59.14	72.22	53.24
002655	共达电声	57.25	2062	差	50.05	87.56	41.33
002656	摩登大道	65.90	958	较好	65.14	77.89	55.42
002657	中科金财	64.10	1239	中等	59.91	80.56	56.02
002658	雪迪龙	66.30	885	较好	61.77	83.33	58.31
002659	中泰桥梁	53.11	2275	差	48.88	79.00	35.67
002660	茂硕电源	60.15	1794	较差	51.22	91.67	46.49
002661	克明面业	73.26	140	好	73.54	83.11	62.84
002662	京威股份	68.42	566	较好	65.89	87.56	54.36
002663	普邦股份	65.97	944	较好	65.41	77.89	55.18
002664	信质电机	67.18	761	较好	64.89	84.78	54.18
002665	首航节能	67.90	646	较好	67.33	83.33	53.60

续表

证券代码	证券简称	综合质量评分（分）	排名	质量等级 *	分项评分（分）		
					价值创造能力	价值管理能力	价值分配能力
002666	德联集团	66.98	788	较好	63.57	83.44	57.33
002667	鞍重股份	62.30	1501	较差	63.00	80.67	42.51
002668	奥马电器	64.85	1124	中等	60.69	82.00	56.02
002669	康达新材	70.81	294	好	75.34	79.22	53.33
002671	龙泉股份	73.53	119	好	70.69	93.22	59.53
002672	东江环保	71.99	212	好	69.18	83.44	66.16
002674	兴业科技	72.88	155	好	68.90	90.33	63.38
002675	东诚药业	65.32	1060	中等	62.26	79.22	57.56
002676	顺威股份	62.87	1432	中等	57.94	77.89	57.73
002677	浙江美大	71.67	237	好	64.54	84.78	72.82
002678	珠江钢琴	74.47	85	好	72.11	83.33	70.33
002679	福建金森	46.50	2418	差	37.44	72.00	39.13
002680	长生生物	64.80	1135	中等	56.78	84.78	60.89
002681	奋达科技	65.33	1058	中等	58.20	86.11	58.82
002682	龙洲股份	60.67	1745	较差	58.37	82.00	43.93
002683	宏大爆破	68.33	577	较好	66.79	80.56	59.20
002684	猛狮科技	70.15	364	好	64.81	77.89	73.11
002685	华东重机	63.23	1378	中等	53.40	86.11	60.02
002686	亿利达	66.69	834	较好	61.34	82.11	61.98
002687	乔治白	61.71	1599	较差	56.63	83.33	50.27
002688	金河生物	71.58	244	好	65.30	80.56	75.16
002689	远大智能	62.88	1430	中等	61.04	85.00	44.47
002690	美亚光电	72.05	207	好	68.01	82.00	70.18
002691	冀凯股份	67.87	653	较好	70.71	79.22	50.84
002692	睿康股份	61.04	1690	较差	58.38	76.56	50.87
002693	双成药业	68.43	564	较好	66.25	90.33	50.89
002694	顾地科技	62.92	1428	中等	68.72	67.89	46.33
002695	煌上煌	73.17	144	好	71.58	91.67	57.87
002696	百洋股份	62.28	1506	较差	54.09	84.78	56.16
002697	红旗连锁	65.98	940	较好	63.27	72.22	65.16
002698	博实股份	66.99	787	较好	60.28	83.33	64.07
002699	美盛文化	69.09	480	好	65.76	84.78	60.09
002700	新疆浩源	61.63	1615	较差	57.05	82.00	50.44

续表

证券代码	证券简称	综合质量评分（分）	排名	质量等级*	分项评分（分）		
					价值创造能力	价值管理能力	价值分配能力
002701	奥瑞金	66.24	897	较好	64.97	86.11	48.89
002702	海欣食品	65.52	1025	中等	58.81	76.56	67.91
002703	浙江世宝	59.93	1821	较差	51.07	82.00	55.60
002705	新宝股份	71.62	240	好	66.71	88.89	64.20
002706	良信电器	69.63	416	好	68.86	91.67	49.16
002707	众信旅游	65.16	1081	中等	60.12	82.11	58.29
002708	光洋股份	73.71	110	好	72.12	88.67	61.93
002709	天赐材料	74.79	72	好	80.44	84.78	53.49
002711	欧浦智网	60.93	1708	较差	61.53	83.33	37.33
002712	思美传媒	63.45	1340	中等	62.86	84.78	43.29
002713	东易日盛	75.41	58	好	74.76	86.11	66.02
002714	牧原股份	67.16	764	较好	58.60	83.44	68.00
002715	登云股份	62.64	1465	中等	61.73	78.22	48.89
002716	金贵银业	66.48	855	较好	62.70	82.00	58.51
002717	岭南园林	76.32	34	好	75.41	77.89	76.58
002718	友邦吊顶	67.35	733	较好	68.51	80.56	51.80
002719	麦趣尔	66.90	803	较好	68.94	86.11	43.60
002721	金一文化	64.49	1186	中等	58.67	83.33	57.29
002722	金轮股份	57.15	2067	差	49.19	86.11	44.11
002723	金莱特	64.83	1125	中等	63.61	79.22	52.89
002724	海洋王	64.31	1208	中等	61.19	80.67	54.18
002725	跃岭股份	66.37	866	较好	62.00	87.56	53.93
002726	龙大肉食	65.64	1004	中等	60.55	87.67	53.80
002727	一心堂	67.28	744	较好	62.00	76.67	68.47
002728	特一药业	70.01	376	好	67.86	83.33	60.98
002729	好利来	62.02	1547	较差	52.73	84.78	57.84
002730	电光科技	64.53	1181	中等	61.85	84.78	49.64
002731	萃华珠宝	56.80	2097	差	48.46	80.67	49.60
002732	燕塘乳业	69.47	433	好	64.60	86.22	62.47
002733	雄韬股份	59.23	1901	较差	51.58	77.89	55.89
002735	王子新材	64.91	1112	中等	60.37	82.00	56.89
002737	葵花药业	60.12	1798	较差	53.07	78.00	56.36
002738	中矿资源	64.95	1105	中等	61.85	84.78	51.33

续表

证券代码	证券简称	综合质量评分（分）	排名	质量等级*	分项评分（分）		
					价值创造能力	价值管理能力	价值分配能力
300001	特锐德	65.26	1067	中等	64.13	87.67	45.09
300002	神州泰岳	68.08	616	较好	57.93	91.89	64.56
300003	乐普医疗	76.29	35	好	77.95	86.11	63.13
300004	南风股份	64.23	1222	中等	55.70	80.67	64.87
300005	探路者	65.53	1023	中等	60.80	79.22	61.31
300006	莱美药业	59.24	1900	较差	51.12	76.56	58.16
300007	汉威电子	72.75	160	好	65.34	82.00	78.31
300008	天海防务	64.91	1111	中等	61.34	84.78	52.18
300009	安科生物	74.75	74	好	72.05	89.00	65.89
300010	立思辰	67.46	713	较好	60.12	84.78	64.84
300011	鼎汉技术	70.90	288	好	76.17	77.89	53.36
300012	华测检测	72.29	190	好	69.68	84.78	65.02
300013	新宁物流	60.08	1805	较差	56.44	72.22	55.20
300014	亿纬锂能	68.48	554	较好	64.63	87.56	57.11
300015	爱尔眼科	74.25	91	好	69.08	84.78	74.07
300016	北陆药业	70.24	355	好	61.54	95.89	61.98
300017	网宿科技	70.68	304	好	66.91	80.56	68.33
300018	中元股份	73.14	145	好	75.52	83.33	58.20
300019	硅宝科技	66.03	932	较好	57.73	76.56	72.09
300020	银江股份	57.34	2053	差	50.79	80.56	47.20
300021	大禹节水	64.00	1251	中等	60.55	80.56	54.36
300022	吉峰农机	55.11	2195	差	46.15	87.56	40.58
300023	宝德股份	56.82	2094	差	41.02	83.33	61.89
300024	机器人	71.42	253	好	63.65	80.67	77.73
300025	华星创业	62.11	1533	较差	56.64	79.22	55.91
300026	红日药业	69.90	389	好	65.95	91.67	56.04
300027	华谊兄弟	63.11	1390	中等	53.76	80.56	64.38
300028	金亚科技	47.22	2411	差	41.52	73.78	32.07
300029	天龙光电	47.18	2412	差	44.20	74.00	26.31
300030	阳普医疗	63.86	1276	中等	60.14	83.33	51.82
300031	宝通科技	63.89	1270	中等	59.73	77.89	58.22
300032	金龙机电	64.52	1184	中等	60.75	79.22	57.36
300033	同花顺	69.79	399	好	67.41	77.56	66.78

证券代码	证券简称	综合质量评分（分）	排名	质量等级*	分项评分（分）		
					价值创造能力	价值管理能力	价值分配能力
300034	钢研高纳	73.03	151	好	69.89	84.78	67.56
300035	中科电气	67.31	737	较好	60.69	88.89	58.98
300036	超图软件	68.20	597	较好	64.87	79.22	63.82
300037	新宙邦	73.50	122	好	74.01	82.00	63.98
300038	梅泰诺	59.09	1917	较差	54.03	82.00	46.29
300039	上海凯宝	70.37	337	好	63.79	97.22	56.69
300040	九洲电气	66.55	851	较好	60.56	84.78	60.29
300041	回天新材	74.73	78	好	73.08	91.67	61.09
300042	朗科科技	64.59	1172	中等	55.09	82.00	66.18
300043	星辉娱乐	67.96	638	较好	59.30	86.22	67.02
300044	赛为智能	56.82	2093	差	47.98	86.11	45.22
300045	华力创通	69.32	451	好	67.93	84.78	56.64
300046	台基股份	60.80	1730	较差	52.06	82.11	56.96
300047	天源迪科	64.65	1164	中等	54.66	80.56	68.73
300048	合康新能	71.73	231	好	70.14	86.11	60.53
300049	福瑞股份	74.51	84	好	73.19	89.00	62.64
300050	世纪鼎利	65.68	996	中等	61.11	82.00	58.49
300051	三五互联	57.01	2078	差	51.03	84.78	41.18
300052	中青宝	61.11	1679	较差	59.12	79.22	46.98
300053	欧比特	63.72	1296	中等	55.06	79.22	65.53
300054	鼎龙股份	76.58	27	好	83.29	79.22	60.53
300055	万邦达	62.19	1520	较差	57.56	79.22	54.42
300056	三维丝	67.04	782	较好	71.36	69.44	56.02
300057	万顺股份	61.39	1650	较差	55.35	79.22	55.64
300058	蓝色光标	66.90	802	较好	51.57	90.33	74.13
300059	东方财富	68.10	612	较好	63.79	80.56	64.24
300061	康耐特	73.72	109	好	71.97	79.44	71.49
300062	中能电气	68.42	565	较好	64.36	79.22	65.76
300063	天龙集团	59.71	1844	较差	52.10	79.22	55.42
300064	豫金刚石	68.58	543	较好	68.49	83.44	53.91
300065	海兰信	67.71	667	较好	59.67	90.33	61.16
300066	三川智慧	68.00	633	较好	63.64	83.33	61.38
300067	安诺其	70.49	329	好	66.12	83.44	66.29

续表

证券代码	证券简称	综合质量评分（分）	排名	质量等级*	分项评分（分）		
					价值创造能力	价值管理能力	价值分配能力
300068	南都电源	67.05	781	较好	63.64	79.22	61.69
300069	金利华电	62.78	1445	中等	55.09	79.22	61.73
300070	碧水源	73.68	113	好	66.65	90.33	71.09
300071	华谊嘉信	61.92	1569	较差	50.04	91.67	55.96
300072	三聚环保	69.99	378	好	67.20	83.44	62.13
300073	当升科技	68.41	568	较好	63.76	83.33	62.78
300074	华平股份	63.01	1414	中等	60.09	77.89	53.98
300075	数字政通	64.14	1229	中等	55.83	80.56	64.36
300076	GQY视讯	56.54	2114	差	49.64	83.33	43.56
300077	国民技术	70.96	281	好	61.91	87.56	72.47
300078	思创医惠	68.81	516	较好	66.76	79.22	62.49
300079	数码视讯	65.52	1026	中等	62.51	82.00	55.07
300080	易成新能	66.37	867	较好	60.69	82.00	62.11
300081	恒信东方	58.47	1975	差	54.49	71.11	53.78
300082	奥克股份	59.98	1817	较差	48.66	88.89	53.71
300083	劲胜精密	65.65	999	中等	59.17	83.44	60.82
300084	海默科技	63.08	1398	中等	62.56	75.22	51.98
300085	银之杰	66.22	901	较好	59.00	80.56	66.31
300086	康芝药业	63.28	1367	中等	55.15	82.00	60.82
300087	荃银高科	70.46	333	好	67.00	83.33	64.51
300088	长信科技	65.38	1049	中等	57.11	84.56	62.73
300089	文化长城	63.36	1357	中等	58.66	77.89	58.22
300090	盛运环保	55.47	2180	差	53.74	60.22	54.16
300091	金通灵	65.10	1089	中等	53.91	90.33	62.24
300092	科新机电	58.00	2009	差	50.61	84.78	46.00
300093	金刚玻璃	64.48	1187	中等	58.47	83.44	57.56
300094	国联水产	69.72	409	好	68.50	91.67	50.20
300095	华伍股份	67.50	704	较好	64.96	84.78	55.29
300096	易联众	63.13	1388	中等	51.94	89.00	59.64
300097	智云股份	69.01	489	好	62.90	77.89	72.36
300098	高新兴	63.64	1309	中等	59.52	83.44	52.09
300099	精准信息	68.79	521	较好	63.94	80.56	66.71
300100	双林股份	69.88	391	好	66.14	86.11	61.11

证券代码	证券简称	综合质量评分（分）	排名	质量等级*	分项评分（分）		
					价值创造能力	价值管理能力	价值分配能力
300101	振芯科技	69.19	472	好	74.97	79.33	47.49
300102	乾照光电	60.96	1704	较差	56.69	79.22	51.22
300103	达刚路机	64.81	1134	中等	61.35	80.67	55.87
300104	乐视网	65.08	1092	中等	60.35	72.78	66.84
300105	龙源技术	57.01	2075	差	53.41	84.78	36.44
300106	西部牧业	67.59	685	较好	68.65	80.56	52.49
300107	建新股份	67.42	719	较好	64.97	86.11	53.64
300108	双龙股份	61.96	1561	较差	54.17	84.89	54.62
300109	新开源	76.13	42	好	81.21	80.67	61.42
300110	华仁药业	65.96	946	较好	61.13	83.44	58.16
300111	向日葵	59.04	1922	较差	53.70	83.33	45.44
300112	万讯自控	69.99	380	好	71.73	91.89	44.60
300113	顺网科技	69.49	432	好	70.36	80.56	56.67
300114	中航电测	67.68	671	较好	65.34	82.00	58.04
300115	长盈精密	71.28	263	好	74.90	79.22	56.11
300116	坚瑞沃能	72.17	199	好	68.78	86.11	65.00
300117	嘉寓股份	55.61	2171	差	52.91	66.78	49.84
300118	东方日升	65.54	1021	中等	57.26	84.78	62.87
300119	瑞普生物	64.61	1168	中等	63.50	79.22	52.20
300120	经纬电材	65.33	1059	中等	52.89	95.89	59.67
300121	阳谷华泰	65.61	1010	中等	61.96	79.22	59.29
300122	智飞生物	64.60	1171	中等	59.75	83.33	55.56
300123	太阳鸟	64.55	1179	中等	64.61	84.78	44.22
300124	汇川技术	78.23	14	好	75.83	86.11	75.16
300125	易世达	51.92	2322	差	40.40	82.00	44.89
300126	锐奇股份	57.36	2052	差	50.79	79.00	48.87
300127	银河磁体	65.70	992	中等	62.07	76.56	62.11
300128	锦富技术	56.96	2082	差	44.03	83.67	56.11
300129	泰胜风能	65.76	983	中等	61.09	82.11	58.73
300130	新国都	68.05	623	较好	68.23	79.22	56.51
300131	英唐智控	71.24	264	好	67.58	80.67	69.13
300132	青松股份	63.86	1273	中等	58.94	76.56	61.02
300133	华策影视	59.79	1839	较差	55.82	73.67	53.87

续表

证券代码	证券简称	综合质量评分（分）	排名	质量等级*	分项评分（分）		
					价值创造能力	价值管理能力	价值分配能力
300134	大富科技	69.59	422	好	68.15	80.56	61.51
300135	宝利国际	63.10	1394	中等	57.97	83.33	53.11
300136	信维通信	74.02	98	好	69.67	77.89	78.87
300137	先河环保	64.71	1152	中等	56.72	80.67	64.71
300138	晨光生物	66.41	861	较好	63.74	79.22	58.93
300139	晓程科技	63.42	1344	中等	61.26	84.78	46.38
300140	中环装备	68.05	622	较好	63.04	80.56	65.56
300141	和顺电气	61.66	1612	较差	55.00	74.00	62.62
300142	沃森生物	61.55	1628	较差	58.08	79.22	50.82
300143	星河生物	64.04	1248	中等	64.45	79.22	48.02
300144	宋城演艺	73.34	133	好	66.81	91.67	68.07
300145	中金环境	75.90	46	好	77.66	84.78	63.49
300146	汤臣倍健	75.43	57	好	80.16	77.89	63.51
300147	香雪制药	66.97	789	较好	59.07	88.89	60.87
300148	天舟文化	74.56	83	好	79.41	84.78	54.62
300149	量子高科	67.90	645	较好	73.03	72.56	52.98
300150	世纪瑞尔	64.79	1139	中等	55.01	89.00	60.13
300151	昌红科技	66.14	913	较好	61.64	83.33	57.96
300152	科融环境	59.42	1879	较差	51.80	84.78	49.31
300153	科泰电源	61.52	1633	较差	62.63	69.22	51.58
300154	瑞凌股份	63.62	1312	中等	55.75	83.33	59.67
300155	安居宝	66.44	858	较好	61.49	86.11	56.64
300156	神雾环保	64.68	1158	中等	61.31	79.44	56.64
300157	恒泰艾普	63.46	1336	中等	62.95	79.22	48.73
300158	振东制药	64.87	1119	中等	57.75	79.67	64.29
300159	新研股份	73.33	134	好	75.17	80.56	62.42
300160	秀强股份	65.87	963	较好	62.38	77.89	60.84
300161	华中数控	69.25	462	好	66.55	79.22	64.67
300162	雷曼股份	63.51	1326	中等	56.28	79.22	62.24
300163	先锋新材	66.34	880	较好	56.40	90.33	62.22
300164	通源石油	63.08	1397	中等	59.70	79.44	53.49
300165	天瑞仪器	66.58	843	较好	65.37	76.56	59.04
300166	东方国信	65.68	997	中等	61.71	83.44	55.84

证券代码	证券简称	综合质量评分（分）	排名	质量等级*	分项评分（分）		
					价值创造能力	价值管理能力	价值分配能力
300167	迪威视讯	61.77	1592	较差	47.09	83.44	69.44
300168	万达信息	66.56	849	较好	60.88	80.56	63.93
300169	天晟新材	67.35	732	较好	67.98	79.22	54.20
300170	汉得信息	64.58	1176	中等	62.51	86.11	47.18
300171	东富龙	66.87	807	较好	56.34	91.67	63.16
300172	中电环保	64.45	1190	中等	56.95	83.33	60.58
300173	智慧松德	61.47	1642	较差	51.20	86.11	57.36
300174	元力股份	70.37	338	好	65.22	76.56	74.49
300175	朗源股份	59.27	1894	较差	48.20	84.89	55.78
300176	鸿特精密	61.38	1653	较差	50.79	88.89	55.04
300177	中海达	64.68	1157	中等	62.11	77.89	56.60
300178	腾邦国际	68.47	556	较好	66.84	84.78	55.42
300179	四方达	68.35	573	较好	55.50	95.89	66.53
300180	华峰超纤	66.79	821	较好	67.42	80.56	51.76
300181	佐力药业	65.57	1014	中等	56.74	76.67	72.16
300182	捷成股份	71.15	271	好	62.94	83.44	75.27
300183	东软载波	68.46	559	较好	64.80	80.67	63.56
300184	力源信息	62.22	1515	较差	60.01	84.78	44.09
300185	通裕重工	64.04	1249	中等	55.39	80.56	64.80
300187	永清环保	68.79	520	较好	68.78	79.44	58.18
300188	美亚柏科	67.22	752	较好	63.14	79.22	63.36
300189	神农基因	65.16	1082	中等	59.83	83.33	57.64
300190	维尔利	68.40	569	较好	68.90	79.22	56.58
300191	潜能恒信	65.85	966	较好	61.65	83.33	56.78
300192	科斯伍德	67.09	775	较好	60.78	83.33	63.47
300193	佳士科技	64.86	1121	中等	60.05	84.78	54.56
300194	福安药业	72.37	185	好	71.34	77.89	68.93
300195	长荣股份	70.54	324	好	62.06	95.89	62.13
300196	长海股份	70.21	357	好	71.90	79.22	57.80
300197	铁汉生态	79.53	8	好	81.69	77.89	76.84
300198	纳川股份	69.29	456	好	63.81	87.67	61.89
300199	翰宇药业	76.61	26	好	77.80	90.33	60.51
300200	高盟新材	73.54	118	好	73.89	87.56	58.82

证券代码	证券简称	综合质量评分（分）	排名	质量等级*	分项评分（分）		
					价值创造能力	价值管理能力	价值分配能力
300201	海伦哲	72.60	169	好	72.01	84.78	61.62
300202	聚龙股份	72.40	182	好	76.91	80.67	55.13
300203	聚光科技	75.50	53	好	75.14	95.89	55.84
300204	舒泰神	63.79	1290	中等	62.60	83.44	46.51
300205	天喻信息	65.78	977	较好	64.72	82.00	51.69
300206	理邦仪器	68.59	540	较好	63.56	82.00	65.24
300207	欣旺达	72.69	164	好	68.72	91.67	61.64
300208	恒顺众昇	66.06	926	较好	66.76	81.00	49.73
300209	天泽信息	62.01	1549	较差	54.34	79.22	60.13
300210	森远股份	67.34	734	较好	62.79	86.22	57.53
300211	亿通科技	58.65	1955	较差	53.29	75.33	52.71
300212	易华录	64.89	1115	中等	58.82	82.00	59.91
300213	佳讯飞鸿	65.02	1099	中等	63.29	79.22	54.29
300214	日科化学	64.28	1213	中等	62.14	79.33	53.49
300215	电科院	64.83	1128	中等	60.40	77.89	60.62
300216	千山药机	67.62	681	较好	62.87	88.89	55.84
300217	东方电热	66.02	934	较好	62.11	82.00	57.87
300218	安利股份	68.24	590	较好	68.78	79.22	56.18
300219	鸿利智汇	65.48	1031	中等	57.19	84.78	62.76
300220	金运激光	60.80	1731	较差	51.38	84.78	55.64
300221	银禧科技	75.17	61	好	69.69	97.22	64.07
300222	科大智能	72.44	177	好	72.23	78.11	67.18
300223	北京君正	61.32	1660	较差	55.36	83.44	51.11
300224	正海磁材	69.85	395	好	73.61	76.56	55.64
300225	金力泰	64.35	1197	中等	66.08	77.89	47.36
300226	上海钢联	55.90	2154	差	53.21	75.22	41.96
300227	光韵达	63.98	1255	中等	54.41	91.67	55.42
300228	富瑞特装	58.83	1947	较差	59.24	76.56	40.27
300229	拓尔思	69.66	413	好	70.41	80.56	57.27
300230	永利股份	70.06	370	好	67.34	79.22	66.36
300231	银信科技	64.24	1218	中等	55.08	80.56	66.22
300232	洲明科技	68.80	518	较好	59.02	95.89	61.27
300233	金城医药	70.20	360	好	70.06	82.00	58.67

证券代码	证券简称	综合质量评分（分）	排名	质量等级*	分项评分（分）		
					价值创造能力	价值管理能力	价值分配能力
300234	开尔新材	71.03	277	好	73.16	80.56	57.22
300235	方直科技	64.00	1252	中等	64.78	82.00	44.44
300236	上海新阳	69.34	449	好	71.88	83.44	50.13
300237	美晨科技	71.87	219	好	68.21	84.78	66.29
300238	冠昊生物	69.85	396	好	69.28	91.67	49.16
300239	东宝生物	72.48	176	好	68.79	87.56	64.80
300240	飞力达	69.63	417	好	69.00	82.11	58.42
300241	瑞丰光电	64.81	1133	中等	56.04	84.78	62.38
300242	明家联合	63.09	1396	中等	57.11	83.44	54.69
300243	瑞丰高材	65.49	1029	中等	61.48	83.56	55.44
300244	迪安诊断	72.76	158	好	62.74	97.22	68.33
300245	天玑科技	63.49	1329	中等	63.52	80.78	46.13
300246	宝莱特	67.89	647	较好	63.90	82.00	61.78
300247	乐金健康	65.80	975	较好	61.41	78.11	62.27
300248	新开普	67.35	731	较好	59.65	80.56	69.53
300249	依米康	67.12	771	较好	64.98	82.00	56.51
300250	初灵信息	72.11	203	好	73.85	73.89	66.84
300251	光线传媒	61.96	1564	较差	54.69	77.89	60.56
300252	金信诺	68.30	581	较好	67.26	84.78	53.89
300253	卫宁健康	71.07	274	好	66.39	77.89	73.62
300254	仟源医药	63.38	1353	中等	60.36	83.33	49.44
300255	常山药业	63.31	1364	中等	55.37	87.67	54.82
300256	星星科技	63.20	1380	中等	58.68	90.33	45.09
300257	开山股份	65.81	974	较好	64.68	87.56	46.33
300258	精锻科技	76.56	28	好	76.74	88.89	63.87
300259	新天科技	74.79	71	好	71.03	83.44	73.67
300260	新莱应材	65.24	1069	中等	55.34	87.56	62.73
300261	雅本化学	64.42	1194	中等	64.93	79.22	48.62
300262	巴安水务	61.51	1634	较差	55.46	77.89	57.22
300263	隆华节能	66.24	896	较好	59.85	89.00	56.27
300264	佳创视讯	66.56	850	较好	56.79	89.00	63.67
300265	通光线缆	69.31	453	好	68.33	86.11	54.44
300266	兴源环境	69.96	384	好	71.33	73.89	63.27

证券代码	证券简称	综合质量评分（分）	排名	质量等级*	分项评分（分）		
					价值创造能力	价值管理能力	价值分配能力
300267	尔康制药	69.93	386	好	71.31	79.22	57.87
300268	佳沃股份	53.11	2273	差	41.71	86.78	42.24
300269	联建光电	64.78	1140	中等	54.92	86.11	63.18
300270	中威电子	61.37	1654	较差	55.20	90.33	44.73
300271	华宇软件	70.04	373	好	67.85	84.78	59.69
300272	开能环保	76.38	32	好	74.58	83.33	73.02
300273	和佳股份	62.80	1443	中等	56.33	80.67	57.87
300274	阳光电源	67.16	765	较好	65.02	83.44	55.16
300275	梅安森	60.26	1781	较差	56.18	87.56	41.13
300276	三丰智能	63.25	1375	中等	55.11	87.56	55.22
300277	海联讯	57.70	2025	差	43.70	83.44	59.93
300278	华昌达	64.23	1219	中等	62.49	79.22	52.73
300279	和晶科技	64.32	1203	中等	56.61	76.56	67.51
300280	南通锻压	59.81	1837	较差	55.14	79.22	49.71
300281	金明精机	70.14	365	好	64.03	94.56	57.96
300282	汇冠股份	65.54	1022	中等	65.61	91.67	39.27
300283	温州宏丰	65.37	1050	中等	63.06	75.22	60.13
300284	苏交科	68.16	601	较好	66.46	77.89	61.82
300285	国瓷材料	76.09	43	好	75.24	97.22	56.64
300286	安科瑞	69.24	464	好	72.44	84.78	47.29
300287	飞利信	64.74	1147	中等	51.87	80.56	74.64
300288	朗玛信息	63.28	1370	中等	62.59	82.00	45.93
300289	利德曼	62.20	1517	较差	55.51	83.44	54.36
300290	荣科科技	58.53	1964	差	49.71	77.89	56.82
300291	华录百纳	58.99	1928	较差	53.73	79.22	49.29
300292	吴通控股	69.03	486	好	62.78	86.11	64.44
300293	蓝英装备	65.58	1012	中等	61.64	86.11	52.96
300294	博雅生物	75.14	65	好	76.22	84.89	63.22
300295	三六五网	62.51	1477	较差	60.41	83.44	45.78
300296	利亚德	74.06	97	好	68.52	80.56	78.67
300297	蓝盾股份	68.05	621	较好	61.61	79.22	69.76
300298	三诺生物	70.18	361	好	64.29	89.00	63.13
300299	富春股份	65.64	1005	中等	58.01	79.22	67.31

证券代码	证券简称	综合质量评分（分）	排名	质量等级*	价值创造能力	价值管理能力	价值分配能力
300300	汉鼎宇佑	64.13	1233	中等	55.25	90.33	55.71
300301	长方集团	63.93	1261	中等	62.48	84.78	46.00
300302	同有科技	65.98	939	较好	55.92	87.56	64.53
300303	聚飞光电	68.42	567	较好	66.28	77.89	63.22
300304	云意电气	73.13	146	好	78.00	79.22	57.29
300305	裕兴股份	68.03	631	较好	68.41	79.22	56.07
300306	远方光电	68.52	551	较好	70.49	79.22	53.89
300307	慈星股份	61.19	1675	较差	58.15	77.89	50.58
300308	中际装备	61.81	1584	较差	48.78	87.56	62.11
300309	吉艾科技	61.96	1562	较差	56.89	84.78	49.29
300310	宜通世纪	65.84	971	较好	63.45	80.56	55.89
300311	任子行	68.24	589	较好	63.55	89.00	56.87
300312	邦讯技术	57.40	2047	差	52.39	80.67	44.16
300313	天山生物	56.59	2106	差	53.18	79.44	40.53
300314	戴维医疗	63.73	1293	中等	55.98	82.00	60.98
300315	掌趣科技	70.51	327	好	65.48	84.78	66.29
300316	晶盛机电	72.42	179	好	70.36	84.78	64.20
300317	珈伟股份	62.86	1433	中等	56.66	79.22	58.89
300318	博晖创新	68.57	546	较好	64.41	79.22	66.22
300319	麦捷科技	75.15	64	好	73.46	89.00	64.69
300320	海达股份	64.73	1150	中等	60.33	79.33	58.91
300321	同大股份	68.05	624	较好	71.59	77.89	51.11
300322	硕贝德	72.05	206	好	67.42	86.11	67.27
300323	华灿光电	70.59	316	好	66.15	84.78	65.27
300324	旋极信息	69.25	460	好	62.60	86.11	65.69
300325	德威新材	70.63	311	好	66.09	86.33	64.00
300326	凯利泰	73.64	115	好	76.93	79.22	61.47
300327	中颖电子	75.46	55	好	73.54	83.44	71.31
300328	宜安科技	68.11	611	较好	72.75	73.89	53.07
300329	海伦钢琴	66.84	813	较好	62.56	84.78	57.44
300330	华虹计通	59.14	1911	较差	52.11	83.33	49.02
300331	苏大维格	67.42	721	较好	63.15	83.33	60.04
300332	天壕环境	63.92	1265	中等	58.63	82.00	56.42

续表

证券代码	证券简称	综合质量评分（分）	排名	质量等级*	分项评分（分）		
					价值创造能力	价值管理能力	价值分配能力
300333	兆日科技	66.01	937	较好	67.13	70.56	59.20
300334	津膜科技	72.29	189	好	77.19	84.78	50.00
300335	迪森股份	71.34	258	好	64.02	89.00	68.33
300336	新文化	57.57	2033	差	41.61	86.22	60.84
300337	银邦股份	61.81	1586	较差	58.88	82.00	47.47
300338	开元股份	68.56	548	较好	67.60	82.00	57.07
300339	润和软件	69.97	383	好	59.09	89.00	72.69
300340	科恒股份	65.10	1090	中等	61.94	80.56	55.96
300341	麦迪电气	72.49	175	好	71.84	90.33	55.93
300342	天银机电	70.74	301	好	72.24	79.22	59.24
300343	联创互联	62.18	1521	较差	53.21	79.22	63.07
300344	太空板业	63.58	1318	中等	58.72	80.67	56.20
300345	红宇新材	66.18	906	较好	58.56	84.78	62.82
300346	南大光电	70.90	287	好	72.53	77.89	60.64
300347	泰格医药	65.37	1051	中等	61.07	86.11	53.22
300348	长亮科技	66.82	817	较好	57.98	84.78	66.56
300349	金卡智能	74.31	89	好	71.58	79.22	74.84
300350	华鹏飞	65.35	1053	中等	62.61	80.67	55.53
300351	永贵电器	66.60	842	较好	65.93	73.89	60.64
300352	北信源	64.23	1221	中等	60.61	80.56	55.16
300353	东土科技	71.05	275	好	70.22	80.56	63.20
300354	东华测试	68.71	530	较好	71.80	83.44	47.78
300355	蒙草生态	67.07	776	较好	62.76	80.56	62.20
300356	光一科技	65.34	1057	中等	66.06	77.89	51.36
300357	我武生物	65.47	1032	中等	65.20	83.33	48.16
300358	楚天科技	67.69	670	较好	72.03	84.78	41.93
300359	全通教育	64.12	1234	中等	56.00	89.00	55.49
300360	炬华科技	68.61	539	较好	69.05	82.00	54.33
300362	天翔环境	67.23	750	较好	59.95	79.22	69.78
300363	博腾股份	66.21	902	较好	65.44	84.78	49.18
300365	恒华科技	70.57	319	好	67.95	84.78	61.60
300366	创意信息	65.87	964	较好	60.10	79.22	64.04
300367	东方网力	71.83	222	好	70.93	84.78	60.71

证券代码	证券简称	综合质量评分（分）	排名	质量等级*	分项评分（分）		
					价值创造能力	价值管理能力	价值分配能力
300368	汇金股份	67.44	715	较好	64.88	86.22	53.78
300369	绿盟科技	67.30	738	较好	68.17	86.11	46.76
300370	安控科技	73.10	147	好	76.77	77.89	61.00
300371	汇中股份	67.20	758	较好	69.93	83.33	45.60
300373	扬杰科技	64.88	1116	中等	66.70	84.78	41.36
300375	鹏翎股份	72.76	157	好	72.18	91.67	55.00
300376	易事特	63.93	1262	中等	59.00	79.22	58.49
300377	赢时胜	64.59	1173	中等	61.16	79.22	56.82
300378	鼎捷软件	70.13	366	好	62.72	90.33	64.76
300379	东方通	68.97	499	较好	68.47	80.56	58.40
300380	安硕信息	57.26	2057	差	59.24	73.44	37.13
300381	溢多利	64.09	1240	中等	56.34	86.11	57.58
300382	斯莱克	67.81	657	较好	65.65	76.56	63.40
300383	光环新网	66.65	838	较好	67.76	76.56	54.53
300384	三联虹普	64.24	1217	中等	57.81	80.67	60.67
300385	雪浪环境	62.77	1448	中等	53.00	79.44	65.62
300386	飞天诚信	67.64	678	较好	63.71	82.00	61.13
300387	富邦股份	64.19	1225	中等	59.94	84.78	52.09
300388	国祯环保	72.01	210	好	70.29	86.11	61.38
300389	艾比森	70.16	363	好	62.42	95.89	59.89
300390	天华超净	65.19	1078	中等	59.85	86.22	54.82
300391	康跃科技	54.15	2229	差	47.78	82.11	38.91
300392	腾信股份	63.16	1384	中等	65.89	75.56	45.29
300393	中来股份	63.39	1348	中等	57.84	79.22	58.64
300395	菲利华	73.69	111	好	75.80	79.22	63.93
300396	迪瑞医疗	76.81	24	好	84.93	83.33	54.04
300397	天和防务	60.04	1809	较差	54.79	80.89	49.69
300398	飞凯材料	69.65	415	好	73.00	82.00	50.60
300399	京天利	67.73	665	较好	68.55	74.78	59.02
300400	劲拓股份	70.26	351	好	70.12	83.33	57.47
300401	花园生物	68.72	529	较好	73.29	79.22	49.07
300402	宝色股份	53.19	2268	差	41.63	86.11	43.38
300403	地尔汉宇	68.97	500	较好	66.70	83.33	59.16

续表

证券代码	证券简称	综合质量评分（分）	排名	质量等级*	分项评分（分）		
					价值创造能力	价值管理能力	价值分配能力
300405	科隆股份	62.41	1487	较差	62.53	79.22	45.36
300406	九强生物	74.58	82	好	70.74	83.33	73.51
300407	凯发电气	68.98	498	较好	67.16	80.67	60.93
300408	三环集团	70.89	289	好	62.93	88.89	68.82
300409	道氏技术	69.31	454	好	67.20	80.56	62.27
300410	正业科技	68.44	561	较好	67.53	79.22	59.47
300411	金盾股份	64.82	1131	中等	59.24	84.78	56.02
300412	迦南科技	69.61	420	好	67.98	79.22	63.27
600004	白云机场	58.94	1936	较差	47.74	82.00	58.29
600006	东风汽车	58.11	2001	差	48.25	80.78	55.18
600007	中国国贸	68.68	532	较好	64.33	80.78	65.27
600008	首创股份	60.30	1779	较差	47.12	84.78	62.18
600009	上海机场	61.22	1673	较差	53.30	84.78	53.49
600010	包钢股份	51.47	2334	差	43.20	79.44	40.04
600011	华能国际	64.77	1142	中等	51.18	87.56	69.16
600012	皖通高速	62.10	1534	较差	53.05	88.89	53.40
600017	日照港	58.67	1953	较差	40.48	83.44	70.27
600018	上港集团	63.67	1305	中等	56.38	83.56	58.38
600019	宝钢股份	67.54	696	较好	67.07	80.78	55.27
600020	中原高速	58.26	1990	差	45.92	79.44	61.76
600021	上海电力	61.99	1556	较差	51.97	79.44	64.56
600022	山东钢铁	58.99	1929	较差	50.43	82.00	53.09
600023	浙能电力	62.40	1490	较差	57.50	76.67	57.91
600026	中远海能	63.86	1274	中等	50.32	87.56	67.24
600027	华电国际	68.86	509	较好	56.28	83.56	79.31
600028	中国石化	67.54	699	较好	61.94	88.89	57.38
600029	南方航空	63.34	1361	中等	53.48	82.22	64.18
600031	三一重工	67.55	695	较好	60.77	91.89	56.76
600033	福建高速	63.28	1369	中等	48.41	86.22	70.07
600035	楚天高速	56.39	2125	差	59.92	66.67	39.07
600037	歌华有线	64.02	1250	中等	53.14	87.56	62.22
600038	中直股份	61.96	1560	较差	55.73	80.78	55.62
600039	四川路桥	59.70	1845	较差	44.28	88.89	61.36

证券代码	证券简称	综合质量评分（分）	排名	质量等级 *	分项评分（分）		
					价值创造能力	价值管理能力	价值分配能力
600048	保利地产	66.57	845	较好	64.17	80.56	57.38
600050	中国联通	53.73	2248	差	39.50	86.22	49.71
600051	宁波联合	64.29	1212	中等	57.70	80.67	61.09
600052	浙江广厦	62.17	1522	较差	57.35	80.89	53.11
600053	九鼎投资	63.07	1403	中等	58.29	78.11	57.58
600054	黄山旅游	60.25	1782	较差	54.98	86.22	44.82
600055	万东医疗	72.26	194	好	72.09	80.78	64.07
600056	中国医药	60.36	1768	较差	48.26	72.56	72.36
600057	象屿股份	59.21	1905	较差	47.22	79.44	62.96
600058	五矿发展	59.36	1885	较差	50.83	80.67	55.11
600059	古越龙山	63.05	1407	中等	53.32	79.44	66.11
600060	海信电器	67.78	660	较好	61.56	83.33	64.67
600062	华润双鹤	67.19	760	较好	65.36	80.78	57.24
600063	皖维高新	69.40	443	好	65.41	87.67	59.11
600064	南京高科	72.70	163	好	65.03	91.89	68.87
600066	宇通客车	75.89	47	好	76.00	82.00	69.53
600067	冠城大通	70.32	341	好	65.42	86.33	64.11
600068	葛洲坝	68.64	537	较好	64.88	78.00	66.80
600069	银鸽投资	50.22	2361	差	41.19	78.00	40.49
600070	浙江富润	67.20	757	较好	58.35	90.33	61.78
600071	凤凰光学	56.77	2099	差	45.14	86.11	50.71
600072	中船科技	56.27	2135	差	45.35	83.56	50.82
600073	上海梅林	62.42	1486	较差	58.76	77.78	54.38
600074	保千里	72.49	174	好	71.92	86.11	60.00
600075	新疆天业	65.50	1028	中等	65.08	73.89	57.93
600076	康欣新材	63.10	1395	中等	59.75	80.67	52.22
600077	宋都股份	60.05	1808	较差	55.95	82.00	46.31
600078	澄星股份	51.58	2329	差	41.08	75.67	48.49
600079	人福医药	66.35	876	较好	66.60	79.44	52.76
600080	金花股份	60.87	1716	较差	52.33	80.78	58.04
600081	东风科技	63.57	1319	中等	58.00	80.78	57.51
600082	海泰发展	43.93	2443	差	27.78	84.78	35.40
600083	博信股份	49.26	2386	差	43.09	75.22	35.64

续表

证券代码	证券简称	综合质量评分（分）	排名	质量等级*	分项评分（分）		
					价值创造能力	价值管理能力	价值分配能力
600084	中葡股份	50.45	2355	差	40.31	82.11	39.07
600085	同仁堂	64.85	1123	中等	54.76	83.44	66.44
600086	东方金钰	65.77	981	较好	58.04	90.33	56.67
600088	中视传媒	56.61	2105	差	44.75	86.11	50.82
600089	特变电工	65.17	1079	中等	56.57	86.33	61.20
600090	同济堂	57.61	2028	差	56.15	82.22	35.93
600093	易见股份	55.99	2146	差	42.86	82.11	56.11
600094	大名城	66.39	865	较好	58.99	82.22	65.36
600095	哈高科	52.35	2309	差	45.73	73.78	44.18
600096	云天化	57.37	2051	差	51.12	79.44	47.80
600097	开创国际	56.80	2096	差	43.66	82.11	57.78
600098	广州发展	66.34	879	较好	66.47	78.00	54.42
600099	林海股份	62.85	1435	中等	59.61	71.11	61.07
600100	同方股份	61.35	1657	较差	49.50	76.67	69.76
600101	明星电力	61.42	1647	较差	55.36	80.78	54.20
600103	青山纸业	61.99	1552	较差	58.07	78.11	53.73
600104	上汽集团	70.09	368	好	62.32	80.78	74.96
600105	永鼎股份	68.46	558	较好	64.05	84.78	60.96
600106	重庆路桥	59.56	1865	较差	50.21	84.78	53.04
600107	美尔雅	45.98	2427	差	40.09	82.00	21.76
600108	亚盛集团	58.05	2004	差	46.17	86.11	53.76
600110	诺德股份	56.41	2122	差	42.60	80.78	59.67
600111	北方稀土	66.42	860	较好	55.91	84.78	69.09
600113	浙江东日	61.90	1574	较差	48.20	84.78	66.42
600114	东睦股份	69.54	428	好	75.16	77.89	49.96
600115	东方航空	68.19	599	较好	59.66	83.33	70.11
600116	三峡水利	66.22	899	较好	59.57	76.67	69.07
600117	西宁特钢	52.97	2283	差	43.78	78.00	46.31
600118	中国卫星	72.22	195	好	65.35	84.78	73.38
600119	长江投资	65.95	949	较好	65.87	80.56	51.49
600120	浙江东方	59.32	1889	较差	58.10	71.11	49.98
600122	宏图高科	63.49	1328	中等	59.38	85.00	50.22
600123	兰花科创	63.93	1260	中等	56.08	82.22	61.36

证券代码	证券简称	综合质量评分（分）	排名	质量等级*	分项评分（分）		
					价值创造能力	价值管理能力	价值分配能力
600125	铁龙物流	59.80	1838	较差	51.89	82.00	53.42
600126	杭钢股份	52.47	2305	差	46.46	69.22	47.73
600127	金健米业	54.11	2230	差	47.86	83.44	37.27
600128	弘业股份	62.40	1491	较差	59.27	76.67	54.38
600129	太极集团	59.22	1902	较差	51.00	82.22	52.67
600130	波导股份	57.49	2039	差	47.29	79.44	55.93
600131	岷江水电	59.94	1820	较差	51.04	78.00	59.67
600132	重庆啤酒	56.56	2113	差	45.53	82.00	53.16
600133	东湖高新	51.37	2335	差	42.35	79.44	41.36
600135	乐凯胶片	61.74	1595	较差	60.36	86.22	40.02
600136	当代明诚	58.90	1939	较差	56.46	84.78	37.91
600137	浪莎股份	52.59	2303	差	44.74	82.11	38.76
600138	中青旅	69.22	467	好	62.44	82.00	69.98
600139	西部资源	46.43	2421	差	41.42	73.11	29.78
600141	兴发集团	69.02	488	好	65.51	83.67	61.38
600143	金发科技	74.00	99	好	66.95	91.67	70.42
600146	商赢环球	52.57	2304	差	47.12	83.67	32.38
600148	长春一东	58.04	2005	差	51.73	86.11	42.60
600150	中国船舶	47.92	2403	差	41.80	76.67	31.42
600151	航天机电	63.92	1264	中等	54.92	79.22	66.62
600152	维科精华	51.63	2328	差	43.58	78.11	41.24
600153	建发股份	67.64	677	较好	59.34	85.00	66.89
600156	华升股份	61.68	1607	较差	54.97	83.56	53.22
600157	永泰能源	63.43	1343	中等	59.55	76.56	58.04
600158	中体产业	47.45	2409	差	27.71	80.89	53.49
600159	大龙地产	64.86	1122	中等	62.16	75.33	59.78
600160	巨化股份	66.95	794	较好	64.68	73.89	64.56
600161	天坛生物	66.08	923	较好	54.55	84.78	70.44
600162	香江控股	67.80	658	较好	61.67	91.67	56.20
600163	中闽能源	57.95	2013	差	45.62	79.56	61.00
600165	新日恒力	56.73	2101	差	54.22	82.22	36.27
600166	福田汽车	73.75	106	好	72.52	79.44	70.51
600167	联美控股	64.56	1178	中等	61.86	79.56	54.98

续表

证券代码	证券简称	综合质量评分（分）	排名	质量等级*	分项评分（分）		
					价值创造能力	价值管理能力	价值分配能力
600168	武汉控股	56.89	2086	差	46.52	79.44	55.09
600169	太原重工	56.52	2116	差	54.56	79.22	37.76
600170	上海建工	70.59	317	好	60.89	78.00	82.56
600171	上海贝岭	61.99	1557	较差	52.44	86.11	56.96
600172	黄河旋风	68.06	619	较好	65.84	82.22	58.36
600173	卧龙地产	69.25	461	好	63.90	83.56	65.64
600175	美都能源	60.31	1778	较差	53.78	85.00	48.67
600176	中国巨石	69.72	408	好	66.72	73.89	71.53
600177	雅戈尔	70.82	293	好	67.31	80.56	68.09
600178	东安动力	55.54	2174	差	54.29	75.33	38.22
600179	安通控股	56.28	2134	差	52.23	73.44	47.22
600180	瑞茂通	71.64	239	好	70.97	91.67	52.96
600182	S佳通	55.91	2153	差	48.06	78.11	49.42
600183	生益科技	73.32	136	好	65.41	80.67	81.78
600184	光电股份	61.00	1697	较差	56.49	80.67	50.36
600185	格力地产	57.84	2018	差	42.68	83.33	62.64
600186	莲花健康	47.76	2406	差	36.65	86.22	31.51
600187	国中水务	57.53	2037	差	47.20	79.33	56.38
600188	兖州煤业	71.94	215	好	65.33	85.00	72.11
600189	吉林森工	56.00	2144	差	49.07	86.11	39.73
600190	锦州港	65.30	1064	中等	56.63	83.44	64.49
600191	华资实业	61.49	1638	较差	53.41	82.11	57.02
600192	长城电工	53.21	2265	差	40.12	82.00	50.60
600193	创兴资源	45.28	2431	差	31.73	78.11	39.56
600195	中牧股份	67.23	749	较好	67.84	79.44	53.78
600196	复星医药	73.28	137	好	70.96	84.89	66.33
600197	伊力特	69.14	477	好	57.38	90.33	71.47
600198	大唐电信	59.10	1915	较差	47.85	86.11	54.58
600199	金种子酒	54.18	2226	差	53.19	78.11	32.22
600200	江苏吴中	69.28	459	好	64.63	79.11	68.73
600201	生物股份	71.10	273	好	72.83	75.22	63.51
600202	哈空调	53.83	2246	差	48.05	78.11	41.11
600203	福日电子	65.73	987	中等	62.01	71.22	67.69

证券代码	证券简称	综合质量评分（分）	排名	质量等级*	分项评分（分）		
					价值创造能力	价值管理能力	价值分配能力
600206	有研新材	67.65	676	较好	65.70	88.89	50.31
600207	安彩高科	60.01	1812	较差	58.31	77.89	45.53
600208	新湖中宝	65.59	1011	中等	61.98	79.44	58.96
600209	罗顿发展	46.90	2415	差	30.85	79.44	46.44
600210	紫江企业	68.43	563	较好	59.19	86.11	69.22
600211	西藏药业	70.29	344	好	66.59	86.11	61.87
600212	江泉实业	48.87	2391	差	35.75	82.11	41.87
600213	亚星客车	53.01	2280	差	41.95	82.11	46.04
600215	长春经开	61.90	1575	较差	53.75	86.11	53.98
600216	浙江医药	64.94	1109	中等	63.41	79.44	53.51
600217	中再资环	47.93	2402	差	39.30	79.44	33.67
600218	全柴动力	71.22	267	好	65.06	80.89	73.87
600219	南山铝业	60.98	1701	较差	58.76	71.22	55.18
600220	江苏阳光	58.23	1992	差	50.21	86.11	46.38
600221	海航控股	58.91	1938	较差	45.70	84.78	59.47
600222	太龙药业	53.59	2252	差	42.68	86.22	42.78
600223	鲁商置业	58.89	1941	较差	47.83	82.00	57.91
600226	瀚叶股份	63.00	1417	中等	57.40	87.56	49.64
600227	赤天化	52.20	2313	差	39.34	77.89	52.22
600229	城市传媒	58.28	1986	差	40.18	74.00	78.76
600230	沧州大化	51.93	2320	差	41.35	80.78	44.27
600231	凌钢股份	68.04	626	较好	61.52	83.67	65.44
600232	金鹰股份	59.28	1893	较差	50.40	84.78	51.53
600233	圆通速递	81.82	2	好	76.19	91.67	83.24
600235	民丰特纸	52.99	2281	差	48.92	76.67	37.47
600236	桂冠电力	65.56	1019	中等	60.36	82.00	59.51
600237	铜峰电子	51.32	2336	差	45.29	75.33	39.38
600238	海南椰岛	54.05	2233	差	46.39	79.00	44.42
600239	云南城投	56.79	2098	差	43.11	83.44	57.51
600240	华业资本	63.05	1406	中等	64.30	79.44	44.18
600241	时代万恒	62.36	1495	较差	58.85	82.00	49.73
600242	中昌数据	62.95	1423	中等	62.57	90.33	36.33
600243	青海华鼎	59.25	1899	较差	48.74	86.11	53.40

证券代码	证券简称	综合质量评分（分）	排名	质量等级*	分项评分（分）		
					价值创造能力	价值管理能力	价值分配能力
600246	万通地产	53.34	2261	差	47.61	80.56	37.58
600248	延长化建	60.56	1755	较差	59.61	78.11	44.89
600249	两面针	58.00	2008	差	57.30	80.78	36.64
600250	南纺股份	46.01	2425	差	38.18	76.67	31.00
600251	冠农股份	58.01	2006	差	46.06	78.11	61.82
600252	中恒集团	63.58	1317	中等	61.00	69.22	63.09
600255	鑫科材料	57.25	2061	差	47.63	78.11	55.62
600256	广汇能源	64.80	1137	中等	58.92	83.44	57.91
600257	大湖股份	53.46	2258	差	42.49	76.67	52.20
600258	首旅酒店	76.39	31	好	77.06	84.78	66.67
600259	广晟有色	55.89	2156	差	46.44	78.00	52.67
600260	凯乐科技	68.80	519	较好	68.22	73.89	64.87
600261	阳光照明	72.64	166	好	67.45	82.00	73.67
600262	北方股份	59.65	1853	较差	49.63	83.44	55.91
600266	北京城建	59.44	1875	较差	48.86	84.78	55.27
600267	海正药业	67.57	692	较好	67.13	75.00	61.00
600268	国电南自	60.24	1784	较差	48.22	84.78	59.73
600269	赣粤高速	65.73	986	中等	59.90	79.44	63.69
600270	外运发展	65.58	1013	中等	63.11	80.78	55.33
600271	航天信息	67.30	740	较好	63.92	87.56	53.80
600272	开开实业	60.76	1735	较差	49.42	91.67	52.53
600273	嘉化能源	73.44	124	好	69.58	88.89	65.73
600276	恒瑞医药	74.86	70	好	82.77	89.00	44.89
600277	亿利洁能	62.34	1497	较差	49.43	84.78	65.71
600278	东方创业	62.73	1456	中等	53.38	79.44	64.69
600279	重庆港九	55.18	2191	差	43.38	82.22	51.76
600280	中央商场	53.06	2277	差	38.92	76.67	57.73
600281	太化股份	46.58	2417	差	39.25	76.78	31.07
600282	南钢股份	56.57	2111	差	49.81	80.78	45.87
600283	钱江水利	50.89	2348	差	44.56	79.44	35.00
600284	浦东建设	64.47	1189	中等	49.84	83.56	74.62
600285	羚锐制药	72.03	209	好	62.62	95.89	67.00
600287	江苏舜天	65.15	1083	中等	61.06	78.11	60.38

证券代码	证券简称	综合质量评分（分）	排名	质量等级*	分项评分（分）		
					价值创造能力	价值管理能力	价值分配能力
600288	大恒科技	55.62	2169	差	39.12	78.11	66.11
600289	亿阳信通	61.70	1603	较差	55.12	84.78	51.78
600290	华仪电气	59.19	1906	较差	51.71	82.00	51.33
600292	远达环保	61.22	1672	较差	53.98	84.78	52.13
600293	三峡新材	74.66	80	好	63.85	90.33	80.60
600295	鄂尔多斯	62.04	1543	较差	52.72	86.33	56.40
600297	广汇汽车	65.71	990	中等	60.46	78.00	63.91
600298	安琪酵母	69.90	390	好	61.04	87.56	69.96
600299	安迪苏	62.12	1531	较差	61.47	76.67	48.87
600300	维维股份	51.13	2341	差	43.64	83.33	33.89
600302	标准股份	60.84	1722	较差	55.26	78.11	54.73
600303	曙光股份	55.17	2192	差	41.61	73.89	63.58
600305	恒顺醋业	66.82	818	较好	61.09	84.89	60.22
600306	商业城	49.40	2383	差	43.65	76.44	33.84
600307	酒钢宏兴	55.29	2186	差	45.46	88.89	41.36
600308	华泰股份	66.83	814	较好	58.47	83.33	67.07
600309	万华化学	65.99	938	较好	55.49	84.78	68.18
600310	桂东电力	62.75	1451	中等	46.99	84.78	72.22
600311	荣华实业	49.85	2367	差	37.52	80.78	43.58
600312	平高电气	63.89	1271	中等	59.97	75.22	60.40
600313	农发种业	68.14	605	较好	62.41	86.22	61.51
600315	上海家化	71.71	232	好	64.92	86.33	70.67
600316	洪都航空	53.04	2279	差	42.12	80.78	47.13
600317	营口港	56.82	2092	差	47.92	78.11	53.36
600319	亚星化学	46.20	2423	差	40.99	69.44	33.38
600320	振华重工	61.74	1596	较差	53.45	88.89	51.18
600321	国栋建设	50.23	2360	差	44.85	72.33	38.91
600322	天房发展	60.11	1800	较差	52.95	72.44	62.09
600323	瀚蓝环境	75.43	56	好	72.60	80.89	75.64
600325	华发股份	67.30	741	较好	59.48	79.44	70.78
600326	西藏天路	56.48	2118	差	43.18	79.44	60.11
600327	大东方	61.48	1640	较差	63.35	71.22	48.00
600328	兰太实业	54.05	2234	差	41.98	82.00	50.22

续表

证券代码	证券简称	综合质量评分（分）	排名	质量等级*	分项评分（分）		
					价值创造能力	价值管理能力	价值分配能力
600329	中新药业	62.30	1500	较差	53.72	72.44	69.31
600330	天通股份	57.55	2034	差	51.55	82.22	44.89
600331	宏达股份	55.44	2182	差	49.03	78.33	45.36
600332	白云山	73.84	102	好	62.47	86.11	84.31
600333	长春燃气	61.82	1583	较差	61.81	84.78	38.89
600335	国机汽车	61.91	1571	较差	53.17	76.67	64.64
600336	澳柯玛	57.98	2011	差	46.48	84.89	54.07
600337	美克家居	70.85	292	好	73.67	79.67	56.40
600338	西藏珠峰	57.79	2020	差	61.89	78.11	29.27
600339	中油工程	63.38	1350	中等	57.32	80.56	58.33
600340	华夏幸福	70.54	323	好	63.65	82.11	72.76
600343	航天动力	53.15	2270	差	43.36	76.67	49.22
600345	长江通信	50.61	2351	差	45.09	79.44	32.80
600346	恒力股份	65.73	988	中等	50.07	88.89	73.89
600348	阳泉煤业	61.35	1658	较差	61.78	87.56	34.29
600350	山东高速	62.24	1513	较差	49.85	84.78	64.49
600351	亚宝药业	67.85	655	较好	58.62	84.78	69.38
600352	浙江龙盛	66.06	927	较好	58.29	82.22	65.44
600353	旭光股份	59.57	1863	较差	54.45	76.78	52.58
600354	敦煌种业	53.15	2272	差	41.40	86.11	43.67
600355	精伦电子	57.74	2024	差	52.38	77.89	48.31
600356	恒丰纸业	68.15	604	较好	60.15	86.11	66.18
600358	国旅联合	48.12	2400	差	36.88	79.22	39.49
600359	新农开发	54.42	2221	差	48.39	82.22	38.69
600360	华微电子	64.83	1127	中等	57.86	75.33	68.27
600361	华联综超	49.07	2389	差	42.31	83.44	28.20
600362	江西铜业	64.60	1169	中等	52.68	88.89	64.16
600363	联创光电	55.06	2199	差	45.49	79.44	49.82
600365	通葡股份	48.54	2398	差	41.73	76.56	34.13
600366	宁波韵升	59.95	1819	较差	56.08	78.11	49.53
600367	红星发展	60.90	1712	较差	49.63	78.11	66.22
600368	五洲交通	60.00	1813	较差	53.03	85.00	48.96
600370	三房巷	60.21	1787	较差	62.74	77.67	37.67

证券代码	证券简称	综合质量评分（分）	排名	质量等级*	分项评分（分）		
					价值创造能力	价值管理能力	价值分配能力
600371	万向德农	71.32	261	好	60.99	87.56	75.73
600372	中航电子	72.12	201	好	73.27	83.56	58.40
600373	中文传媒	69.92	387	好	66.31	82.22	64.87
600375	华菱星马	58.51	1970	差	55.25	86.22	37.31
600376	首开股份	66.02	936	较好	54.72	79.22	75.40
600377	宁沪高速	64.42	1196	中等	53.44	83.56	67.24
600378	天科股份	55.72	2166	差	54.22	78.11	36.31
600379	宝光股份	59.25	1898	较差	48.06	80.56	60.33
600380	健康元	66.67	836	较好	66.93	80.78	52.04
600381	青海春天	56.02	2143	差	56.35	72.44	38.91
600382	广东明珠	53.19	2267	差	40.43	86.22	45.69
600383	金地集团	70.26	354	好	68.09	84.78	60.07
600385	山东金泰	50.06	2365	差	38.93	74.33	48.04
600386	北巴传媒	60.28	1780	较差	39.87	83.44	77.93
600387	海越股份	71.38	256	好	69.84	85.00	60.82
600388	龙净环保	66.08	922	较好	62.00	76.67	63.67
600389	江山股份	63.05	1408	中等	54.40	80.78	62.62
600390	五矿资本	59.75	1842	较差	46.02	87.56	59.40
600391	航发科技	61.09	1682	较差	60.95	76.67	45.80
600392	盛和资源	55.00	2204	差	45.23	80.78	48.76
600393	粤泰股份	57.09	2070	差	40.36	73.67	73.98
600395	盘江股份	63.41	1345	中等	53.64	86.11	60.24
600396	金山股份	66.84	811	较好	61.15	84.78	60.29
600397	安源煤业	48.82	2393	差	36.10	84.89	38.18
600398	海澜之家	68.91	504	较好	61.45	80.78	71.84
600399	抚顺特钢	49.68	2374	差	47.84	61.78	41.27
600400	红豆股份	61.35	1656	较差	58.75	71.22	56.69
600405	动力源	62.44	1485	较差	49.93	91.67	58.24
600406	国电南瑞	70.92	285	好	61.48	87.56	73.16
600408	安泰集团	44.54	2440	差	37.24	64.44	39.24
600409	三友化工	62.81	1438	中等	53.30	78.11	66.53
600410	华胜天成	55.62	2170	差	44.60	79.44	53.82
600415	小商品城	67.06	777	较好	58.36	88.89	62.64

续表

证券代码	证券简称	综合质量评分（分）	排名	质量等级*	分项评分（分）		
					价值创造能力	价值管理能力	价值分配能力
600416	湘电股份	62.96	1420	中等	62.91	73.89	52.16
600418	江淮汽车	64.88	1117	中等	65.71	72.56	55.56
600419	天润乳业	54.43	2218	差	53.22	78.11	33.18
600420	现代制药	70.29	345	好	61.44	87.56	70.71
600421	仰帆控股	45.75	2429	差	43.19	73.33	23.29
600422	昆药集团	71.73	228	好	62.94	93.11	67.96
600426	华鲁恒升	69.06	482	好	70.23	82.11	53.69
600428	中远海特	59.03	1924	较差	53.74	75.22	53.40
600429	三元股份	61.70	1604	较差	52.70	80.78	60.62
600433	冠豪高新	68.24	587	较好	63.53	78.00	67.91
600435	北方导航	62.91	1429	中等	51.00	84.78	64.87
600436	片仔癀	62.56	1468	中等	50.00	76.78	73.44
600438	通威股份	71.20	269	好	68.67	75.22	72.22
600439	瑞贝卡	61.29	1663	较差	51.06	78.00	65.04
600444	国机通用	59.54	1866	较差	55.32	83.44	44.09
600446	金证股份	67.10	773	较好	62.99	79.22	63.18
600448	华纺股份	65.40	1043	中等	67.26	86.11	40.98
600449	宁夏建材	57.50	2038	差	49.31	83.44	47.93
600452	涪陵电力	66.99	786	较好	58.17	82.11	69.53
600455	博通股份	55.94	2151	差	48.34	86.22	40.84
600456	宝钛股份	61.32	1659	较差	48.48	82.22	66.11
600458	时代新材	67.21	753	较好	64.77	78.00	61.31
600459	贵研铂业	60.07	1806	较差	55.90	80.78	47.71
600460	士兰微	67.11	772	较好	62.73	79.44	63.53
600461	洪城水业	59.52	1867	较差	49.36	76.67	62.69
600462	九有股份	50.95	2345	差	36.14	84.78	46.73
600463	空港股份	56.31	2132	差	38.90	83.44	64.00
600466	蓝光发展	67.53	700	较好	64.80	85.00	55.53
600467	好当家	65.39	1045	中等	55.26	82.11	68.96
600468	百利电气	64.80	1136	中等	56.64	78.00	67.93
600469	风神股份	67.43	718	较好	55.67	86.11	72.29
600470	六国化工	55.50	2178	差	47.04	82.11	45.80
600475	华光股份	56.66	2103	差	48.08	78.11	52.36

续表

证券代码	证券简称	综合质量评分（分）	排名	质量等级*	分项评分（分）		
					价值创造能力	价值管理能力	价值分配能力
600476	湘邮科技	51.18	2340	差	38.18	84.78	43.58
600477	杭萧钢构	69.16	475	好	69.98	79.22	57.47
600478	科力远	59.93	1822	较差	56.53	80.89	45.78
600479	千金药业	61.66	1608	较差	56.32	87.56	46.47
600480	凌云股份	61.96	1563	较差	54.13	88.89	50.69
600481	双良节能	57.26	2058	差	46.91	83.44	51.78
600482	中国动力	76.64	25	好	79.39	86.11	61.67
600483	福能股份	67.76	662	较好	58.44	83.33	70.84
600485	信威集团	53.47	2256	差	48.05	76.67	41.13
600486	扬农化工	60.34	1773	较差	64.69	78.11	33.87
600487	亨通光电	65.98	942	较好	61.09	83.33	58.38
600488	天药股份	51.25	2339	差	41.26	74.11	48.38
600489	中金黄金	66.64	840	较好	51.56	88.89	74.56
600490	鹏欣资源	54.93	2208	差	50.62	79.44	39.02
600491	龙元建设	62.35	1496	较差	53.58	86.33	55.89
600493	凤竹纺织	59.26	1897	较差	50.13	74.00	62.78
600495	晋西车轴	57.01	2076	差	47.02	80.78	53.20
600496	精工钢构	63.63	1311	中等	63.60	75.33	51.98
600497	驰宏锌锗	62.83	1437	中等	58.93	75.22	58.24
600498	烽火通信	69.05	484	好	66.94	85.00	57.33
600499	科达洁能	66.96	790	较好	62.17	76.78	66.73
600500	中化国际	66.64	839	较好	63.57	78.00	61.42
600501	航天晨光	63.26	1373	中等	52.75	82.00	65.53
600502	安徽水利	57.61	2029	差	47.52	79.33	56.07
600503	华丽家族	71.36	257	好	68.91	76.33	71.20
600505	西昌电力	61.70	1605	较差	56.41	79.44	54.51
600506	香梨股份	43.59	2444	差	28.25	83.44	34.40
600507	方大特钢	67.05	780	较好	58.04	82.22	69.91
600508	上海能源	66.02	935	较好	55.35	86.11	67.27
600509	天富能源	61.71	1600	较差	56.12	86.11	48.51
600510	黑牡丹	71.41	254	好	71.72	74.00	68.20
600511	国药股份	61.86	1579	较差	54.26	80.78	58.13
600512	腾达建设	56.39	2123	差	43.22	84.78	54.36

续表

证券代码	证券简称	综合质量评分（分）	排名	质量等级*	分项评分（分）		
					价值创造能力	价值管理能力	价值分配能力
600513	联环药业	62.48	1480	较差	61.51	78.11	48.80
600515	海航基础	57.47	2041	差	46.88	80.56	55.56
600516	方大炭素	61.55	1627	较差	53.55	76.67	62.44
600517	置信电气	70.87	291	好	63.15	88.89	68.29
600518	康美药业	62.28	1507	较差	49.58	78.11	71.82
600519	贵州茅台	69.42	440	好	65.71	84.78	61.47
600520	中发科技	52.73	2292	差	49.89	84.78	26.38
600521	华海药业	70.93	284	好	70.50	79.44	63.27
600522	中天科技	67.87	651	较好	65.97	80.89	58.67
600523	贵航股份	68.29	584	较好	62.82	76.67	70.84
600525	长园集团	70.67	305	好	64.20	84.78	69.51
600526	菲达环保	66.29	886	较好	57.79	76.67	72.91
600527	江南高纤	64.16	1228	中等	61.35	88.89	45.04
600528	中铁工业	54.94	2207	差	45.38	80.78	48.22
600529	山东药玻	67.69	668	较好	68.94	76.56	56.33
600530	交大昂立	64.35	1199	中等	60.03	83.56	53.78
600531	豫光金铅	58.84	1946	较差	40.72	80.67	73.27
600532	宏达矿业	51.52	2332	差	44.36	75.11	42.24
600533	栖霞建设	60.34	1774	较差	55.41	83.44	47.09
600535	天士力	65.46	1034	中等	56.77	84.78	63.51
600536	中国软件	65.65	1000	中等	64.28	76.67	57.38
600537	亿晶光电	61.63	1617	较差	53.22	73.89	66.18
600538	国发股份	52.33	2312	差	42.25	83.44	41.36
600539	狮头股份	48.17	2399	差	40.01	71.00	41.67
600543	莫高股份	57.23	2063	差	45.24	86.11	52.33
600545	新疆城建	44.96	2435	差	29.34	71.33	49.80
600546	山煤国际	53.96	2241	差	52.49	69.67	41.18
600547	山东黄金	59.27	1895	较差	55.53	74.00	52.00
600548	深高速	63.96	1256	中等	50.69	91.67	62.80
600549	厦门钨业	65.83	973	较好	58.11	79.44	67.67
600550	保变电气	57.93	2014	差	46.72	80.78	57.51
600551	时代出版	63.47	1333	中等	50.09	83.44	70.27
600552	凯盛科技	78.45	12	好	82.45	83.56	65.33

证券代码	证券简称	综合质量评分（分）	排名	质量等级*	分项评分（分）		
					价值创造能力	价值管理能力	价值分配能力
600555	海航创新	52.14	2318	差	49.85	76.33	32.51
600557	康缘药业	66.91	801	较好	66.32	83.56	51.42
600558	大西洋	62.55	1469	中等	56.67	82.11	54.73
600559	老白干酒	61.38	1651	较差	50.11	83.44	61.87
600560	金自天正	61.60	1621	较差	47.77	84.78	66.09
600561	江西长运	63.46	1337	中等	56.36	76.67	64.47
600562	国睿科技	72.96	153	好	72.91	72.56	73.44
600563	法拉电子	64.87	1118	中等	56.66	84.78	61.38
600565	迪马股份	72.75	159	好	71.07	84.78	64.09
600566	济川药业	67.49	706	较好	68.13	75.22	58.49
600567	山鹰纸业	61.75	1594	较差	56.12	77.89	56.87
600568	中珠医疗	59.45	1874	较差	51.48	80.78	54.07
600569	安阳钢铁	62.80	1441	中等	59.45	83.33	48.98
600570	恒生电子	65.05	1097	中等	65.46	73.67	55.62
600571	信雅达	66.88	806	较好	71.05	72.00	53.44
600572	康恩贝	67.30	739	较好	60.04	81.89	67.24
600573	惠泉啤酒	68.85	510	较好	59.92	89.00	66.58
600575	皖江物流	50.44	2356	差	35.96	89.00	40.84
600576	万家文化	48.58	2396	差	45.81	65.67	37.02
600577	精达股份	63.70	1298	中等	59.67	78.11	57.33
600578	京能电力	71.00	279	好	63.87	84.78	71.49
600579	天华院	54.66	2214	差	51.88	87.56	27.33
600580	卧龙电气	68.51	552	较好	64.12	86.11	59.69
600581	八一钢铁	40.94	2449	差	32.59	78.00	20.60
600582	天地科技	68.74	527	较好	62.61	83.56	66.18
600583	海油工程	69.74	404	好	68.24	78.00	64.47
600584	长电科技	63.35	1359	中等	58.05	83.33	53.98
600585	海螺水泥	66.90	804	较好	61.68	82.22	62.02
600586	金晶科技	58.24	1991	差	60.96	82.00	29.02
600587	新华医疗	66.35	875	较好	63.92	81.89	55.67
600588	用友网络	72.21	197	好	61.37	88.89	77.20
600589	广东榕泰	59.45	1873	较差	52.62	78.11	54.47
600590	泰豪科技	67.57	690	较好	62.60	79.22	65.87

续表

证券代码	证券简称	综合质量评分（分）	排名	质量等级*	分项评分（分）		
					价值创造能力	价值管理能力	价值分配能力
600592	龙溪股份	66.73	830	较好	63.18	73.67	66.89
600593	大连圣亚	60.76	1736	较差	47.95	84.78	62.36
600594	益佰制药	62.24	1512	较差	61.19	79.56	47.04
600595	中孚实业	59.64	1856	较差	54.61	77.89	51.47
600596	新安股份	67.95	641	较好	67.06	76.56	61.13
600597	光明乳业	70.48	331	好	63.43	82.00	73.04
600598	北大荒	66.27	888	较好	64.68	76.11	59.60
600600	青岛啤酒	66.04	929	较好	62.74	83.56	55.13
600601	方正科技	53.97	2239	差	43.51	66.78	62.09
600602	云赛智联	63.33	1362	中等	59.25	75.22	59.60
600603	广汇物流	50.46	2354	差	34.64	84.78	47.78
600604	市北高新	64.86	1120	中等	50.45	86.11	72.44
600605	汇通能源	59.22	1903	较差	52.02	80.78	52.07
600606	绿地控股	63.47	1334	中等	51.71	84.78	65.67
600609	金杯汽车	48.00	2401	差	37.45	77.00	40.09
600610	中毅达	49.87	2366	差	49.29	78.11	22.78
600611	大众交通	60.61	1748	较差	55.15	86.11	46.04
600612	老凤祥	65.91	955	较好	60.91	83.67	58.18
600613	神奇制药	64.73	1148	中等	53.87	91.67	59.51
600614	鹏起科技	59.21	1904	较差	54.65	84.89	42.67
600615	丰华股份	44.89	2436	差	30.06	79.44	40.00
600616	金枫酒业	71.29	262	好	68.92	80.78	66.56
600617	国新能源	62.01	1548	较差	52.11	83.56	60.27
600618	氯碱化工	54.97	2206	差	54.48	78.00	32.91
600619	海立股份	73.26	142	好	68.89	78.00	77.24
600620	天宸股份	64.66	1161	中等	52.27	86.11	67.98
600621	华鑫股份	62.47	1481	较差	51.65	78.11	68.44
600622	嘉宝集团	63.11	1393	中等	57.35	82.11	55.62
600623	华谊集团	66.36	871	较好	62.72	78.00	62.00
600624	复旦复华	65.07	1094	中等	68.89	68.00	54.51
600626	申达股份	66.74	826	较好	65.24	78.00	58.49
600628	新世界	67.18	762	较好	61.70	71.22	74.11
600629	华建集团	58.44	1976	差	51.67	78.11	52.29

证券代码	证券简称	综合质量评分（分）	排名	质量等级*	分项评分（分）		
					价值创造能力	价值管理能力	价值分配能力
600630	龙头股份	52.38	2308	差	42.19	80.78	44.38
600633	浙数文化	73.38	130	好	71.82	77.89	71.98
600634	富控互动	52.18	2314	差	37.07	80.67	53.91
600635	大众公用	65.41	1041	中等	58.62	78.00	66.38
600637	东方明珠	67.77	661	较好	62.99	80.33	64.76
600638	新黄浦	59.98	1816	较差	59.30	78.00	43.31
600639	浦东金桥	69.52	429	好	59.21	88.89	70.76
600640	号百控股	59.60	1859	较差	47.48	84.78	58.67
600641	万业企业	65.78	978	较好	62.98	82.11	55.04
600642	申能股份	70.62	313	好	65.19	80.78	71.33
600644	乐山电力	61.76	1593	较差	57.03	79.44	53.53
600645	中源协和	68.00	634	较好	70.16	86.33	45.33
600647	同达创业	56.90	2085	差	45.24	84.78	52.36
600648	外高桥	63.11	1392	中等	52.32	84.78	63.02
600649	城投控股	68.06	620	较好	61.00	84.89	65.33
600650	锦江投资	61.10	1680	较差	51.36	86.11	55.58
600651	飞乐音响	71.87	218	好	67.12	82.33	70.91
600652	游久游戏	59.17	1908	较差	52.04	83.56	49.04
600653	申华控股	58.01	2007	差	52.96	73.78	52.33
600655	豫园商城	65.27	1066	中等	63.09	74.00	60.91
600657	信达地产	59.30	1890	较差	47.46	80.78	61.51
600658	电子城	68.47	555	较好	63.65	75.33	71.24
600660	福耀玻璃	77.24	21	好	74.77	86.33	73.09
600661	新南洋	60.92	1710	较差	63.81	75.22	40.84
600662	强生控股	66.48	856	较好	54.77	78.00	78.38
600663	陆家嘴	73.90	100	好	67.46	84.67	76.00
600664	哈药股份	59.01	1926	较差	53.04	78.11	51.87
600665	天地源	56.98	2081	差	47.30	78.11	55.20
600666	奥瑞德	59.43	1878	较差	55.44	80.67	46.16
600667	太极实业	66.08	921	较好	54.48	84.67	70.71
600668	尖峰集团	66.13	916	较好	65.60	76.67	56.64
600671	天目药业	43.98	2442	差	32.55	81.33	29.49
600673	东阳光科	58.96	1933	较差	53.79	83.44	44.82

续表

证券代码	证券简称	综合质量评分（分）	排名	质量等级*	分项评分（分）		
					价值创造能力	价值管理能力	价值分配能力
600674	川投能源	72.62	167	好	69.22	82.22	69.80
600675	中华企业	66.13	915	较好	59.93	86.11	58.56
600676	交运股份	64.17	1226	中等	63.27	76.78	53.38
600677	航天通信	59.16	1909	较差	52.73	75.89	55.29
600678	四川金顶	50.14	2363	差	41.67	80.89	36.33
600679	上海凤凰	55.97	2148	差	51.17	76.78	44.76
600681	百川能源	58.55	1961	较差	46.42	86.33	55.00
600682	南京新百	63.48	1331	中等	63.79	75.33	51.02
600683	京投发展	60.42	1764	较差	50.46	84.78	55.98
600684	珠江实业	71.70	234	好	61.40	87.56	76.44
600685	中船防务	60.14	1795	较差	47.88	76.67	68.11
600686	金龙汽车	52.60	2301	差	46.95	73.11	43.38
600687	刚泰控股	62.73	1455	中等	58.02	79.33	55.53
600688	上海石化	64.05	1247	中等	46.63	88.89	74.04
600689	上海三毛	54.58	2215	差	50.39	72.44	45.09
600690	青岛海尔	68.80	517	较好	68.82	77.67	59.91
600691	阳煤化工	50.98	2343	差	41.64	79.44	41.20
600692	亚通股份	54.17	2227	差	49.51	80.67	37.00
600693	东百集团	72.26	191	好	69.67	84.89	64.82
600694	大商股份	57.42	2043	差	53.91	82.22	39.64
600697	欧亚集团	67.91	643	较好	63.15	90.33	55.02
600698	湖南天雁	63.91	1267	中等	62.73	82.22	47.96
600699	均胜电子	79.39	9	好	78.78	91.67	68.33
600701	工大高新	56.31	2131	差	49.71	62.89	62.93
600702	沱牌舍得	66.83	815	较好	65.12	84.78	52.31
600703	三安光电	66.73	827	较好	66.21	87.56	46.96
600704	物产中大	69.54	427	好	58.41	82.00	79.33
600706	曲江文旅	55.07	2198	差	49.54	80.89	40.29
600707	彩虹股份	50.93	2346	差	42.01	78.33	41.38
600708	光明地产	68.35	575	较好	59.59	82.00	72.20
600711	盛屯矿业	59.81	1835	较差	46.63	82.11	63.89
600712	南宁百货	58.99	1930	较差	58.88	75.11	43.07
600713	南京医药	62.09	1535	较差	56.59	80.67	54.51

证券代码	证券简称	综合质量评分（分）	排名	质量等级*	分项评分（分）		
					价值创造能力	价值管理能力	价值分配能力
600714	金瑞矿业	46.90	2414	差	47.12	78.11	15.27
600715	文投控股	65.84	968	较好	58.56	84.78	61.49
600716	凤凰股份	64.11	1235	中等	64.55	75.22	52.13
600717	天津港	63.54	1322	中等	58.46	79.44	57.80
600718	东软集团	71.78	226	好	64.32	86.11	72.38
600719	大连热电	56.81	2095	差	49.26	72.44	56.29
600720	祁连山	63.03	1411	中等	60.98	79.44	50.71
600721	百花村	50.61	2352	差	50.34	81.78	19.98
600722	金牛化工	46.40	2422	差	36.07	82.00	31.44
600723	首商股份	65.40	1044	中等	57.20	84.78	62.42
600724	宁波富达	58.41	1977	差	54.15	82.11	43.24
600726	华电能源	67.57	691	较好	59.63	86.11	64.89
600727	鲁北化工	49.30	2385	差	41.24	80.67	34.04
600728	佳都科技	56.58	2108	差	53.81	79.44	39.24
600729	重庆百货	60.59	1751	较差	53.31	80.56	55.18
600730	中国高科	53.72	2249	差	50.04	68.22	46.56
600731	湖南海利	57.95	2012	差	56.40	84.78	34.22
600734	实达集团	69.23	465	好	70.74	86.00	49.44
600735	新华锦	53.36	2260	差	55.34	76.67	26.09
600736	苏州高新	61.62	1618	较差	45.59	84.78	70.51
600737	中粮糖业	62.52	1474	较差	56.16	86.22	51.53
600738	兰州民百	57.07	2071	差	45.84	87.56	49.04
600739	辽宁成大	66.27	891	较好	65.62	79.33	54.49
600740	山西焦化	49.41	2380	差	48.32	76.67	24.36
600741	华域汽车	71.71	233	好	68.45	75.22	74.71
600742	一汽富维	62.12	1530	较差	51.30	86.11	59.78
600743	华远地产	64.65	1165	中等	52.44	87.56	66.16
600744	华银电力	53.25	2264	差	44.41	83.11	41.07
600745	中茵股份	59.47	1871	较差	51.82	86.22	48.02
600746	江苏索普	59.81	1836	较差	52.40	80.67	53.78
600748	上实发展	62.95	1422	中等	58.07	76.78	58.89
600749	西藏旅游	49.68	2375	差	37.77	87.56	35.62
600750	江中药业	56.18	2139	差	44.86	79.44	55.53

证券代码	证券简称	综合质量评分（分）	排名	质量等级*	分项评分（分）		
					价值创造能力	价值管理能力	价值分配能力
600751	天海投资	67.06	778	较好	59.28	88.89	60.80
600753	东方银星	53.92	2243	差	43.63	79.44	48.96
600754	锦江股份	75.63	51	好	73.10	86.11	70.20
600755	厦门国贸	62.51	1478	较差	46.11	82.22	75.60
600756	浪潮软件	60.36	1767	较差	52.78	79.22	56.67
600757	长江传媒	57.81	2019	差	59.03	70.78	42.40
600758	红阳能源	64.17	1227	中等	51.17	88.89	65.47
600759	洲际油气	64.95	1107	中等	62.03	82.00	53.73
600760	中航黑豹	46.06	2424	差	41.51	66.78	34.44
600761	安徽合力	70.49	330	好	70.34	86.22	55.04
600763	通策医疗	72.71	162	好	65.57	87.56	72.13
600764	中电广通	45.00	2434	差	35.03	80.78	29.16
600765	中航重机	66.25	895	较好	59.27	83.56	62.89
600766	园城黄金	51.79	2323	差	42.48	76.89	45.31
600768	宁波富邦	48.64	2394	差	39.69	82.33	32.87
600769	祥龙电业	45.52	2430	差	34.73	79.44	33.18
600770	综艺股份	61.66	1613	较差	64.80	82.11	34.91
600771	广誉远	62.39	1492	较差	56.41	82.11	54.62
600773	西藏城投	57.79	2021	差	47.10	86.11	50.84
600774	汉商集团	61.09	1681	较差	58.43	80.56	46.96
600775	南京熊猫	66.12	918	较好	61.13	80.78	61.44
600776	东方通信	62.08	1537	较差	57.95	87.56	44.84
600777	新潮能源	50.66	2350	差	41.39	83.44	36.40
600778	友好集团	53.50	2255	差	45.22	83.44	40.13
600779	水井坊	61.36	1655	较差	49.45	83.33	63.22
600780	通宝能源	59.12	1912	较差	52.14	79.44	52.78
600781	辅仁药业	43.10	2445	差	37.72	72.44	24.51
600782	新钢股份	59.48	1870	较差	52.12	84.78	48.91
600783	鲁信创投	57.26	2060	差	45.37	80.78	57.51
600784	鲁银投资	65.24	1071	中等	63.67	79.44	54.18
600785	新华百货	69.44	436	好	65.96	83.56	62.29
600787	中储股份	67.40	723	较好	56.73	83.33	72.80
600789	鲁抗医药	56.58	2107	差	52.78	72.11	48.64

证券代码	证券简称	综合质量评分（分）	排名	质量等级*	价值创造能力	价值管理能力	价值分配能力
					分项评分（分）		
600790	轻纺城	63.01	1415	中等	60.87	87.56	42.76
600791	京能置业	60.83	1724	较差	52.92	86.11	51.36
600792	云煤能源	56.10	2140	差	43.98	84.78	51.67
600793	宜宾纸业	51.65	2327	差	42.28	75.67	46.38
600794	保税科技	60.79	1732	较差	54.51	80.78	53.38
600795	国电电力	65.46	1033	中等	59.36	80.78	62.36
600796	钱江生化	59.12	1913	较差	58.47	76.67	42.89
600797	浙大网新	61.77	1590	较差	52.49	82.00	60.11
600798	宁波海运	58.20	1995	差	48.48	78.00	57.82
600800	天津磁卡	48.89	2390	差	43.63	77.33	30.96
600801	华新水泥	66.70	833	较好	67.98	84.78	46.04
600802	福建水泥	56.93	2084	差	44.55	82.11	56.51
600803	新奥股份	61.72	1598	较差	65.94	78.11	36.87
600804	鹏博士	68.21	595	较好	64.16	87.67	56.84
600805	悦达投资	61.79	1588	较差	56.92	82.11	51.22
600807	天业股份	61.52	1632	较差	61.55	80.78	42.22
600808	马钢股份	57.41	2045	差	46.60	87.56	48.89
600809	山西汾酒	64.14	1230	中等	64.87	82.00	44.82
600810	神马股份	52.74	2291	差	54.00	76.11	26.87
600811	东方集团	62.17	1523	较差	52.73	79.22	63.98
600812	华北制药	54.71	2211	差	46.61	82.00	43.62
600814	杭州解百	59.26	1896	较差	54.60	76.67	51.18
600818	中路股份	60.98	1702	较差	55.18	88.89	44.67
600819	耀皮玻璃	58.73	1950	较差	49.02	80.78	56.00
600820	隧道股份	66.22	900	较好	71.68	78.00	43.51
600821	津劝业	45.98	2426	差	36.28	73.89	37.49
600822	上海物贸	48.54	2397	差	38.24	84.89	32.80
600823	世茂股份	59.57	1862	较差	59.36	74.00	45.58
600824	益民集团	60.99	1699	较差	50.29	80.78	62.60
600825	新华传媒	53.16	2269	差	37.65	88.89	48.47
600826	兰生股份	63.02	1412	中等	56.28	76.78	62.76
600827	百联股份	62.80	1442	中等	48.64	83.56	70.38
600828	茂业商业	65.41	1040	中等	52.76	88.89	67.22

续表

证券代码	证券简称	综合质量评分（分）	排名	质量等级*	分项评分（分）		
					价值创造能力	价值管理能力	价值分配能力
600829	人民同泰	60.38	1765	较差	58.68	76.67	47.49
600830	香溢融通	60.09	1802	较差	52.07	84.78	51.42
600831	广电网络	57.22	2064	差	52.51	72.56	51.31
600833	第一医药	62.51	1476	较差	50.78	84.78	63.71
600834	申通地铁	64.58	1174	中等	55.10	82.11	66.02
600835	上海机电	61.40	1649	较差	50.57	88.89	55.56
600836	界龙实业	62.07	1539	较差	53.71	88.89	51.98
600838	上海九百	63.73	1294	中等	57.40	83.33	56.78
600839	四川长虹	58.27	1988	差	41.20	84.78	65.89
600841	上柴股份	69.59	423	好	65.26	86.11	61.71
600843	上工申贝	63.51	1325	中等	61.86	80.78	49.56
600845	宝信软件	73.34	132	好	67.53	90.33	67.98
600846	同济科技	57.15	2066	差	46.19	78.11	58.13
600848	上海临港	58.14	2000	差	48.43	80.78	54.91
600850	华东电脑	64.95	1106	中等	59.24	79.22	62.11
600851	海欣股份	59.83	1832	较差	51.95	80.89	54.53
600853	龙建股份	55.20	2190	差	40.03	80.67	60.09
600854	春兰股份	55.11	2194	差	49.53	78.11	43.27
600855	航天长峰	60.00	1814	较差	53.43	78.00	55.16
600856	中天能源	70.79	296	好	73.36	87.56	48.91
600857	宁波中百	59.90	1825	较差	54.14	80.89	50.42
600858	银座股份	62.53	1472	较差	52.39	79.44	65.89
600859	王府井	63.20	1381	中等	59.29	79.22	54.98
600861	北京城乡	58.38	1979	差	54.50	79.44	45.09
600862	中航高科	66.36	870	较好	69.03	76.67	50.73
600863	内蒙华电	61.50	1637	较差	54.70	76.78	59.84
600864	哈投股份	65.55	1020	中等	58.85	79.22	65.27
600865	百大集团	63.83	1284	中等	60.50	82.00	52.31
600866	星湖科技	59.66	1851	较差	56.26	76.44	49.69
600867	通化东宝	78.03	15	好	74.26	87.67	75.91
600868	梅雁吉祥	52.60	2302	差	44.02	75.11	47.22
600869	智慧能源	60.19	1791	较差	58.46	72.44	51.40
600870	厦华电子	49.38	2384	差	41.05	78.22	37.22

证券代码	证券简称	综合质量评分（分）	排名	质量等级*	分项评分（分）		
					价值创造能力	价值管理能力	价值分配能力
600871	石化油服	56.88	2088	差	44.55	87.56	50.87
600872	中炬高新	70.77	299	好	63.87	87.56	67.78
600873	梅花生物	72.52	172	好	66.97	83.44	72.69
600874	创业环保	67.40	722	较好	54.06	86.33	75.13
600875	东方电气	60.53	1758	较差	51.41	82.22	57.09
600876	洛阳玻璃	54.47	2217	差	51.29	71.11	44.20
600879	航天电子	64.75	1144	中等	57.57	78.11	65.76
600880	博瑞传播	63.82	1285	中等	57.72	79.33	60.53
600881	亚泰集团	57.18	2065	差	45.40	76.33	61.60
600882	广泽股份	60.61	1749	较差	55.44	72.33	59.22
600883	博闻科技	57.30	2055	差	45.26	80.78	57.89
600884	杉杉股份	58.20	1994	差	39.52	82.11	71.64
600885	宏发股份	65.19	1077	中等	61.86	83.44	53.60
600886	国投电力	67.24	748	较好	55.36	86.11	72.13
600887	伊利股份	71.61	241	好	59.56	87.56	79.78
600888	新疆众和	57.26	2059	差	49.16	71.33	59.38
600889	南京化纤	62.46	1482	较差	49.04	82.11	69.67
600890	中房股份	50.20	2362	差	41.02	78.11	40.64
600891	秋林集团	50.07	2364	差	38.53	74.56	48.69
600892	大晟文化	65.14	1085	中等	70.07	75.33	45.09
600893	航发动力	65.95	950	较好	56.38	86.33	64.69
600894	广日股份	75.15	63	好	72.97	84.89	69.78
600895	张江高科	65.23	1073	中等	61.23	82.22	56.24
600896	览海投资	57.01	2077	差	44.26	85.00	54.51
600897	厦门空港	65.98	941	较好	59.35	83.44	61.76
600898	国美通讯	63.78	1292	中等	58.80	80.33	57.18
600900	长江电力	71.86	221	好	66.57	73.89	80.40
600917	重庆燃气	60.95	1705	较差	45.82	79.44	72.73
600960	渤海活塞	60.34	1772	较差	53.22	80.67	54.27
600961	株冶集团	52.78	2289	差	45.56	79.44	40.56
600962	国投中鲁	58.32	1982	差	51.08	79.44	51.67
600963	岳阳林纸	57.67	2026	差	55.13	80.67	39.73
600965	福成股份	61.60	1619	较差	54.56	83.44	53.84

证券代码	证券简称	综合质量评分（分）	排名	质量等级*	分项评分（分）		
					价值创造能力	价值管理能力	价值分配能力
600966	博汇纸业	56.22	2136	差	37.88	86.22	62.91
600967	内蒙一机	66.57	844	较好	60.81	87.56	57.11
600969	郴电国际	57.33	2054	差	43.48	87.56	54.80
600970	中材国际	63.43	1342	中等	57.51	82.22	56.49
600971	恒源煤电	53.55	2254	差	46.47	83.11	38.16
600973	宝胜股份	65.31	1062	中等	61.76	75.22	62.51
600975	新五丰	59.89	1826	较差	51.54	76.67	59.82
600976	健民集团	71.04	276	好	74.95	84.78	49.49
600978	宜华生活	67.88	649	较好	64.07	84.89	58.51
600979	广安爱众	58.58	1960	较差	47.05	78.00	62.22
600980	北矿科技	60.60	1750	较差	53.41	78.00	57.58
600981	汇鸿集团	69.45	435	好	64.61	80.67	67.93
600982	宁波热电	60.55	1756	较差	45.52	86.22	64.96
600983	惠而浦	61.66	1611	较差	42.99	86.11	74.53
600984	建设机械	67.10	774	较好	68.72	86.22	44.71
600985	雷鸣科化	62.29	1503	较差	52.66	82.11	61.73
600986	科达股份	59.46	1872	较差	55.70	87.67	38.76
600987	航民股份	69.99	379	好	67.24	82.22	63.27
600988	赤峰黄金	58.26	1989	差	57.36	79.44	38.89
600990	四创电子	69.00	492	较好	63.99	86.22	61.80
600992	贵绳股份	61.38	1652	较差	55.62	84.78	49.51
600993	马应龙	68.26	585	较好	61.17	84.78	65.91
600995	文山电力	66.32	883	较好	56.28	86.11	66.60
600997	开滦股份	58.60	1956	较差	41.86	84.89	65.80
600998	九州通	67.68	672	较好	64.08	82.22	60.33
601000	唐山港	62.79	1444	中等	50.22	86.22	64.51
601001	大同煤业	52.62	2299	差	42.75	80.78	44.20
601002	晋亿实业	56.33	2129	差	45.24	76.67	58.18
601003	柳钢股份	57.10	2069	差	47.68	76.89	56.13
601006	大秦铁路	67.64	679	较好	54.15	86.11	76.13
601007	金陵饭店	63.65	1308	中等	55.33	83.44	60.51
601008	连云港	56.33	2128	差	39.53	76.78	69.49
601010	文峰股份	58.52	1968	差	52.43	77.56	51.67

续表

证券代码	证券简称	综合质量评分（分）	排名	质量等级*	分项评分(分)		
					价值创造能力	价值管理能力	价值分配能力
601011	宝泰隆	58.35	1980	差	56.76	77.89	42.00
601012	隆基股份	73.33	135	好	70.93	84.78	66.67
601015	陕西黑猫	55.43	2183	差	48.59	84.78	39.78
601016	节能风电	60.76	1734	较差	48.85	83.44	61.91
601018	宁波港	64.43	1193	中等	49.51	83.56	75.13
601028	玉龙股份	58.54	1962	差	57.61	76.78	42.16
601038	一拖股份	65.90	957	较好	59.70	79.44	64.76
601058	赛轮金宇	71.49	247	好	62.57	86.22	74.60
601088	中国神华	68.72	528	较好	55.63	83.56	80.04
601098	中南传媒	64.06	1245	中等	52.58	80.78	70.31
601100	恒立液压	61.92	1570	较差	56.53	78.11	56.53
601101	昊华能源	61.60	1620	较差	55.81	77.78	57.00
601107	四川成渝	62.27	1508	较差	56.72	82.22	53.42
601111	中国国航	63.58	1316	中等	49.63	82.22	72.84
601113	华鼎股份	64.65	1166	中等	53.11	82.00	70.36
601116	三江购物	60.53	1759	较差	56.53	78.00	51.07
601117	中国化学	64.67	1160	中等	56.37	80.78	65.16
601118	海南橡胶	58.89	1940	较差	47.42	79.44	61.29
601126	四方股份	69.42	437	好	70.42	71.22	65.62
601137	博威合金	68.99	495	较好	67.92	79.22	60.89
601139	深圳燃气	73.38	128	好	63.83	89.00	76.87
601158	重庆水务	61.63	1616	较差	55.09	80.78	55.56
601168	西部矿业	59.44	1876	较差	46.08	83.33	62.27
601177	杭齿前进	67.27	746	较好	59.78	83.67	65.84
601179	中国西电	63.12	1389	中等	50.52	83.56	67.89
601186	中国铁建	66.15	911	较好	55.37	87.56	66.31
601188	龙江交通	57.60	2031	差	43.89	78.11	64.49
601199	江南水务	60.75	1737	较差	52.00	74.00	65.00
601208	东材科技	68.85	511	较好	69.78	77.89	57.96
601216	君正集团	63.19	1382	中等	60.93	73.89	57.02
601218	吉鑫科技	63.67	1304	中等	61.81	77.89	53.18
601222	林洋能源	67.88	650	较好	61.91	79.22	68.47
601225	陕西煤业	60.73	1741	较差	52.73	86.22	51.24

续表

证券代码	证券简称	综合质量评分（分）	排名	质量等级*	分项评分（分）		
					价值创造能力	价值管理能力	价值分配能力
601226	华电重工	59.90	1824	较差	46.83	80.78	65.16
601231	环旭电子	67.14	766	较好	54.51	86.11	73.44
601233	桐昆股份	67.69	669	较好	68.82	73.89	59.24
601238	广汽集团	78.81	11	好	74.99	83.56	81.69
601258	庞大集团	52.81	2288	差	44.42	73.89	48.49
601311	骆驼股份	70.73	302	好	66.21	95.89	54.60
601313	江南嘉捷	69.73	406	好	58.35	89.00	73.24
601333	广深铁路	63.15	1386	中等	51.63	87.56	61.76
601339	百隆东方	67.29	743	较好	59.64	84.78	65.09
601369	陕鼓动力	69.40	442	好	62.56	82.11	70.38
601388	怡球资源	58.20	1996	差	54.80	79.44	43.73
601390	中国中铁	70.26	352	好	65.65	83.56	66.18
601515	东风股份	83.75	1	好	82.15	86.22	84.49
601518	吉林高速	60.58	1753	较差	46.49	84.78	64.56
601566	九牧王	69.79	400	好	64.03	79.44	71.64
601567	三星医疗	72.40	181	好	69.01	84.78	66.82
601579	会稽山	62.76	1449	中等	54.01	82.00	61.00
601588	北辰实业	61.02	1693	较差	45.33	83.56	69.84
601599	鹿港文化	64.83	1129	中等	56.53	76.78	69.47
601600	中国铝业	53.96	2240	差	51.71	83.56	28.89
601607	上海医药	68.29	582	较好	71.20	80.78	50.00
601608	中信重工	57.15	2068	差	48.78	78.00	53.04
601616	广电电气	59.66	1852	较差	55.55	73.89	53.64
601618	中国中冶	66.40	864	较好	64.20	72.44	64.76
601633	长城汽车	66.94	795	较好	60.64	80.78	65.71
601636	旗滨集团	76.07	44	好	70.74	83.67	79.11
601666	平煤股份	58.92	1937	较差	49.65	83.44	52.96
601668	中国建筑	69.78	401	好	67.07	89.11	55.84
601669	中国电建	64.21	1223	中等	55.69	79.44	66.02
601677	明泰铝业	65.51	1027	中等	63.96	79.22	54.89
601678	滨化股份	62.16	1525	较差	59.98	74.89	53.80
601699	潞安环能	64.97	1103	中等	51.40	82.00	75.09
601700	风范股份	64.35	1198	中等	50.58	88.89	67.36

证券代码	证券简称	综合质量评分（分）	排名	质量等级*	价值创造能力	价值管理能力	价值分配能力
					分项评分（分）		
601717	郑煤机	64.10	1238	中等	58.23	80.78	59.16
601718	际华集团	62.44	1484	较差	59.46	80.56	50.29
601727	上海电气	66.79	819	较好	58.09	88.89	62.11
601766	中国中车	75.52	52	好	73.20	83.56	72.11
601777	力帆股份	70.02	375	好	66.99	84.56	61.53
601789	宁波建工	62.12	1532	较差	51.82	90.33	54.49
601798	蓝科高新	61.08	1685	较差	58.28	86.11	41.64
601799	星宇股份	63.84	1280	中等	60.38	72.56	62.04
601800	中国交建	64.68	1155	中等	54.91	83.56	65.36
601801	皖新传媒	63.07	1401	中等	58.72	72.56	62.29
601808	中海油服	65.31	1063	中等	62.67	83.56	52.33
601857	中国石油	61.54	1630	较差	53.17	84.78	55.04
601866	中远海发	59.05	1920	较差	50.16	82.00	53.89
601872	招商轮船	57.59	2032	差	46.30	79.44	58.33
601877	正泰电器	70.38	336	好	73.71	79.22	54.87
601880	大连港	61.01	1695	较差	46.83	83.33	67.04
601886	江河集团	71.79	225	好	65.87	80.89	74.56
601888	中国国旅	61.86	1580	较差	52.76	79.44	62.47
601890	亚星锚链	63.00	1418	中等	58.43	74.00	61.13
601898	中煤能源	65.38	1047	中等	49.18	88.89	74.27
601899	紫金矿业	71.50	246	好	63.34	93.11	66.22
601908	京运通	62.92	1427	中等	54.70	91.67	50.62
601918	新集能源	54.33	2225	差	37.27	82.00	60.78
601919	中远海控	54.02	2236	差	43.15	84.78	45.00
601928	凤凰传媒	68.08	615	较好	61.99	78.11	70.22
601929	吉视传媒	58.19	1997	差	50.56	78.00	53.64
601933	永辉超市	65.78	980	较好	60.40	82.00	60.31
601958	金钼股份	60.35	1770	较差	51.07	80.78	58.51
601965	中国汽研	62.20	1519	较差	54.40	84.78	55.22
601969	海南矿业	56.57	2110	差	44.49	80.78	56.53
601989	中国重工	58.59	1959	较差	46.01	86.11	56.22
601991	大唐发电	55.80	2159	差	46.47	83.56	46.71
601992	金隅股份	68.03	629	较好	56.92	86.11	72.18

续表

证券代码	证券简称	综合质量评分（分）	排名	质量等级*	分项评分（分）		
					价值创造能力	价值管理能力	价值分配能力
601996	丰林集团	61.54	1629	较差	52.72	87.56	53.16
601999	出版传媒	56.33	2130	差	42.60	86.11	54.00
603000	人民网	65.08	1093	中等	52.04	86.11	70.11
603001	奥康国际	66.48	854	较好	63.12	82.22	57.47
603002	宏昌电子	63.69	1301	中等	63.56	84.78	42.87
603003	龙宇燃油	66.92	798	较好	71.28	77.56	47.58
603005	晶方科技	75.16	62	好	77.13	83.44	62.93
603006	联明股份	66.57	846	较好	61.39	86.33	57.16
603008	喜临门	68.58	544	较好	69.16	79.44	56.53
603009	北特科技	69.71	411	好	70.40	79.44	58.60
603010	万盛股份	68.37	571	较好	70.75	88.89	43.11
603011	合锻智能	67.36	728	较好	62.89	72.56	71.13
603017	中衡设计	67.57	688	较好	65.09	79.11	61.00
603018	中设集团	66.84	812	较好	62.45	84.78	57.69
603019	中科曙光	70.89	290	好	62.88	80.56	77.24
603077	和邦生物	63.91	1268	中等	59.91	76.56	59.24
603088	宁波精达	68.25	586	较好	66.08	86.11	54.73
603099	长白山	65.65	1002	中等	53.54	84.78	70.73
603100	川仪股份	60.42	1763	较差	53.93	79.44	54.38
603111	康尼机电	70.28	346	好	73.27	80.67	53.93
603123	翠微股份	63.80	1288	中等	49.99	84.78	70.44
603126	中材节能	66.37	868	较好	58.82	83.33	64.51
603128	华贸物流	65.75	984	中等	64.98	73.89	59.13
603166	福达股份	66.36	873	较好	65.36	75.33	59.38
603167	渤海轮渡	63.32	1363	中等	55.07	82.00	61.13
603168	莎普爱思	68.76	524	较好	68.44	73.89	64.29
603169	兰石重装	50.97	2344	差	37.14	83.33	46.27
603188	亚邦股份	72.73	161	好	70.45	76.67	73.36
603288	海天味业	72.12	202	好	74.79	95.89	43.00
603306	华懋科技	70.42	334	好	74.18	86.11	47.22
603308	应流股份	59.83	1833	较差	58.43	79.22	43.22
603328	依顿电子	65.93	953	较好	58.04	90.33	57.29
603333	明星电缆	54.38	2223	差	48.37	78.89	41.91

证券代码	证券简称	综合质量评分（分）	排名	质量等级*	分项评分（分）		
					价值创造能力	价值管理能力	价值分配能力
603366	日出东方	65.48	1030	中等	59.96	87.56	54.44
603368	柳州医药	61.97	1558	较差	56.80	72.56	61.73
603369	今世缘	63.36	1358	中等	56.00	76.67	64.76
603399	新华龙	60.43	1762	较差	56.59	80.56	48.00
603456	九洲药业	68.04	625	较好	66.83	83.44	55.07
603518	维格娜丝	62.71	1459	中等	67.63	74.00	41.60
603555	贵人鸟	68.03	630	较好	58.39	72.22	83.11
603588	高能环境	61.99	1554	较差	59.28	79.22	50.18
603606	东方电缆	59.85	1828	较差	59.90	84.78	34.82
603609	禾丰牧业	62.52	1475	较差	62.17	83.44	42.29
603636	南威软件	66.04	930	较好	56.90	76.56	73.80
603688	石英股份	64.34	1202	中等	55.86	79.22	66.40
603699	纽威股份	66.33	881	较好	59.10	87.56	59.58
603766	隆鑫通用	66.96	792	较好	66.13	77.89	57.69
603806	福斯特	66.44	857	较好	70.96	76.67	47.18
603889	新澳股份	66.12	919	较好	67.03	73.89	56.53
603988	中电电机	58.73	1951	较差	53.53	76.67	51.20
603993	洛阳钼业	76.18	39	好	71.87	86.11	74.84
603998	方盛制药	60.86	1718	较差	57.91	70.78	56.84

注：＊上市公司质量等级是将全部上市公司的百分制质量得分按照五等分法依次分为"好"、"较好"、"中等"、"较差"和"差"五个等级。

图书在版编目（CIP）数据

中国上市公司质量评价报告. 2017~2018 / 张跃文，
王力主编. -- 北京：社会科学文献出版社，2018.1（2018.5 重印）
ISBN 978 - 7 - 5201 - 1896 - 5

Ⅰ. ①中… Ⅱ. ①张… ②王… Ⅲ. ①上市公司 - 企
业管理 - 研究报告 - 中国 - 2017 - 2018 Ⅳ. ①F279.246

中国版本图书馆 CIP 数据核字（2017）第 290917 号

中国上市公司质量评价报告（2017~2018）

主　　编／张跃文　王　力
副主编／姚　云　于换军　何　敬

出 版 人／谢寿光
项目统筹／恽　薇　陈　欣
责任编辑／陈　欣

出　　版／社会科学文献出版社·经济与管理分社（010）59367226
　　　　　地址：北京市北三环中路甲 29 号院华龙大厦　邮编：100029
　　　　　网址：www.ssap.com.cn
发　　行／市场营销中心（010）59367081　59367018
印　　装／三河市东方印刷有限公司

规　　格／开　本：787mm × 1092mm　1/16
　　　　　印　张：22.5　字　数：342 千字
版　　次／2018 年 1 月第 1 版　2018 年 5 月第 2 次印刷
书　　号／ISBN 978 - 7 - 5201 - 1896 - 5
定　　价／98.00 元

本书如有印装质量问题，请与读者服务中心（010 - 59367028）联系